21世纪高等教育经管类经典书系

组织招聘管理

Organization Recruiting Management

（第三版）

吴文艳 编著

东北财经大学出版社 · 大连
Dongbei University of Finance & Economics Press

图书在版编目（CIP）数据

组织招聘管理 / 吴文艳编著. —3版. —大连：东北财经大学出版社，2020.11

（21世纪高等教育经管类经典书系）

ISBN 978-7-5654-3965-0

Ⅰ.组… Ⅱ.吴… Ⅲ.企业管理-招聘-高等学校-教材 Ⅳ.F272.92

中国版本图书馆CIP数据核字（2020）第155770号

东北财经大学出版社出版

（大连市黑石礁尖山街217号 邮政编码 116025）

网 址：http://www.dufep.cn

读者信箱：dufep@dufe.edu.cn

大连天骄彩色印刷有限公司印刷 东北财经大学出版社发行

幅面尺寸：185mm×260mm 字数：433千字 印张：23.75 插页：1

2020年11月第3版 2020年11月第1次印刷

责任编辑：郭 洁 石建华 责任校对：鑫 华

封面设计：张智波 版式设计：钟福建

定价：48.00元

教学支持 售后服务 联系电话：（0411）84710309

如有印装质量问题，请联系营销部：（0411）84710711

第三版前言

本书自2008年第一次出版以来，受到了高校相关专业师生读者的认可和良好的评价。尤其作为专业教材，得到的反馈是，本书不仅内容丰富全面，而且每次阅读都有进一步的理解，对所学专业很有帮助。毕业生们说准备将此书好好保存着，以备今后工作中再作参考。为此笔者深感欣慰。

年年岁岁花相似，岁岁年年人不同。写这篇前言之时，正是新冠病毒肆虐之际，人们大多只能禁足在家等待着形势的好转。就如谁也无法预料2020年会爆发一场突如其来的疫情，谁也无法预测疫情过后的经济、社会又会发生什么样的变化。世界始终充满了变数，然而不变的是人类永不停歇地追求精彩与美好的脚步。记得管理学家彼得·德鲁克曾经说过，我们对未来政治、社会、经济能做的唯一一个预测，就是它们将会巨变。同样，我们目睹组织管理实践推陈出新、变化不断，管理理论也因此必与时俱进、调整适应。翻开原有书稿，确实感觉需要重新修订的地方不少。在东北财经大学出版社郭洁老师再一次的支持和鼓励下，笔者开始对书稿进行第三版的修订工作，希望在不断完善招聘管理理论体系的同时，也不断融入教学中新的发现和认识，使之与学科发展契合、与时代发展同步。

本次修订花费了较长时间，从2017年初开始思考，一直到2020年初春才最后完稿，除了充实、更新了案例之外，很多章节都进行了较大幅度的改写，更新了理论知识和案例内容，以求表达更准确、更科学，更便于读者学习和理解。

本书在第二版框架的基础上，在保持了原有的编写风格与框架体系的基础上，增加了第六章《招聘中的测评（上）——测评甄选》，对测评的指标体系、测评的方法以及测评的信度和效度等内容作了补充，使招聘测评的相关内容更加完整。调整了第十一章和第十二章的部分内容。其他各章也或多或少作了补充或修改。这些修改有的是内容的更新调整，有的是文字的斟酌提炼，所有修改都是基于招聘管理理念的变化、招聘信息技术的更新，或者当前人力资源市场的创新。

每次书稿完成交付，心中总是忐忑不安，总感觉还没有达到预期效果却要“丑媳妇见公婆了”。由于笔者学识水平和文字能力所限，书中难免存在错误和疏漏之处，欢迎广大读者、学者和业界专家批评指正。

本书参考和引用了许多专家的研究成果，再一次表示衷心感谢。感谢各位共同撰稿的老师！感谢所有为本书的写作出版提供过帮助的人。

吴文艳 wenyan_wu@shnu.edu.cn
2020年2月于上海浦东

第二版前言

前　言

在市场经济全球化且高速发展、人才流动日益活跃的今天，如何更加高效、准确地招聘选拔优秀人才，对任何组织而言都是极其重要的。然而，如何正确识别人才，如何实施招聘管理，又是一个让不少组织管理者感到困惑的问题。

确实，不少组织在人员招聘中常常会犯一些错误却全然一无所知：他们会根据组织过去的情况，而不是根据明年的、未来的情况来挑选合适的员工；他们在招聘时总是过分强调专业限制和某些工作经验，而事实上人们能否出色干好一份工作，往往不是由于专业能力、知识等方面的欠缺，更重要的在于他们的做事风格、人际交往的能力、态度以及品格等方面的因素；还有，很多招聘者花大量时间衡量某一位应聘者是否达到自己心中的那个“尺度”，将活生生的、有不同思想和个性的“人”看成一个个“物品”，看这个物品是否符合自己心中的那几项既定的“尺码”……

所以，我们向你郑重推荐本书，作为你在招聘管理中的助手，帮助你充分施展你在组织招聘管理方面的才智与能力！因为，这是一本关于如何建立现代科学的招聘管理理念的书，这是一本关于如何管理复杂的招聘活动的书，这是一本帮助你吸纳更多有用人才与组织共同迎接美好未来的书！

本书根据我国多年来尤其是近期在人员招聘管理方面的理论与实践的发展，结合多年的教学积累编写而成。随着人力资源管理的战略意义日益显著，全书从战略的角度，既全面又有重点地论述了招聘管理新的理念、技术和一般流程，特别是基于当前管理实践的需要和特点，增加了招聘外包管理与招聘成本收益分析等最新的内容，体现出本书在理论上的综合性和创新性。

本书体例清晰而完整，共分12章，每章前有开篇案例和针对案例的思考题，章后又有“本章关键词”与“本章思考题”，便于学习者掌握学习要点。最后一章特别选取了几则典型的综合性案例，并给予恰到好处的分析提示，帮助学习者从问题的角度理解当前组织招聘管理面临的问题与技术难点，对从事招聘管理实践具有很强的针对性和可操作性。本书适合大学人力资源管理专业师生作为教材使用，也是企业管理者和人力资源主管很好的参考书。

本书的编写得到了我校几位优秀同仁的支持与帮助，共同参与编写的章节分别是：第五章招聘成本与收益，由上海师范大学金融学院副教授、经济学博士张震撰写；第六章、第七章招聘测试（上、下），由上海师范大学法政学院副教授、心理学博士李成彦撰写；第十章招聘录用，由上海师范大学法政学院副教授张燕娣撰写。其余八章（包括第一章招聘管理概述、第二章人员招聘基础、第三章人员招聘计划、第四章人员招聘渠道、第八章招聘面试（上）、第九章招聘面试（下）、第十一章招聘外包、第十二章几个重要的招聘案例）均由上海师范大学法政学院人力资源管理系副教授吴文艳撰写，并由吴文艳进行全书的框架设计和书稿的最后修改与统稿工作。

写完本书最后一个字以后不免掩卷而思。先前构思本书时的激情和高标准定位，是否都在这个艰难的写作过程中得以实现了呢？遗憾一定会有，疏漏与不足也必定存在，只能期待着得到广大读者更多的宝贵意见，使其将来有机会得以进一步改进和完善。

本书的写作参考了国内外的许多著作和文章，在此向有关作者表示深深的谢意！

最后，衷心感谢上海师范大学法政学院领导对本书写作的鼓励和支持，感谢人力资源管理系诸多同事的帮助和支持，感谢我的家人对我的理解与支持！特别感谢东北财经大学出版社郭洁编辑为本书的出版提供的大量的支持与帮助！

吴文艳 wenyan_wu@shnu.edu.cn
2008年4月于上海浦东

目　录

第一章　招聘管理概述 / 1
开篇案例：你想卖一辈子糖水，还是跟着我们改变世界？——乔布斯留给我们的人才招聘管理启示 / 1
第一节　招聘管理的概念和意义 / 4
第二节　招聘管理的原则、原理和特点 / 6
第三节　不同国家和地区的招聘模式 / 19
重要概念 / 25
复习思考 / 25
第二章　基于战略的招聘基础 / 26
开篇案例：腾讯公司的招聘经验 / 26
第一节　人力资源规划 / 29
第二节　工作分析 / 42
第三节　胜任素质模型 / 47
第四节　影响招聘的因素 / 62
重要概念 / 81
复习思考 / 81
第三章　招聘流程与计划 / 82
开篇案例：ABC科技开发有限公司招聘计划书 / 82
第一节　招聘流程 / 84
第二节　招聘计划的制订 / 91
第三节　招聘团队的组建 / 97
第四节　招聘策略的确定 / 105
第五节　招聘广告的设计 / 117
重要概念 / 125
复习思考 / 125

2

组织招聘管理

第四章　人员招聘渠道 / 127
开篇案例：苹果的员工都是从哪里招聘的？ / 127
第一节　内部招聘的原则与方法 / 130
第二节　外部招聘的原则和方法 / 136
第三节　招聘渠道的策略选择 / 154
重要概念 / 159
复习思考 / 159
第五章　招聘成本与投资收益 / 160
开篇案例：西安××计算机销售公司的招聘成本 / 160
第一节　有效招聘概述 / 161
第二节　招聘成本评估 / 167
第三节　招聘投资收益分析 / 175
重要概念 / 181
复习思考 / 181
第六章　招聘中的测评（上）——测评甄选 / 182
开篇案例：成瑞公司的人才测评方案 / 182
第一节　测评甄选概述 / 183
第二节　测评指标体系 / 186
第三节　测评方法选择 / 188
第四节　测评中的信度与效度 / 192
重要概念 / 194
复习思考 / 194
第七章　招聘中的测评（中）—— 个性测评 / 195
开篇案例：美国某保险公司的“乐观测试” / 195
第一节　个性测评概述 / 196
第二节　气质测评 / 198
第三节　性格测评 / 204
第四节　能力测评 / 210
第五节　两种常见的人格测验——卡特尔16种个性因素测验及大五人格测验 / 213
重要概念 / 218
复习思考 / 218

第八章　招聘中的测评（下）—— 管理人员心理素质测评 / 219
开篇案例：Tampa工厂的596个甄选决定 / 219
第一节　管理基本技能测评 / 220
第二节　管理职业能力倾向测评 / 223
第三节　管理工作动机测评 / 229
第四节　评价中心技术 / 237
重要概念 / 248
复习思考 / 248
第九章　招聘面试（上） / 249
开篇案例：典雅家具制造公司的一次面试 / 249
第一节　招聘面试概述 / 251
第二节　面试的信度、效度及影响因素 / 256
第三节　几种重要的面试方法 / 261
重要概念 / 276
复习思考 / 276
第十章　招聘面试（下） / 277
开篇案例：当公司人力资源部经理助理的职位出现了空缺 / 277
第一节　招聘面试过程 / 278
第二节　招聘面试技巧 / 293
第三节　面试结果的处理 / 298
重要概念 / 302
复习思考 / 302
第十一章　招聘录用 / 303
开篇案例：到底该选择谁担任市场部经理 / 303
第一节　招聘录用的含义、意义与原则 / 304
第二节　招聘录用决策 / 309
第三节　录用实施 / 319
重要概念 / 325
复习思考 / 325
第十二章　招聘外包 / 326
开篇案例：GE有机硅成功实施招聘外包 / 326
第一节　招聘外包概述 / 327
第二节　招聘外包的优势、策略与风险 / 335

第三节　招聘外包的发展趋势 / 342
重要概念 / 345
复习思考 / 345
第十三章　招聘管理案例综合分析 / 346
第一则　斯迈尔服饰公司的战略与招聘 / 346
第二则　到底应该选聘谁 / 355
第三则　高松酒店的招聘何以失败 / 361
参考文献 / 368

第一章

招聘管理概述

【开篇案例】

你想卖一辈子糖水，还是跟着我们改变世界？

——乔布斯留给我们的人才招聘管理启示

乔布斯走了。2011年10月5日，苹果公司创始人史蒂夫·乔布斯伴随着iPhone 4s的问世永远地离开了。10月6日起，包括奥巴马、潘基文在内的不少国际政要，包括比尔·盖茨在内的商界精英以及世界各地成千上万的“粉丝”，对乔布斯的哀悼如潮水般在全球翻涌。同时，乔布斯语录、乔布斯名言、乔布斯演讲等以乔布斯为标签的消息开始在网络媒体上迅速蹿红。“因为史蒂夫，世界变得更加美好的程度是不可估量的。”也许，苹果网站的这句悼词道出了人们怀念乔布斯的真正原因。

乔布斯走了，身后留下的不仅仅是大家熟知的Apple、iPad、iPod、iPhone等社会财富。被誉为全球科技界一代传奇人物和改变世界天才的乔布斯，巨人般地站在事业巅峰和走在时代前列，其梦想、其野心、其冒险精神、其思维、其创新、其雄辩、其性格、其坚守……其曾经影响这个世界的一举一动、一言一行，都是宝贵的精神财富。不同肤色的人、不同种族的人、不同职业的人，纷纷从乔布斯身上挖掘宝藏，以期改变自己、改变未来。

那么，这位不断改变世界的乔布斯，又是如何招徕人才、汇聚精英，进而打造出一支不断产生和释放超级能量的“海盗团队”的呢？这位固执地认为1名优秀员工能顶50名平庸员工的CEO，将自己的1/4时间用在了招聘人才上，他的一生参与过对5 000多人的招聘。“你想卖一辈子糖水，还是跟着我们改变世界?”这是乔布斯试图说服百事可乐总裁约翰·斯卡利担任苹果公司CEO时说的一句话。虽然从后来斯卡利及董事会要解雇乔布斯，差点葬送苹果公司的前途来看，乔布斯这次的人才引进的确算不上成功，但仅从人才招聘阶段来看，乔布斯却是成功的，而且他以这句名言给世人留下了经典的人才招聘案例。虽然这是个案，却体现了乔布斯的人才招徕方法和人才汇集风格，也是乔布斯留给我们的一笔无比宝贵的人才招聘财富。

下面，让从事企业HR管理工作的我们一起来分享乔布斯留下的这笔人才招聘“财富”给予我们的启示吧。

人才的高度就是事业的高度。企业拥有什么样的人才就拥有什么样的竞争力。任何一家实施人才强企战略的企业，从起步到发展再到壮大，都会组织无数次人才招聘活动，为企业发展战略提供强有力的人才支撑。可以说人才招聘质量的好坏，不仅仅关系企业发展速度的快慢，而且关系企业未来的生死存亡。那么，如何招聘才能占领人才的制高点，“改变世界”?这是乔布斯抛出的诱人“苹果”，这个“苹果”在商界所达到的高度和产生的效应，堪比马克思在《共产党宣言》中提出的“解放全人类”，很容易变成追随者的人生理想。在这里，没讲薪酬、没讲待遇，只有理想、只有愿景，确切地说这不是招聘而是吸引。乔布斯抛出的“苹果”为我们的人才招聘给出了最好的答案。

从GE、丰田、微软到沃尔玛、迪士尼以及麦当劳的成功来看，企业不在于定位如何和从事什么，而关键在于何时做、谁去做和怎么做。再不起眼的产品做到了极致，想不成功都很难。因此，任何企业都会有属于自己的“苹果”，无论是企业愿景、管理理念，还是用人导向、薪酬机制或企业文化。企业HR管理人员，应该深刻理解企业发展战略和愿景目标，并掌握好企业这些大小“苹果”的个性，选择或创造合适的机会抛向渴望得到这些“苹果”的对象，就一定能为企业吸引和聚集到真正的人才。

乔布斯仅对斯卡利发出了这样的邀请，而且一语中的，因为他当时觉得斯卡利是苹果公司和他最想要的人，定位非常准确。乔布斯是一名非常严谨且追求完美的人，为了搞好产品演示会，他会提前无数次反复演示，直至达到预期效果。由此可以断定，乔布斯的“你想卖一辈子糖水，还是跟着我们改变世界?”是经过深思熟虑、反复推敲的。企业在每次的高校招聘和市场化人才招聘过程中都要做详细的策划和大量的准备工作，招聘过程中更要举办专场宣讲、筛选资料、进行面试、说服动员，可谓千辛万苦，但招聘数量和质量往往难以达到企业的预期目标。也许，每一位组织或参与招聘工作的HR管理人员，都会觉得我们的企业在人才招聘中存在这样或那样的困难和挑战，但任何困难和挑战都不是与优秀人才失之交臂的理由。在这里，如果用乔布斯的这把尺子来衡量一下企业的招聘定位和准备工作，就会清楚自身的招聘定位到底准不准确，准备工作到底到没到位，招聘时机到底把握得恰不恰当。可以试想，假如企业HR管理人员能够细致到为不同高校、不同专业、不同层次的应聘者量身定制并恰当地抛出他们心中期盼的"苹果"，其招聘结果又会怎样呢？

"卖糖水，还是改变世界？"乔布斯清楚地判断斯卡利的人生价值绝不会停留在卖一辈子糖水上，但他在动员中并没有站在苹果公司的位置和角度，而是改变位置、转变角色，站在斯卡利的角度帮助对方思考和选择人生道路，设身处地替对方的未来着想，这在拉近与对方距离的同时，很容易获得对方的信任。最后时刻的"一起来"，更是打动心灵、感染情绪、建立感情的深情呼唤。那么，在高校毕业生招聘过程中，面对那些尚不懂职业生涯规划和不清楚人生道路选择的莘莘学子，HR管理人员能否真诚地替他们思考和选择更好的未来呢？如果真的这样去做的话，企业招聘工作也是HR管理人员与高校毕业生之间的一场真诚对话和沟通，届时留下来与企业签订就业协议的毕业生，绝大部分应该是经过全面考虑后郑重做出人生选择的。这样的人才，不用担心违约流失，更不用担心不积极进取。在市场化骨干人才招聘中，HR管理人员不仅要清楚需要的人才隐藏在社会的什么地方，而且更要清楚他们跳槽过来究竟是为了什么。多站在对方的角度想想，这样的条件和这样的环境，能否让对方下定跳槽的决心。如果考虑并解决了这些问题，企业的社会化人才招聘就一定会有新突破和新进展。

俗话说，人往高处走，水往低处流。尽管招徕优秀人才的根本在于事业高地的构筑，以及吸引和聚集渠道的疏通，但如果事业处在起步阶段或低谷，要想通过优秀人才助推事业高地的构筑，就不得不改进人才招聘的方式方法，不得不注重人才招聘的艺术。他山之石，可以攻玉。欣赏乔布斯，拜读乔布斯，创造性地继承乔布斯留下来的人才招聘财富，对从事HR管理工作的人来说不失为一条捷径。

案例思考：

1.乔布斯的招聘理念给了我们怎样的启示？

2.组织如何才能实现有效招聘，获取更多优秀人才？

第一节 招聘管理的概念和意义

一、招聘管理的概念

招聘管理是组织人力资源管理的重要部分，属于人力资源输入环节。招聘管理，是组织基于生存和发展的需要，根据组织人力资源规划和工作分析的数量与质量要求，采用一定的方法吸纳或寻找具备任职资格和条件的求职者，并采取科学有效的选拔方法，筛选出符合本组织所需合格人才并予以聘用的过程的管理活动。通过招聘和甄选，组织借以吸收真正适合自己的人员，用以满足和保证组织各项工作的需要。正如著名管理学教授加里·德斯勒在其所著《人力资源管理》一书中写到的："经理人员最重要的职责之一是招聘和配置人员——为特定工作寻找适当的人并雇用他（她）。"①

基于组织战略管理前提下的招聘管理，首先必须做好组织人力资源规划和工作分析两项基础性的工作。因为人力资源规划是对组织需求和供应的分析和预测的过程，决定了预计要招聘的职位、部门、数量、时限、类型等因素。工作分析是针对组织中各职位的职责、任职要求进行的分析，它为招聘提供了主要的录用依据，也为应聘者提供了详细的职位信息。

招聘管理主要由招聘、选拔、录用和评估几个过程组成。招聘是组织为了吸引更多更好的候选人来应聘而进行的若干活动；选拔则是组织从"人""事"两个方面出发，从招聘而来的人员中，挑选出最合适的人来担当某一职位；而录用主要涉及员工的手续办理和合同签订以及试用、正式录用；评估则是对招聘活动的效益与录用人员质量的评估。

招聘活动可以说"古已有之"，我国古代历史上求贤若渴的故事不胜枚举。战国时秦孝公招贤于天下，卫鞅入秦，孝公识才重用，强秦以威诸侯。"萧何月下追韩信"、刘备"三顾茅庐"、孟尝君门客三千等故事，已经成为一些帝王将相为更好地治理国家而寻求高端人才的佳话、美谈。招聘管理作为一种科学管理活动，可追溯到泰罗的科学管理时代，它伴随资本主义大机器生产时代对人力资源的大量需求而产生，并不断随着招聘管理活动的科学化和丰富化而得到不断的发展。

人力资源管理是对"人"这种独特生命资源的管理。一个组织的员工总会随着组织环境和组织结构的变化而发生变化，为确保组织的生存与发展，员工

① 德斯勒. 人力资源管理［M］. 刘昕，等译. 北京：中国人民大学出版社，2002.

招聘对组织来说意义重大。“成功的招聘是一种战略，这可能也是一项最重要的战略。”①

二、招聘管理的意义

俗话说，“得人者昌，失人者亡”。在意识到人力资源为第一资源的今天，企业是否有一支数量充足的、高素质的员工队伍，已经成为决定组织生存和发展的关键因素。组织间的竞争，更大意义上是一场人才的竞争。招聘管理运作的成效直接影响着企业的各项管理活动。因此，在人力资源管理中，对于员工的招聘与甄选应给予高度重视，它的意义表现在：

（一）确保人员质量，提升核心竞争力

当组织根据人力资源规划和工作分析的数量与质量需要，从外部吸收人力资源，为组织补充新鲜力量，即补充新员工后，一方面可以弥补组织内人力资源供给的不足；另一方面，经过选择的高素质的新员工，通过培训可能成为优秀员工，提高整个部门的工作绩效，进而提升组织的核心竞争力。

（二）注入新思想、新技术，带来变革与活力

这主要表现为对高层管理者和技术人员等的成功招聘，可以为组织注入新的管理思想、新的工作模式，可能给组织带来技术上的重大革新，为组织增添新的活力。

（三）保留人力资源，降低人员流动率

成功的员工招聘，可以使组织更多地了解员工工作的动机和目标，组织可从诸多候选人中甄选出个人发展目标与组织目标趋于一致、并愿与组织共同发展的员工，可以更多地保留人力资源，减少因员工离职而带来的损失，降低人员流动率，增强组织内部凝聚力。

（四）提升组织形象，提高企业知名度

成功的招聘，也能够使组织的知名度得到提高，使外界能更多地了解本组织。例如，深圳华为公司通过经常性的招聘活动，不但吸收了大量的优秀人才，同时也提高了自身的知名度。企业通过人才招聘活动，在招收到所需人才的同时，也能通过招聘工作的运作和招聘人员的素质，向外界展示企业良好的形象。

（五）促进合理流动，优化资源配置

有效的招聘可以提升组织内部良性的人员竞争意识和主动工作精神，具有“鲶鱼效应”，即通过合理的流动，增强员工的危机感，刺激员工内在潜力的发

---

① 沃特曼 R H，等. 寻找与留住优秀人才［M］. 欧阳晖，译. 北京：中国人民大学出版社，2003.

挥，有效地进行人员的优化配置，推进组织的人才机构、层次、质量、数量符合组织战略的需要。

人员的招聘甄选是企业成败的关键。如果不能招募到符合企业发展目标所需要的员工，企业在物质、资金、时间上的投入就会因缺少合适的人才去利用这些资源而浪费；如果不能满足企业的人员配置要求，就无法进入正常的运营。并且企业在其运营过程中需要持续地获得符合企业需要的人才。组织用才的目的在于能够为自身带来利益，而唯有通过严谨而正确的招聘与甄选过程，才能找到真正适合组织的人才。而所谓的有效招聘就是指组织或招聘者“在适宜的时间范围内采取适宜的方式实现人、职位、组织三者的最佳匹配，以达到因事任人、人尽其才、才尽其用的互赢共生目标”[①]。

第二节 招聘管理的原则、原理和特点

一、招聘管理的原则

招聘管理既是一项经济活动，也是一项社会性、政策性很强的活动。任何组织，无论招聘高级管理人员抑或普通员工，无论招聘的人员数量多还是少，无论是由组织自我完成招聘工作还是外包给专业机构，为了最大可能地保证招聘工作的有效性，都须遵循下列基本原则：

（一）双向选择，公开公平

双向选择，是指组织可以按照自己的愿望自主地选择自己所需要的员工，而劳动者也完全可以按照自己的条件与要求自由地选择组织。双向选择原则是劳动力市场资源配置的基本原则，这一原则既可以使组织不断完善自身形象，增强自身的吸引力，也能使劳动者为了获取理想的职业，在招聘中取胜而努力提高自身的素质与技能。公开公平竞争原则，强调组织在招聘过程中，应把招聘的单位、岗位、数量、资格条件等情况面向一定范围进行公开告知，平等对待所有的应聘者，达到择优选聘、优胜劣汰的目的，同时，也给予社会各种人才一个公平竞争的机会，充分挖掘全社会的人力资源。

（二）遵法守规，平等就业

任何组织在招聘过程中都要遵守国家关于平等就业的相关法律、法规和劳动政策，包括劳动法、劳动合同法等劳动法规。实行公平竞争、平等就业，反对种族歧视、性别歧视、年龄歧视、信仰歧视甚至容貌歧视和身高歧视，保护

---

① 杨杰. 有效的招聘［M］. 北京：中国纺织出版社，2003.

未成年人及妇女的权益，关注农民工等弱势群体、少数民族和残疾人群体的就业现状。

（三）因事任人，能岗匹配

组织招聘的有效性，就是指组织或招聘者在适宜的时间范围内，采取适宜的方式，实现人、职位、组织三者的最佳匹配，以达到因事任人、人尽其才、才尽其用的互赢共生目标。让最适合的人在最恰当的时间位于最合适的位置，注意避免低才高就或高才低就的现象。因此，招聘过程中应坚持根据岗位任职要求，确定关键胜任力素质模型，以此作为衡量人才匹配度的尺度，保证招聘工作的有效性。

（四）控制成本，效率优先

这是指尽可能以最低的招聘费用，录用到高素质、适合组织需要的人员。效率优先原则表现为，在招聘工作中，根据不同的招聘要求，灵活地选用不同的招聘形式，在保证所聘员工素质要求的情况下，尽可能降低招聘成本。一般而言，招聘成本包括：一是招聘直接成本，如招聘过程中的广告费、招聘人员的工资和差旅费、考核费、办公费及聘请专家等费用；二是重置成本，即因招聘不力不得不重新再招聘时所花的费用；三是机会成本，即因人员离职及新员工尚未完全胜任工作形成的费用。

二、招聘管理的原理

员工招聘是一个双向选择的过程，既是组织选择个人，也是个人选择组织，在整个过程中，组织与个人扮演着不同的角色，对组织而言，招聘是实现组织目标的手段之一，对个人而言，应聘是寻找一份工作以实现个人需求与价值的途径之一。在人员招聘中，要使这种双向选择实现其效果，需要遵循一些基本原理。

（一）匹配原理

人岗匹配是招聘中的基本原理，传统的招聘中，组织通常比较关注个人与岗位的匹配度，但在实践中发现，仅有人岗匹配还不足以使应聘者在进入组织后取得预期的绩效。研究发现，由于人本思想的不断发展，员工的个人意识不断增强，社会的用工结构不断变化，知识员工比重越来越大，因此匹配原理得到丰富，除了个人与岗位的匹配以外，同时还关注个人与团队、个人与组织的多元匹配。

1.个人与岗位匹配（Person-Job fit，P-J fit）

人岗匹配原理是人员招聘的基本原理，指的是人的个人特征与岗位要求的匹配度。它包含两个内容：一是指个人的特征完全胜任岗位的要求，即所谓人得其职；二是指岗位要求的能力个人完全具备，即所谓职得其人，表现为个人能在岗位上充分发挥能力，岗位工作任务能有效完成。最优不等于最匹配，最匹配的必定是最适合的。评估人岗匹配首先要明确岗位特征和个人特征，为了了解和评价岗位，需要工作分析、岗位评价技术，为了评价个人，需要人才测评技术。人岗匹配具体包括三个方面：

（1）气质、性格与岗位的匹配

各种岗位从业人员的气质、性格都有一些特定的要求，一般而言，外向型的人更适合能充分发挥自己行动能力积极性并与外界有着广泛接触的岗位；内向型的人比较适合从事有计划的、稳定的、不需要与人过多交往的岗位。

（2）能力与岗位的匹配

能力是岗位适应性的首要和基本的因素，需要关注能力类型差异和水平差异与岗位活动的关系，只有一致或基本一致，才能发挥能力优势，既不至于人才高消费，也不至于不能适应需要。

（3）价值观、兴趣与岗位的匹配

价值观表现为个人的取向和类型的差异性。价值观是决定个体满意度的主要因素之一，影响着个人对岗位工作过程的行为和态度，兴趣则是最好的老师，可以激发个人的动力，发挥个人的效用。

2.个人与团队匹配（Person-Group fit，P-G fit）

个人与团队匹配是指个人与其所属的团队或部门人员之间的匹配度。人作为个体，不可能十全十美，而是各有长短，即所谓“金无足赤，人无完人”。在现代组织中，很多岗位任务的实现，需要通过团队完成，这就决定了其他成员的工作效率会影响到团队效能，反过来会影响个人绩效。团队之间的配合显得十分重要，需要通过个体间取长补短而形成整体优势，达到“1+1>2”的效果，以实现组织目标。因此，招聘时要考虑个人和原有团队的匹配性。这种匹配需要通过各类互补实现，从而实现一个整体优化的人才结构：

（1）知识互补。若个体在知识领域、知识的深度和广度上实现互补，那么整个集体的知识结构就比较全面、合理。

（2）能力互补。若个体在能力类型、能力大小方面实现互补，那么整个集体的能力就比较全面，在各种能力上都可以形成优势，这种团队的能力结构就比较合理。

（3）性格互补。每个个体各具不同的性格特点，具有互补性。比如：有人内向，有人外向；有人急躁，有人冷静；有人激烈，有人温和；有人直爽，有人含蓄等。那么，作为一个整体而言，这个团队就易于形成良好的人际关系并胜任处理各类问题的良好性格结构。

（4）年龄互补。员工的年龄不仅与人的体力、智力有关，也与人的经验和心理有关。一个集体，根据其承担任务的性质和要求，都有一个合适的员工年龄结构，既可以在体力、智力、经验、心理上进行互补，又可以实现人力资源的新陈代谢，焕发出持久的活力。

3.个人与组织匹配（Person-Organization fit，P-O fit）

个人与组织匹配是个人与组织期望之间的匹配度。组织和员工在进行双向选择时，越来越关心彼此深层次的要求。组织有自己的组织战略、文化和价值观，其期望是通过物质和非物质的（包括心理的和情感的）付出，得到个人预期的行为，达成预期的目标；个人也有自己的职业规划、工作动力，期望通过体力、脑力包括心理的付出，得到组织物质和非物质的（包括心理的和情感的）补偿。

对组织来讲，希望员工能认同其发展目标、组织文化，接受其价值观的规范，全身心投入组织的工作中；对个人而言，希望组织不仅仅给予一份工作，也更希望能提高自己的综合素质、成就需求、工作满意度，最终实现自己的职业目标。这两者的匹配有利于员工获得激励，激发工作积极性，推进组织目标的实现；同时有利于组织了解员工需求、辅助其实现个人价值。

这种匹配需要在招聘过程中相互传递，彼此了解和判断，为双向选择提供依据。在整个招聘过程中，个人和组织结合所获得的信息进行分析，得出结论，个人觉得组织能给予其预期活动的收获时，会接受职位；同样，组织觉得个人能获得良好的绩效时，便会录用，甚至给予较高的薪酬和个人发展的承诺。

这强调员工与组织的整体匹配，一方面，个体能够满足特定工作岗位的要求；另一方面，个体内在的特征与组织的基本特征之间具有一致性。研究表明：员工态度（组织承诺、工作满意度）和员工行为（工作绩效、工作任期、组织公民行为）与个人组织匹配呈正相关，员工的离职意向、离职率与个人组织匹配呈负相关。

人岗匹配、个人团队匹配以及个人组织匹配都能影响员工的工作动机和组织的有效性，但在侧重上有所区别，清楚地理解其特征，并使这三种匹配形成一个有机的多元结构，将对组织和个人目标的实现起到积极的推动作用。多元匹配的比较见表1–1。

（二）个体差异性原理

个体差异性是指人与人之间在素质上存在差别的客观性质。世界上没有两个完全相同的人，人与人之间由于先天遗传因素和后天成长环境（社会文化背景、

表1-1　　多元匹配的比较

匹配类型	分析水平	动机成分	组织有效性成分
个人–工作匹配（P-J fit）	个人	自我效率	工作熟练程度
个人–团队匹配（P-G fit）	团队	社交便利	团队合作、团队增效
个人–组织匹配（P-O fit）	组织	有效激励	满意程度、工作态度

家庭环境、教育体系、工作环境等）不同，形成了各种各样的个体。因此，个体差异的存在是客观的，具体表现为个体生理差异、个体心理差异和个体文化差异。这些个体差异性的存在，为人员的招聘和甄选提供了客观的条件，在具体实施过程中，关注的核心是个体的心理差异。

1.个体的心理差异

个体的心理差异主要表现为能力、气质、性格、需要、动机、兴趣、态度和价值观等方面的差异。

能力类型差异。一种表现为一般能力性向差异，如有些人长于逻辑思维、有些人长于形象思维，有些人善于综合概括、有些人善于细节分析。另一种是特殊能力不同和能力组合不同，有些人音乐能力强，有些人绘画能力强。

能力水平差异。表现为能力发展的水平有高有低，有强有弱，诸如智力方面的表现，可以分为优秀、良好、中等、较差、很差等多个等次。

能力发展早晚的差异。表现为人的能力发展有先后，有的少年早慧，有的大器晚成。

（2）个体的气质差异

人的不同气质类型决定了人在感受性、忍耐性、反应的敏捷性和个性的内外性等方面存在很大的差异，有些人灵活、适应能力强，有些人热情、精力旺盛，有些人稳重细心，有些人敏感、动作迟钝。

（3）个体的性格差异

人的个性差异主要表现在认知、情绪、意志等特征上，有些人认识事物主动、深刻、精确，有些人被动、肤浅、粗略；有些人活泼好动，有些人沉静安详；有些人自制、勇敢、认真，有些人缺乏自制、胆怯、马虎。

2. 个体的生理差异

（1）性别差异

男女性别之间的差异是客观存在的，但总体上讲，两性能力差异不算大，不足以影响人事决策。一般而言，女性在言语上的能力较强，而男性在视觉–空间能力和数学能力方面较强。机械操作能力，无论是速度或正确性，很明显男性优于女性。文书能力女性优于男性。一般来讲，在感知觉方面，男性的视觉能力较强，对视觉刺激的反应速度快，特别在视觉的空间知觉力方面，男性明显优于女性。在注意力发展方面，男性多注意物，喜欢摆弄物体并探索物体的奥秘，对物的注意力稳定性较好，持续时间较长。女性注意力则多定于人，喜欢探索人生，对人与人之间的关系比较关心，很敏感。在记忆力发展方面，男性的理解记忆和抽象记忆较强，而女性对机械记忆和形象记忆优于男性。在思维力方面，男女两性差异最为明显，男性更多的是偏向于逻辑思维类型，表现为倾向于分析、比较、抽象与概括。女性则由于心理感受性较高，叙述事件常常带有浓厚的感情色彩，在社会和情绪方面辨别能力显得更为敏感，思维更多偏向于形象思维类型。女性有极强的社会朝向性，男性较具进攻性。鉴于男女能力的性别差异，在人才评价、安置时，要尽量取其所长。女性在文书能力上较强，注意力多定于人，则适合做文秘、公关、管理等工作。在价值研究中，男性所得到的优越成绩偏重在理论、经济、政治方面，而女性则在审美、社会性方面表现突出。

（2）年龄差异

年龄变化带来了能力差异，但不同年龄的人有其所短，也有其所长。比如：人过45岁以后，从事繁重的体力劳动能力下降，但在检验、保证产品质量方面却占有优势。有研究证明，随着年龄的增长，确有部分能力衰退的现象，但也有部分能力恒长不变。1979年，赵红州提出了杰出科学家创造力的“最佳年龄区”问题。他研究发现，人的智力结构处于最佳状态时，就是人的创造力最旺盛的时期。但智力结构与年龄密切相关，组成智力的各种心理技能最佳或开始衰退的年龄是不一致的。几种心理机能与年龄的关系见表1–2。

表1–2　**几种心理机能与年龄的关系**

年龄（岁） 智力	10~17	18~29	30~49	50 ~ 69	70~89
知觉	100	95	93	76	46
记忆	95	100	92	83	55
比较和判断	72	90	100	87	67
动作反应速度	88	100	97	92	71

3.社会文化差异

社会文化差异包括了地域差异、职业差异、民族文化差异等方面。地域差异是指人们生活的地理环境不同形成的个体差异，如北方人豪爽、南方人细腻，草原人豁达、山区人韧性强，这些是对环境刺激引起的人行为的反应和适应。职业差异是指由于工作特征与条件的不同形成的个体差异，一般而言如从事精密仪器制造的人对工作一丝不苟、性格稳重，从事体力劳动的人性格开朗、不拘小节。民族文化差异是指不同国家、不同民族的生活习惯和行为方式造成的个体差异，一般而言，美国人创新、日本人精心、德国人严谨、法国人浪漫，考虑民族文化的背景，对于跨国公司的人才管理具有重要的意义。

（三）心理可测量原理

个体差异是客观存在的，招聘甄选中主要的对象是心理素质，心理具有主观性，是人脑对客观现实的主观反映，是由客观物质所决定的。但这种看不见、摸不着的心理素质能否像轻重、长短一样加以测量？如果能够测量，又如何测量呢？

美国心理学家桑代克在其于1918年发表的一篇教育测量史上最具影响力的论文中说："任何现象，只要存在，必有数量。"物质现象有数量的存在，如轻重、长短，心理特征如能力、人格也是存在的现象，也就应该有数量的差异。后来美国测量学家麦柯尔补充桑代克的理论说："任何有数量的东西，都可以测量。"人的心理素质具有相对的稳定性，虽不能直接看到摸到，但可以通过行为方式、工作绩效及行为结果来表现，我们可以用间接的方法测量表现这些素质的行为，从而将心理素质加以量化。

总之，心理的个别差异虽然是抽象的，但却是客观存在的事实，并且显示出各种程度上的差别，因而我们可以将它量化，加以测量。这是心理的可测性原理。

（四）能级对应原理

所谓能级，指人的能力大小分级，不同行业或不同岗位对从业人员能级的标准是不一样的。能级对应原理主要是指具有不同能力的人，应配置在不同的职位上，给予不同的权力和责任，实行能力与职位的对应，使人尽其才，物尽其用。稳定的能级结构如图1–1所示。

实现能级对应，必须做到以下几点：

（1）能级管理必须按层次进行。现代组织中的"级"不是随便组合的，而是要形成"用最少的人办最多的事，多一个人就多一个故障因素"的现代观念。这与人力资源规划有密切的联系。

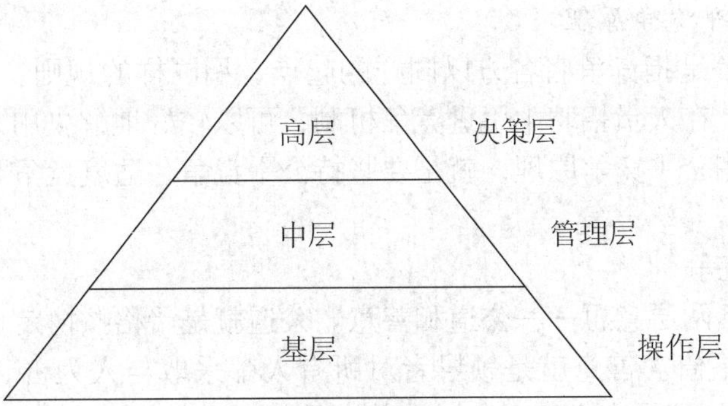

图1–1　稳定的能级结构

（2）人的能力是有差异的，不同的能级应该表现出不同的权、责、利和荣誉。在其位，谋其政，行其权，尽其责，取其利，获其荣，对失职者应惩其误。

（3）各类能级的对应是一个动态过程。人有各种不同的才能，领导者必须知人善任。随着时间的推移、事业的发展，各个职位及其要求在不断变化，人们的素质和能力也在不断变化，因此，必须经常不断地调整“能”与“级”的关系。

（4）稳定的能级结构应是正立三角形，即较少的高级人员、较多的中级人员、更多的低级人员，否则就会显得不稳定。

（五）要素有用原理

要素有用原理的含义是“天生我才必有用”，在人力资源开发和管理中，任何要素（人员）都是有用的，关键是为它创造发挥作用的条件。换言之，没有无用之人，只有没用好之人。我们可以从以下三个方面来理解这一原理。

（1）人才的招聘与配置需要一定的环境。一是知遇，要有伯乐式的领导者在人才任用中发挥关键作用；二是政策，如“公开招聘”“竞争上岗”等政策，使更多人才走上更高的岗位，甚至领导岗位。

（2）人的素质往往呈现复杂的双向性。如吝啬的人有时也很慷慨，一向认真的人也会马虎，坚强的人也会胆怯，懦弱的人也会铤而走险等。这使了解人、用其所长以及发现和任用人才增加了许多困难，这就要求人力资源管理者要克服各种困难，知人善任。

（3）人的素质往往在肯定中包含着否定，在否定中包含着肯定，优点和缺点共存，失误往往掩盖着成功的因素。各种素质的模糊集合使人的特征呈现出千姿百态，形成“横看成岭侧成峰，远近高低各不同”的现象。平庸的人，也有闪光的一面。一个优秀的领导者应当成为善于捕捉每个人身上闪光点并加以利用的伯乐。

（六）公平竞争原理

公平竞争是指竞争者各方以同样的起点、用同样的规则，公正地进行招聘、甄选和录用。在人员招聘中引进竞争机制，可以较好地解决用人所长、优化组合等问题。运用公平竞争原理，就是要坚持公平竞争、适度竞争和以组织目标为重三项原则。

1.公平竞争

公平包括两层意思——公道和善意。公道就是严格按协定、规定办事，一视同仁，不偏不倚。善意就是领导者对所有人都采取与人为善、鼓励和帮助的态度。也就是说，“见人有善，如己有善；见人有过，如己有过”。

2.适度竞争

没有竞争或竞争不足，会死气沉沉，缺乏活力；但过度竞争又会使人际关系紧张，破坏协作，甚至产生内耗，损害组织的凝聚力。

3.以组织目标为重

竞争必须以组织目标为重，同时使个人目标与组织目标相结合，个人目标包含在组织目标之中。

三、招聘管理的新特点

进入20世纪90年代，组织的招聘思想和招聘实践出现了许多新的特点，主要原因在于：一是随着全球经济一体化，企业间竞争加剧，劳动供给和需求不断发生变化，与过去相比，劳动者的就业稳定性受到很大挑战，人们的职业观念也发生了很大的变化，高流失率和灵活用工直接增加了招聘工作的复杂性。二是由于人力资源管理已经从战术管理的层次上升到了战略管理的层次，招聘管理工作也向着战略化方向发展，招聘管理体系不断发展变化。这些新特点主要表现为：

（一）倡导以人为本的招聘理念

在以人为本的招聘理念下，组织不再将自己的利益视为高高在上，而是强调企业的利益与个人利益的一致。在招聘过程中，组织为了找到真正适合企业的高潜质人才，尊重人才的招聘理念发扬光大，招聘甄选呈现出越来越严格、花费的时间越来越长的趋势。通用电气公司前总裁杰克·韦尔奇认为，通用电气公司所做的一切就在于把宝押在所选择的人才上。而他本人更是身体力行，公司500名高级职位的应聘者，他都要亲自面试，视应聘者为“上帝”，对落聘者更是善待，心存感激。20世纪80年代出现的一种新的招聘思想——真实职位预视，同样也体现了以人为本的招聘新理念。真实职位预视思想强调，招聘人员需要给应聘者以真实、准确、完整的有关职位的信息，才能产生应聘者与企业匹配的良好效果，从而带来较低的员工流失率。

（二）注重企业文化的匹配性

20世纪90年代，企业文化管理思想开始在招聘工作中被广泛运用，其对招聘的指导作用也日益显现。实践证明，那些与企业文化不能融合的人员，即使是有能力和技能的，对企业的发展也会有不利之处。许多优秀的企业，如丰田公司，实行的是所谓的“以价值为基础”的招聘战略。在招聘过程中，他们不仅看一个应聘者工作方面的资格，如技能、能力、教育、经历等，而且更关注他们的价值观和个人品质。因此他们在面谈中努力寻找经历和价值观与公司的企业文化相吻合的应聘者。在实践中丰田公司总结出了一种所谓“整合的筛选项目”的新方法来选聘最适合公司发展的人。企业文化是企业的灵魂，是推动组织发展的不竭动力。只有招聘理念与企业文化保持高度一致，才能保证招聘与企业战略的高度契合，实施战略招聘。

（三）甄选过程重点化和细化

更多的组织人力资源形成的重心从粗线条的招聘转为科学细致的甄选，工作的细致程度和工作量明显加大，甄选过程被重点化和细化。人力资源管理专家和部门经理们在筛选上更加细致而审慎。传统的个人简历、面试、测试仍被广泛使用，而背景调查、心理测验、角色模拟、评价中心等比较新颖的筛选手段已经普及。优秀的企业组织普遍采用复杂的评价中心技术和心理测验等来挑选那些适合本组织需要的人才。在筛选和面试方面花费的时间越来越多，筛选和面试的要求也越来越严格和明晰。

（四）摸索出招聘哲学或先进理念

很多优秀的企业在长期的招聘实践中，逐步总结摸索出了符合本企业发展战略的招聘哲学或先进的管理理念，并因此而积聚起一大批优秀的人才。微软在吸纳人才方面的目标是“寻找比我们（微软现有员工）更为出色的人”。微软正是以这种用人理念吸引着成千上万的毕业生和其他想进入微软工作的人。此外，比较典型的招聘理念还有：爱立信的“职业精神，相互尊重”；松下电器的“寻求70分人才”；思科公司的“我们永远在雇人”等。

（五）招聘营销策略不断创新

组织越来越注重招聘的品牌效应。在企业管理中普遍重视的品质管理在人力资源管理中也得到体现。企业像对待产品的声誉一样对待自己在劳动力市场上的品牌效应。比如，在人才争夺战中，“雇主品牌”概念已经在很多企业中被认识和重视。雇主品牌是一种雇主和雇员、其他利益相关人，以及潜在雇员之间的可传播的情感关系，通过各种方式表明企业是最值得期望和尊重的雇主。它是以雇主为主体，以核心雇员为载体，为雇员提供优质而具有特色的服务为基础，从而建立独特的雇主形象，提高雇主在人才市场中的知名度与美誉度。为此，企业必须明确界定自己的位置，以此在劳动力市场和从市场营销的角度来塑造优秀的雇主品牌，从而达到吸引人才，激励和保留优秀人才的战略目标。

为此，企业应严格选择招聘人员，首先，招聘人员应展现企业的形象。比如，广州某跨国公司中国分公司每年去全国重点大学招聘时，公司都将那些深入领会企业文化、有较高素质并了解公司情况的人力资源经理和部门经理选为招聘者，经过培训后进入岗位，招聘者招聘时统一着装，富有涵养、以诚待人、实事求是，充分表现了公司的组织文化和管理水平。一些企业很多高级管理人员参与招聘，甚至最高层亲自参加，使应聘者感到公司对招聘工作和员工质量的重视，无形中提高了公司的知名度和美誉度。其次，很多成功的企业非常重视招聘的宣传工作，展开强大的宣传攻势，以获得人才竞争的优势。如联合利华的商业夏令营、欧莱雅公司的商业策划国际大赛、普华永道每年在北大等高校举办的大型招聘会，以及一些跨国公司在名牌大学设立奖学金等手段方法，都是企业从更长远的人力资源储备、发展后备人才的角度出发而抢得先机的策略表现。

（六）招聘管理信息技术飞速发展

人力资源管理信息系统是人力资源管理与信息技术相结合产生的电子信息管理系统。招聘管理系统是人力资源管理系统的组成部分，并随着人力资源信息管理技术的发展而发展。随着互联网的普及，尤其是智能终端设备的普及，传统的招聘信息发布方式受到了极大的挑战。各种基于高新技术的招聘信息化发布方式层出不穷，不断演进。

第一代招聘管理系统是在20世纪80年代出现的，当时只是在DOS系统下开发了单机版小工具，只能实现候选人信息的存储。到了20世纪90年代，基于客户机/服务器模式的客户端软件逐步盛行，实现了简历的筛选和搜索功能。进入21世纪，企业的人力资源管理开始以移动互联网、云计算、大数据、人工智能等新技术为手段，以“智慧协同、赋能员工、激活组织”为目标，建立社会级、服务性的数字化人力资源管理云服务平台（数字化人力资源管理的人力资源），完成人力资源管理数据化的转型和升级。越来越多的企业开始使用基于浏览器/服务器结构模式的候选人跟踪软件，国内外许多人力资源管理系统的供应商都已将招聘管理集成在企业研发的人力资源管理系统中，系统支持职位发布、简历收集、来源控制、人才库管理、面试流程管理、在线测评等日常招聘工作，并开始实现了整合企业招聘门户、支持多人协作等招聘业务的全程管理。SaaS（software as a service）的服务模式盛行，基于新媒体的招聘广告，在微博、微信、QQ等新兴的渠道招聘上不断发布，并为我们所熟悉。基于云计算模式的招聘管理系统逐渐将招聘管理模块从人力资源管理中独立出来并细化，同时根据用户自身需求，研发了各种人力资源、招聘流程管理解决方案，涵盖传统及网络化的外包产品和服务商管理，形成了多种一流招聘解决方案，成为一体化的人才招聘管理平台。

数字时代人才招聘已经不再是机械性操作，企业需要运用数字化技术打造数字化时代的雇主品牌形象，吸引更多优秀人才，运用人工智能技术帮助招聘人员自动筛选和甄别人员，运用视频技术和虚拟现实等面试技术，让候选人和招聘者更高效地沟通；利用大数据技术对标行业人才报告、薪酬报告等帮助企业更明确地进行人才决策。

【补充案例】　　五种创新招聘方式[①]

招聘已经进入了一个新时代，人们只要看看肖恩·麦克蒂克（Shawn McTigue）新颖奇特的实习申请，就能明白这一点。在时长2分50秒的搞笑视频中，肖恩·麦克蒂克回应了万事达卡对求职者的要求，富有创意地宣传了“无现金社会”的各种优点。这段视频是麦克蒂克申请实习职位的“创新方式”，所有的实习生都必须把视频链接作为申请的一部分。申请过程的其他步骤包括访问万事达卡的Facebook主页、通过LinkedIn网站上传简历、在Twitter上关注万事达卡，以获得进一步的信息。这个活动代表了未来的招聘趋势，要求申请者在招聘过程中展示自己的技能——让他们成为能力更强的候选人。

忘记简历吧，现在的雇主更加看重求职者的网络表现，比如他们的谷歌搜索结果、他们的Klout分数、他们的Twitter粉丝人数和他们在LinkedIn网站上获得推荐的次数和质量。公司正在寻找知道如何打造个人品牌，并每天为这个品牌做出贡献的员工。谈到这些求职者面对的考验，利用YouTube和Twitter的能力仅仅是开始。求职者越来越多地被要求展示创造力和创新能力，同时在招聘过程中解决公司提出的商业挑战问题。

今天，大多数公司已经成功地把社交媒体和招聘工作融为一体。招聘平台Jobvite的一项调查研究显示，2012年有92%的美国公司利用社交网络和社交媒体来招聘新员工。但是，对于有竞争力的雇主来说，这只是最低的期望值。为了能够脱颖而出，招聘人员和首席人力资源官不能仅限于简单地使用社交媒体来招聘人才：他们必须建立培养更专业求职者的流程，这个流程让求职者有机会展示他们的创新理念和创造力。

在考虑重新设计招聘的最佳方式时，使用了Spigit网站新推出的众包创新平

① 佚名. 五种创新招聘方式，和简历说拜拜［EB/OL］.［2012-08-31］. https://www.hrloo.com/rz/11303.html.

台ICON，把部分工作外包出去。咨询了用户对公司在招聘过程中加强创新举措的看法。许多人都建议向求职者提出商业挑战，要求他们为寻找解决方案展开竞争。

通过展示开放、透明、有趣、协作和创新的方式，你的公司会如何重新设计招聘流程?

1.社会化人才

采用比赛和游戏的方式，让求职者表达自己的想法和见解，而不是呈现在简历中的一成不变的标准化证书。他们在比赛中的表现，能够展示个人的天赋资质而不是教育经验，这才是就业市场的前景。通过比赛招聘头脑聪明的求职者，不仅是因为最优秀的人才能够在竞争中脱颖而出，更重要的是，这些求职者将在招聘过程中了解公司的发展重点、目标和使命。

2.设定时限的商业挑战

万事达卡举行的“无现金社会”招聘活动吸引了350多位符合资格的求职者，相比之下，公司历年来每刊登一则招聘广告只能收到20～30份求职申请。

求职者被要求通过第三方社会媒体来解释“无现金社会”对自己的意义，他们有4周时间来完成这项挑战。有人制作了视频，比如肖恩·麦克蒂克；有人通过Tumblr博客的形式成功推出了“无现金到五月”的宣传活动。

应用程序也成了面试的一部分内容，因为眼光长远的公司看到了培养更专业求职者的机会。鉴于企业要求申请人用公开的方式展现他们的技能、知识和能力，社会化招聘已经演变成了社会化面试。

3.招聘影响力

除了培养职场人才，企业必须建立强有力的雇主品牌，让潜在员工产生共鸣。同样地，社交媒体能够展示求职者的个人品牌，这迫使企业小心谨慎地打造雇主品牌，以吸引顶尖人才的加入。他们必须使用社交媒体这种方式，不仅为了吸引和保持粉丝，还要打造让年轻员工（千禧一代及后面的世代）产生共鸣的品牌，符合他们对雇主的期望。

下面这项研究的结果可能会让你大吃一惊。研究机构Net Impact对1 726所高校的学生进行的调查显示，有58%的学生愿意减薪15%，为符合自己价值观的组织工作。

这会激励越来越多的组织在招聘过程中建立他们对企业社会责任的承诺。

4.创新的要求

IBM商业价值研究院对1 500名企业总裁的调查显示，在充满不确定性的商业环境中，总裁们把“创意”和“创新”看作决定企业未来的重要领导能力。

但是，企业不会等到员工开始行动才接受创新培训，恰恰相反，他们正在把创新能力融入招聘流程。

我们看到，在招聘过程中，越来越多的公司要求申请人解决商业挑战，为新产品或新服务提供输入设计，推销创意理念，或者对公司面临的阻碍进行分析。这些类型的商业挑战，旨在挑选具有创新思维和T形技能的求职者，这些技能意味着他们拥有某个领域的高深知识，和能够结合跨学科的协作能力。

对于肖恩·麦克蒂克来说，万事达卡的"实习生招募"挑战活动是他不断获得创意灵感的动力。肖恩表示，"这段经验告诉我，万事达卡没有因循守旧。他们正在寻找公司需要的目标，这就是创新和能够取得突破的员工。"作为这次比赛的结果，万事达卡选中肖恩进行个人面试——不过，肖恩已经在其他公司找到了一份暑期全职工作。

5.招聘过程引入竞争机制

德勤会计师事务所（Deloitte）、埃森哲咨询公司（Accenture）和普华永道公司（PwC）都是最早对招聘进行反思的专业服务机构，普华永道公司在招聘流程中建立了竞争机制，为了培养求职者的批判性思维、团队合作和沟通技巧——这些都是员工在该公司获得成功所需的关键技能。这家公司建立了xTREME Games平台，致力于培养会计专业本科生掌握他们所需的业务技能。

第三节 不同国家和地区的招聘模式

由于政治体制、经济发展状况、企业发展模式的不同，以及受资源的丰富程度，尤其是民族文化差异等因素的影响，不同国家和地区的招聘模式呈现出较大的差异。①

一、美国模式

美国是一个以移民为主的国家，其价值观具有注重未来、崇尚物质生活、重视实际和法治、富于开拓和创新精神等文化特征。美国管理哲学的核心是个人主义，在招聘方面奉行的是能力主义人才竞争机制，即企业筛选和录用应聘者、员工在企业中的合理使用、薪酬增加和职务晋升等都以员工在具体岗位上所发挥的实际能力为依据。在战略方面，表现在美国企业经营者较重视从长远发展的战略来制定企业的各种经营策略；在结构方面，美国企业重视人员的配备和组织的结构研究；在制度方面，美国实行制度化管理和标准化作业。为此，美国企业组织

① 杨泉，马力. 若干国家和地区员工招聘模式比较［J］. 中国人力资源开发，2008（3）.

采取“砌砖墙”模式，在招聘工作中非常重视和规范工作分析，把它作为人力资源管理的基石，以此确定每一岗位的职责、任职者应具备的能力和身心素质标准，明确任职者应具有的知识和需接受的培训，并将其作为“尺度”去衡量应聘者，合格者被录用，并要求在短时间内胜任工作。同样，美国的求职者也会根据组织发布的招聘信息，对照所聘岗位的条件和标准，进行自我分析、衡量，并在了解组织整体情况的基础上选择组织和合适的岗位作为应聘目标。大多数美国企业都采取“高不求、低不就”的原则，尽量使录用人员的能力与空缺岗位职能相匹配，从而避免出现“人才高消费”。

二、日本模式

日本的社会文化和民族文化既深受中国传统文化的影响，又吸收了西方文化的一些内容，具有东西方文化相融的特点。日本企业管理者提倡从业人员忠于企业、劳资和谐、共存共荣，企业内部处理人际关系的基础是团体主义，在以“人”为中心的经营模式下，建立了终身雇用制、年功序列制和企业工龄制，并非常重视企业对员工的教育训练，认为人才开发益大无穷，“经营即教育”的理念被大部分日本企业家所认识。由于文化的影响，在日本，应聘者一旦被企业录用，一般就终身服务于该企业，因此，尽管日本法律规定雇用和就业自由，但传统的终身雇用制在很大程度上影响着招聘各方的行为。日本大多数企业采用“砌石墙”模式招聘员工。石头不可能按一定规格生产出来，而是有棱有角、形状不规则的，“砌石墙”就是要根据每块石头的形状来安排他们最合适的位置。日本企业，尤其是大中型企业，普遍以中高等学校应届毕业生为员工候选者的主要来源，其他也有如通过职业介绍所介绍的中途转职的职工，或是来自关联企业的调整人员，但数量较少，一般属于例外情况。同欧美企业从劳动力市场招聘成熟劳动力相比，日本企业并不把新录用的应届毕业生当作合格的员工，而是把他们看成是可以进一步“雕琢”的“坯料”，组织招聘新员工，从长远角度出发，通过内部教育培训，琢“璞”成“器”，培养企业需要的人才，并通过职务轮换制让员工找到最适合的岗位。表1-3[①]是日本企业对应届毕业生和新员工的期望能力比较。从表中可看出，日本企业挑选应届毕业生时最重视的是本人素质（从基础学识反映出来），而非职业技能。所以，企业一般都对应聘的毕业生进行基础学识的书面测验，同时还进行面谈和适用性考评（即测验应聘毕业生的个性、特长、爱好等，以确定他们以后在企业中能适应的工种或职务类别），最后根据成绩决定是否录用。录用后，基础学力

① 廖泉文. 招聘与录用［M］. 北京：中国人民大学出版社，2002.

就不再是中心内容，而社交能力、协调能力却成为培训重点，注重培养员工的集体意识和合作精神。

表1-3 日本企业对应届毕业生和新员工的期望能力比较

序号	企业对应届毕业生的期望能力		企业对新员工的期望能力	
	期望能力	企业数比例（%）	期望能力	企业数比例（%）
1	基础学识	26.6	团结社交能力	64.5
2	专业技术	15.0	职业意识	23.0
3	创新、独创性	11.9	常识、礼仪、举止	17.2
4	职业意识	11.5	基础学识	15.7
5	团结社交能力	7.9	创新、独创性	14.5
6	领导能力	7.8	专业技术	12.8
7	常识、礼仪、举止	5.4	领导能力	12.7

三、韩国模式

同样，作为我国近邻的韩国，从文化哲学基础来看，其企业文化的产生和发展也深受中国传统文化的影响，同时兼容了西方发达国家现代企业管理理论，树立起了独具特色的企业文化。韩国人有很强的民族自尊心，很多韩国企业在发展之初就会定下高标准。与日本企业传统上“位居第二”“回避风险”“以稳求实”的经营理念不同，韩国大型企业集团大都奉行“彻底第一主义”，强调人才第一、产品第一、服务第一。追求第一的意识激励着韩国的企业，并使许多企业跻身于世界一流企业的行列。韩国企业有时甚至为了达到这种高标准，不惜一切代价，冒险向海外投资，这也是韩国企业文化不同于日本企业文化的地方。日本企业的经营理念中以“稳”求“实”、回避风险的思想仍占据统治地位，而韩国企业文化更加强调勇于向外扩张发展，以此来达到“第一”的目标。韩国企业的真正发展是在1960年后的40多年里。随着经济对外交流，西方的价值观念逐步进入并冲击着韩国的传统文化，最突出的是个人主义价值观越来越强，而这些又推动和改变着韩国原有的企业文化。

韩国企业集团每年都要招聘新员工，有时一年要招聘两三次。企业对新员工的选拔非常严格，其录用标准分为两个方面：思想品德标准，即诚实、创新、勤奋等方面的情况；文化业务标准，即知识、技能等方面的情况。二者相比，企业更注重思想品德标准。韩国的招聘模式有以下特点：

（1）公开招聘与个别推荐相结合。企业集团通过其系列会社公开招聘员工，招聘步骤带有共性，即发布信息、审核书面材料、笔试、面试、集体讨论、公布录用名单。此外，韩国企业还经常依靠本企业集团的管理人员、顾问或咨询委员会的个别推荐，被推荐者要提交加入会社自愿书、毕业证书、在校期间考试成绩推荐书、健康证书等书面材料，由会社人力管理委员会面试后确定取舍。

（2）特聘政界军界要员担任高级职务。鉴于政界和军界的要职人员多年在政界和军界担任高级职务，视野开阔，处理事务能力强，加上企业集团还可借助他们在政界和军界的渠道，办理一般经营者难以办到的事务，因此，韩国企业集团一般愿以高薪、要职等手段聘用政界和军界的要员担任高级职务。

（3）聘请外国专家担任企业顾问。韩国经济是外向型经济，长期以来，美国一直是韩国的主要经济贸易对象之一，所以，韩国的许多大企业都聘请了美国的知名人士担任本企业集团的顾问，以通过他们同美国的政界和经济界广泛联系，扩大双方经济、技术交流的规模，解决双方贸易往来中发生的摩擦和纠纷。

四、德国模式

德国企业文化的形成受多种因素影响。首先，欧洲文艺复兴运动和法国资产阶级大革命带来的民主、自由等价值观，对德国企业文化的产生和发展产生了很大影响。其次，德国强调依法治国，注重法治教育，强调法治管理，在市场经济条件下长期形成的完备的法律体系，为建立注重诚信、遵守法律的企业文化奠定了基础。再次，宗教主张的博爱、平等、勤俭、节制等价值观念，在很大程度上影响了德国企业文化的产生与发展。另外，德国人长期形成的讲究信用、严谨、追求完美的行为习惯，使企业从产品设计、生产销售到售后服务的各个环节，无不渗透着一种严谨细致的作风，体现着严格按照规章制度去处理问题的理念，这对形成德国企业独特的文化也产生了极大影响。这几方面的结合，形成了德国企业冷静、理智和近乎保守的认真、刻板、规则的文化传统。德国企业文化明显区别于美国的以自由、个性、追求多样性、勇于冒险为特征的企业文化，也区别于日本企业强调以团队精神在市场中取胜的企业文化。

德国公司人员招聘标准和他们固有的文化是密不可分的。以奔驰公司为例，该公司招聘有发展潜质的管理人员的标准是：智力、团队合作能力、处理压力能力、多学科的学习潜能、独立等。可见，奔驰公司强调团队合作下个人的独立。

从整体上看，德国企业在严谨规范的制度体系下看中个人主义、个人的具体表现及技能，这一点和大多数的亚洲国家的招聘标准有很大的区别。从招聘方式上看，德国企业有以下一些做法，从中可见其与日本企业的不同：

对于有发展潜质的管理人员的招聘，日本很多大公司固定在每年的4月1日，而德国大公司则没有固定日期，可以在全年中任何时候。

由于大学和高级专业技术学院的毕业生没有任何工作经验，所以德国公司更愿意雇用具有其他公司工作经验的新职员。

德国公司对于雇用新员工制定了具体的流水线式的作业流程，如对一个秘书职位的新职员，公司会设立一个见习计划或初级员工计划，而对于特别优秀的员工则给予特殊的培训。根据流水线式作业流程，新职员的任务、责任和内部沟通渠道将由预定的、详细的工作说明书来确定。相比较而言，日本企业则没有这些由流水线式的作业流程详细规定的活动。

在德国企业中，相比其他欧洲国家的企业，即使是较高级的管理职位也可能被外部招聘的职员所占有，外部招聘的职员常常通过个人咨询顾问或猎头公司的途径获得。

德国企业一般通过以下几种渠道来招聘有发展潜质的管理人员：在各大报纸或商业杂志上刊登招聘广告；利用出席所谓工作交换见面会或大学毕业生见面会的机会；公司现有职员引荐他们的同学或朋友。

【补充案例】　　　　　　　　哈佛大学的招聘工作

哈佛大学是一家有380多年历史的大学，其教职员工超过14 000人，其中5 000多人是临时工。这家大学的行政管理机构是一种非中央集权型的。在好几个方面，哈佛大学所寻找的是“优秀主管”。该政策鼓励行政管理者、各级主管和员工集体讨论学校的员工多样化问题。难怪哈佛大学在各方面都持续保持着领先地位。

哈佛大学行政管理处副主任坦言：“在哈佛大学，工资和福利均很高，而且学校的环境很不错，虽然经济待遇不错，我们发现终止合同率却不断提高。最近一次员工调查表明，人们觉得不如人意主要有两个方面：一是管理能力方面，二是沟通方面。”

哈佛大学寻找“优秀主管”的办法

· 确定这对哈佛大学来说其意义是什么。
· 在核心级行政管理层进行“工作的好地方”的员工调查。
· 确定有助于做好工作的管理能力。
· 把培训/发展工作与获取关键能力相结合。

使员工意识到哈佛有责任成为多样性大学的工作

使员工意识到哈佛有责任成为多样性大学的一种方法，就是在校一级和各系建立一种基础性的东西。通过培养良好的关系，哈佛能够招聘并长期留住优秀的教职员工。此外，各级管理者和教职员工也了解和参与学校的各种事务。

建立基础性设施

哈佛大学建立其基础性设施的方法之一，是设立各种关键性岗位以明确该校内各种员工的职责。该校还设有一个叫作HIRES的招聘网站，在其上张贴招聘消息和对求职者进行跟踪，使之成了分享招聘和培训信息的一个公共论坛。另外，还设立了一个“多样性资源招聘指南”。该指南详细开列了400余种资源，以使员工了解多样性招聘的意义以及突出这样做的重要性，收入其中的还有哈佛大学校长署名的一封信。

长期招聘

哈佛大学的招聘工作延伸到社区团体与城市的各种机构，同时实施种种职业培训计划。它与各种文化多元化的职业机构建立关系并支持其员工的种种志愿活动。此外，学校还举办一年一次的“哈佛大学职业论坛”。

哈佛大学要求管理者及员工参与并使其受到教育的方面有：

·互相作用的劳动力管理会议。

·监理者的定向与培训。

·领导管理发展计划基础。

·生物医学事业计划。

·新来员工的教育计划。

·当地的各种活动及媒体工作。

至今所取得的成果

哈佛大学所取得的成果是惊人的。从过去的一年来看，空缺岗位的数量下降了20%，在关键性行政管理机构中雇用的少数族裔增加了25%，信息技术员工离职率一年内下降了25%。正如行政管理处副主任所说的：“为了使招聘少数民族员工的状况有所改善，我们与当地的一些职业性机构（‘拉丁裔职业网络’、‘亚裔职业人士全美联合会’及‘黑人会计师全美联合会’）合作，以便扩大我们的人才库并增强这样一种观念：哈佛大学是个欢迎和培养来自不同社会背景的人才的好地方。在求职者的增多和实际招聘的员工中，我们已见到了这一努力的成功。”

仍然存在的挑战

尽管已取得了很大的进步，但有待改进的地方总是会有的。在一个非集权化的环境中，持续存在的一种挑战是可加说明性和连续性，另一种挑战则是如何与当地的管理者和人力资源部门的人员合作以留住最优秀的员工。

重要概念

招聘管理　招聘的原则　招聘的新特点　招聘模式

复习思考

1. 试述招聘管理的概念。
2. 试述有效招聘管理对组织的意义。
3. 为了尽最大可能保证招聘工作的有效性，组织须遵循哪些招聘原则？
4. 随着时代的发展、环境的变化，招聘管理出现了什么样的新特点？
5. 如何理解20世纪80年代出现的一种新的招聘思想——真实职位预视？
6. 请分析说明美国、日本、德国具有怎样不同的招聘模式。

第二章

基于战略的招聘基础

【开篇案例】

腾讯公司的招聘经验①

腾讯有全球用户数量最多、最活跃的互联网社区，伴随着互联网行业的飞速发展，腾讯的业务也在迅猛地扩张。一年招聘三四千人，对国内其他企业来说是难以想象的，但是近几年对腾讯可以说是家常便饭。在这里，腾讯集团总部招聘总监殷小永先生和我们分享了他在腾讯的招聘经验……

如果要用两个词来形容互联网行业，那就是创新和变化。

我加盟腾讯这四年多来，整个互联网行业发生了翻天覆地的变化。以前参加分享时，大家都是在听、在记，现在大家都是拿手机拍照，不一会微博就出来了。

互联网行业另一个特点就是潜力巨大。目前中国的网民人数突破了5亿，虽然进入到一个增速放缓的阶段，但移动互联网又成为一个新的增长点。

互联网行业的人才特征

互联网行业的飞速发展，带来了巨大的人才需求。首先是集中化。北上广深的互联网人才很多，尤其是北京和上海。我们在招聘中面临的最大困难是，没有办法在深圳本地找到足够多优秀的人才，而从外地挖人到深圳来，成本非常高。其次是流动性高。互联网行业人才的主动流失率达到9.9%，主要集中在

① 符少仪. 腾讯：人才快速扩张的招聘策略［N］. 职业经理人周刊，2013-09-02.

有三年经验的人才中。这个行业里人才的特点是年轻化、高学历、发展机会多。年轻意味着在招聘和管理上会遇到很多问题。我常常参加校招，所遇到的违约、拒签……很多时候不是因为他找到了一个更好平台的工作，而是因为一些让人匪夷所思的理由。

从招聘的岗位而言，互联网行业主要的需求还是技术类的人才——从事各种语言的开发。但是腾讯最难找的是管理人才。这也是因为这个行业的人年轻、经验少，管理的人才不是特别多。你若想要找一个一直在这个行业里干、有10年工作经验的人，是非常困难的。

互联网行业的薪酬普遍比较高。腾讯在行业里仅处于中上水平。经历过前几年互联网公司的上市大潮后，整个行业的薪酬出现了不小的波动。不过从另一个角度来说，这说明行业的前景不错，这里面想象的空间还是很大的。

从2008年到2011年，腾讯的员工人数都是直线上升的。我们粗略统计了一下，平均每个工作日入职的人数超过了26人——如果单纯是招26个C++（程序员），可能难度还不是很大，但这些人力有研发、产品、测试、运营等，岗位分类非常细，就是一个非常庞大的数字。

在2008年开始搭建招聘体系的时候，我们认为有三个东西非常重要。

第一是结构。招聘不仅是招几个人，我们希望做得更深一些：需要什么样的人，哪些需要资历比较深的，哪些需要比较年轻的……所以我们不停地研究各种模型，希望让整体的人才结构达到合理的状态。

第二是开源。开源分为两种：一种是被动，包括发布广告和找猎头；另一种是主动。前一段时间，我们从猎头公司挖了几个人来做招聘经理，也是希望能学习猎头公司一些好的经验，能主动挖掘一些行业内比较优秀的人才。

第三是质量。无论一年招3 000人也好，4 000人也好，人才质量出了问题，对公司都是一种伤害。如何控制人才质量？我们采用两条腿走路，一是管理好面试官，二是将面试的流程设计得更加科学。我们专门有一个团队负责面试官的管理，还有一个团队负责基础建设：制度流程、IT平台、雇主品牌等。

寻找有梦想、爱学习的实力派

我们的招聘哲学归纳起来就是一句话："寻找有梦想、爱学习的实力派。""有梦想"是指对互联网行业有热情并持续关注，将其作为自己长期的事业来发展；"爱学习"的招聘标准，即有潜力，拥有良好的基础素质；"实力派"并不特指名牌高校，但专业成绩必须优秀，并有丰富的实践经历，对产品有个人独到的见解。

互联网行业的发展太快了，很多公司都以高薪来招揽优秀的人才，百度对技术开发类的应届毕业生能给到年薪25万~30万元。互联网招揽人才的方式也更加多样化，如盛大之前的“牛人计划”，都是传统行业无法想象的。再者，候选人本身的个性化诉求也非常多。80、90后员工成为主流，他们的忠诚度非常低，今天接到Offer来到公司上班，第二天可能就走了。当然，他们的选择也很多，企业很难一一满足他们的个性化诉求，所以招聘的难度依然不小。

我们刚开始接到庞大的招聘需求时，也是采用很原始的方法：投放广告，参加各种招聘会……确实，我们收到了非常多的简历，但是，所面试的人经验和能力都达不到业务部门的要求，后来我们放弃了这种形式。在与业内的专家和第三方公司探讨后，我们发现互联网的普及已经改变了人与人沟通的方式，我们投放出去的广告、花出去的钱，只集中在10%的主动求职者身上，而另外90%的人根本接收不到信息。

以前人们找工作的渠道很简单，无非就是报纸和招聘网站，但是现在可能不需要挂他的简历，就有人会找到他：微博、猎头、圈里的朋友……所以我们就想，为什么我们要花那么大的力气到外面去找？其实我们本身就守着一个非常大的渠道。广告依然会投入——我们不能放弃这10%的主动求职者，但是我们愿意把更多的时间、精力和成本放在社交招聘的建设上。

我们从两个维度来考虑渠道的建设，一个是从求职的角度，另一个是从社交的角度。怎么接触到候选人，怎么将信息传递给他们，是我们一直思考的问题。因为在互联网行业，优秀的人才从来不主动找工作，甚至包括优秀学生。

一年半以前，我们建立了腾讯的招聘微博，到现在已经有了10万粉丝。当粉丝数达到10万人的规模时，你可以做很多事情，包括招聘人才、发布信息、与听众互动、建立舆论等——这是一个与潜在候选人互动交流、拓展雇主品牌非常好的途径。

同时，我们也在做国际化的尝试。目前我们的业务已经拓展到南美、欧洲、东南亚等地区的国家，我们每年都会在美国、新加坡等地做一些专场的招聘会。

带动全公司一起做招聘

腾讯差不多有60~70人专职做招聘，用这些人来支撑腾讯2万人的人力需求，还稍显不够。当面临人才需求的急剧扩张时，你就需要在企业内部营造一种招聘氛围——内部推荐，就是带动全公司的人一起来做招聘。

开辟内部推荐这个渠道，要把它当作一个产品来运营：要考虑用户是谁，怎么提升用户体验，怎样快速地响应并快速地见到成效。去年，通过内部伯乐这个招聘渠道招到的人才占到整个社会招聘的48%，资深岗位内部伯乐的贡献率也达到35%之多——这让和腾讯合作的猎头们“叫苦不迭”，他们不知道竞争对手是我们的内部员工。

如何提升内部伯乐的推荐效果？很多人说是给钱，刚开始我们为了提升伯乐的积极性，也考虑了将奖金的数额提高一点点，但是效果并不是特别好。究其原因，我们发现了很多问题。首先是推荐的门槛太高。每次内部员工推荐人才时，都要录入很多信息，他们的本职工作很忙，根本没有时间做这个。其次，有时候推荐了一个人入职，HR会忙得忘了支付伯乐奖金。最后，我们发现积极的伯乐往往是刚刚毕业的应届毕业生，他们迫切地需要钱，但是他们的圈子里能有多少高端人才呢？

发现这个问题之后，我们就思考着怎么去解决。在处理内部推荐时，我们第一是追求响应速度，候选人行或者不行，在3个工作日内必须给出结果；然后，我们一旦觉得这个人可以，就马上支付给伯乐奖金。我们还设计了很多广告，在公司大楼四处张贴，营造招聘的文化。

以前内部推荐，我们是把广告邮件一发，就坐等伯乐来推荐，现在我们是主动走出去。我们主要面向两类人：一是刚入职的员工，我们都会主动去问有没有其他合适的候选人可以推荐。新员工都渴望尽快给公司做出贡献，而最有效的贡献就是推荐人才。二是离职了的人。我们专门为离职的员工建立了一个QQ群，他们也会不定期为我们推荐一些人才。

案例思考：

1. 腾讯公司招聘管理中值得分享的经验有哪些？
2. 如何从企业战略发展的角度制定合适的人才发展政策和人才招聘规划？

第一节　人力资源规划

一、人力资源规划概述

人力资源规划，是指根据组织发展战略、组织目标及组织内外环境的变化，预测未来的组织任务和环境对组织的要求，为完成这些任务和满足这些要求而提供人力资源的过程。它包括预测组织未来的人力资源供求状况、制订行动计划及控制和评估计划的过程。

组织的人力资源是实现组织目标的基础与根本保证。组织日益需要具有应对各种变化的人才。为了适应组织对未来发展战略的要求，人力资源管理也必然采取相应的对策。管理系统引入人力资源规划，是对组织发展做出的回应。人力资源规划的应用，不仅是现代管理技术的进步，更意味着现代人力资源管理由重视员工数量转向兼而重视员工能力与素质的结构；由重视组织人力资源管理的短期利益转向注重组织长期的发展和战略。人力资源规划是从组织整体和发展的角度出发，立足于组织目标和战略，匹配人力资源与组织工作的需要，将人力资源的不断开发和发展视为组织生存与发展的生命线。

（一）人力资源规划的意义及与招聘管理的关系

人力资源规划工作对组织的重要意义可归结为以下三方面：

第一，适应组织发展的需求。人力资源规划主要是根据组织当前及未来发展的需要，通过制订人员补充计划、人员使用计划、人员接替及晋升计划、教育培训计划、绩效评估计划、人员激励计划、退休及解聘计划等，来实现人员的适时、适量、适岗补给，从而适应与确保组织战略目标的达成。

第二，合理、有效地配置人力。通过科学有效的人力资源规划，不仅能分析出现有的人力结构状况，还可以分析与归结出影响人力资源有效运用的问题或症结，使组织人力资源系统发挥出更大的效能，减少不必要的人力浪费，降低用人成本。

第三，减少未来的不确定性，配合员工职业生涯发展。合理的人力资源规划，减少了未来的不确定性，配合员工个人职业计划，能将员工个人的发展与组织的发展有效地联结在一起，既降低个人失业风险及其给组织造成的不稳定程度，又能提高员工的满意度和促进员工的发展。

人力资源招聘与组织招聘管理之间的关系不言而喻，人力资源规划规定了招聘和选拔人才的目的、要求及原则，组织的招聘工作须基于人力资源规划的框架而展开。人力资源规划的内容解决了招聘管理中的相关问题，包括岗位的空缺情况、招聘的时间、招聘的数量和质量、招聘的渠道等，人力资源规划是组织实施招聘的前提条件，招聘是人力资源规划的一个具体运用。

（二）人力资源规划的类型

人力资源规划按照期限长短不同，可分为长期规划、中期规划和短期规划三种。长期规划一般指5年以上具有战略意义的规划，内容具有较强的普遍性和灵活性，它为组织的人力资源发展和使用确立了基本的方向、目标和政策。长期规划的制定建立在对组织内外环境变化的分析预测基础上。中期规划一般指3~5年的规划，其目标、任务的明确与清晰程度介于长期规划和短期规划之间，有承前启后的作用。短期规划则是指时间跨度在1年左右的规划，它对各项人事活动的安排往往比较明确，任务具体、目标清晰，是依据长期规划来确定现有绩效的基准点。

人力资源规划按照其内容性质的不同，可分为宏观人力资源规划和微观人力资源规划。宏观人力资源规划是从整个组织系统和人员系统出发，在分析组织结构和人员预算状况走势的基础上，确定一个时期内组织人员总体需求状况，以期组织内职位与人员数量、素质结构在总量上达到基本均衡。宏观人力资源规划更具有战略性。微观人力资源规划是指组织各部门根据部门的工作岗位需要和部门预算情况及其发展方向，在工作描述和工作分析基础上，确定本部门在一个时期或一个财政年度内，对人力资源的需求状况，并制订出其获取与分配的计划。从程序上看，微观人力资源规划作为信息汇总使宏观人力资源规划的建立有了基础；从结果上看，微观人力资源规划所包含信息的准确性关系到宏观人力资源规划预测的准确性。

二、人力资源规划的程序

人力资源规划通常要对以下重要问题做出分析：组织面临的变化着的内外部环境，对组织发展与人才需要提出了什么要求；组织近期和长期的发展目标；现有人力资源素质、能力结构与组织目标存在的差距；对组织未来人力资源的需求情况进行预测；将规划与日常的人事管理活动联系起来，在管理中贯彻和实施人力资源规划的要求；通过一定的指标和人力资源管理的绩效，对人力资源规划的成果予以评估，并不断完善人力资源规划。人力资源规划程序的内容可参见图2-1。

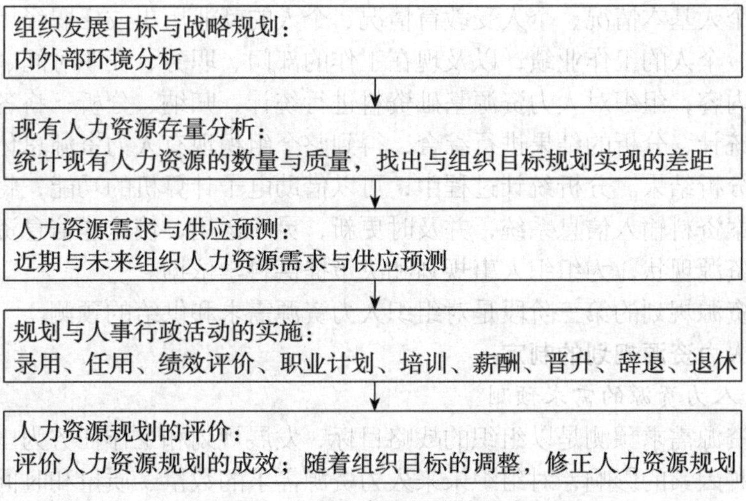

图2-1　人力资源规划的程序

人力资源规划的第一阶段主要是对组织发展战略和组织内外部环境进行分

析。组织发展战略确定了组织的发展目标以及实现战略目标所要采取的组织结构、人力、财务、营销等方案。对人力资源进行战略性思考，确定了对人力资源的具体要求，如员工特性、评价标准、薪酬特色以及培训重点等。人力资源规划使组织的人力资源战略通过具体的方案来实现。我们已经明确，人力资源规划是整个组织战略发展计划的重要组成部分，是为了保证组织目标的实现和持续发展而制定的，因此，人力资源规划的先决条件是确定组织生存的内外部环境特征与组织近期、长期的发展目标。组织的内外部环境分析通常在相同的时间里进行，展开一个客观的对外部因素，以及那些存在于组织内部的因素的分析性反思。分析性反思从对机会和厄运预兆的考虑，以及对组织至关重要的数据采集和应用评估入手，对组织的优势和弱势全面地进行思考，并且，这种分析和思考会是与时俱进的，必须对组织身边发生的变化随时保持警觉，以便决定什么时候改变重点或方向。

人力资源规划的第二阶段是对组织现有人力资源状况进行统计和分析，即进行人力资源存量分析，因为对组织今后人力资源的科学预测必须立足于获取组织的人力资源过去和现在发展的资料和趋势分析。这里，需要进行的工作包括：人员数量分析、人员类别分析、人员素质分析、年龄结构分析、职位结构分析等。具体过程为：通过工作分析，描述组织的职位设置和工作性质，作为对照人力资源结构的基础性资料；运用面谈或问卷调查的方式，统计组织内每个员工的基本情况，获得现有人力资源状况的基础性分析资料。面谈和问卷调查的设计内容一般涉及：个人基本情况、个人受教育情况、个人的就业历史或任职经历、个人的职业生涯、个人的工作业绩，以及现在工作的部门、职务、任职时间、经历、薪酬等级等内容；组织对人力资源基础资料进行统计、归纳、分析；将各个部门的人力资源统计、分析的结果进行综合，得到整个组织现有人力资源总体状况的资料与统计分析结果。分析统计过程中，可以借助电子计算机的功能，将每个员工的个人档案资料输入信息系统，并及时更新，灵活运用，使这些信息资料能用于了解人力资源现状，为组织人事规划和决策提供科学依据。

人力资源规划的第三阶段是对组织人力资源需求和供给的预测。

三、人力资源规划的制定

（一）人力资源的需求预测

人力资源需求预测是以组织的战略目标、发展规划和工作任务为出发点，综合考虑各种因素的影响，对组织未来人力资源需求的数量、质量和时间等进行估计的活动。人力资源需求预测是人力资源规划的中心内容。人力资源需求预测的方法较多，我们将这些方法分为定性预测和定量预测两大类。

1.定性预测方法

（1）零基预测法

该方法较为简便，适用于短期的预测。此法先假定组织现有员工数量与结构完全能够适应预期的要求，管理者只需要安排适当的人员在适当的时间加以补缺即可，如替补晋升者和离职者留下的职位空缺。

（2）经验预测法

该方法是指根据以往的经验对人力资源进行预测规划的方法。实际运用中的操作方法是：组织的基层管理人员根据以往的经验将未来一段时间内的活动转化为本部门人员的需求增减量，提出本部门各类人员的需求预测量，再由上一级管理层对其所属部门进行人力的估算和平衡，通过层层估算，最后由最高管理层进行人力资源的规划和决策。

（3）微观集成法

该方法可以由具体的职能部门根据自己部门的需要，预测将来某一时期内对各种人员的需求量，并向自己的上级主管提出用人建议和要求，最后经横向和纵向汇总而获得人员需求预测的总数。也可以由组织的最高管理层先拟定出组织总体的用人目标和建议，而后逐级下达到各具体职能部门，开展讨论和修改，再将修改意见反馈回最高管理层，最高管理层据此对总的预测和计划做出最后的修正。该方法适用于短期预测。

（4）德尔菲法（Delphi Method）

此法也叫专家评估法，是美国著名的兰德公司（Rand Corporation）科学家奥拉夫·赫尔默博士在受命研究“如果使美国的国民生产总值削减75%，到底需要多少枚威力与投在广岛的相等的原子弹”这一专题时创造的。该方法是在不记名的情况下，向若干专家寄发调查表，分别征询意见，然后将意见收集起来，运用数理统计的方法进行分析归纳，测算出各种数据的平均值和标准差，再把较集中的意见反馈给专家，让专家们慎重地修正自己的意见。经过多次反馈（3~5轮），使大多数专家的意见趋于集中，从而获得预测结果。专家可以是来自一线的管理人员，也可以是高层经理。一般在预测组织未来劳动力需求时，可选择规划、人事、市场、销售和生产部门的经理作为专家，人数最好在20~30人之间，少于10人则统计分析无意义，人数太多则增加整理的工作量。

该方法在使用过程中需注意以下几点：给专家提供充分的信息使之能做出正确的判断；允许专家估算而非精确测算，但要求提供预测数字的肯定程度；尽可能使过程简化；在进行统计分析处理时，应分别不同的问题和不同的专家（比如，对数量和时间答案处理用中位数和上、下四分位点方法，得出预测期望值和区间；对等级比较答案，则采用加权平均的方法，计算主观概率预测值；在反馈时，可用各种图表来形象地表示统计处理的结果）；取得专家和高层管理人员对调查活动的支持和重视。

德尔菲法在实际的人力资源需求预测中受到重视和广泛运用，并且预测的准确性也较高。比如，一家公司曾经用德尔菲法预测某一年中需要新招聘销售人员的数量，他们选择的专家是公司中7位管理人员，这些专家被要求填写了5轮匿名的问卷。在第一轮问卷调查结束之后，调查组对预测结果进行了总结归纳，发现专家预测的结果范围在25~43人之间，平均值为32人。第五轮问卷调查结束后，专家们预测的数量范围在27~38人之间，平均值为33人。调查者为了检验德尔菲法预测的精确程度，并没有把预测的结果公布出来，在实际的招聘工作中也没有使用这个结果。到了年底，统计得出这一年实际招聘的销售人员有32人，可见该方法在预测人员需求方面具有较高的准确性。

2.定量预测方法

（1）总体需求结构分析预测法

该方法用公式表示为：NHR=P+C−T

公式中，NHR指未来一段时间内需要的人力资源，P指现有的人力资源，C指未来一段时间内需要增减的人力资源，T指由于技术提高或设备改进而节省的人力资源。比如，某公司现有员工1 000人，一年后由于经营规模的扩展需要增加150人，但由于采取ERP技术可节省50人，根据公式我们即可算出一年后需要的人力资源为：

NHR=1 000+150−50=1 100（人）

（2）人力资源成本分析预测法

该方法从成本的角度进行预测。测算的公式为：

$$NHR=\frac{TB}{(S+BN+W+O)\times(1+a\%\times T)}$$

公式中，NHR为未来一段时间内需要的人力资源，TB为未来一段时间内人力资源预算总额，S为目前每人的平均工资，BN为目前每人的平均奖金，W为目前每人的平均福利，O为目前每人的平均其他支出，a%为组织计划每个人力资源成本增加的平均百分数，T为未来一段时间的年限。比如，某企业3年后的人力资源预算总额是400万元/月，目前每人的平均工资是1 500元/月，每人的平均奖金是400元/月，每人的平均福利是800元/月，每人的平均其他支出是100元/月，该企业计划人力资源平均每年增加5%。根据公式，我们可以计算出该企业3年后需要的人力资源为：

$$NHR=\frac{4\ 000\ 000}{(1\ 500+400+800+100)\times(1+5\%\times3)}=1\ 242（人）$$

（3）人力资源回归预测法

该方法是运用数学中的回归原理，通过建立人力资源需求量与其影响因素之间的函数关系，从影响因素的变化推导出人力资源需求量的变化。其中，单变量的回归方程，体现的人力资源需求数量仅仅随着一个变量发生变化，而不考虑其他因素对人力资源需求量的影响。其基本公式为：

$Y=\alpha+\beta X+\varepsilon$

公式中，Y为人员需求数量，X为产品产量，α、β为根据过去资料推算的系数，ε为不相关的随机变量，其平均值为零。比如，以某公司为例，其相关资料见表2-1。

表2-1　　某公司的人员需求预测

年份	产品产量（千个）X_i	人员数量（个）Y_i	$(X_i-\bar{x})$	$(X_i-\bar{x})^2$	$(Y_i-\bar{y})$	$(Y_i-\bar{y})(X_i-\bar{x})$
2008	11	21	−8	64	−8	64
2009	13	22	−6	36	−7	42
2010	14	23	−5	25	−6	30
2011	14	25	−5	25	−4	20
2012	17	28	−2	4	−1	2
2013	16	30	−3	9	1	−3
2014	19	32	0	0	3	0
2015	21	31	2	4	2	4
2016	20	32	1	1	3	3
2017	24	34	5	25	5	25
2018	28	34	9	81	5	45
2019	31	36	12	144	7	84

根据预测方程：$Y=\alpha+\beta X+\varepsilon$

运用最小平方法可推导出α、β的公式如下：$\alpha=\bar{y}-\beta\bar{x}$

则 $\beta=\frac{\sum(X_i-\bar{x})(Y_i-\bar{y})}{\sum(X_i-\bar{x})^2}$

而 $\sum X_i=228 \quad N=12 \quad \bar{x}=\sum X_i/N=19$

$\sum Y_i=348 \quad N=12 \quad \bar{y}=\sum Y_i/N=29$

$\sum(X_i-\bar{x})^2=418 \quad \sum(X_i-\bar{x})(Y_i-\bar{y})=316$

$\beta=316/418=0.76 \quad \alpha=\bar{y}-\beta\bar{x}=29-0.76\times19=14.56$

假设$\varepsilon=0$，

则$Y_{2020}=14.56+0.76\times35=41.16\approx41$（人）（35为2020年的预计产量）

通过预测分析，可预测出2020年该公司人员需求量为41人，假设不需要考虑其他影响因素，则可预测出今后各年度的人员需求量。

但是，在多数情况下，人力资源的需求数量并不是由一个简单的因素所决定的，而是由多个主要因素来共同决定的，这些因素呈线性关系，就称为多元线性回归。例如，人力资源的需求量可以由组织的生产规模、劳动生产率等多项因素所制约。为此，我们将人力资源数量作为因变量Y，将影响人力资源数量变化的因素作为自变量X_1、X_2、X_3、X_4、…、X_n，两者间的近似关系用公式表示为：

$Y=a_0+a_1X_1+a_2X_2+\cdots+a_nX_n$

（4）人力资源劳动定额预测法

劳动定额预测法是依据劳动者在单位时间内应完成的工作量和组织计划的工作任务总量推测出所需要的人力资源数量。公式为：

$N=\frac{W}{q(1+R)}$

公式中，N为人力资源需求量，W为计划内任务完成总量，q为组织现行劳动定额，R为计划期内生产率变动系数。

（5）人力资源比率分析预测法

该方法是一种通过计算某些原因性因素（如销售额）与所需要的员工数目之间的一个精确比率来确定未来人力资源需求的方法。比如，某保险公司对保险推销员的需求可以用保险推销额度与保险推销员数目的比率为基础进行预测。假设某保险公司的保险推销额度为8 000万元，保险推销员数量为100名，两者的比率基础为8 000：100=80：1，这一比率表明，平均每个保险推销员所完成的推销额度为80万元，假如这家公司预期明年保单总额将新增800万元，则其需要新招进10名保险推销员。

以上所述的几种方法，都是运用数学的方法进行人力资源需求预测，这些定量方法往往依赖于人力资源需求与某些因素之间的函数关系的稳定性而测算的。

而在工作实践中，人们较难发现稳定的数学模型，因此在很多情况下，对人力资源需求的预测是依靠经验进行估算的，即使运用了逻辑严谨的数学模型，也常常需要借助经验的判断对结果进行修正。

（二）人力资源的供给预测

人力资源供给预测是指为了满足组织在未来一段时间内的人力资源需求，而对组织可以获得的人力资源的数量与质量状况进行的预测。它包括对外部和内部的人力资源进行的预测。

为了更好地完成对人力资源的供给分析，首先必须确立人力资源供给预测的程序，这一程序一般包括：

第一，对现有人力资源的测算。这主要指利用信息库的资料，分析、核查组织内部各种人员的基本情况。信息库建立得较为完善的组织，可查询到这些信息：各类人员的数量、员工的部门分配情况，员工的技术知识水平、工种、年龄、受教育培训情况、职业发展计划，人员流动的基本数据等。

第二，对组织内人员流动的分析。通过分析本组织目前员工流动的情况及其原因，预测将来员工流动的态势，以便采取相应的措施避免不必要的流动或及时给予替补。组织内人员流动的情况表现为：平调或轮岗、晋升、降级、辞职、退休、伤残、死亡等。

第三，事先掌握组织内员工晋升和内部调动的情况，保证工作和职务的需要，进行必要的前馈控制管理。

第四，掌握组织员工的供给来源和渠道。

人力资源的供给预测包括内部人力资源供给预测和外部人力资源供给预测。

1.内部人力资源供给预测

内部人力资源供给预测主要是指对组织内部员工的情况进行分析，它包括分析了解员工的人数、年龄、知识技术水平、发展潜能、流动趋势等，从而预测未来一段时间内组织内部可能的人力资源保持和流失状况。组织内部的人力资源供给往往直接关系着整个组织团队的凝聚力和士气。

影响内部人力资源供给的因素一般包括：行业的发展状况和前景；组织的人力资源策略和相应的管理措施以及不同组织所存在的一些特殊因素等。

内部人力资源供给预测的方法主要有：

（1）员工满意度与忠诚度调查

组织可以以定期的形式，在内部对员工进行工作满意度调查，从而从各个层面了解员工对组织内各项政策和管理措施等工作环境的评价，明确员工对工作的满意程度，同时也能弄清员工流动的原因与可能性大小。满意度调查可以由组织自行展开，也可以委托专业的咨询调研公司进行，通常使用匿名方式。

（2）档案调查

组织可以从每一个员工进入的第一天起，即建立内部的个人档案，以此作为人力资源信息系统的基础。档案调查即通过查询计算机信息系统，方便快捷地了解相关员工的工作经验、教育程度、特殊技能等工作信息，从而评价目前不同类型员工的供应状况，确定晋升或换岗的人选，确定员工培训或发展的项目以及帮助员工确定职业发展规划等，统计、分析目前的人力资源状况。在员工的个人档案中，一般可以记载以下几方面的信息：

基本信息：年龄、性别、结婚与否等。

知识技能信息：受教育程度、工作经历、培训经历、任职情况等。

特别资格：参加何种专业团体、得过何种奖励、有何特长等。

薪资资料：现在与过去的薪资情况、调薪日期等。

个人素质：心理测验及其他测验的成绩、健康资料等。

兴趣爱好：业余爱好、家庭情况等。

（3）接替继任计划

接替继任计划的实施可运用继任卡法，来分析和设计组织内各主要管理岗位的人员供应状态。正如IBM公司所宣称的：实施这项计划的目的是“保证高层管理者的素质，为公司遍布世界的所有管理职位做好人才准备”。继任卡也称替补图，是用于更好地满足管理人员，尤其是高级管理人员的供应所设计的岗位替补或曰晋升可能计划。通过继任卡的制定和使用，一方面组织不会由于某个人的离职而使工作受到太大影响；另一方面，以组织为基础的替补有利于调动员工的积极性。而且，继任卡所显示的某些员工经过一定时间的培训和实践有可能晋升的信息，大大有助于相关员工素质和成熟度的提升，使晋升人员能达到较高的胜任水平。典型的继任卡可设计成如表2-2[①]所示的样式。

表2-2　　继任卡

<table>
<tr><td>A</td><td colspan="4"></td></tr>
<tr><td colspan="5">B</td></tr>
<tr><td>C</td><td colspan="3">D</td><td>E</td></tr>
<tr><td>C_1</td><td>1</td><td>D_1</td><td>B_1</td><td>A_1</td></tr>
<tr><td>C_2</td><td>2</td><td>D_2</td><td>B_2</td><td>A_2</td></tr>
<tr><td>C_3</td><td>3</td><td>D_3</td><td>B_3</td><td>A_3</td></tr>
<tr><td>C_E</td><td>紧急继任者</td><td colspan="2">D_E</td><td>B_E</td></tr>
</table>

① 杨杰. 有效的招聘［M］. 北京：中国纺织出版社，2003.

继任卡A中，B填入现任者的职务，C填入现任者的年龄，D填入现任者的姓名，E填入现任者任现职的时间年限，1、2、3分别代表三位继任者，C_1、C_2、C_3分别填入三位继任者的年龄，D_1、D_2、D_3分别填入三位继任者的姓名，B_1、B_2、B_3分别填入三位继任者的职务，A_1、A_2、A_3分别填入三位继任者晋升的可能性（可以用不同的颜色代表晋升可能性的大小）。

（4）流动可能性矩阵分析

该方法是借助流动可能性矩阵分析表，了解内部员工在一定时间内的流动状况，以便于预测内部人力资源可能的供应量。一种基本的二维矩阵构成了这种模型，如表2-3①所示。在该表中，工作级别从A到I，级别逐渐由高到低，数字表示百分比，如AA为1.00，表示在这个工作时间段内最高工作级别的人员没有流动；BB为0.8，表示在这个时间段内，这个级别的人员留住了80%，其中15%晋升到A岗位，5%流出了组织，依此类推。

表2-3 组织内部流动可能性矩阵

工作级别		终止时间									流出	总量
		A	B	C	D	E	F	G	H	I		
起始时间	A	1.00									—	1.00
	B	0.15	0.8								0.05	1.00
	C		0.16	0.76	0.04						0.04	1.00
	D		0.01	0.23	0.73						0.03	1.00
	E				0.85	0.05					0.10	1.00
	F					0.25	0.65	0.05			0.05	1.00
	G						0.40	0.50	0.03		0.07	1.00
	H						0.02	0.15	0.75		0.08	1.00
	I								0.20	0.50	0.30	1.00

2.外部人力资源供给预测

无论是地区性层次的人力资源市场还是全国性的人力资源市场，都会受到经

① 杨杰．有效的招聘［M］．北京：中国纺织出版社．2003．

济、社会、教育和法律等诸因素的影响。一般情况下，影响外部人力资源市场供给的因素主要有：当地的失业率水平、同种类型劳动力向外地市场的流动量、本地教育系统毕业生数量、交通运输发展状况、与其他地区相比本组织的报酬水平和工作环境、就业量以及组织在一般公众中的形象等。

（三）制定人力资源规划

当目前的人力资源状况或发展趋势与未来战略成功所需要的理想状态存在差距时，组织就要根据具体的需求制订一系列有针对性的人力资源规划方案，用于确保未来人力资源状况符合组织的战略需要。方案一般包括一个蓝图式的总规划和人员招聘、配置、流动、培训、薪酬等具体职能的详细规划。

（四）通过评价与控制规划对战略进行调整

人力资源规划毕竟是对未来状况的预测，在规划制定与实施过程中可能发生一些与预测不符的状况。因此，最初制定的人力资源战略和规划甚至可能使组织战略本身无法达到预期的目的。为此，就必须建立一套科学的评价和控制系统，通过对规划的监控及时调整人力资源战略和规划以适应环境的变化。甚至当环境的变化使组织战略无法按预期的方向开展时，就应根据环境予以调整，并基于新的组织战略进行人力资源规划，保证人力资源规划与组织战略的持续滚动发展。

实施人力资源规划，通过估计未来的人员配置需求，估计未来人员配置的可获得性，并将两者加以比较，确定净需求。在稳定性高、工作需求变化少、人员变动也较少的组织中，实施人力资源规划会更有效些，但是，在今天深具灵活性的组织中，驱动未来人员配置供求的因素是不断变化的，确定未来需求的过程就变成一个根据对变化的不同假设制订方案的过程，管理者可以在这些作为行为依据的备选方案中进行选择。

随着人力资源管理的战略意义日益显著，人力资源规划作为其中的关键环节必然以组织的战略为导向，从而确保人力资源的各项职能活动都能为战略成功创造价值。由于组织战略会对组织的人力资源战略赋予不同的使命，在进行人力资源规划过程中人力资源存量的分析和需求供给预测的关注对象也会有差异，最终必然产生侧重点不同的人力资源规划方案。表2-4[①]总结了与波特的三种竞争战略相协调的人力资源规划方案；表2-5表述的是迈尔斯和斯诺将组织战略分为防御者战略、分析者战略、探索者战略，针对每种战略的特殊要求，企业的人力资源规划方案与之协调变化的情况。

① 该表与表2-5资料均参见晏景荣. 基于企业战略的人力资源规划流程及方案［J］. 中国人力资源开发，2006（7）.

表2-4　　与波特的竞争战略相协调的人力资源规划方案

企业战略	组织特点	人力资源战略要求	人力资源规划方案
成本领先战略	结构分明的组织和责任；严格的成本和定量目标控制以及员工监督；经常、详细的控制报告	强调员工生产率；以定量目标和绩效评估为基础的薪酬激励；强调与工作有关的培训	周密的总体规划；高生产率员工是人员补充、培训等规划的主体；薪酬规划以低成本、即时激励为导向
差异化战略	基础研发能力强；质量或科技领先的企业声誉；强大的生产能力	营造轻松愉悦的工作氛围吸引创造型人才；强调主观评价和自我激励而非定量指标；基于团队的培训	灵活的总体规划；增强创新能力是人员补充、配置、培训等规划的重点；员工的职业生涯规划受到重视
集中化战略	针对某一客户群、某一地区提供更高效的服务，以实现成本领先优势或差异化优势	员工有特定的技术特长；通过长期激励来留住核心员工	适应性的总体规划；专业技术是影响员工补充、培训规划的首要因素；薪酬规划倾向于股权等长期激励；员工的职业生涯受到重视

表2-5　　与迈尔斯和斯诺的战略相协调的人力资源规划方案

企业战略	组织特点	人力资源战略要求	人力资源规划方案
防御者战略	维持内部稳定性；有限的环境分析；集中化的控制系统；标准化的运作流程	获取员工最大潜能；通过培训开发员工能力、技能和知识；保持稳定的员工流动水平	稳定的总体规划；人员补充规划以内部流动为主；完善周密的培训计划；员工职业规划受到重视
分析者战略	组织结构弹性大；严密和全盘的规划；低成本的独特产品	重视自我激励动机强的员工；技能和知识的自我发展；人员配备与团队结构灵活运用	周密的总体规划；人员补充、配置和培训规划以自我学习能力和激励能力强的员工为主体；员工职业规划受到重视并尊重个人意愿
探索者战略	组织结构非正式化；广泛的环境分析；灵活的控制系统；资源配置快速	雇用拥有目前需要的技能且能马上使用的员工；员工能力、技能和知识的培养以工作为导向；外部招聘较多	灵活的总体规划；员工补充、配置规划倾向于外部供给；培训规划主要是简单的上岗培训；薪酬规划以多样化为导向

一个优秀的企业管理者不能把人员招聘孤立地看成是人力资源部门的业务行为，而必须从企业的整个管理战略出发，认真分析企业所处地区和所在行业的外部环境，取长补短，实事求是地制定聘用标准，同时，努力整合自己的内部环境，创造一个实实在在的吸引人、留住人的组织氛围，这也是企业最高管理者的首要工作之一。哈罗德·孔茨（Harold Koontz）对此做出了很好的诠释："管理就是为在组织中工作的人谋划和保持一个能使他们完成预定目标和任务的工作环境。"

第二节 工作分析

工作分析是人力资源管理的一项核心基础职能，它是一种应用系统方法，收集、分析、确定组织中职位的定位、目标、工作内容、职责权限、工作关系、业绩标准、人员要求等基本因素的过程。①职位分析以组织中的职位以及任职者为研究对象，它收集、分析、形成的信息及数据是有效联系人力资源管理各职能模块的纽带，为人力资源管理体系的建设提供理性基础。

组织的招聘工作，必须基于工作分析的结果，因为确定招聘人选的条件要求首先是由该职位的关键工作职责决定的。按照招聘管理中的能岗匹配原则，只有素质技能符合、胜任该岗位要求的人，才是最合适的人选。不同的职位需要具有不同能力和素质特点的人来从事。通过职位分析，在明确职位的职责、权限、任职资格等的基础上，形成该职位的工作基本规范和职责描述，从而为组织选拔人员提供基础，提升人事匹配度，提高甄选的效度。

一、工作分析的基本程序

1.确定工作分析的目标

要提高工作分析的效果与效率，必须使工作分析有的放矢，即根据组织与人力资源管理实践的要求，明确提出工作分析的具体目标。尽管工作分析的不同导向之间往往相互交叉，一个工作分析项目可以胜任2~3个具体目标，但还是有必要建立目标导向的工作分析系统。当组织将招聘甄选作为工作分析的目标时，工作分析强调的重点是对工作所需受教育程度、工作经验、知识、技能与能力的界定，并确定各项任职资格要求的具体等级或水平。此时，工作分析所要收集的信息主要是：工作目的与工作职责、职责的重要程度、任职资格。信息收集的成果表现为：招聘要求和甄选标准。

① 彭剑锋．人力资源管理概论［M］．上海：复旦大学出版社，2003.

2.确定工作分析的执行者

工作分析是一项技术性强并需要得到各方面认可的工作，因此，工作分析者应由人力资源管理专家、管理层、相关员工三方面的人员组成，并经过相关知识培训才能工作。

3.选择有代表性的职位来进行分析

在组织中职位系统比较复杂，相类似的岗位较多，因此，为提高工作分析的效率和降低工作成本，就需要选择具有代表性的工作进行分析，然后进行类推。

4.收集工作分析所需要的信息资料

这是工作分析的重要阶段。一般收集的信息资料包括员工的在职活动、员工行为、工作状况、工作条件等。

5.编写工作说明书和工作规范

工作说明书主要包括职位设置目的、基本职责、职位在组织中的位置、业绩标准、工作权限、职责履行等内容。工作规范主要指职位的任职资格要求，包括职位的行为标准、胜任职位所需要的知识、技能、能力、个性特征以及对人员的培训需求等。这两部分构成工作分析的结果。

二、工作分析的目标导向及其分析重点

表2-6[①]概括了工作分析的基本导向及其侧重点。

表2-6　**工作分析导向及其侧重点**

工作分析目标	强调的重点	所要收集的信息	信息收集的成果
组织优化	强调对工作职责、权限的明确界定；强调将工作置于流程与战略分解体系中来重新思考该职位的定位；强调职位边界的明晰化	工作目的与工作职责；职责细分（或履行程序）；职责分配的合理性；工作流程；职位在流程中的角色；工作权限	组织结构的调整；职位设置的调整；职位目的的调整；职位职责的调整；职责履行程序的调整
招聘甄选	强调对工作所需教育程度、工作经验、知识、技能与能力的界定，并确定各项任职资格要求的具体等级或水平	工作目的与工作职责；职责的重要程度；任职资格	招聘要求；甄选标准

① 彭剑锋. 人力资源管理概论［M］. 上海：复旦大学出版社，2003.

续表

工作分析目标	强调的重点	所要收集的信息	信息收集的成果
培训开发	强调工作典型样本、工作难点的识别；强调对工作中常见错误的分析；强调任职资格中可培训部分的界定	工作职责；职责学习难度；工作难点；关键工作行为；任职资格	培训需求；培训的难点与重点
绩效考核	强调对工作职责以及责任细分的准确界定，并收集有关对各项职责与任务的重要程度、过失损害的信息，为考核指标的提取以及权重的确定提供前提	工作目的与工作职责；职责的重要程度与执行难度；工作难点；绩效标准	绩效评价指标与标准
薪酬管理	强调对与薪酬决策有关的工作特征的评价分析，包括：职位在组织中的地位及对组织战略的贡献、工作所需要知识、技能与能力水平，工作职责与任务的复杂性与难度，工作环境条件、工作负荷与强度的大小	工作目的与工作职责；工作范围；职责复杂程度与执行难度；职位在组织中的位置；联系的对象、内容与频率；任职资格	与职位评价要素相关的信息；职位序列

三、工作分析方法的选择

工作分析的方法主要有观察法、访谈法、调查问卷法、工作日志法、关键事件法、工作实践法等。不同的方法有不同的特点，不存在一种普遍适用的或最佳的方法，在进行工作分析时，需具体情况具体分析，综合运用或有针对性地选择其中的一种或几种方法。

（1）根据目标选择。工作分析的目标导向不同，所使用的方法也应有所不同。当工作分析用于招聘时，就应该选择关注任职者特征的方法；当工作分析用于薪酬体系的建立时，就应当选用定量的方法，以便对不同工作的价值做出比较。

（2）根据职位特点选择。比如，有的工作活动比较外显，以操作机械设备为主，就可以使用现场观察法来收集信息；有的工作活动以内隐的脑力活动为主，不容易直接观察，就不能使用现场观察法了。如果使用主观回答较多的问卷调查方法去调查那些文化水平较低的员工，效果也会不理想。

（3）根据实际条件选择。有些方法虽然可以得到较多的信息，但可能由于花费的时间或财力较多而无法采用，如专家访谈法，可以较直接地从工作任职者处获得信息，而且访谈者与被访者能进行面对面交流，深入地挖掘到相关重要信息，但这种方法的缺点是需要花费较多的时间。而问卷调查法，虽然获得的信息有限，挖掘度不够，但如果问卷设计得好，调查面又广，效率还是较高的。

四、工作说明书的编写

工作说明书（job description）是描写某一职位的工作内容、职责、工作环境及任职条件的书面文本。工作说明书的编写要求做到简洁、清楚、充分，也就是要用普通人能够理解的、最简练的语言完整地描述与工作有关的重要信息资料。工作说明书的编写无固定模式，需要根据职务分析的特点、目的与要求具体确定编写的条目。

工作说明书的内容主要包括：

（1）工作标识（job identification）。包括工作的名称、编号、工作所属部门、工作地位、工作说明书的编写日期等项目。

（2）工作综述（job summary）。描述工作的总体性质，即对该职位工作职能、活动的概括描述，所用语言应尽量具体明确，切忌泛泛地概括。

（3）工作范围。指该职位的任职者所能掌控的资源的数量和质量，以及该职位的活动范围，它代表了该职位能够在多大程度上对企业产生影响。该部分信息非所有工作分析说明书中的必备内容，往往用于管理职位或以职位评价为目标的职位描述。

（4）工作职责。主要指该职位通过一系列怎样的活动来实现组织的目标，并取得什么样的工作成果。

（5）工作权限。指根据该职位的工作目标与工作职责，组织赋予该职位的决策范围、层级与控制力度。主要应用于管理人员的职位描述与职位评价。

（6）业绩标准。这是在明确界定工作职责的基础上，对如何衡量每项职责的完成情况的规定，是提取职位层级的绩效考核指标的重要基础和依据。

（7）工作联系。主要包括两个部分：一是该职位在组织中的位置，用组织结构图来反映；二是该职位任职者在工作过程中与组织内部和外部各单位之间的工作联系，包括联系的对象、联系的方式、联系的内容和联系的频次等。

（8）工作压力因素与工作环境。工作压力因素指由于工作本身或工作环境的热点给任职者带来压力和不适的因素。工作环境条件，主要针对操作工人的职位描述，目标是界定工作的物理环境在多大程度上会对工人造成身体上的不适或影响身体健康。

(9) 工作规范。主要说明担任此职务的人员应具备的基本资格和条件，如一般要求包括年龄、性别、学历、工作经验；生理要求包括健康状况、力量与体力、运动的灵活性、感觉器官的灵敏度；心理要求包括观察能力、学习能力、解决问题的能力、语言表达能力、人际交往能力、性格、气质、兴趣爱好等。

五、工作分析与招聘配置

工作分析是招聘环节中使用最广泛的确定招聘标准的工作，是招聘、筛选、录用的基础。通过工作分析，组织把做好工作所需要的知识、技能、能力和个性等进行归纳总结，甚至进行量化分析，统计出此岗位最佳素质的数据，以此作为人员筛选的标准，将求职者的相关信息与之进行比较。

（一）借助工作分析系统，加强人员合理配置

工作分析系统承担对企业内所有有关工作的信息的收集和整理工作。通过工作分析，企业能够掌握已有各类人员的数量、质量、结构，所需各类人员的数量、质量、结构，这样有利于对人员进行合理的配置和调整。这些内容可以从工作分析的结果文件中获得，比如企业内每个职位的具体描述，从事该职位的人员的素质技能等。

（二）根据工作分析，制订人事安排计划

与前述的人力资源需求预测相关理论有关，人力资源需求预测主要根据企业目前以及未来一定时期内所需要的人才数量、类型以及获得的可能性进行预测，在预测的基础上，制订企业所需要人才的计划；同时面对内部员工，可以结合人才计划开展人事调动，此时人力资源部门依据工作分析中的工作描述书有关职位关系，拟订此工作岗位的人事安排计划，见表2-7。

表2-7　　**人事安排计划举例**[①]

本岗位名称：招聘助理　　所属部门：人力资源部　　岗位编号：ZN-HR-0221

职位关系	职位	相应条件
可晋升岗位	招聘专员	在具备了一定的招聘面试等专业技能之后，有一定的管理能力，并且能够对所支持的部门业务有全面了解
可由何岗位转至本岗位	各部门人事助理	通过对部门人力资源事务的处理，掌握相关技能，视工作需要而定
可转至何岗位	各部门人事助理	视工作需要而定，主要负责某一部门的人力资源的全面相关事务

① 王丽娟. 员工招聘与配置［M］. 上海：复旦大学出版社，2012.

（三）通过工作分析文件，协助人员招聘配置计划的实施

企业在制订人员招聘配置计划时，必然会涉及各个部门、各个岗位。无论是新招聘员工还是岗位再调整的老员工，都要重新适应新的工作环境和工作关系。工作分析形成的文件对每个岗位都进行了详细的描述，包括其工作环境、领导关系、协作关系等，这些信息能帮助员工更快进入新的工作角色，更好适应新的工作环境，人员配置计划的有效性因此得到提高。

（四）依照工作分析，实现人员招聘配置计划的效果评估

招聘与配置效果的衡量标准，就是与岗位的匹配度以及所产生的工作绩效，而这些标准都来自工作分析。与此同时，通过比较任职者与岗位要求任职资格之间的差距和实际绩效，来不断修正人力资源的招聘配置计划，总结不足，为下一阶段的人力资源招聘和调整总结经验。

工作分析在招聘筛选中另一个重要用途是测定岗位的相似性，它把可用同一筛选工具的详细性归为一类，做好职位分类，在招聘大量人员时，企业的相关人员从中确定适合的筛选标准，包括筛选的尺度、考核时的考试题目、内容及方式。这种筛选方式既规避了人为的心理偏好对招聘选人的影响，又减少了招聘的非科学性所造成的企业招聘失败。规范的岗位分析为招聘工作最终录用提供了可靠的依据。组织正是通过人力资源管理的基础性工作——工作分析，提供了职位包含的基础信息，这些信息正是人员招聘和甄选的客观标准和依据。而这里，我们必须意识到只有“人”才是组织发展的真正动因所在，组织成员必须满足特定工作和岗位的需要，也只有员工的能力和岗位相互适应，即人（能）岗匹配，才能充分挖掘员工潜力，发挥其最大效用。

第三节　胜任素质模型

如果说工作说明书中提供的基本生理和社会特征、知识和技能特征是人员甄选中的“硬约束”的话，对于人员甄选中更具有实际意义的是“软约束”——心理特征，虽然有的工作分析也涵盖此项内容，但更多的还是要借助胜任素质理论来探讨与获得。对任何组织的招聘管理而言，最重要、最基本的准备工作是建立以胜任素质模型为基础的任职资格体系，这也是基于胜任素质的人力资源管理研究的新方向之一。

一、胜任素质理论概述

（一）胜任素质的含义

胜任素质（competency/comptencies）来自拉丁语competere，意为“适当

的”。胜任素质的概念最早可追溯到古罗马时代，当时人们通过构建胜任剖面图（competency profiling）来说明“一名好的罗马战士”的属性（麦克利兰，1973；斯宾塞，1993）。

胜任素质是个体所具备的、能够以之达成或预测优秀工作绩效的内在基本特征和特点。它可以包括动机、特质、自我概念、态度、价值观、具体知识、技能、认知方式和行为模式等要素。简单地说，胜任素质就是决定个体在既定职位上能够取得优秀工作成果的那些独特的内在特点。[①]

（二）胜任素质和工作分析

作为人员甄选中更具有实际意义的“软约束”——心理特征，其虽然在工作分析中也有涵盖，但更多的还是需要借助胜任素质理论来探讨与获得。

总体说来，工作分析所要关注的要素有两点，即“职位”与“人”。在没有将胜任素质引入到人力资源管理体系之前，工作分析往往主要是依据图2-2左边的单边流程来进行。引入胜任素质体系后的工作分析流程，不但要注意分析职位特征和职位要求，更要注重对达成高绩效产出的任职者所具备的特质进行研究和分析，找出高绩效者和一般绩效者的区别，并据此建立任职标准。所以，如果说传统的职位说明书更多关注职位而忽视对人（尤其是具备高绩效特征的任职者）的研究的话，那么，引入胜任素质模型后的工作分析说明书，则充实了这一领域。并且，从某种意义上说，建立胜任素质模型的过程也是工作分析的过程，正如苏珊·杰克逊（Susan E.Jackson）等所指出的：“建立胜任素质模型是职位分析的一种特殊形式，二者是内在统一的。”尤其值得关注的是胜任素质模型与“人员”这一因素相结合而建立起来的任职资格体系，这是胜任素质在人力资源管理功能领域运用的重要组成部分，也是基于胜任素质在人力资源管理研究领域的新方向之一。

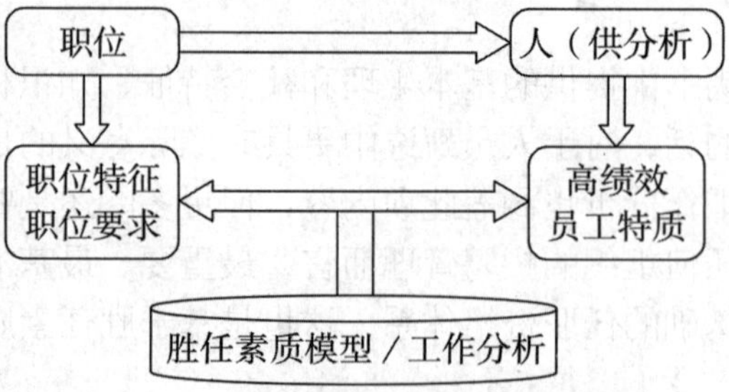

图2-2　引入胜任素质模型后的工作分析

① 何志工，李辉．基于胜任素质的招聘与甄选［M］．北京：中国劳动与社会保障出版社，2006.

（三）胜任素质理论与应用的产生和发展

胜任素质体系的创立是一个长期的过程。1911年，“科学管理之父”泰勒认识到，人在工作中是有差异的，一个人不可能胜任太多工作；一项工作不可能任何人都能胜任；每个人都有自己最擅长的工作和最不擅长的工作；优秀工人与一般工人完成工作的质量和效率存在差异。因此，他通过“时间-动作分析”的方法，界定了哪些因素导致了优秀工人高质量高效率的工作过程和结果，同时采用系统的培训来提高工人这方面的能力，进而提高组织绩效。由于提出了“管理胜任力运动”，泰勒成为最早运用工作分析方法，系统研究人的胜任特征的学者。

卡尔·桑德鲁斯和威尔森（Carr Saunders，Wilson，1933）认为，胜任素质的内涵可以用当时各种职业主要的和显著的特征来描述与判断。例如，人们曾将行业特征描述成各种职业的胜任特征。在胜任素质测验中，他们把胜任特征看成专业化的智慧，而不是实际的操作技能，这是胜任素质最初的含义。

1958年，戴维·麦克利兰（David C.McClelland）等人发表了一部题为《才能与社会——人才识别的新角度》的著作，其中并没有出现“胜任力”或“胜任素质”的概念，主要阐述具有某些个性特征的人与其所表现出的工作取向之间的因果关系。1959年，罗伯特·怀特（Robert White）在《心理学评鉴》杂志上发表了论文《再谈激励：胜任力的概念》。在这篇文章中，怀特第一次正式提到与“人才识别”和“个人特性”有相关意义的“胜任力”（competence）一词，当时他主要是从激励角度来讨论的。1963年，怀特在《生活探索》杂志上发表了另一篇与胜任力相关的文章《人际关系胜任力》，此文对胜任力与社会生活之间的关系做了更深入的分析和探索。

20世纪50年代初，美国国务院感到过去以智商为基础选拔外交官的效果不理想，许多表面优秀的人才，实际工作却令人失望。1971年，美国哈佛大学教授麦克利兰在美国波士顿创立McBer管理咨询公司，应邀承担美国新闻总署项目“如何选拔高效能的海外文化事务官员”，此项目意在帮助美国政府挑选驻外联络官FSIO（foreign service information officers）及为政府设计一种能够有效预测实际工作业绩的人员选拔方法。在项目实施过程中，麦克利兰应用了奠定胜任素质方法基础的一些关键性的理论和技术，例如，抛弃对人才条件的预设前提，从第一手材料出发，通过对工作表现优秀的外交官与一般外交官的具体行为特征加以比较分析，识别出能够真正区分工作业绩的个人条件。

1973年，麦克利兰在《美国心理学家》杂志刊发了一篇题为《测量胜任力而非智力（Testing for Competence Rather Than for “Intelligence”）》的论文。在该文中，麦克利兰自创了一个英文单词——“competency”（在中文里被翻译为资质、胜任力、胜任特征、胜任能力、竞争力、素质等，本书以“胜任素质”为指称），该文从六个方面对测量胜任力进行了说明。胜任素质体系的创立是一个不断探索与构建的过程，包括关于“胜任素质”的界定，除了麦克利兰在《测量胜任力而非智力》中所定义的“能区分在特定的工作岗位上和组织环境中绩效水平的个人特征”这样的说明以外，也包括其他一些研究者的努力。美国学者理查德·博亚特兹（Richard Boyatzis）是第一个经过深入研究，开发素质模型、写作相关书籍的人。博亚特兹在其《有效管理者：高绩效素质模型》中，通过将工作要求、组织环境、个人素质三个对绩效有关键影响的因素联系起来，扩展了素质模型设计的观点，也因此使素质被广泛理解为导致该绩效的一种潜在特质。美国学者莱尔·M. 斯宾塞（Lyle M.Spencer）和塞尼·M. 斯宾塞（Signe M.Spencer）在他们所著的《工作素质：高绩效模型》一书中指出，素质是在工作或情境中产生高效率或高绩效所必需的人的潜在特征，同时只有当这种特征能够在现实中带来可衡量的成果时，才能称为素质。基于此，斯宾塞提出了素质的冰山模型（见图2-3）。

图2-3 冰山素质模型

二、胜任素质模型

（一）胜任素质模型的含义

胜任素质模型（competency model）就是为了完成某项工作，达成某一绩效目标，要求任职者具备的一系列不同素质要素的组合，其中包括不同的动机表现、个性与品质要求、自我形象与社会角色特征以及知识与技能等。也就是说，若干的胜任素质有机地结合在一起，针对某个既定职位的要求构成一个胜任素质集合体，这个集合体就是胜任素质模型。

可见，胜任素质模型是对高绩效（包括一般绩效）工作产出所需要的胜任素质的规范化文字性描述和说明。在素质体系发展过程中，鲍伊兹经过对大量原始资料的重新分析和研究，归纳出了一组用来寻找和辨别优秀经理人员的胜任素质，这种有效的胜任素质组合就是胜任素质模型的雏形。

（二）胜任素质模型的理论基础

1.冰山素质模型

斯宾塞（1993）依据著名心理学家弗洛伊德的“冰山原理”提出了“冰山模型”，即以海洋中巨大的冰山作为素质模型的说明。冰山在水面上的微小部分被表述为知识、技能等要素，它们是显性的表层特征，是可直接测量的、容易感知的、通过培训较容易提高的。冰山在水面下的更大部分被表述为包括社会角色、自我形象、社会特点、品质与动机等要素，它们是隐性的深层个性特征，是难以测量的、长期形成的、决定个人的胜任素质的要素（如图2-3所示）。麦克利兰把斯宾塞的冰山模型做了进一步拓展，他把水上部分称为基准性能力特征（threshold competence），即对工作的基本素质要求，但不能把表现优异者与表现平平者区分开来；水下冰山部分称为鉴别性能力特征（differentiating competence），是区分表现优异者与表现平平者的关键因素。他将能力分为技能、知识、社会角色、自我形象、品质和动机六类，共分四个层次。

冰山素质模型具有以下三个特点：一是与特定工作岗位有关；二是能够在特定的工作岗位中创造出高绩效；三是包括个人特征，如技能、知识、社会角色、自我形象和动机等。技能是指员工将工作做好所需要的基本技术，如电脑操作能力。知识是指员工完成工作所需要的专业领域知识，如基本会计准则。社会角色是指一个人在别人面前显示出的形象，是一种“外露的自我”，如看上去是一个领导者或追随者。它反映出一个人的价值观——他认为的做事的重要性。自我形象是指一个人如何看待自己，是一种“内在的自我”，或者说是一种内在自我的定位，如希望成为一个将军或教师。自我形象是一个人的行为中相关联的持续的特性，这些特性既是一种个人认知，也是一种社会心理，如成为一个很好的倾听者，能够从看上去没有联系的因素中发现线索。动机是一个人在一个特殊领域的自然的不变的思想和倾向，如成就感，从属关系和权力欲。它驾驭、指引和决定一个人的外在行为，如不断地想要将事情做得更好。从对高层次以及管理岗位的分析中可以认为，水面下的胜任能力对取得良好的业绩起决定作用，我们有必要在人员招聘和管理中着重于这些潜在特质的发现与挖掘。

下面我们以创造性思维为例对冰山模型加以说明：

【补充案例】 创造性思维（冰山模型）

定义：

能体现思考的灵活性，具有创造新业绩的洞察力，并能将其转化为切实的行动计划。

行为：

（1）能根据现有的方法和经验确定趋势和格局并多方面思考，能对旧的问题提出新的解决方法，不失务实的视角。

（2）从信息中理解并找出潜在的主题；提出有创造性的但又务实的解决问题的方法；对不全面的数据能体现出有效的判断能力。

（3）以突破性的概念推动业务向前发展；发现新的方法来解决复杂的问题；面对众多的信息能体现出创新的洞察力；对常规的思想和方法提出质疑和挑战。

（4）以长期的开创性的思维对业务进行重组；不断思考新的方法并能站在业界的前端；积极地探求新的业务视角；对未来的业务方向有直觉性的理解。

思维：

（1）专业知识和技能：为发现线索、趋势和异同，你所需要的对业务和相关环境的专业知识以及在相同形势下的经验。

（2）社会角色：为澄清与其他不同的形势，你需要和愿意运用理论和模型去发现其重要性。

（3）自我特性：能够创造性地、与众不同地看待问题。这并不是很容易学会的，很大程度上，这是一种遗传的个人特质。

2.洋葱素质模型

美国学者理查德·博亚特兹对麦克利兰的素质理论进行了深入和广泛的研究，提出了“洋葱模型”，展示了素质模型构成的核心要素。

所谓“洋葱模型”，是将胜任素质要素结构描绘成一个由内到外、层层包裹的洋葱形状，最核心的是个性动机，然后向外依次展开为自我形象、社会角色、态度、价值观、知识和技能（如图2-4所示）。越处于外层，该素质越易于培养和评价，越处于内层，越难以培养和评价。洋葱模型与冰山模型本质上是一致的，都强调核心素质或基本素质，都认为核心素质可以决定一个人的长期绩效。但洋葱模型更突出潜在素质与显现素质的层次关系，比冰山模型更能说明素质之间的关系。

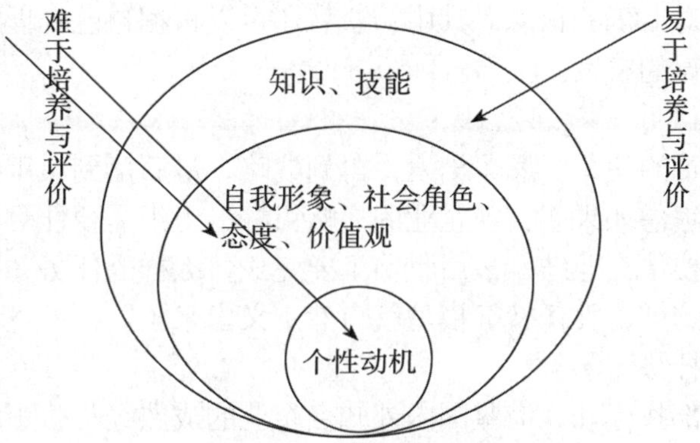

图2-4　洋葱素质模型

（三）胜任素质的识别与胜任素质模型的分类

1.胜任素质的识别

一般而言，胜任素质可分为三大类：第一类为门槛素质，主要指一个人在工作上所需的最低限度素质，但无法区分表现优秀者或表现平平者，通常是一些专业领域的知识和技能；第二类是差异素质，即分辨表现优秀者与表现平平者的关键因素，通常是个人的潜能，如动机、人格特质、价值观等；第三类是转化类素质，是指那些管理人员和员工都普遍缺乏的胜任素质，而一旦他们的这种胜任素质得到提高和改善，就将大大提高他们的工作绩效。

胜任素质识别方法：

（1）行为事件访谈法（Behavior Event Interview，BEI）

这是已被实践证明为获取行为证据的最好方法，它一般包括对关键事件的深度行为访谈、主体统觉测试两项技术，并遵循行为事件STAR四要素法。行为事件访谈基本围绕4～6个关键行为事件展开（包括2～3个成功事件和2～3个挫折事件）。针对每个事件，进行深入的挖掘式的行为访谈，从而在各种不同情境下寻找出相对稳定的行为模式，进而推断出访谈对象的素质特征。比如可以了解事件发生时被访者要完成的任务及目标；被访者为了完成任务采取了哪些行为以及步骤；被访者当时行为的结果。如果被访者能够描述某个事件的全部细节，则认为这个事件是被访者亲身经历过的，反之则不是。将STAR法融入行为事件访谈法，可以获取更细致的信息，来判断被访者陈述的事件的真实性，只有两者一起使用才能获得行为事件访谈法的理想效果。行为事件访谈法往往先向被访者提问一些简单浅显的问题，如工作内容、一天的工作流程等，让被访者尽快融入访谈的氛围中来，再层层深入地挖掘被访者的胜任力素质，完成循序渐进的访谈，这样更容易得到相对准确的信息。其中访谈者还可以根据自己的理解将事件重新描述，以免造成错误的答案。

（2）演绎法

这是指从公司的使命、愿景出发，再到战略，最后落到员工行为上面，逐步进行推导。首先考虑如果想实现企业的战略目标，组织需要什么样的能力；然后看相应的部门需要什么业绩；最后看员工要完成什么样的任务，需要具备什么样的能力与素质。这样，胜任特征模型就自然定义出来了。

（3）外部标杆法

这是指从外部找标杆，借鉴国内外知名企业的成熟经验，了解它们的优秀员工身上具有哪些重要素质，把这些素质和企业的实际情况结合起来，使得胜任素质模型的建立具有一定的超前性。

（4）问卷调查法

问卷调查法是以书面形式间接收集信息的一种调查手段，通过向被调查者发出简明扼要的征询单（表），请其填写对有关问题的意见和建议，来间接获得材料和信息的一种方法。问卷调查法经常被用于调查更大范围内的在职者和相关者，常用以检验前期所建模型的正确性。

在问卷设计中，以设计一个中等长度的问卷（2页左右）为宜，采取封闭式问题、开放式问题、混合式问题结合的方式。由负责人对问卷进行修改。问卷采用匿名的方式；对有争议的名词进行解释；编题时要考虑题目有没有超出答题人的理解能力、记忆能力和计算能力等；对于敏感问题可以设计一些模糊的答案；编写一些结束语。再请相关工作岗位人员对问卷的设计、问题表述等方面提出意见，然后再修改，最终确定终稿。收回问卷后进行统计，并将统计结果进行分析，计算每项素质的平均分和分数的分散程度，最后得到结果，将结果列出，成为岗位胜任力模型。

（5）工作分析法

工作分析是指通过系统全面的信息收集手段，提供相关工作的全面信息，以对某特定的工作职位作明确规定，并确定完成这一工作需要有什么样的行为的过程。工作分析的方法多样，其中工作日志法是目前最为典型的，也是应用最广泛的方法之一，这是指任职者按时间顺序、详细记录自己的工作内容与工作过程，然后经过归纳、分析，达到工作分析目的的一种方法。一般由人力资源部门相关工作人员根据过去的工作经验和查阅工作日志法的相关资料，制定出工作日志表和填写工作日志的要求和说明。根据胜任素质提取的基本原则，重点选取业绩较好人员样本，填写工作日志。经过对所有人员的工作日志分析，总结出岗位胜任素质。采用工作日志法提取胜任素质时，主要从工作行为入手，一方面描绘工作的具体内容，另一方面要提出完成工作所需的技能和性格特征。以工作日志法得到的岗位胜任素质后，可以和行为事件访谈法、问卷调查法等方法相结合，最终整合成岗位胜任力素质模型。

胜任力素质的提取决不可依靠单一方法，正确的做法是结合企业实际，采取多种评估方法，经过综合的分析来识别胜任素质维度。

2.胜任素质模型的分类

胜任素质模型的分类是建立胜任素质模型时必须关注的一个核心问题。目前较普遍的分类方法是将胜任素质模型分为以下五种类型。

（1）统一素质模型，即组织类胜任素质模型，是指在同一组织中所有员工和岗位所共用的一套胜任素质。它集中体现了组织文化和组织价值理念。这一类型的胜任素质模型的构建可以在组织中形成共同的语言，能够使员工融入共同的胜任素质文化中去。

（2）岗位素质模型，即根据组织内具体岗位所开发的胜任素质模型。相对于统一素质模型的笼统性，此类模型具体到一个个的职位上，精确度高，对于那些许多员工从事同一类岗位的大型机构来说，这种模型更具有适用性。

（3）职级素质模型。这一模型的建立需要分两步：首先要有一套基本的胜任素质组合，即对于组织内所有人都适用或都要具备的一套基本素质模板；其次是在每一个渐进的职级上，对该职级上的任职者在每一项胜任素质的具备和熟练程度上都有更高的预期和要求，同时，在每一个渐进的职级上，还会增加更多的胜任素质条目。

（4）通用素质模型。正如斯宾塞等人通过对近300个素质模型的研究，总结出了一个包括21项胜任素质的胜任素质辞典，就是一种针对管理和专业岗位的通用型胜任素质模型，如图2-5所示。这种类型的模型为各种不同群体间的素质进行比较建立了一个参照系，但是缺乏针对具体岗位的适用性。

（5）职簇胜任素质模型。这一胜任素质模型类似于微型的统一模型，它是在一个职位种群内所开发的一套胜任素质模型，尽管在这个职簇内各个不同层级的职位对胜任素质的要求是不同的。因此，一定程度上，该胜任素质模型可以改善统一模型的不精确的问题，也可以避免岗位模型建立中费时、昂贵等缺陷。

（四）胜任素质模型的建立

胜任素质模型的建立一般采用工作胜任力评估法（JCAM）。这是一种严密的、实证性的分析方法，早在麦克利兰等人负责美国新闻总署项目时就已经开始采用。利用这种方法建立胜任素质模型的基本步骤可以简述为：

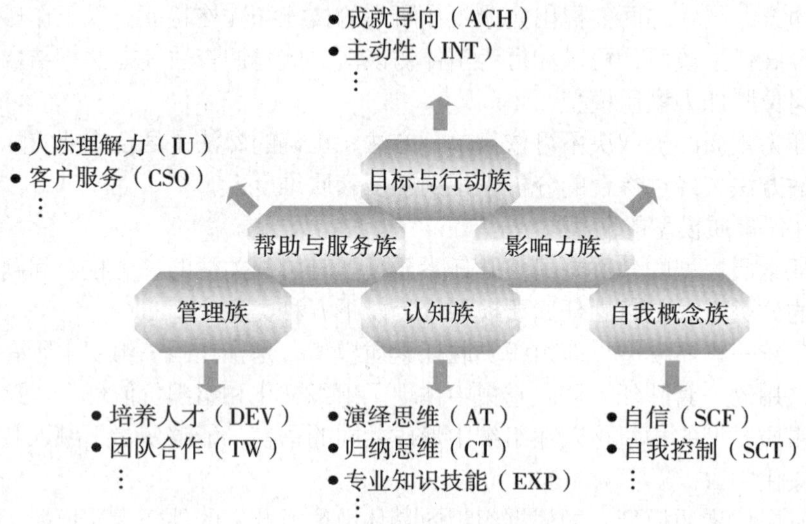

图2-5　通用型胜任素质模型

第一步，对既定职位进行全面分析，确定高绩效模范员工的绩效标准。

第二步，对高绩效员工进行分析和比较，建立起初步的胜任素质模型。

第三步，对初步建立的素质模型进行验证，使之具有足够的效度。

这一基本步骤表现在麦克利兰的经典操作流程中，如图2-6[①]所示。

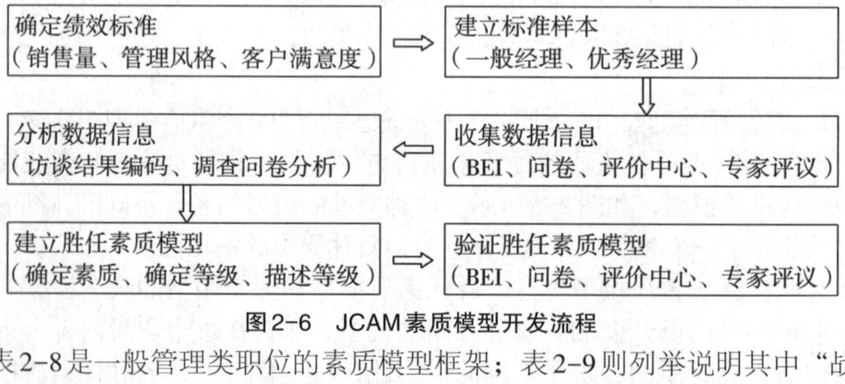

图2-6　JCAM素质模型开发流程

表2-8是一般管理类职位的素质模型框架；表2-9则列举说明其中“战略前瞻性”这一素质的行为等级定义。[②]

① 何志工，李辉．基于胜任素质的招聘与甄选［M］．北京：中国劳动与社会保障出版社，2006.

② 表2-8与表2-9资料来源均为：BAKER，MCKENZIE．Macquarie Graduate School of Management：Master Human Resources Guide［J］．the Global Law Firm，2002（1）：196-197.

表2-8　　一般管理职位素质模型框架

智力要求	人际交往	成就导向	适应能力
战略前瞻性	说服力	内驱力	灵活性
分析力	人员管理	主动性	弹性
商业判断	决策力	组织能力	
计划能力	交流技能	影响力	
	人际敏感性		

表2-9　　“战略前瞻性”行为等级定义

战略前瞻性：把握组织愿景、长期发展目标，以及采取创造性和有洞察力的战略行动的能力	
正向行为	负向行为
能够不拘泥于细节，看到更主要的问题	忽略了要达成的目标
考虑到更广泛的信息	全神贯注于目前
能够有逻辑地评估不同影响的变化的力量	对未来的发展和可能性只有短期的认识
能够对长期的目标保持清晰的认识	不能合理安排短期和长期目标的优先次序
构建长期的组织资源、约束和价值观	只是权宜之计，忽略达到组织目标的价值观

三、胜任素质模型的应用及其与招聘甄选

（一）胜任素质模型的应用概况

1976年，麦克利兰教授的专著《职业胜任素质测评指导》出版，表明胜任素质理论和方法向实践开始渗透；1978年，克莱姆（G.klemp）的专著《职位胜任特征测评》面世，对胜任素质模型的发展起到了重要作用；1989年，斯宾塞对科学界、教育界、制造业、销售业、服务业、政府机构、军队等组织中的200多个工种进行了研究，分析了几百项与优秀绩效相关的工作行为，最终归纳出21项胜任素质要素，构建了包括技术人员、销售人员、社会服务人员、经理和企业家5大类的通用行业的模型，这是迄今为止最有影响的胜任素质模型之一，也是最早的有关销售人员胜任素质模型的研究。20世纪90年代，胜任素质概念被Prahalad和Hamel带入了新的层次，他们提出了组织分析框架，把个体层次的胜任素质概念置于“人-职位-组织”匹配的框架中。1994年，麦克利兰与斯宾

塞合著的《胜任素质评估方法》一书出版，标志着胜任素质研究者的研究重点，转向如何将岗位胜任素质与人力资源相结合，以及如何在人力资源管理的各个领域内具体运用。

在众多的专家和机构对胜任素质进行研究和开发的同时，许多组织也注重将胜任素质引入到实际管理应用过程中，这些组织包括公司、政府机构和非营利机构，如美国通用电气公司、美国家政国际、辉瑞制药、联邦快递、欧洲谷物公司、德勤公司等；联邦交通部、美国蒙大拿州人事局、英国皇家公共管理协会、美国国民银行等。

可见，自20世纪90年代起，一些公司和专业研究机构开始着手将胜任素质体系引入到各个具体的应用领域，引用到人力资源管理体系中，尤其是在招聘与甄选流程中发挥了根本性的作用。在过去的很多招聘实践中，人们往往以为知道自己要寻找的是哪些类型的候选人，而且也经常会根据自己对这类候选人特征的理解，去选择或设计一些甄选方法来识别候选人。但是，他们所依据的经验式的标准以及由此所使用的甄选方法，往往是一厢情愿的，因为他们并没有找到职位对任职者的真正要求。而当招聘者利用已经建立起来的有效的胜任素质模型进行招聘与甄选时，招聘者在招聘中关注的，将是候选人身上所具备的那些能够实现组织所要求的绩效结果的心理特征和行为模式，而避免关注那些无关紧要的因素；当招聘者有效利用胜任素质模型获得符合录用要求的候选人时，这些合格的候选人在工作中所创造的价值将是无可估量的。

（二）基于胜任素质模型的招聘甄选操作程序

尽管人们可以利用工作分析方法进行招聘，但因为并不能清晰地知道究竟要对候选人做出哪些方面的测量和评估，所以也就无法保证对候选人的未来绩效进行准确的预测。而当人们有效地运用胜任素质模型，通过招聘与甄选确定出那些达到录用标准的候选人之后，这些被录用者在工作中就能够创造出令人满意的绩效水平。这一点已经被亨特等人（Hunter、Schmidt和Judiesch）进行的一项研究结果所证实，他们通过对81项独立调查研究项目的结果进行分析与整合，发现那些在胜任素质具备程度上比一般员工高出一个标准差的优秀员工所能给组织带来的额外价值，可高达120%，其中后者是指销售职位上的优秀员工所能带来的额外价值。另外，由其他人进行的一项研究显示，在基于胜任素质的甄选上投资收益率可高达2 300%。可以说，基于胜任素质的招聘能够吸引那些具备了很难或无法通过培训与开发获取的个体特征的申请者，使甄选过程更加有效，有助于提高组织的绩效水平。

国际人力资源管理研究院（IHRI）将胜任素质理论和模型运用于人力资源

招聘与甄选过程的研究和应用中，进行了大量的研究和尝试，并建立起一套完整的基于胜任素质的招聘与甄选操作体系（competency-based recruitment and selection，CBRS）。其核心内容是，根据业已建立并经过验证的胜任素质模型，确定出一组最合适的甄选工具，然后按照制定出的标准对候选人的胜任素质状况开展测量和评估，最后通过包括人职匹配技术在内的专用程式，做出甄选决定。CBRS的具体操作程序为：

（1）确保人力资源专业人员具备推行CBRS的若干项胜任素质，即主要要求准备推行CBRS的机构的人力资源专业人员或组织招聘者本身，具备一些基本的胜任素质，否则难以保证CBRS的顺利开展和成功运作。

（2）明确来自各方面的要求以及职位本身的要求。所有具体职位的存在都由组织的战略目标所决定，从组织战略需求的角度出发，确保既定职位的绩效任务与组织的战略方向保持一致，是进行职位分析并将之与招聘管理工作联系起来思考的基点。因此，需要从组织战略需求出发，对职位的特性和要求进行全面的了解和分析。

（3）根据已建立并经过验证的胜任素质模型来完成或修正职位说明书。这一环节是建立和运用CBRS流程的核心所在，也是保证后续程序有效进行的基础。

（4）确定招聘来源。这是指根据职位的复杂和重要程度的不同，确定产生候选人的不同来源或渠道。需要注意的是，不论选择哪种招聘渠道，都要把重心放在职位所需要的胜任素质上，同时瞄准那些曾经出现过高绩效候选人的招聘来源地。

（5）制作基于胜任素质的聘任申请表并制定甄选标准。这里的聘任申请表除了包括应聘者基本的个人信息和个人经历信息以外，还包括了大量的与胜任素质相关的问题。同时，根据胜任素质模型的要求和职位说明书中的其他具体规定和要求，制定出详细的甄选标准，然后根据制定出的标准对申请表进行审核，对应聘者进行初步的筛选。

（6）进行行为面试。行为面试是CBRS中的核心工具，统计资料显示，正确实施的行为面试的效果，在各种甄选工具中的预测效度仅次于评价中心，甚至有证据进一步证明，在许多情况下行为面试同样能达到评价中心的评估效果。

（7）运用其他辅助或强化工具对应聘者进行进一步的测评。这里可以采用心理测评、评价中心和人职匹配技术等测量工具，进行辅助或强化测评，对通过行为面试得出的胜任素质程度进行证实性的测量和评估。

（8）背景审核和做出聘任决定。背景审核是基于胜任素质的核查行为，要避免在一些无谓的问题上纠缠不休。做出招聘决定，则可能会有两种结果，或者是所有应聘者都没有达到事先确定的胜任标准，需要重新开始招聘活动；或者是应聘者达到录用标准，可以发出录用通知。

【补充案例】 东方泵业岗位胜任素质评估案例①

如何打造高水准的销售团队一直是人力资源总监赵相平关注的重点，然而，赵相平所在的上海东方泵业（集团）有限公司有着超过2 000人的销售团队，要实现这一使命绝非易事。近年，东方泵业将“十年内力争行业第一”作为企业战略定位，要实现这一战略目标，解决人才素质提升问题成为关键性的一步，为此，赵相平感到颇有压力。

赵相平有着多年的人力资源从业经验，他发现，在东方泵业的组织架构中驻外办事处主任一职是最基本的管理单元，同时也是很重要的单元。驻外办事处主任的主要职责是带领销售团队完成所辖范围内的销售目标，这一目标能否完成将直接影响整个公司的销售业绩。

解析东方人才之惑

认识到这一点，赵相平感到自己终于找到了突破口，他组织人力资源部门为这一岗位构建了简易的岗位素质模型，希望通过素质模型来评估驻外办事处主任的岗位匹配度，并制订人员规划发展方案。但是素质模型构建出来之后却并没让人满意。一方面，本部门构建的素质模型专业性很难保证；另一方面，素质模型如何应用，人才测评工具考察维度如何确定，权重如何分配，各项素质得分需要达到什么样的水平，一系列的问题在赵相平头脑中纠结。带着这些疑问，赵相平总监找到了某一知名测评机构，希望借助专业的人才测评方案及专业定制经验解决企业目前面临的问题。

为解决东方泵业集团的人才问题，专家组对员工状况进行了分析，通过分析发现该公司存在两大问题：一是岗位人员素质有待提升；二是企业现有员工危机意识差，进取心不强，团队整体上升力不明显。与赵相平总监的看法一致，专家组认为驻外办事处主任的素质提升将成为实现企业战略目标的重要因素，而构建驻外办事处主任的岗位素质评估模型，并最终实现素质落地，将成为解决东方泵业人才素质问题的最佳切入点。因此，专家组为东方泵业制订了三步走的解决方案，如图2-7所示。

① 佚名. 东方泵业岗位胜任素质评估案例［EB/OL］.［2016-03-22］. https：//www.docin.com/p-1498892391.html.

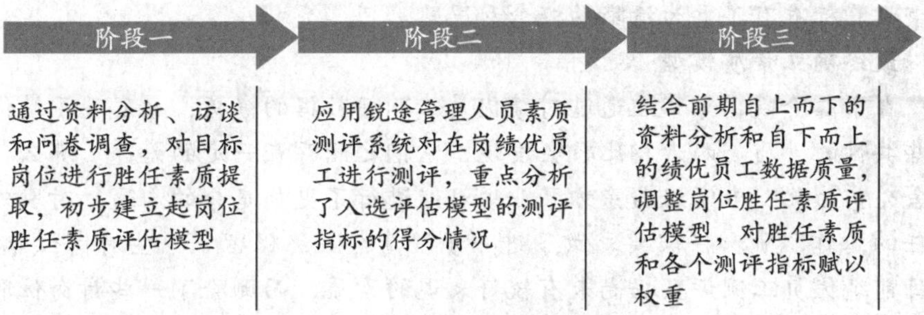

图2-7　三步走解决方案

核心素质提取并实现落地

核心胜任素质的提取在构建素质模型的过程中地位至关重要，通常企业评价员工是否胜任岗位工作都是通过表象化的因素，如绩效、学历水平、工作经验等，对于员工本身的基础素质和导致员工岗位表现优秀的深层次因素则涉及得比较少，而这些内在因素往往更为关键。此次泵业公司锚定的驻外办事处主任在职人员共有200余人，每位员工的基础素质都呈现出多元化倾向，那么这些素质中哪些才是胜任岗位所必需的素质，哪些是与岗位要求相背离的素质呢？为对该岗位的任职要求和用人标准进行系统的梳理，首先，专家组运用了岗位分析、结构化访谈、问卷调查等多种调研方法相结合的方式，对岗位核心胜任素质进行了初步圈定。其次，核心胜任素质提取之后如何去评估也是企业甚为困惑的问题，因此找到可以使核心素质落地的方式非常关键。专家组对初步圈定的岗位核心胜任素质进行了系统分析，为核心素质找到了相应的测评指标，从而为员工评估制定了更为科学和公正的评估标准。

用测评印证核心素质

第一阶段初步提取的岗位核心素质均以资料分析和调研数据为依据，仍需要针对实际工作岗位进行验证。那么，如何来验证呢？专家组邀请在岗的绩优员工进行测评，并对他们的测评数据进行了分析。虽然每个绩优员工在工作中的表现不尽相同，但是他们在引起高绩效工作行为的众多潜在素质上必然会存在一些共性，而测评工具刚好可以帮助我们发现这些潜在的心理特征。通过分析测评数据，专家组发现，东方泵业绩优的驻外办事处主任在创新意识、自信心、责任心、压力管理等方面的得分都很高，且得分很集中，表明这些素质在绩优员工身上得到了集中体现，很可能是支撑这些员工表现优秀的重要素质。对于这类素质，专家组给出了提高权重的建议。而对于绩优员工身上差异性较大、未表现出共性的素质，则给出删除或者降低权重的建议。自此，企业HR部门对核心素质权重设置标准有了更为清晰的概念和思路。

最终确立素质模型

在第二阶段，专家组通过对绩优员工测评数据的分析，也发现了绩优员工的一些共性的素质。两者相比较会发现，它们之间存在一定的差异。那么，该如何取舍呢？为此，专家组与东方泵业项目组进行了更加充分的沟通，对驻外办事处主任的工作职责和任职要求做了进一步澄清，最终保留了一些对岗位非常重要，但目前绩优员工测评数据尚未有较好表现的素质，而删除了一些对岗位职责相对不那么重要的素质，同时也对所有的胜任素质和测评指标的权重进行了调整和确定，最终形成的驻外办事处主任岗位胜任素质评估模型包括六大胜任素质，它们可通过管理人员素质测评系统里的19项测评指标进行测查。

第四节 影响招聘的因素

基于组织战略思考的角度，招聘管理应建立面向未来和面向全局的系统观。招聘管理同其他管理系统一样都是一个开放的系统，受诸多相关因素的影响和制约。招聘的成功，既受外部环境的影响，也受组织内部环境的影响。

一、影响招聘的外部因素

就外部环境而言，一般可以借助PEST分析框架来讨论外部各主要因素对企业的影响作用。PEST分析框架包括四个方面的含义：

P：political/legal，政治的、法律的：如政治稳定性、政府和管理部门对待员工的态度以及劳动法律和法规等。

E：economic，经济的：如当前经济发展处于经济周期的哪个阶段，社会就业状况，通货膨胀率和银行利率的高低等。

S：social，社会的：如人口数量和人口结构的变化、社会收入分配状况、人们接受教育和培训的程度，以及人们对待工作和闲暇的偏好、态度等。

T：technological，技术的：如科学技术的新发现、新进展，政府的科学技术开发政策和促进科技成果转化的措施等。[①]

PEST分析框架是帮助人们系统认识环境的一种方法，可使人们学会从不同的角度以及不同因素相互之间的关系来分析问题；有助于分辨出那些个性化的、与某种特定场合相关联的关键影响因素；能够确认出一个行业或企业中存在的长期推动力。比如，就政府的政策规定因素而言，现阶段我国各级政府的

① MARCHINGTON M，WILKINSON A. Core Personnel and Development ［M］. Wiltshire：The Cromwell Press，1997.

人事部门和劳动部门，为指导和服务就业开办和设立了各级人力资源市场，制定了许多符合各地实际情况的人才政策，也为规范企业的招聘行为制定了一些人力资源市场管理规定，这些政策规定对企业招聘工作起着非常重要的作用。在法律法规方面，1994年我国颁布了《中华人民共和国劳动法》，并以此为依据，颁布了许多与企业招聘相关的法律、法规、条例和政策等，它们已经成为约束和规范各企业招聘工作的重要因素。在某个历史时期，一个行业的发展往往受到某个或某些特定的因素驱动，比如电信企业受到互联网、移动电话普及的驱动等，通过PEST分析有助于找出其中的关键因素；从历史和发展的眼光研究外部环境因素对企业的不同影响作用，有助于人们预测未来的情况，评估在PEST发生变化时哪些措施是适当的。有些因素预测起来有相对较大的把握（例如对人口出生率的预测，可以预知15年以后劳动力的潜在规模），但有些因素就难以预测（例如对于法律和政治影响的预测，只在一届政府更换之前很短时间内效果比较明显）。

（一）经济因素

（1）不同经济体制的影响。如美国等西方国家通行的是资本主义市场经济和自由竞争，追求的是效率和利润，这促使企业更倾向于极力提高员工的效率、压缩用人成本，因而裁员成为提高企业竞争力的一个有力手段。我国过去实行的是计划经济，人事管理实行统包统配制度，企业的用人计划、招用范围等都是统一计划管理，缺乏选人用人的自主权。随着改革的深入和观念的变化，目前企业的人力资源招聘也从无到有，由计划经济指导下的招聘向市场配置下的招聘转变。

（2）国家的经济运行情况的影响。如果国家经济运行良好，保持一定的增长率，失业率就稳定在一个较低水平。此时，企业员工就业的难度降低，企业裁员的压力也会降低。而在经济低迷、失业率高的国家，裁员将会构成对企业的严峻考验，企业的招聘规模将缩小并被谨慎对待。

（3）宏观经济中通货膨胀对招聘的影响。这直接体现在招聘过程所涉及的开支上。一方面，由于通货膨胀的作用，企业人力资源招聘的直接成本呈增长态势，交通费用、招聘者的工资、面谈开支、发布招聘信息的宣传费用等都呈增长态势，员工工资也上升，影响着招聘的规模。另一方面，通货膨胀使人们对自己的人力资本投资呈增长态势，随即又限制人们的人力资本投资额度，影响人们的人力资本存量。通货膨胀对招聘的影响，尤其明显地表现在对企业高级管理层和技术人员的招聘上。

（二）国家的政策、法规

国家和地方的有关法律、法规和政策，从客观上界定了企业人力资源招聘的对象选择和限制条件。随着劳动用工制度的改革，我国先后制定了一系列的劳动法律法规，如1986年7月国务院发布的《国营企业实行劳动合同制暂行规定》（2001年废止）、《国营企业职工待业保险暂行规定》（1993年废止），1991年7月国务院发布的《全民所有制企业招用农民合同制工人的规定》（1994年废止），1993年8月国务院发布的《企业劳动争议处理条例》（2011年废止）等。1994年7月5日，第八届全国人大常委会第八次会议通过了《中华人民共和国劳动法》（以下简称《劳动法》），该法成为中华人民共和国成立以来的第一部劳动法典，继而又出台了《劳动力市场管理规定》（2008年废止）、《工资集体协商试行办法》、《职业介绍规定》、《就业登记规定》、《企业经济性裁减人员规定》、《集体合同规定》、《企业劳动争议处理条例》（2011年废止）等。值得一提的是，2007年6月29日，历经四审的《中华人民共和国劳动合同法》（以下简称《劳动合同法》）颁布了，并自2008年1月1日起实施，这部法律在《劳动法》的基础上进一步加大了对劳动者合法权益的保护力度，对用人单位现有的人力资源管理方式、用工成本和用工模式等带来全方位的深远影响。新法的一大亮点就是着力解决劳动合同短期化问题。这体现在：强调书面劳动合同的重要性，规定用人单位自用工之日起超过1个月但不满1年未与劳动者订立书面劳动合同的，应当向劳动者每月支付2倍的工资。同时规定，1年以上不签书面劳动合同的，就视为签订了无固定期限劳动合同；连续订立2次固定期限劳动合同续订合同的，应当订立无固定期限劳动合同；终止合同时用人单位一般情况下应当按照每年1个月的标准向劳动者支付经济补偿，经济补偿最高不超过12个月；在某些特殊情形下（如在该单位连续工作满10年又续订劳动合同的），用人单位应当与劳动者订立无固定期限劳动合同。

据全球知名人力资源公司万宝盛华（Manpower Inc.）公布的中国雇用前景调查报告称，从2008年开始施行的《劳动合同法》逐步改变了国内不少企业“速招速裁”的用工方式，促使企业更好地留住人才，并把招聘的重心从“量”转到“质”。

法律、法规规定了劳动者平等就业和选择就业的权利，凡是具有劳动能力和劳动愿望的劳动者，不分民族、性别、宗教信仰等，均享有平等的就业权，保护了在劳动力市场中处于相对弱势的劳动者的权益，逐步促进劳动力市场的规范与发展。由此，我国在劳动力市场的改革上，不断取得进步，实现了劳动力供需的双向选择。当然，我们还存在需要改进的地方，应进一步规范招聘中的法律制度。

人员招聘的法律制度的完善，不仅体现了社会公平公正的用人机制，有效地保护了处于弱势地位群体的工作候选人的基本权利，也进一步规范了我国人才正常流动的秩序，是组织进行招聘管理的制度基础。

我国虽然在劳动力市场的改革上取得了不少成绩，实现了劳动力的双向选择，但还存在需要改进的地方。比如，我国在用人方面的法律制度还不够规范，包括一些组织在招聘过程中有性别歧视行为，女性、残疾人就业相对困难，因此，我们有必要进一步规范招聘中的法律制度。虽然美国关于人员招聘的诸多法律规定并不完全适合中国的国情，但在规范劳动力市场方面的许多做法，还是值得我们借鉴的。为此，我们需要：

（1）注意信息的透明化，建立健全员工招聘、录用的规章制度。在我国劳动力市场上，由于信息手段的落后，使得招聘信息对于招聘者和应聘者是不平等的。但除了技术手段落后等客观原因外，往往还存在人为因素的干扰，造成整个竞争过程信息不透明，从而不能保证竞争的公平性。所以，我们应从制度上对整个竞争过程的公平性进行监督，建立健全员工招聘、录用的规章制度。迄今为止，我国的法律还没有对在应聘竞争中不公平的竞争结果进行法律责任的追究(除非严重的行贿和受贿行为之外)。

（2）实行劳动力市场中的区域平等。在许多应聘者的竞争中，往往由于应聘者的户籍问题产生不平等的竞争结果。这中间就出现了城市与乡村以及大城市与小城市的差别。许多应聘者由于是农村户籍，或者没有某大城市的户籍而失去竞争的机会，这既使人力资源的合理配置受到了损害，也存在区域不平等的问题。

（3）消除性别、年龄等的限制，避免就业歧视。企业在制定录用条件时，首先应避免就业歧视，提倡机会均等。就业歧视是指没有法律上的合法目的和原因而基于种族、肤色、宗教、政治见解、民族、社会出身、性别、户籍、残障或身体健康状况、年龄、身高、语言等原因，采取区别对待、排斥或者给予优惠等任何违反平等权的措施侵害劳动者权利的行为。在发布招聘信息阶段，我国劳动法的规范重点在于反歧视。《中华人民共和国宪法》第三十三条规定：“中华人民共和国公民在法律面前一律平等。国家尊重和保障人权。任何公民享有宪法和法律规定的权利，同时必须履行宪法和法律规定的义务。”在我国，许多女大学毕业生，因为性别因素，屡屡遭到应聘单位的拒绝。雇用方拒绝她们的理由并不是专业不对口或能力不足，而是工作不方便，要怀孕、生产等与性别有关的理由，甚至还有一些组织在招聘条件中，公开列出对年龄、性别的限制。使不少有能力的女性和年龄偏大的应聘人员受到不公正的对待。或者即使受到雇用，也因其性别或年龄而遭到一个相对其工作能力偏低的工资水平。这些不合理现象，只有通过制定和完善相关的法律法规，才能得到有效纠正。

（4）杜绝非法雇用行为。非法雇用问题在我国至今还是相当严重的。比如，雇用童工现象就屡禁不止，这在一定程度上也加剧了学龄儿童失学状况，既损害了儿童的权益，又对社会造成了极为不良的影响。因此，同样需要我们制定相应的法律法规，制止这些现象，改变我们的劳动用工状态，健康我们的劳动力市场。

（5）反对欺诈行为。组织在招聘录用过程中应该明确认识到，《劳动合同法》规范的重点在于反欺诈。法律规定，订立劳动合同应当诚实守信、将反欺诈和用人单位及劳动者的知情权相联系。知情权指用人单位和劳动者对与实现劳动权利和履行劳动义务有关的一切条件和因素有真实、适当的知晓权利。

（6）明确约定录用条件。《劳动合同法》明文规定劳动者在试用期内被证明不符合录用条件的，用人单位可以解除劳动合同。企业在实际操作中要避免出现过于主观的判断，而应通过客观化、具体化、量化的方式清晰设计招聘要求，并以此作为录用条件。

（7）加强背景调查和招聘材料的保管。为避免简历欺诈等虚假信息，及时有效的背景调查工作就显得很重要。另外，要加强招聘中的人事档案保管、证据保管工作，注意被录用者签收企业发出的录用通知及其他书面材料，这些也是招聘者规范招聘管理、规避法律风险的举措。

总之，建立健全法律法规体系，以进一步规范我国的劳动力用工市场，是我们当前和今后都需要不断改进和努力的方向，也是组织实施有效招聘管理的重要前提。

政府的政策也是企业招聘的重要外部因素。如政府的财政政策、税收政策等都可以通过对企业的生产行为产生影响而最终影响到企业的招聘行为。此外，政府购买的产品和服务也在一定程度上决定着劳动力市场上的职位的数量和种类。

（三）科技因素

科学技术的发展对招聘管理的影响表现在这几方面：

（1）科技发展影响劳动力市场。由于科技的发展变化，在不同地区、职业、产业，就业职位的破坏与创造情况非常不平衡，就业职位需求的分布发生了变化。如司炉工、纺织工、电话接线员等职业人数骤减，而工程师、专业护士、电脑程序员等职位人数猛增。计算机、激光等技术的使用，使美国1993年70%的现金支取通过自动柜员机实现，银行职位数量减少；另一方面，从事计算机、激光、半导体技术等相关设备生产的职位增加。

（2）科技发展要求就业者提高基本素质。科技的发展要求就业者必须具备更高的受教育水平和熟练的技术水平，并且，那些掌握先进技术的人渐渐取代掌握落后技术的人。科技的发展改变了职位的技能素质要求，招聘中的选择标准就因此而需要不断做出调整。

（3）科技的发展影响人们的工作和生活方式。科技发展改变着人们的工作方式，使弹性工作制、远程工作方式、自雇用等新的工作与就业方式被很多人认可，从而影响了招聘工作。如由于实行了弹性工作制，每天只需要两三个小时用于工作的人，可以去应聘其他兼职的岗位；需要照顾孩子的父母可以去应聘弹性工作制的岗位；设计师可以同时应聘并就职于不同的企业。雇用的方式灵活了，雇佣关系也灵活了。

（四）劳动力市场因素

有效的招聘管理是基于对动态变化的劳动力市场的分析与把握，既包括对整体劳动力市场的分析与把握，也包括对组织所在行业的劳动力市场的分析与把握。劳动力市场即“劳动力蓄水池”，是劳动力供求双方之间在劳动力使用权的转让与购买上达成一系列和约的总和。劳动力市场状况将影响组织人力资源战略的导向和人力资源规划的确立。对劳动力市场的准确认识与预计，能使组织的招聘工作更有准备，从而赢得许多富有成效的招聘机会。

劳动力市场根据层次的不同，可以划分为一级劳动力市场和二级劳动力市场；根据企业所处的环境不同，可以划分为内部劳动力市场和外部劳动力市场；根据职业的不同，可以划分为企业经营者市场、家政服务市场等。

劳动力市场状况是决定经济发展的一个重要因素，更是影响组织招聘决策的重要因素。组织的人员结构、人员素质水平、工作结构、现有或预期的人力资源等，最终取决于劳动力市场的结构和作用。劳动力市场状况也影响着组织招聘计划、范围、来源、方法和所必需的费用等各方面。对劳动力市场的分析，尤其是劳动力供给状况的分析，可以从对劳动参与率与劳动力流动情况等方面的指标分析着手。国际劳工组织经过多年研究，提炼出了包括20个主要指标在内的劳动力市场指标体系，通过这些指标，可以较准确地分析和把握劳动力市场的状况。劳动力市场的供求态势影响着招聘管理。

劳动力供求应是出于自愿而进行的劳动交换活动，反映以劳动力交换和约为基础的劳动力供给和需求之间的关系。经济学把劳动力市场划分为需求约束型市场和资源约束型市场。需求约束型市场是指劳动力市场上劳动力供给大于劳动力需求，劳动力需求量决定就业的总规模。在这种市场上，劳动力供给处于不利地位，劳动力参与率比较低，失业率比较高。相应的，劳动力需求方处于有利地位，有压低工资、降低劳动条件的可能。资源约束型劳动力市场是劳动力需求大于劳动力供给的市场，劳动力供给数量决定了就业的总规模。在这种市场上，劳动参与率比较高，失业率比较低，劳动者的工资收入、劳动条件相应较好。因此，不同地区、行业、层次劳动力的供求状况，直接影响该地区、行业、层次的劳动力价格，并影响着相关的招聘难度和招聘质量。

目前，我国劳动力供求出现了总量矛盾和结构矛盾。一方面，高技能、高素质人才供不应求，各技术等级的求人倍率已连续多次调查都大于1，劳动力需求大于供给，导致这一素质层次的人才价格偏高，招聘成本提升，招聘难度加大，质量有时就较难保证。另一方面，年龄偏大、无技能的求职者就业困难，与用人单位对高技术等级的需求之间存在较大落差，所形成的劳动力市场处于一种非均衡状态的卖方市场。劳动力市场条件是影响招聘决策的重要因素。

当然，供给与需求状况是不断转换而呈动态变化的。比如，那些有充足的熟练劳动力供给的职位能够吸引相当多的应聘者，这些职位的工资就可能下降，一部分员工就有可能重新学习新的技能并转岗，从而导致新的平衡。同样，那些需要尚未普及的新技能或者需要经过相当长时间培训获取技能才能从事的职位，可能难以吸引足够的应聘者，招聘难度较大，为招到足够的员工，组织就必须支付比市场高的工资，而高工资将逐渐引导人们学习这项新技能，供给也因此增加，同样又能达到新一轮的供求相对平衡。

（五）文化背景因素

许多研究表明，组织人力资源管理实践活动与特定的民族文化背景相对应。霍夫斯泰德（Hofstede）对文化的定义是："将一个民族的成员与另一个民族的成员区别开来的集体的心智模式。"通过对IBM公司分布在全球50多个国家和地区的2万多名员工的深入调查和研究，霍夫斯泰德提取了民族文化与工作相关联的四个维度：权力距离（power distance），个人主义与集体主义（individualism/collectivism），不确定性规避（uncertainty avoidance），阳刚与阴柔（masculinity/feminity），该观点已得到全世界跨文化研究领域中学者们的广泛认可。霍夫斯泰德用有力的证据显示了管理实践和理论与文化的不可分离性，并指出了不同国家或地区组织文化差异在工作价值中的表现。

1.文化背景与招聘的相关性[①]

权力距离是指人们对组织或机构内权力不平等现象的接受程度。在权力距离大的民族文化国家中，组织在人力资源管理实践中倾向于采用专制的领导行为和集权的决策方式。霍夫斯泰德的研究发现，印度是一个高集权距离国家。在对印度银行的研究过程中，研究人员指出，高级经理的独裁行为导致雇佣政策和工作分配中的集权决策，高级经理不愿意针对这些政策问题同员工或工会协商。

个人主义与集体主义表示个人与群体间的关联程度。个人主义文化背景的企业希望雇用具有个人工作技能或经验的人从事某项工作，它们鼓励求职人员向公司投递个人简历。在美国、澳大利亚和英国等个人主义文化国家，企业大都采用这种方式招聘新员工。但在日本、葡萄牙等集体主义文化国家，企业强调求职者的可信任度、忠诚度和与同事的相容性，它们愿意招聘有所了解的人，如公司员工的朋友或亲戚。因此，求职者会极力通过朋友或亲戚将自己引荐给人力资源部经理，而不是向公司投递写明自己个人成就的简历。因此，个人主义文化背景的企业在招聘实践中会采用如能力测试或结构性面试等正规手段，而集体主义文化背景的企业更多采用内部渠道或员工推荐等个人形式招聘新员工。研究还显示，美国和英国等个人主义文化背景的企业在评估挑选求职者时关注他们的技术背景和技能，而集体主义文化背景的企业则强调求职者的社会技能。在集体主义文化背景企业中，员工的忠诚度、低的离职率、与组织的相容性可以弥补技能的缺乏与不足。日本企业把员工招聘视为企业保持竞争优势的重要内容，管理层期望核心员工能够长期为本企业服务，直至退休，因此，很多日本公司在大学毕业生中直接招聘员工，希望把他们培养成公司的忠实员工。

不确定性规避维度是指社会成员对不确定情景所感受到的受威胁的程度。在研究美国（低不确定性规避文化）和德国（高不确定性规避文化）公司招聘活动的过程中，研究人员指出，德国公司比美国公司采用风险更小、可靠性更强的方法和工具。例如，在招聘白领员工时，德国公司多使用内部渠道、招募熟练学徒工或发布招聘广告，而美国公司多采用校园招聘。这可以解释为德国企业对刚毕业的大学生求职者的质量具有不确定性的态度。同样，在挑选新员工的过程中，德国企业采用结构化面试这种相对有效而保守的方法测试求职者，美国企业则采用风险较大的性格测试方法评估求职者的潜能。研究还显示，德国企业比美国企业在培训上投入更多的资金。所有研究结果都表明，高不确定性规避文化背景下

① 熊会兵. 企业招聘的跨文化思考［J］. 中国人力资源开发，2005（1）.

的德国企业在招聘新员工时，会采取措施尽可能降低不确定性带来的风险。而且，终身雇用制在高不确定性规避文化的国家如日本、葡萄牙和希腊等较普遍，而频繁的工作变动多发生在低不确定性规避文化的国家中，如新加坡、丹麦和美国等。

民族文化的阳刚和阴柔维度也对组织招聘甄选活动产生显著影响。阳刚型的价值观注重对工作目标的追求，阴柔型的价值观则追求友好的气氛或与上级和同事的和睦相处。研究指出，阳刚文化（如日本）的企业比阴柔文化（如挪威）的企业更有可能抵制男女公平聘用。总体而言，阳刚文化社会中，男性比女性有更多的工作机会。而在阴柔文化社会中，人们强调人际关系和相互依赖的关系，关心他人，注重生活的质量；男性和女性的社会角色有所重叠，男秘书、女卡车司机和男护士在这种文化背景下很容易被接受，女性和男性具有平等的工作机会；而且残疾人在企业招聘挑选中会得到很多支持。在荷兰（阴柔文化），法律规定残疾人必须占某些类别公司员工总数的3%~10%。

可见，霍夫斯泰德的四个维度都在某种程度上塑造着企业招聘甄选新员工的标准、程序和手段；反之，一个企业的招聘策略可以折射出该企业的民族文化背景，民族文化背景与组织人员招聘策略具有很强的相关性。这一点对于刚走出大学校门的学生来说并不特别重要，他们的文化可塑性很强，而对于有相当工作经验的应聘者，文化的相融性问题就需要引起招聘者的关注。惠普公司前任CEO卡莉·菲奥莉娜的惨痛教训可见一斑。当年卡莉对于惠普的文化——“惠普之道”其实是不认同的，在她上任之后，积极推动惠普改名，将原来带有明显创业者印记的英文标识“Hewlett Packard”（两位创业者惠列特和普卡德的名字）压缩成两个毫无内涵的字母“hp”，极力淡化惠普的家族色彩。卡莉要改变的就是惠普的价值观和做事方式，用“速度”“变革”“市场”取代原来的“稳健”“协作”“人本”，而作为原核心的“尊重员工”被排在了最后。事实证明，卡莉的改革对于惠普文化的破坏性大于建设性，此次CEO的选聘是错误的。2005年2月，惠普董事会不得不紧急罢免了卡莉的所有职务。

2.对跨国公司人员招聘的启示

民族文化在塑造组织人力资源模式中扮演着重要的角色，不同国家所具有的独特的民族文化都是经历长期的历史演变沉淀下来的，无所谓哪一种文化优于另一种。在经济全球化、一体化的今天，跨国经营已经成为公司的一种经营常态，但是对跨国公司管理层而言，建立“民族文化背景”的企业思维，充分尊重不同地区民族文化的差异性，并努力将这种意识渗透到具体的管理活动中，使之成为企业文化的一部分，是相当有必要的。

当分支机构所在国的文化价值观念与母公司所在国文化取向有差异时，管理层应顺应客国的文化习惯，做到本土化经营，实现“国际化思维、本土化行动”。在高不确定性规避文化背景中运营的跨国公司，在员工招聘过程中应运用一些低风险的工具或手段，以缓解求职者的焦虑和不安情绪。在权力距离较小的国家，跨国公司高级管理层在招聘过程中应强调授权，与中层经理多沟通，让他们在这一过程中发挥一定的作用。同样，跨国公司在个人主义文化国家挑选员工时应强调个人技术背景而不是社会关系，从而吸引更多的优秀人才。

一方面，鉴于本土经理对当地政治、经济、文化和市场特点等因素的理解比跨国公司外派人员更深刻且全面，跨国公司聘用客国的职业经理人是确保本土化经营成功的有效途径；另一方面，外派人员对母公司战略意图的理解比本土经理人员要清楚，因此公司战略目标的实现需要两种人力资源的整合。总之，国际经营需要把民族文化和组织面临的特定环境加以整合，最终达到管理的最大效能。

可见，文化背景与组织招聘策略的相关性很强。我们应在关注对其他因素如国民经济发展水平、立法、企业的竞争优势、国际化程度和管理模式等对组织的人员招聘产生的影响的同时，多研究和关注组织文化因素。

二、影响招聘的内部因素

组织内部环境因素，包括组织职能界定、组织目标、组织文化、组织核心竞争力、任务性质、人员构成、工作方式、技术条件等。在外部环境分析的基础上，组织要明确自身所处的地位和发展前景，从而确定在一定时期内的目标，并制定中长期战略规划。比如，就组织文化和组织形象而言，人才吸引和招聘过程是求职者和组织进行双向选择的过程，如果组织文化、组织形象被求职者认同和喜欢，就会吸引更多求职者积极来应聘。同样，企业的核心竞争力强、经营状况好，就意味着能给其员工提供较高的薪酬，能提供较多的发展机会，也就能吸引和留住更多的人才。

（一）组织生命周期与招聘管理

组织发展具有动态发展的生命周期，见图2-8[①]。组织生命周期理论的目的不是要说明组织成长的阶段性，而是要揭示出影响组织生命周期的因素，进而说明如何改善这一周期。美国管理思想家伊查克·麦迪思把组织生命周期形象地比作人的成长与衰老，他把企业生命周期细分为孕育期、婴儿期、鼎盛期、稳定期、贵族期、责难期、官僚期、死亡期，每个阶段的特点都非常鲜明。我们对此简略地化为以下几个阶段：婴儿期、成长期、成熟期和衰退期。战略思维下，不

① 肖庆文．与业务发展战略相适应的人力资源管理［G］//潘金云．中国人力资源开发年鉴，北京：中国物资出版社，2005.

同的生命周期阶段的人力资源管理特征也不相同，招聘管理的诉求重点也会有差异（见表2-10）①。

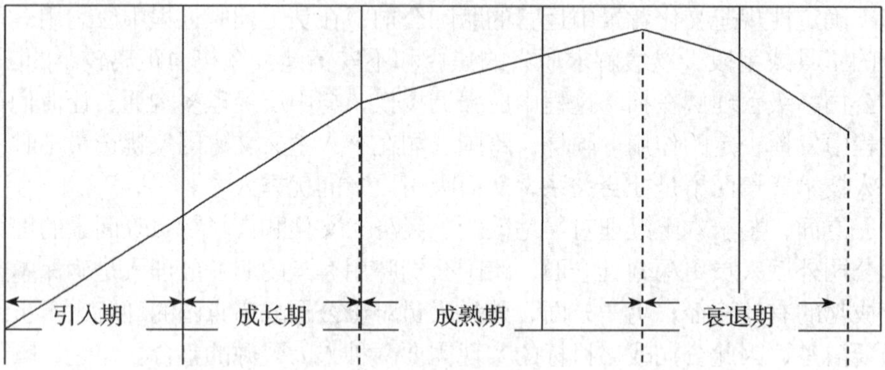

图2-8 组织生命发展周期

表2-10 组织生命周期与招聘管理

组织生命周期	招聘管理的诉求重点
婴儿期	招聘并保留高水平
成长期	在众多领域对胜任员工的需求扩大做出反应
成熟期	发展机会有限，极力留住核心员工
衰退期	保留核心员工，削减一些岗位并同时增加另一些工作岗位

1.婴儿期组织的招聘

处在婴儿期的组织，刚刚诞生，正需要将创业的梦想和计划付诸实施，组织是新生儿，极富灵活性和成长性，内部的各种正式组织结构尚未建立，文化也未形成，组织的经营者和管理者是创业者，管理上人治色彩浓厚，人力资源管理也处于起步阶段，对各个具体职位的描述还不清楚，对组织需要的人才总量、人员结构、人才特质等都还没有明确的概念，而组织为了在市场竞争中求得生存和发展，正急需关键生产要素型人才。基于此，首先，组织招聘要采取积极的态度、开放性的人事政策，努力搭建人力资源管理基础平台，如组织结构体系、激励与报酬体系、培训计划、人员发展规划、招聘制度等，为以后员工管理奠定基础。其次，通过不同渠道广泛吸纳组织发展所需要的人才，尽力达到实现企业愿景所需要的人员条件。再次，婴儿期的组织是创业者长期酝酿的成果，创业者有自己

① 赵曙明，马希斯，杰史逊. 人力资源管理［M］. 北京：电子工业出版社，2003.

的目标和理念，所以组织要力求使招聘来的员工，尤其是中高层管理人员，与创业者在组织经营发展层面上达成共识。

2.成长期组织的招聘

处于成长期的组织，经营规模不断扩大，主营业务不断扩展并走向成熟，组织出现“人员饥渴症”，需要补充大量有用人才，并且组织形态正走向正规化，机构相对完善，规章制度不断健全，组织文化逐渐形成，创业者个人作用弱化，组织正试图寻找能保障其持续、稳定、健康发展的制度和机制。此时，组织人力资源管理部门的地位得到重视，聘用人、激励人、培育人、留人、裁人的体系和制度逐渐建立和完善，组织对职位的特点、所需的人才的特质及组织人才流动率有了比较清晰的理解，对员工总量、员工结构有了一定的把握。这一阶段的组织招聘工作要注意以下三点：第一，创新招聘技术。比如思科公司就有一项特别的鼓励机制，鼓励员工介绍人才加入公司，如果一名被介绍的员工最后被公司聘用，那么介绍人可获得一定数额的奖金。这让所有员工都成了猎头代理，有合适的人一定会推荐给公司。第二，渐进性招聘。这是因为，如果准备不充分，人员激增会使组织应接不暇，无法充分使用新增员工。这样不但会增加成本，还会为以后的人力资源管理留下后遗症。第三，招聘人员切忌攀比，搞“人才高消费”。

3.成熟期组织的招聘

成熟期是组织生命曲线中最理想的区间，在这一时期内，组织的灵活性、成长性及竞争性都达到了均衡状态。一般而言，此时的组织制度和组织结构能够充分发挥作用，即使它们暂时或局部出现了问题，组织也有自我协调的能力。组织的财务状况也大为改观，现金流入量大于流出量。组织体系的完善使组织对外部人力资源的封闭和排斥倾向大于开放和吸纳的倾向，这表现为既有利又有弊的一面。这一时期，组织的招聘也很关键，成熟期往往意味着组织将走下坡路。成熟期的组织需要引入新成员，为组织注入新的活力。因为抵制完善组织体系所固有的封闭与排斥强项，继续保持婴儿期的开放与兼容，使组织永远成为一个充满活力的开放系统，是这一时期的战略关注重点，需要组织广开招聘的途径，为组织注入新鲜血液，促进组织内部循环，激发企业组织活力。

4.衰退期组织的招聘

此时组织内部缺乏创新，缺少活力和动力，危机即将到来。如果再不进行重整和再造，组织就很可能被市场淘汰出局。此阶段，裁员是一种经常性的状态，也能为组织管理者理解，但招聘却很容易导致部分管理人员及普通员工的反对，但即便如此也不要忽视了这个时期的招聘管理工作，它对组织能否渡过难关而进入新的生命阶段至关重要。这一时期的招聘工作主要达到以下两个目的：一是去伪存真，留住真正的人才。同时，吸收新鲜血液，为优秀人才在组织重整和再造过程中发挥潜能创造一切条件。二是改造原有的组织文化，将新生力量配置到各个僵化的部门中，但是这需要得到高层管理者强有力的支持，否则新增人员很有可能遭到排斥和打击。

（二）组织的战略导向

正如沃克曾强调的："在企业战略中，实施变革所要求的能力来自人，因为是人而不是企业在进行创新、做出决策、开发与生产新产品、开拓新市场、更有效地为顾客服务。人力资源问题通常是实施战略的核心问题。"可见，组织人力资源战略和组织经营战略密不可分，组织人力资源战略配合、服务于组织经营战略，是以组织的独特文化和核心竞争力为依托，围绕组织战略目标的实现，而对各类人员的选、任、育、留所做的系统设定。

组织的战略目标和战略类型决定着组织人力资源战略的内容，而招聘管理属于组织人力资源管理的重要组成部分，因此组织的战略目标和战略类型以及企业文化这些因素，都会与人力资源招聘工作相互作用，影响着招聘决策。企业组织战略目标的改变、战略决策的层次、经营决策变化等，对招聘和选拔的影响是非常直接的，如完成生产量、达到质量标准或者实现销售目标等，都可能引起对新雇员的需求。比如一个企业由于来自国际市场的竞争，决定放弃一些传统产品的生产，而专注于技术含量较高的产品，这样的战略决策会导致一些生产线停工，从而导致裁员的决策，同时也会改变企业对雇员性质的要求，会产生新的职位需求。再比如，企业由单一产品战略转向非相关产品战略——首都钢铁公司就从生产钢材经营战略转向主要生产钢材，但同时还生产电子仪表、计算机、洗衣机、电风扇、服装，开办陶粒厂，开采大理石、花岗石，开设宾馆，涉足航运和金融业等，这种战略变化就会产生新的职位，改变企业对员工素质的要求。同时，招聘后人员的变动尤其是管理人员的变换，会反作用于组织战略的制定。同样，企业选人是讲求"实用性"还是为后期发展储备人才，不同的战略发展目的会有不同的招聘策略，前者应主要针对社会上有工作经验的人展开，要求应聘者有工作经验、上岗后经过短期的工作熟悉过程即能胜任工作；后者主要针对高校应届毕业生开展，着眼于应聘者的发展潜力。

根据迈尔斯和斯诺对组织战略的划分，其包括三种战略形式，即防御型战略、分析型战略、探索型战略。这三种战略类型主要是依据生产/服务方法来划分的。表2-11表明了不同组织战略、组织要求、人力资源战略等影响招聘决策的情况。

表2-11　　组织战略、组织要求、人力资源战略及招聘决策

组织战略	组织要求	人力资源战略	招聘决策
防御型战略： ·产品市场狭窄 ·效率导向	·维持内部稳定性 ·有限的环境侦察 ·集中化的控制系统 ·标准化的动作程序	累积型战略： 基于建立最大化员工参与及技能培训获取员工的最大潜能，开发员工的能力、技能和知识	·侧重在内部招聘、晋升。低层次职位采用招聘新员工的方式，高层次职位从内部提拔 ·注意那些有财政金融和生产制造背景的人才，以利于稳定市场份额 ·特别适合那些对安全有较高需要、对变化的容忍度较低的人
分析型战略： ·追求新市场 ·维持目前存在市场	·弹性 ·严密及全面的规划 ·提供低成本的独特产品	协助型战略： 基于新知识和新知识的创造，获取自我激励的员工，鼓励及支持能力、技能和知识的自我发展，在正确的人员配置及弹性结构化团体之间的协调	·既注意内部招聘，也重视外部招聘。对高层次职位更多用外聘方法 ·注意发掘那些具有应用研究才能、市场开发才能和制造才能的人
探索型战略： ·持续地寻求新市场 ·外部导向 ·产品/市场的创新者	·不断地改变使命 ·广泛的环境侦察 ·分权控制系统 ·组织结构的正式化程度低 ·资源配置快速	效用型战略： 基于极少员工承诺及高技能利用，雇用具有岗位所需技能且立即可以使用的员工，使员工的能力、技能和知识与特定的工作相配合	·侧重从外部招聘。倾向于在所有层次职位上都雇用有经验的员工 ·特别注意那些有工程研究和市场开发背景的人，以利于企业开发新产品和新市场 ·比较欢迎独立性强、具有创造性思维能力、乐于冒险的人

应该强调，人力资源管理要与组织的战略目标相一致，制定人力资源规划时要以组织战略为基础。重要的是，这种一致性必须得到真正的贯彻，必须体现在人力资源管理的每一个环节。在招聘中，这种战略一致性主要表现在招聘者在人员甄选时必须考虑组织的战略及人力资源规划所确定的目标，并保证新招聘的员工与其保持一致。正如欧莱雅公司的高管指出的，在欧莱雅公司，从全球人力资源副总裁，到亚太区人力资源总监，再到中国区人力资源总监，是欧莱雅人力资

源战略典型的三级传递路径。在这样一个体系中对人力资源部门的要求是，必须始终关注公司战略。因为只有这样，具体的人力资源管理过程才能与公司发展方向一致。

今天，战略思维对组织管理者来说是一个关键的要求，对人力资源管理工作者而言，尤其应该具备战略眼光、全局意识，必须认识到，无论是招聘策略还是其他人力资源管理各环节中所采用的策略或做法，都会关联整个组织的人力资本指数，只有当所有的变量都被列入考虑范围之后，整体价值才能真正实现。今天的招聘管理工作，已经完全不像过去那样只是一种事务性工作，而是一项具有战略意义的市场性工作了。

（三）组织形象与条件

1.组织的声望与管理水平

组织在求职者心目中是否形成了良好的形象，是否具有吸引力，必将在精神和行动两方面影响招聘活动。心理学家认为，每个人都希望自己成为优秀组织中的一员。为什么世界500强企业或者品牌形象有口皆碑的企业深得求职者的追捧，就是因为其在公众中具有极高声望，从而吸引了大量前来应聘的求职者。因此，这些企业的招聘甄选工作就有了很好的选才基础。当然，组织的声望形象与组织的管理水平是休戚相关的，因此组织的管理水平对组织的人力资源招聘影响也很大，这主要表现为：第一，组织领导者水平和能力不仅决定着组织的整体管理水平和管理风格，也是许多求职者求职时优先考虑的因素。很多求职者都相信，组织能否进一步发展与壮大，很大程度上取决于组织领导者是否具有雄才大略。第二，招聘过程实际上也体现着组织的管理水平。一般而言，组织的管理水平越高，各项管理制度越规范，招聘的效率也越高，越有可能招到组织真正需要的人才。同时，高水平管理的组织，由于其发展的可预见性，能够吸引大量高素质的人才前来应聘。第三，招聘过程中招聘人员本身的素质形象也影响招聘质量。如果招聘人员端庄有礼、热情高效、真诚细致，又懂得招聘管理技巧的话，就既能提高招聘效率，也能给公众特别是应聘者留下良好印象，从而吸引更多的有识之士；反之，则会破坏组织形象，降低组织招聘吸引力。

2.组织提供的报酬和所处的地理位置

根据需求理论，组织应当首先满足员工的物质需求，即具备基本的保健因素。表现在招聘过程中，就需要提供相对有吸引力的、公平的、优厚的工资、奖金，以及各种完善的福利保障制度。不少实力较强的企业，每年都进行市场工资调查并确定本企业的工资政策，保证自己的工资水平在市场上具有较强的竞争力，目的就是吸引和留住更多的优秀人才。除了工资水平对求职者产生影响外，组织是否能够提供培训机会以及是否关注员工的发展前途等，也是重要的影响因素。因此，这里的“报酬”，不仅指直接的工资、奖金等，也指间接的精神报酬。组织所处的地理位置在很大程度上也会影响求职者的求职意向。根据2018年对我国高校毕业生就业的相关调查显示，一线城市吸引人才能力仍然很强，但也有越来越多的高校毕业生选择去往有发展潜力的二线城市和西部城市就业。城市经济发展水平高、企业的发展前景好，相对来说对人才的吸引力就大。组织灵活运用各种优惠政策，才能有效完成组织的招聘工作。同样的，招聘难易程度的不同也会存在于同一个地区的城市中心与偏远的郊区之间。

3. 招聘成本

招聘目标包括成本和效益两方面，而且各种招聘方法奏效的时间不同，所以招聘成本和对人才需求紧迫性的限制明显地影响招聘效果。招聘资金充足的企业，在发布招聘信息时，可以投入较多的资金用于招聘广告，可选择在较大范围内发行的报纸、杂志等传播媒体，也可以直接在大学或其他地区开展现场的招聘宣传。在招聘甄选时也能选择更多的或更精细的测评筛选方法，更广泛地调查求职者的背景资料，这样就可以在更大范围内更准确地选拔所需要的员工。

（四）求职者状况

1. 求职动机与强度

求职动机是指在一定需要的刺激下，直接推动个体进行求职活动以达到求职目的的内部心理活动。个人的求职目的与拟任职位所能提供的条件相一致时，个体胜任该职位工作并从事该工作的可能性较大。求职动机强度是指求职者在寻找职位过程中的努力程度，反映其得到应聘职位的迫切程度。格卢克把寻找工作的人分为三类：最大限度利用机会者、满足者和有效利用机会者。最大限度利用机会者是那些不放弃任何一次面谈机会的人。在寻找职位的过程中，他们尽量多地获得不同的企业提供的职位机会，然后在这些机会中选择自己认为最好的职位。满足者是那些接受第一个职位机会的人。他们相信所有的企业都是差不多的，因此没有必要做太多的选择。有效利用机会者是介于两者之间的人，他们会先获得一个中意的职位，然后再寻找一个，目的只是与他们已经选择的职位进行对比，看这个选择是不是真正好，比较之后，他们就会选择他们更中意的职位。这三类人表现出不同的求职强度。求职动机强度与个人背景和经历相关，比如，成长于艰苦的农村环境中的人对工作岗位的挑剔度相对于在优越的城市环境中长大的人要低，受教育程度低且家庭经济条件差的人求职强度也会较高。求职强度和个人财政状况呈负相关关系，比如，有非工资性收入（如有房租收入）或有失业保障金的人，其求职强度可能因此有所降低。求职强度高的应聘者一般较容易接受应聘条件，应聘成功率高；反之，求职强度低的应聘者对应聘条件较挑剔，应聘成功率较低。

2. 求职者的职业兴趣倾向性

通常，理性的求职者会根据自身的职业兴趣及倾向性，在选择职业以及任职过程中，尽可能沿着自我设计的职业生涯方向发展。因此，不同的职业兴趣倾向性，影响着劳动者个体的求职方向。美国学者沙因（E.G.Schein）在对44名研究生进行跟踪研究后提出了“职业锚”概念。“职业锚”是建立在不同的工作动机和能力之上，引导个人的工作经历的自我概念，不同的职业锚对招聘有着重要的不同的影响。

（1）技术/技能型职业锚

此类人喜欢围绕着他们的技术/技能来安排自己的职业，他们在做出职业选择和决策时，主要关注自己正在从事的职业的实际技术和技能内容。他们的职业定位在技术和技能领域，愿意在技术技能上努力耕耘并收获成功，如工程技术分析、财务分析、营销分析、系统分析、公司计划等方面，但对管理工作可能兴趣不大。

（2）自主型职业锚

此类人追求的是最大限度地摆脱组织的约束，喜欢自由自在的工作环境，选择的是能施展自己的职业能力或技术能力的工作环境。典型的职业如教授、作家、管理或技术咨询人员、零售业主等。

（3）创造型职业锚

倾向于这类职业锚的人，追求自主权，具有创新能力，希望能够施展自己的特殊才能，创造出一种属于自己的东西（一项专利、一个成果、一家公司）。

（4）安全型职业锚

有这种职业锚的人寻求长期职业稳定和工作基本安全。他们倾向于按照他人的指示进行工作，喜欢一种稳定且有体面收入和福利保障的职业。如不少想进入公务员队伍中的求职者就属于这样的人。

（5）管理型职业锚

这类人的特点是将管理作为自己的最终目标，具有较强的分析能力、组织协调能力、人际关系处理能力和情绪控制能力。

除了“职业锚”理论，1921年在美国出现了职业兴趣测验（campell interest inventory），它从人与职业相匹配的角度将人的职业兴趣分为三类：D、P、T，即对数字、符号等工作的兴趣，对人及社会性工作的兴趣，对机械、工具操作等工作的兴趣。此后，随着对职业兴趣研究的深入，针对不同的使用对象产生了许多著名的测验，如SVIB、SCII、KOIS、VPI等。所有的职业兴趣测验都有一个基本理论依据，即美国的约翰·霍兰德（John Holland）于1959年研究并提出的职业-个性匹配理论。职业-个性匹配理论根据个性特征与择业倾向，将劳动者划分为6种基本类型（见表2-12）。霍兰德的职业性向理论认为，每个人的性格和天赋决定了其职业性向，职业性向（包括价值观、动机和需要等）是决定一个人选择何种职业的重要因素，倾向于某种类型的劳动者只有从事与其相匹配的职业，才能更好地发挥特长、胜任工作。该理论主要应用于招聘，人们在选择工作时，通过做职业性向测试来帮助自己了解自己适合做什么类型的工作。

表2-12　**霍兰德6种职业类型的个性、职业特点及匹配**

类型	个性特点	职业特点	适合的职业
实际型	非社交的、物质的、遵守规则的、实际的、安定的、缺乏洞察力的、感情不丰富的、不善与人交往的	愿意从事“看得见、摸得着”的工作。喜欢使用工具，特别喜欢操作大型机器。做事手脚灵活、动作协调，但不善言辞、不善交际，在社交场合往往觉得很不自在，最不喜欢从事教育工作与接待他人的工作	主要是各类工程技术工作与农业工作。其典型的职业是技能性职业（如一般劳工、技工、修理工、农民等）和技术性职业（如摄影师、制图员、机械装配工等）
学者型	乐于解决抽象问题，喜欢运用词、符号和观念进行工作。非常好奇，急于了解周围的未知世界。宁愿思考问题而不愿动手去处理问题	喜欢独立和富有创造性的工作，而不喜欢从事社会性和重复性的活动。通常不愿意受人督促，也不愿意去督促别人。知识较渊博，为自己的学识和才能感到自豪，而对自己的领导能力缺乏信心	主要是科学研究和科学实验工作。其典型的职业包括科学研究人员、教师、工程师等
艺术型	想象力丰富，理想的、直觉的、冲动的、独创的，乐于创造新颖的与众不同的东西，渴望表现自己的个性。比较敏感，易动感情，喜欢独立工作，不过多关心社会问题，缺乏事务性办事能力	通过非系统化的、自由的活动进行艺术表现，但精细的操作能力较差，对单调的或经营性的工作不感兴趣	典型的职业包括艺术方面的（如演员、艺术设计师、雕刻师、导演等）、音乐方面的（如乐队指挥、演奏者、作曲者等）和文学方面的（如作家、文学评论员、编辑等）

续表

类型	个性特点	职业特点	适合的职业
社会型	热情慷慨、善于交际、关心他人，人际关系融洽。总是寻求与群众接触的机会，渴望发挥自己的社会作用	喜欢从事为人服务和教育他人的工作，喜欢参与解决人们共同关心的社会问题，平时比较看重社会义务与社会道德。一般缺乏技术特长，不喜欢从事需要运用劳动工具的工作	主要是各种直接为他人服务的工作。典型的职业包括教育工作者与社会工作者，包括社会科学、历史、体育等方面的教师，教育行政人员，社会群众团体工作者，咨询者，思想工作者等
企业型	支配的、乐观的、冒风险的、冲动的、精力旺盛的、好发表意见和见解的，但有时是不易被人支配的，喜欢管理和控制别人等	喜欢权力、地位和物质财富。一般不擅长科学研究，对系统而复杂的思维工作很不耐烦。从事需要胆略、冒风险且承担责任的活动，主要指管理、决策方面的工作	主要是组织与影响他人共同完成组织目标的工作。典型的职业包括各级管理者、政治家、推销员、批发商、调度员、广播员等
常规型	自我抑制的、顺从的、防卫的、缺乏想象力的、持续稳定的、实际的、有秩序的，具有回避创造性活动等特征	喜欢按计划办事，乐于完成指令性的任务。总希望知道别人期望他干什么，自己从不谋求领导职务。不喜欢冒险，对复杂的人际关系问题不感兴趣。工作踏实、忠实可靠、遵守纪律	主要是各类科室工作。典型的职业包括秘书、办公室职员、会计、图书管理员、税务员、保管员、法庭速记员、邮递员等

霍兰德在研究职业兴趣的共同性和差异性的过程中找到了六个测验维度，其职业兴趣理论主要基于以下几个假设：第一，大多数人的个性都可以归纳为6种人格类型（RIASEC，R-现实型、I-研究型、A-艺术型、S-社会型、E-企业型、C-常规型）中的一种；第二，现实社会中存在6种不同的工作环境（RIASEC）；第三，人们倾向于寻找和选择那种有利于自己技术与能力的发挥、能充分表达自己的态度和实现自己的价值，并能扮演满意角色的环境；第四，一个人的行为是他本人个性和环境特征相互作用的结果；第五，个体类型和环境类型的一致性、和谐程度可由一个六边形模型来决定；第六，个体或者环境的区分度可由职业编码、所绘的结果剖面图以及两者共同来解释。

重要概念

人力资源规划 需求预测 供应分析 工作分析 胜任素质 冰山模型 PEST框架 招聘法规 劳动力市场 文化背景 生命周期 求职动机 职业兴趣 职业倾向

复习思考

1.什么是人力资源规划？

2.人力资源需求预测的方法有哪些？内部人力资源供给预测的方法有哪些？

3.简述工作分析的步骤及其与招聘工作的关系。

4.简述冰山模型的内容，阐述胜任素质模型的建立与招聘的关系。

5.影响招聘的外部因素有哪些？美国在人员招聘中的诸多法律规定对于我们有怎样的借鉴意义？

6.举例说明一个企业的招聘策略可以折射出该企业的民族文化背景。

7.影响招聘的内部因素有哪些？如何理解“不同的战略发展目的会有不同的招聘策略”这句话？

8.当前我国劳动力市场现状如何？劳动力市场供求态势与招聘管理呈现怎样的关系？

第三章

招聘流程与计划

【开篇案例】

ABC科技开发有限公司招聘计划书①

1.招聘目标（需求分析）

职务名称	人员数量	职位要求
软件开发工程师	3	计算机专业本科以上学历，35岁以下，有2年以上独立研究开发经验
销售代表	5	大学本科以上学历，相关工作经验3年以上
行政主管	1	经济管理类专业本科以上学历，女性，30岁以下，熟悉IT行业背景

2.招聘方式及信息发布时间

（1）《××日报》刊登招聘广告：3月8日

（2）××招聘网站发布信息：3月8日

3.招聘小组成员名单

组长：×××（人力资源部经理），对招聘活动全面负责

成员：×××（研究开发部经理、销售部经理、行政部经理），具体参与面试、录用工作

① 唐志红，骆玲. 人力资源招聘·培训·考核［M］. 北京：首都经济贸易大学出版社，2003.

×××（人力资源部薪酬管理人员），具体负责应聘人员接待、求职资料整理

×××（人力资源部招聘专员），具体负责招聘信息发布以及安排面试、笔试

4. 招聘地区：北京、上海、广州、武汉、西安、成都

5. 招聘选拔方案及时间安排

A. 软件开发工程师

资料筛选	研究开发部经理	截至3月15日
初试（面试）	研究开发部经理	3月17日
复试（笔试）	研究开发部命题小组	3月19日

B. 销售代表

资料筛选	销售部经理	截至3月15日
初试（面试）	销售部经理	3月17日
复试（笔试）	分管销售副总经理	3月19日

C. 行政主管

资料筛选	行政部经理	截至3月15日
初试（面试）	行政部经理	3月17日
复试（笔试）	分管行政副总经理	3月19日

D. 选拔录用

总经理及分管副总、人力资源部和有关部门经理　3月20日

6. 新员工上岗时间

预计在4月1日左右

7. 招聘费用预算

A.《××日报》广告刊登费

4×80 000+2×6 000=44 000（元）

B. ××招聘网站信息刊登费

800元

合计：44 800元

8. 招聘工作时间表

3月5日：起草招聘广告

3月6日：进行招聘广告版面设计

3月7日：与报社、网站进行联系

3月8日：到报社、网站刊登广告

3月9日—3月15日：接待应聘者、整理应聘资料、对资料进行筛选

3月16日：通知应聘者面试

3月17日：进行面试

3月19日：进行软件开发工程师及行政主管笔试（复试）、销售代表测试（复试）

3月20日：录用决策

3月21日：向通过复试的应聘人员发送录用（试用）通知

3月25日—30日：新员工入职教育培训

4月1日：正式录用的新员工上班

9.招聘人事政策（包括人事配置、薪酬福利等）

人力资源部　　　　总经理（签章）

20××年3月1日

案例思考：

1.此招聘计划设计得完整、规范吗？

2.组织中执行招聘任务的人员是如何确定的？

第一节　招聘流程

招聘流程是指从出现职位空缺到候选人正式进入组织工作的整个过程。一个组织欲谋求持续发展，必须对所需人才的招聘活动制定一定的程序步骤并选用适当的方法，才能收到“事得其人”“人尽其才”的效果，而不能凭感觉来招聘人员。

一、招聘流程的设计

根据埃尔克斯（Eekels）于1983年提出的设计方法学核心理念“设计循环圈”的思想，设计活动应按某一特定的方式进行，并遵循一些周而复始的步骤，如图3-1[①]所示。

（一）功能定义

功能定义即在特定情境下招聘流程需要实现的功能定位。设计招聘流程的功能主要是收集相关信息、预测绩效表现、评价绩效、做出决策等。在实际工作过

① 杨杰. 有效的招聘［M］. 北京：中国纺织出版社，2003.

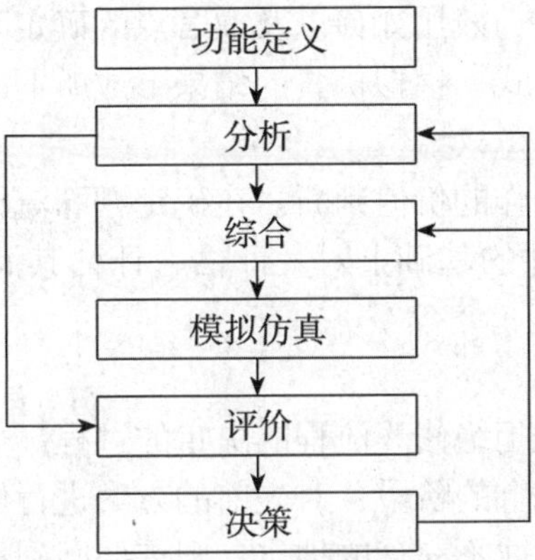

图3-1 基本流程设计循环图

程中，这些功能的实现取决于组织实际情况，因此，招聘流程的功能是由情境需要所决定的，不同组织的招聘流程可以不尽相同。一般来说，功能的定义应通过与使用此流程的用户以及涉及的其他当事人进行沟通来确定。

（二）分析

分析需求和限制性条件，即根据功能分析推断实施流程需要满足的要求。这些需求可能与数据或信息输入、预测、决策以及所涉及的当事人的沟通有关。在招聘流程中，这些数据信息以及对其的预测决策可表现为：组织当前人力资源存量分析、未来人力资源的需求和供给状况、空缺职位情况等。在此基础上，还需要说明存在哪些限制性条件。其原因在于不同组织所拥有的时间和资源是不同的，从而形成不同的限制性因素。就招聘流程的设计而言，限制性因素也是多方面的，如不同组织所处的战略发展阶段、组织的内外部经济状况等。原则上，需求和限制性条件的确定是由将来使用这套流程的用户及所涉及的其他当事人来完成的。然而，招聘选拔专家可以在如何将需求与限制性条件转换为设计标准方面提供帮助。此步骤的结果可以写成书面文档的形式，称为“方案要求”。

（三）综合

根据分析结果进行整合与设计，即为综合。其表现为，创造一个初步的招聘流程或修正现在的流程，以在限制性条件所规定的范围内满足所需要实现的功能。从本质上说，这是一项创造性的活动，因为任何方案均无法从现存的知识直接推论得出。综合的结果是产生招聘流程草案。

（四）模拟仿真

这一环节的主要目的是检验与测试招聘流程的预测性及经济性能，包括需要

图3-2　人员招聘流程图

的时间、效度高低、效果与效用如何以及取舍点的确定等。模拟仿真可采用实验性的测试方式和模型的方式。模拟仿真的结果形成所谓的“规格说明书”。

（五）评价

评价即对招聘流程所作的价值判断。在确定招聘流程的性质后，就可以在参考用户需求和限制性条件的基础上对其评估，评估其满意度、效用、效度与效率等。

（六）决策

决策即做出接受还是拒绝修改流程的决定的过程。如做出拒绝的决定，则需要重新回到第三步，即综合的阶段，对先前的方案进行修正和完善；若方案要求和限制性条件中存在错误或不充分的地方，则需要回到第二步，即分析阶段，重新制定有关要求与限制性条件。一旦做出接受的决定，还需要完善有关细节问题，诸如手册、指导语、工具、材料、人事说明等。

二、招聘流程的内容

（一）招聘流程的四个阶段

人员招聘大致分为人员招募、测试甄选、人员录用、招聘评估四个阶段。这四个阶段可以用图3-2来表示：

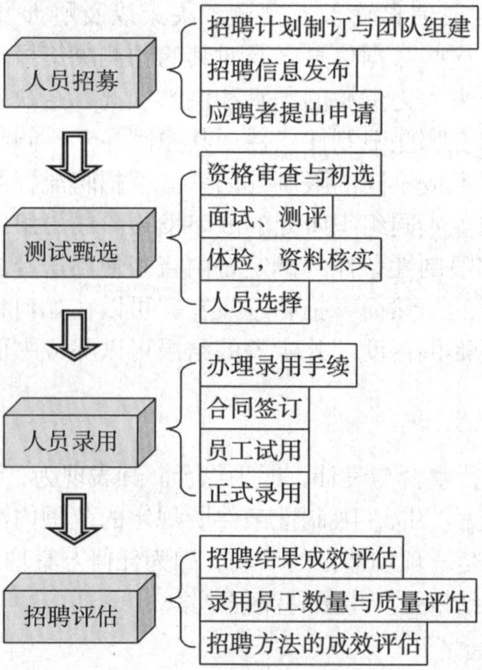

图3-2　人员招聘流程图

人员招募是招聘工作的第一阶段，是组织为了吸引更多更好的候选人来应聘而进行的若干活动，它主要包括：招聘计划的制订、招聘信息的发布、应聘者信息的收集和分析等。测试甄选则是组织从“人-事”“人-组织”两个方面出发，从应聘的人员信息中，挑选出某一职位最合适的人选，它包括：资格审查、初选、面试、体检、人员选择等环节。人员录用主要涉及员工的录用手续办理和合同签订以及试用、正式录用等。招聘评估则是对招聘活动的效益与录用人员质量的评估。

需要说明的是，在这四个环节之前，人员招聘有两个前提和一个必要。一个前提是人力资源规划，即从人力资源规划中得到的人力资源净需求预测。这份预测决定了预计要招聘的职位与部门、数量、时限、类型等因素。它包括本机构的人力资源规划和各部门人员需求的申请。另一个前提是工作描述与工作说明书，这为录用提供了主要的参考依据，同时，也为应聘执行提供了详细信息。这两个前提是招聘计划的主要依据。一个必要即相关胜任素质模型的构建。

（二）招聘流程的说明

1.职位空缺的确定

职位空缺的确定即招聘需求的提出。招聘工作一般是从招聘需求的提出开始的。招聘需求通常由用人部门提出。组织会根据一定时期的业务发展情况确定职位空缺数据。产生职位空缺的原因是多方面的，既可能是组织拓展（如业务领域的扩大、业务量的增加等），也可能是新技术、新发明或自动化工艺流程的采用以及组织自身的“新陈代谢”（如员工退休、晋升、降级等）。职位空缺是否需要填补还要视组织的人员预算而定，招聘的需求通常在人员预算的控制之下。但是由于实际工作的需要和业务的变化，会导致人员预算的变化，这时，就需要用人部门和人力资源部门根据具体情况对预算做出调整。

2.招聘团队的组建

招聘失败将产生高额的替换成本。为保证招聘工作的有效性，招聘人员的胜任度是必须特别关注的。需要说明的是，在招聘过程中，传统的人事管理与现代人力资源管理的工作职责是不同的。在过去，员工招聘的决策与实施完全由人事部门负责，用人部门的职责仅仅是负责接受及安排人事部门所招聘的人员，用人部门完全处于被动的地位。而现代组织中，起决定作用的是用人部门，它直接参与整个招聘过程，并在其中拥有计划、初选与面试、录用、人员安置与绩效评估等决策权，完全处于主动地位。人力资源部门只在招聘过程中发挥组织与服务的功能。

3.工作/岗位分析和胜任素质的确定

组织内有不同的部门、不同的职级、不同的工种及不同的工作环境等，即使相同的工作岗位，也会因客观条件的变化，产生不同的工作范围、表现水平及产出标准。因此，为使招聘工作体现“能岗匹配”“人职匹配”，进行工作/岗位分析是重要的一道程序。传统意义上的工作/岗位分析主要是确定空缺职位所包含的一系列特定任务、职责和责任，它能使员工了解在这个工作岗位上，需要他们去做的究竟是什么，而现代意义上的工作/岗位分析则有两大主要目的：一是确定工作/岗位所需要的主要才能或胜任特征，为拟定人员招聘条件提供依据；二是为整个筛选工作科学、有序地进行提供依据。在进行工作/岗位分析时，还应注意尽量忘记目前承担这份工作的人的特点，而真正从工作的客观实际出发。在工作/岗位分析和组织价值导向的分析基础上，有必要建立岗位胜任素质模型，确定关键胜任力，为以后的人员遴选确立标准。

4.招聘渠道的确定和招聘信息的发布

在招聘计划获得批准之后，需要选择合适方法来获得职位候选人。根据职位的不同、职位空缺的数量、需要补充空缺的时间限制等因素综合考虑，选择最有效且成本合理的招聘渠道。招聘渠道通常分为内部招聘和外部招聘两种。内部招聘是在组织内部公开招聘，采取由内部人员推荐人选、由员工晋升或职位轮换补充空缺等方法；外部招聘主要包括在报纸、招聘网站上发布招聘广告，参加招聘会，委托中介或猎头机构，校园招聘等方式。

5.得到应聘者的反馈信息

招聘信息发布出去之后，应聘者即向招聘单位提出应聘申请，通过一般信函或电子信函方式，或者填写应聘申请表形式向招聘单位提出申请。此时，应聘者应该提供以下个人资料：

（1）应聘申请表（函），必须填写所应聘的职位；

（2）个人简历，列示学历、工作经验、技能、成果、个人品格等信息；

（3）各种学历、技能、成果的（包括获得的奖励）证明（复印件）；

（4）身份证（复印件）。

个人资料和应聘申请表要求详尽真实，人力资源部门将在招聘工作的后续环节予以核实。

表3-1是一则管理人员应聘登记的范例。

表3-1　　**管理人员应聘登记表**①

（填表时间：________年________月________日）

应聘岗位（可复选）：

1.行政办公室：□总经理助理　□行政前台　□行政助理

2.财务部：□部门经理　□出纳

3.人力资源部：□部门经理

4.企业发展部：□部门经理

承诺：我承诺下面所填写的资料是完全真实的。如果被证明其中有虚假成分，我愿意完全承担责任。

承诺人签字__________

基本情况：

1.姓名：　2.性别：　3.出生年月：　4.民族：

5.健康状况：　6.毕业学校：　7.专业：　8.学历：

9.英语水平：

10.教育类别：□统分　□自费　□委培　□自考　□成教　□其他

11.联系电话：__________

工作（学习）经历：

起止时间　单位（学校）名称　岗位（专业）名称

1.____

2.____

3.____

4.____

5.____

接受过的正式培训：

起止时间　培训地点　证书情况

1.____

2.____

3.____

你所了解的集成电路技术：

____

① 贾荣，孙宗虎. 至尊企业至尊人力资源——员工招聘、面试、甄选与录用管理［M］. 北京：世界知识出版社，2002.

续表

请选出你认为自己较出色的几项能力： • 书写表达能力 • 语言表达能力 • 数理推理能力 • 察觉细节能力 • 组织管理能力 • 社会交往能力 • 运动协调能力及动手能力
与应聘岗位相关的历史业绩： 1. 2. 3.
根据你对敝公司的了解，简要地写出你对应聘岗位的工作设想：
薪金要求：

6. 人员甄选与评价

人员甄选与评价是在众多的应聘者中进行选拔与评价的过程。这一过程主要根据实际需要选择，通常由个人履历/申请表筛选、背景调查、面试、能力与个性测验、情境性测评、知识技能考试等几个环节组成。

7. 人员的录用

经过测试与甄选的过程，组织确定了录用人员名单，并对决定录用的求职者发出正式通知，对不予录用的求职者也要致函表示歉意。

人员录用过程主要包括：办理录用手续、合同的签订、员工的试用、正式录用。

组织招聘员工，首先应向当地劳动人事行政主管部门办理录用手续，证明录用员工具有合法性，受到国家有关部门的承认，并且使招聘工作接受劳动人事部门的业务监督。

根据《中华人民共和国劳动法》，建立劳动关系应当订立劳动合同。我国劳动用工制度改革的目标是实行全员劳动合同制。员工进入组织前，要与组织签订劳动合同。首先签订的应是试用合同。员工试用合同是员工与组织双方的约束与保障，是对甄选和聘用成果的法律保证。

员工进入组织后，组织要为其安排合适的职位。一般来说，员工的职位均是按照招聘的要求和应聘者的应聘意愿来安排的。人员安排即人员试用的开始。试用是对员工的能力与潜力、个人品质与心理素质的进一步考核。

员工的正式录用是指试用期满，且试用合格的员工正式成为该组织的成员的过程。员工能否被正式录用，关键在于试用部门对其考核结果如何，组织对试用员工应持公平、择优的原则录用。正式录用过程中，用人部门与人力资源部门应完成以下主要工作：员工试用期的考核鉴定、根据考核情况进行正式录用决策、与员工签订正式的雇用合同、给员工提供相应的待遇、指定员工进一步发展计划、为员工提供必要的帮助与咨询等。

8.招聘评估

招聘评估是招聘流程中一个必不可少的环节，一个总结回顾的环节。一个完整的招聘过程就应该有这样一个评估阶段。招聘评估有利于今后为组织节省开支；有利于找出各招聘环节上的薄弱之处，改进招聘工作；有利于招聘方法的改进，又对员工培训、绩效评估提供了必要的信息，进一步提高招聘工作的质量。招聘评估包括：招聘结果的成效评估，如成本与效益评估，录用员工数量与质量的评估，以及招聘方法的成效评估，如信度与效度评估。

第二节　招聘计划的制订

为了使招聘工作高效有序地进行，就要制订招聘计划，也就是说招聘计划是招聘的主要依据，制订招聘计划的目的在于使招聘更趋合理化、科学化。招聘计划是用人部门根据部门的发展要求，根据人力资源规划的人力净需求、工作说明的具体要求，对招聘的岗位、人员数量、时间限制等因素做出详细的计划。

一、招聘计划的制订过程

招聘计划应由用人部门制订，然后由人力资源部门对它进行复核，特别是要对人员需求量、费用等项目进行严格复查，签署意见后交上级主管领导审批。编制招聘计划的过程有调研分析、预测和决策三个步骤。

（一）调研分析

调研分析是制订计划的基础。为了避免盲目编制计划和盲目实施招聘，首先要做好组织人力资源状况分析，并根据本组织人力资源规划，及当前的工作任务情况、招聘的范围、数量和规模，确定如何开展招聘工作。一般可从以下几方面进行：

（1）了解本组织发展与运行现状，并作详细周密的分析，以便明确工作任务及完成这些任务所需或所缺人员的情况。调查的结果是明确和确定工作岗位，或者在岗人员任职情况，以及岗位职责和要求。

（2）了解与分析本组织人力资源或者局部人力资源状况，内容主要是人员学历结构、技术人员的结构、年龄结构、人力资源分布与分配状态，以及人力资源利用与流动等情况。目的是掌握组织人力资源现状以及当前管理利用情况。

（3）了解与分析组织对人员更新、技术发展与革新、企业扩张等方面的规划与预测，结合组织人力资源战略与规划，预测近期人力资源的需求量、类型和趋势。

（二）预测

预测是计划的前提和依据。它主要包括：组织机构变化预测、产品规划对人力资源需求的预测、新产品开发对人力资源结构和数量影响的预测、设备的技术改造与更新对人力资源结构影响的预测、劳动（工作）效率对人力资源结构和数量影响的预测、减员预测、人才市场、劳动力市场预测。比如，在确定职位空缺时，组织不妨仔细考虑和科学地测算：组织目前是否拥有足够的员工以及他们是否拥有足够的技能开展工作？组织是否合理地利用了现有的员工以及他们是否需要学习或从事一些不同的或新的工作，以促进组织未来发展的需要？组织是否拥有足够的人手和才干来满足组织未来的发展需要？组织是否有财力进行新员工的招聘？组织需要的员工是兼职的还是专职的？空缺岗位的工作性质与要求是什么？问题确定后，再确定是否需要招聘以及招聘计划的内容。

（三）决策

决策是计划的核心，具体包括：招聘的岗位、人员需求量、每个岗位的具体要求（工作/岗位分析在整个招聘中的作用很大，它主要是确定空缺岗位所包含的一系列特定任务、职责和责任，为整个招聘选拔过程提供有效的依据）、招聘信息发布的时间、方式、渠道与范围；招聘对象的来源与范围；招聘方法；招聘测试的实施部门；招聘预算；招聘结束时间与新员工到位时间。决策完成了，招聘计划也形成了。招聘计划确定后，需要经过人力资源部经理及高层管理者的批准，表3-2为一份年度招聘计划报批表的示例，是人力资源部门每年根据人力资源规划制订的招聘计划报批表，主要是向组织领导说明组织目前人力资源规划分布状况及今年增加员工的数目。

二、招聘计划的内容

一般说来，招聘计划的内容主要包括以下几方面：招聘的规模、招聘信息发布的范围、招聘工作时间和招聘的预算。不同组织、不同招聘任务还可根据情况作相应的增减。

表3-2　　**人力资源部门年度招聘计划报批表**

填单：　　　　年　月　日

部门有关情况		录用职位概况				考试方法及其他		
		职位名称	人数	专业	资格条件	考试方法	招考范围	招考对象
公司核定的编制数								
		⋮	⋮	⋮	⋮	⋮	⋮	⋮
本年度缺编人数								
		⋮	⋮	⋮	⋮	⋮	⋮	⋮
本年度拟录用人数								
		⋮	⋮	⋮	⋮	⋮	⋮	⋮
备注								

（一）招聘的规模

招聘的规模是指组织准备通过招聘活动吸引多少应聘者。无论组织的规模如何，在进行招聘之前都应明确招聘范围和规模，就是说要明确哪些岗位需要多少人员，以及获得这些人员大致需要招聘到多少求职者。从总体上说，招聘是根据人力资源规划进行的。就具体程序而言，招聘工作开始于正式签发“人员需求报告单”或“人员需求表”。人员需求报告单是一种具体体现人员规划所确定的人员需求及空缺岗位的工作性质、任务、任职者资格和指导人员招聘工作的批示文件，它可由组织的有关业务部门与人力资源管理部门共同签发，见表3-3。

表3-3　　**人员需求报告单**

工作编号		职位名称		要求上岗日期	
补充人员的原因（例如：人员流动导致职位空缺、新设岗位等）					
对任职者的最低资格要求					
主要工作职责和任务					
签发日期		签发部门或签发人签章			

确定招聘过程中大致能招聘到多少求职者，一般可以借助招聘录用的金字塔模型，即将整个招聘录用过程分为若干个阶段，以每个阶段参与人数和通过的人数比例来确定招聘的规模，如图3-3①所示。

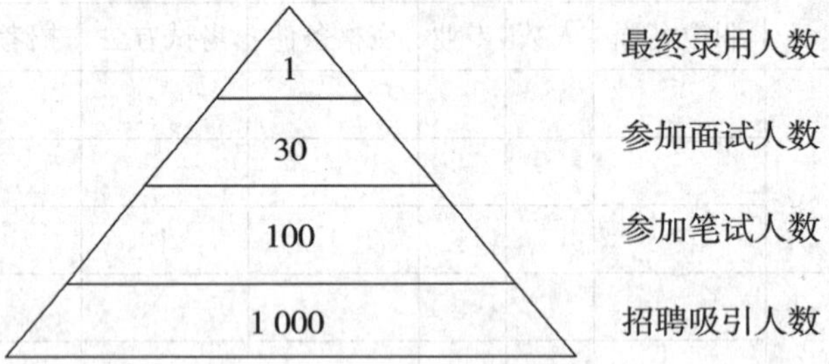

图3-3　招聘录用的金字塔

使用这一模型确定招聘规模，取决于两个因素：一是企业招聘录用的阶段，阶段越多，招聘的规模相应地就越大；二是各个阶段通过的比例，这一比例的确定需要参考企业以往的历史数据和同类企业的经验，每一阶段的比例越高，招聘的规模就越大。

（二）招聘信息发布的范围

招聘信息发布的时间、方式、渠道与范围是根据招聘计划来确定的。由于需招聘的岗位、数量、任职者要求的不同，招聘对象的来源与范围的不同，以及新员工到岗时间和招聘预算的限制，招聘信息的发布时间、方式、渠道与范围也是不同的。

信息发布的范围是由招聘对象的范围来决定的。一方面，发布信息的面越广，接收到该信息的人就越多，应聘者也会越多，挑选的余地也就越大，即“人才蓄水池”（talent pool）的容量越大，招聘到合适人选的概率也相应地有保证，只是费用也会相应地增多。这就需要我们根据人才分布规律、求职者活动范围、人力资源供求状况及成本大小等确定招聘区域。一般招聘区域选择的规则是：高级管理人员和专家一般在全国范围内招聘（A类），甚至可以跨国招聘；而专业技术人员可以跨地区招聘（B类）；一般办事人员在本地区招聘就可以了（C类）。据美国1972年的统计数据，美国有1 000万名求职者，到距所在地100英里以外的地区求职的人员中，A类占25%，B类占7%，C类占6%；在25英里以内求职的人员中，A类占13%，B类占33%，C类占38%。例如，某家企业在进行不同职位招聘时，招聘的范围是有所区别的，如图3-4②所示。

① 董克用，等. 人力资源管理概论［M］. 北京：中国人民大学出版社，2003.
② 董克用，等. 人力资源管理概论［M］. 北京：中国人民大学出版社，2003.

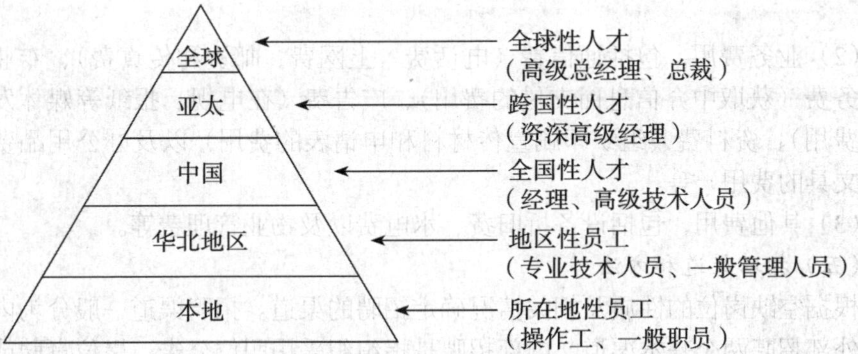

图3-4　招聘范围示意图

（三）招聘工作时间

首先确定信息发布的时间。因为招聘工作的顺利完成需要耗费一定的时间，再加上选拔录用和岗前培训还需要一定的时间，为此，在条件允许的情况下，招聘信息应尽早向人们发布，这样有利于缩短招聘进程，有利于使更多的人获取信息，使应聘人数增加。这就需要我们对招聘过程中各阶段所需时间有一个比较准确的了解，以此准确估算信息发布的时间，及时进行招聘信息的发布。表3-4列出了在招聘过程中从接到个人简历到新雇员开始工作的时间阶段分布。

表3-4　　招聘中的事件所用时间

	平均天数（天）
收到个人简历到发出面试通知	5
发出面试通知到面试	6
面试到提供工作	4
提供工作到接受所提供的工作	7
接受工作到实际开始工作	21
总的时间	43

根据各阶段工作时间的安排，计划中应明确设定一张招聘工作时间表，以保证招聘工作有条不紊地如期进行。

（四）招聘的预算[①]

在招聘计划中，还要对招聘的预算做出估计，以便提高招聘的效率，降低招聘的成本。招聘的成本包括：

（1）人工费用，即组织招聘人员的工资、福利、差旅费、生活补助以及加班

① 关于招聘预算可进一步参看本书第五章内容。

费等。

（2）业务费用，包括通信费（电话费、上网费、邮资和传真费）、专业咨询与服务费（获取中介信息而支付的费用）、广告费（在电视、报纸等媒体发布广告的费用）、资料费（组织印刷宣传材料和申请表的费用）以及办公用品费（纸张、文具的费用）等。

（3）其他费用，包括设备折旧费、水电费以及物业管理费等。

（五）招聘渠道和方法

根据空缺岗位的性质及相关情况确定招聘的渠道。招聘渠道一般分为内部招聘和外部招聘两个基本渠道。内部招聘是指组织采用职位公告、岗位竞聘或部门推荐等方式在组织内部招聘员工。外部招聘则是根据一定的标准和程序，从组织外部众多候选人中选拔所需要人选的方法。外部招聘的主要方式有广告招聘、人才市场招聘会、校园招聘、专业机构招聘、网络招聘等。

三、招聘计划的审批和修订

人力资源部门将人员招聘申请计划正式递交人力资源经理或部门主管批准。一般而言，属于中层以下的职位由人力资源管理部门和需招聘人员的部门主管商榷后决定，属于中层管理人员以上的职位则由公司高层批准，有些公司还要报请总部或董事会批准。

图3-5为某公司招聘需求计划及审批的流程。

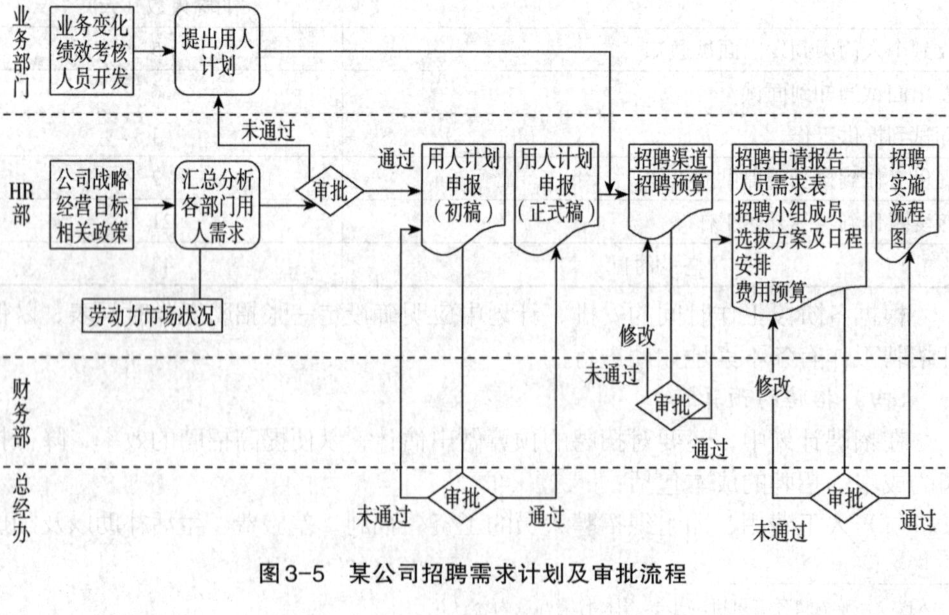

图3-5　某公司招聘需求计划及审批流程

以德国西门子公司为例，西门子每年都会实施招聘需求的统计工作。每年的五六月份，根据上年的业务状况和下年业务发展的需要，各个业务部门就开始考虑预算。公司需要拓展哪方面的业务、组织结构有什么样的调整、某一业务需要多少人，这都是需要考虑的问题。而后，他们会把下一年度需要哪方面的人、需要多少人统计上来；接着，根据实际业务的发展、业务量的增长、工作分配情况，分时段地把需要的人招聘进来。招聘的职位和人数，是跟业务需要和每年的计划挂钩的，如超出计划则需要上级部门批准。特别地，对于员工的去留，业务经理会起最主要的作用，人力资源部从人事的角度给出建议。如果出现较大分歧，业务部门做最终的决定。

招聘计划制订以后，并非一成不变，在实际操作过程中会遇到一些问题，或是由于组织内外部环境和条件的变化，需要适时地做出调整和修订，以使招聘计划真正体现对招聘工作的指导性和预见性。当然，计划一旦制订，应尽可能保证它的稳定性，也不能朝令夕改，形同虚设。

第三节　招聘团队的组建

在现代组织中，人力资源的管理越来越具有重要的战略意义，人力资源管理实践中各环节的工作，也逐渐被纳入战略意义上的思考范畴，被赋予更为现代化、高效率、专业化的内容。招聘管理的有效实施必定依赖于一个高效而专业的现代招聘团队。

一、招聘团队及其人员分工①

一流的企业需要拥有一流的员工队伍。作为人力资源管理中的输入环节，人员招聘是企业管理中不可忽视的部分，而是否能够完成招聘任务、保证招聘工作的长期有效性，则有赖于招聘人员的努力以及企业对此的有效管理。同时，招聘是一项繁杂的工作，不是单靠一两个人就能完成的，尤其一些重大的招聘事件，关乎企业的生存与发展。为此，我们引入这样一个概念：招聘团队。

招聘团队的人员组合是怎样的呢？各自的分工如何？在传统观念中，招聘是人事部门的事，用人部门只要提出用人需求就行了，不用参与到招聘过程中，事实上，只有用人部门最清楚需要什么样的人，招聘进来的人员的素质和能力将直接关系到本部门的工作绩效。在现代企业中，组织内部的人力资源管理部门和用人部门都要参加重大的招聘工作。人力资源管理部门主持日常性招聘工作并参

① 吴文艳．论现代企业中招聘团队的组建［J］．中国人力资源开发，2005（9）．

与招聘的全过程，招聘团队中，仍以人力资源管理部门为主，并吸收有关部门人员参加，用人部门（业务部门）的意见将在很大程度上起决定性作用。根据施耐德公司的经验，用人部门经理对候选人的影响是最大的，占比49%。具体说来，用人部门经理人员和人力资源部门招聘人员在此合作过程中分别承担的工作具体列示于表3-5。

表3-5　**招聘中用人部门与人力资源部门的分工**

用人部门经理人员	人力资源部门招聘人员
1.负责确定业务发展计划、人力规划及人力需求，负责制订招聘计划和报批	1.分析人力资源供应的外部环境因素，帮助用人部门分析招聘的必要性和可行性
2.制定招聘职位的工作说明书	2.选择招聘的渠道和方式，设计招聘中选拔、测试评价的方法和工具以及测试内容
3.对应聘者的专业技术水平进行评判、初选	3.策划制作招聘广告或招聘网页，并办理相关审批手续，联系信息发布
4.负责面试和复试人员的确定	4.负责简历等求职资料的登记、筛选和背景调查
5.参与测试内容的设计和测试工作	5.通知面试、主持面试、实施人事评价程序
6.做出正式录用决策	6.为用人部门的决策提供咨询
7.参与新员工培训并负责其基本技能的训练辅导	7.负责试用人员个人资料的核查、确定薪酬
8.负责录用员工的绩效评估并参与招聘评估	8.寄发通知并帮助录用人员办理体检、档案转移、签订试用或正式劳动协议等手续，并为员工岗前培训服务
9.参与人力资源规划的修订	9.负责招聘评估以及人力资源规划的修订

二、构建高效的招聘团队

需要说明的是，多个人的组合不能称为团队，只能称作群体。只有在群体的相互依赖程度比较高，每个人的工作都和其他成员的工作密切相关，而且其他人工作没有成果他也不会有成果时，这种群体才称得上团队。另外，只有共性很强的群体才算是团队，才能按照团队来运行和管理。[①]因此，招聘团队是这样一种人群组合，他们共同为了实施企业的战略规划，完成企业的招聘任务而组合在一

① 郭毅，等．组织行为学［M］．北京：高等教育出版社，上海社会科学院出版社，2000.

起，积极协同配合，高效完成招聘工作。企业的招聘管理中，如果能组建这样的招聘团队，就能极大地提高招聘工作的效率，顺利完成招聘任务。那么如何构建高效的招聘团队呢？

（一）团队运作目标的确立

高效的团队对所要达到的目标有清晰的了解，坚信这一目标包含着重大的意义和价值，并以此激励着团队成员把个人目标与团队目标结合在一起，愿意为团队目标做出承诺。为此，在团队建立之前与之初，都有必要强调招聘工作的重要意义，认识到人员招聘是以不断满足组织经营管理需要、提高组织效率、提高组织核心竞争力、促进组织发展为根本目的的，明确“招聘合适的人并将其安排在合适的岗位上使其发挥作用是任何组织用人的一大目标”。[①]了解以最小的代价去获得组织需要的合适的员工并使其发挥最大的作用，是每一个组织所追求的目标。正如上海通用汽车公司在招聘工作开展伊始即实施的招聘策略：根据公司发展的战略宗旨，确立把传递“以人为本”的理念作为招聘的指导思想；根据公司的发展计划和生产建设进度，制订拉动式招聘员工计划；根据“一流企业，需要一流员工队伍”的公司发展目标，确立面向全国广泛招聘的方针。有效的团队具有一个大家共同追求的、有意义的目标，它能够为团队成员指引方向，提供推动力，形成凝聚力。

（二）互补的组合模式

在英国剑桥大学进行人类组织行为学研究工作的贝尔宾博士和他的伙伴们，经过多年的实验研究证实：在一个团队中，组员能够按“特质”组合得越恰当，团队的表现就越好，证实了“没有人是完美的，但一个团队可以达到高效而完美”这个结论。一般而言，从企业的视角看，怎样才是完美的团队呢？可以定义为：外向的、有组织的、高激励的、具创意的、勤奋的、客观的、圆融的、仔细的、博学多闻的。这九种特质不可能在一个人身上齐全，但却可以在团队中组合成功。同样，招聘者应该具有多方面的能力和良好的素质，但不可能每个招聘者都具备优秀的综合素质，可如果能够按知识、性格、能力、性别、技能等相互补充组合在一起，则有可能组成一个较为完美的组合。比如有的人工作风格雷厉风行、具有组织领导能力，有的人办事严谨、考虑问题周全，有的人老成持重、经验丰富，有的人年轻有为、富于创意，有的人懂得心理学，掌握测评技术，有的人熟悉专业技术知识，有的人擅长沟通、协调能力强，有的人写作技巧高、表达能力强。组员间优势互补、扬长避短，可以形成功能强大的招聘团队组合。另

① 道林，韦尔奇．跨国公司人力资源管理［M］．北京：中国人民大学出版社，2001.

外，特别要注意组合过程的均衡性。因为只有组合均衡的团队，组员才能做出有价值的贡献。实验显示，理想的组合是3~5个人，每个人承担不同角色，有些人可能会承担双重角色，需要管理者加以细心组合、搭配。一般而言，一个有效运作的招聘团队需要三种不同的角色成员：第一种是具有招聘岗位相关专业技术知识或人员招聘专业技术知识的成员，第二种是具有解决问题和决策技能的成员，第三种是具有善于倾听、反馈、解决冲突及协调人际关系技能的成员。

（三）相互的信任和良好的沟通

成员间相互的信任和良好的沟通是建立高效团队的必要前提。就团队成员的信任关系而言，研究发现，信任这一概念包含5个维度，且这5个维度的重要程度是相对稳定的，通常其顺序是：正直>能力>忠实>一贯>开放。而且，正直程度和能力水平是一个人判断另一个人是否值得信赖的两个最关键特征。在一个招聘团队中，成员之间应该开诚布公，热诚对待团队伙伴并且信守诺言，同时又积极出谋划策、乐于奉献，表现出自己的才能。另外，无论是互相信任的人际关系的营造还是决策中的信息反馈与灵感碰撞，都需要建立在良好的沟通机制上，通过管理者与团队成员之间健康的信息交流，通过使用有效的会议技巧给予团队成员均等的说话机会，提出丰富的意见，创造出各种选择，进行深入的专业化思考。比如，一些现代企业在招聘面试过程中，尽管采用的是一对一的面试方式，但往往需要进行多轮面试，每一轮面试之后，这一轮的面试考官即会把对应聘者的评价如实传递给下一轮的考官，尤其是对其不甚清楚的方面会特别加以叮嘱，最后，所有的面试考官会一起分析、探讨面试情况和面试结果，用以保证面试的客观性。对人员内在素质测评的不确定性，以及人类自身认知过程中的缺陷性，诸如光环效应、刻板效应、投射作用、第一印象、近因效应等，都会影响招聘人员在人员选择中的准确性。鉴于招聘工作的特殊性，加强招聘团队成员之间的信任度和沟通能力，通过相互沟通、交流、讨论，消除认识偏差，从而得出较科学的结论，就显得格外重要了。

（四）支持系统的建立

高效的招聘团队需要有一个系统的支持环境作为它运行的基础结构。现代企业的管理层，应为团队提供完成招聘工作所必需的各种资源，包括：①提供前期的培训，组织专家、教授、学者和经验丰富的实践者对团队的每个成员按照角色定位进行有针对性的业务培训，一方面使团队成为一个学习型的团队，另一方面使团队的成员通过培训，明确招聘的目标和任务、掌握招聘的基本技能和要领、形成良好的工作态度和一定的凝聚力，不断提高实战技能。②建立一套易于理解的、用以评估成员工作总体绩效的测量系统和奖励系统。③建立一个起支持作用的人力资源系统。④配备恰当的团队领导者等。所谓恰当的领导者，主要指领导者的角色定位，不是去控制，而是起到提供支持和指导的作用，指明目标，善于授权与激励他的招聘团队成员，帮助他们挖掘潜力、完成工作任务。领导者在实施招聘行为时，尤其在决策过程中，要善于汇总成员的思路，理性评估各种选择，从效用与成本出发，确定招募的渠道或测评的方法等，某些情况下还可以考虑聘请专业的咨询或测评机构的专家，共同协助完成招聘任务。

三、团队成员素质要求及需避免的招聘误区

（一）团队成员的基本素质

1.良好的个人品质

对于应聘者来说，招聘者的形象、行为代表着该组织及该组织的文化，从他们的身上能够反映出组织的风范，所以企业对招聘者的个人品质应该有很高的要求。

首先，要热情、诚恳。招聘者热情、诚恳的态度，让应聘者如沐春风，感受到该组织拥有的良好的亲和力，以及可信赖性，在无形中对应聘者形成带动和示范作用。这里需要说明的是，为避免应聘者产生不切实际的心理期望，招聘者在招聘期间的任何允诺都须慎重，一定要提供真实的信息。在发达国家的招聘中越来越推崇通过所谓的RJP，即真实职位预视，使应聘者形成一种更加接近真实情况的预期。

其次，要公正、认真。招聘者在招聘过程中，须本着公正公平的原则，一切从组织利益出发，避免任人唯亲、拉帮结伙情况的发生。同时，招聘者要有强烈的责任心，能够尽心尽责、踏踏实实做好招聘工作中的每一环节，才能保证招聘工作的有效性。

2.相关的技能要求

招聘工作可谓千头万绪，复杂而又关键，需要招聘者具备一定的能力和相关的技术。从能力上说，须具备：

- 表达能力。包括口头表达能力和书面表达能力。招聘者需要与诸如人才市场、人才中介公司、广告媒体、校园、社区等各种各样的人员接触，会面对各种场合，他们需要通过谈话、报告、信件等形式来清楚地表达自己，表明企业对应聘者的要求，因此，表达能力十分必要。
- 观察能力。招聘者被要求在很短的时间内认识和了解应聘者的性格、才能等方面，需要具有很强的观察能力，才能做到这一点。
- 协调和沟通能力。无论是实行内部招聘还是外部招聘，都需要同组织

外部和组织内部发生联系，因此，招聘者也就要具备良好的协调和沟通的能力。

• 自我认知能力。心理学研究认为，人们总是习惯以自我为标准去评价他人，但对于招聘者而言，就要超越一般的自我，对自我有一个健全、完整的认识，才能公正、公平地评判应聘者。

• 不断完善自我的能力。招聘者为能适应现代企业的变化和发展，要不断地完善自我，学习各方面的知识来充实自己。应该对心理学、社会学、法学、管理学、组织行为学等学科内容有所了解，具备广博的知识和不断更新知识的能力，并有效地运用到招聘实践中去。

从技术上说，须掌握：

• 人员测评技术。通过掌握人员测评的方法和手段，提高对应聘者的评判能力，从而提高招聘能力和技巧。测评技术包括创造力测验、能力倾向测验、笔迹测验、人格测验、兴趣测验、评价中心测试等方式。

• 面谈技术。这里的面谈不仅仅指面试。它包括同应聘者进行的所有谈话。招聘者只有掌握策略性的谈话技巧，才能突破应聘者的心理防线，使之放松心情，展现真实的自我，从而为获取应聘者真实信息奠定基础。面谈技术的关键是如何找到与交谈者之间的心灵共鸣点或曰思想交汇点 。

• 观察技术。观察是招聘者评价应聘者常用的方式。有经验的招聘者往往善于通过观察应聘者的不同的体态语言、习惯动作等，来进一步了解应聘者的情况。

• 招聘环境设计技术。良好的招聘环境既能让应聘者充分发挥自己的才华，亦可使招聘者提高工作效率，即双方都能在这样的环境里，心情愉快、注意力集中、思维敏捷、发挥正常。所以招聘者应有意识地提高自己的环境设计能力，招聘前就要考虑环境布置的简洁整齐、光线的柔和、温度的适中、空间布置的美观等环境因素。

• 招聘测试题的设计技术。不同的招聘目的需要相适合的测试形式，才能提高人员招聘的有效性。测试形式的演进，从初始的多凭现场感觉到经过专业人员按特定要求进行科学设计，测评效果有了很大的改变。为准确判断与选择应聘者，就要求招聘者具有较强的对测试题的选择与设计技术。

（二）招聘者需避免的招聘误区

在当今十分激烈的国际市场竞争环境下，能否招聘到有用之才，对企业来说往往是生死攸关的事情。调查显示，大约30%~50%的主管级别的任命以解雇或辞职告终，人员招聘的复杂性由此可见。同时，成功企业令人瞩目的业绩，也让人体会到了成功的招聘对企业的重大意义，为此，人们不遗余力地不断探求更好的招聘理念与招聘方法。下面所列“招聘者误区”或称“招聘者陷阱”，就是在探求过程中总结出来的招聘者在招聘活动中常常不由自主会犯的几种错误。

1. 类比效应

在这里也可以称为反复性行为。很多企业在面对空缺职位从而去寻找合适人选时，常常关注和寻找与前任者拥有相似个性和有效能力的人，进行一种简单的类比，而不是根据这个职位的工作要求去衡量与挑选。事实上，没有人能够完全与前任一样，而且也不应如此要求。

2. 苛刻的招聘要求

尽心尽责的招聘者为了完成招聘任务，会以冗长详细而重点不明的职位说明书指导自己的招聘工作。这些职位说明书对工作的方方面面均作了事无巨细的规定，但其中却往往包含着矛盾：比如要求候选人既是一个强制型的领导者又是一个团队合作者，既是一个精力充沛的实干家又是一个深思熟虑的分析家。这样的苛刻规定，显然大大缩小了甄选范围，于是，那些拥有成功所必需能力的最佳候选者，因未达到某些条款而被拒之门外……

3. 简单根据表面价值或履历

很多应聘者都对简历的制作非常用心，然而，这些精美的简历中所提供的信息都完全值得信赖吗？事实上，许多求职者并未考虑与公司的长期契合，他们所想的可能只是逃避一个恶劣的环境，或获得更多的薪酬等，履历的撰写强调的是个人的成功经验，而那些不利于个人求职的东西则会被有意识地剔除掉。比如在某家银行信贷部门工作3年以后，一位具有MBA学历的员工非常想进入一家位于硅谷的高速成长的科技企业。当被问及是否喜欢冒险时，这个候选人十分热情地说他是如何喜欢给“勇于冒险的小企业”贷款的，但实际上，他只给2家小企业贷过款。而在同一时期，为了避免风险，他拒绝了大约150家小企业的贷款申请。可以理解的是应聘者们总是一心想把最好的一面展示出来，但大多数的招聘企业都忽视了候选人的其他方面。

4. 片面相信背景调查

要慎重看待背景调查，尤其是应聘者所提供的证明信（人）所提供的信息，因为前任或现任老板和同事通常都不会吝啬他们的赞美之词，他们大多只提及应聘者好的一面而不会提及不足的一面，他们可能害怕承担责任或引起纠纷，而更关心的是他们与应聘者之间的关系，而不是帮助一个素未谋面的人做出正确的雇用决定。有趣的是，尽管主管人员不知道应聘者是否可信，他们通常仍会相信证明信（人）所说的。

5.寻找“似我者”之偏见

判断失误在招聘过程中会不断发生。例如，刻板印象——轻易将某些特征与某些种族、性别或民族联系在一起；晕轮效应——爱屋及乌等。但最常发生的偏见是对那些像自己的人给予过高的评价。一位北大毕业的招聘者或许会更多地倾向于有同样教育背景的应聘者，而不幸的是，有时工作恰巧需要那些拥有不同视角或不同技能的人来完成，才会取得更好的效果。

6.过度授权

这就是我们强调的招聘者职位应高于应聘者的原则。但实际上，很多企业管理人员因为业务繁忙，往往将关键的空缺工作/岗位说明书的编制工作，授权给其下属或人力资源部完成，如果被授权者能很好地完成任务，一般就不会产生不良后果。实际情况是，这样的结果很少。另外，一些主管人员或者让那些未做好评估准备的职员，或者让那些不具备正确动机的职员去进行第一轮的面试，于是，一些应聘者会认为让他未来的下属来审查自己完全是一种侮辱，结果也就可想而知了。

7.非结构化的面试

研究表明，在各种面试评估方法中，结构化面试是最可信的。结构化面试，也就意味着招聘人员须使用一些精心设计的问题来考评候选人的能力——相关的知识、技能和通用能力。但在现实中，也有一些面试是轻松、随意的，谈一些共同的熟人或者体育比赛等，即使言归正传，考官也只问一些应聘者猜都猜得出的问题，面试变成了闲聊。这种非结构化面试有许多缺点，其中最致命的是，那些企业真正需要的候选人因为不擅长闲聊而被拒之门外。

8.忽视情商

很多企业一般只关注应聘者“硬件”数据：教育背景、智商和工作经历等，而忽视“软件”数据：情商。而根据《工作情商》一书的作者丹尼尔·戈尔曼（Daniel Goleman）的研究，情商对于杰出绩效水平的贡献是智力和专业技能贡献的2倍。戈尔曼还发现，在高级领导人中，90%的成功取决于情商的水平。然而，或许是忽视，或许是测定情商的难度很大。情商的特性，比如自我意识、自我调节、动机、同情心、社会技能，很难在个体身上准确辨别，何况不同的职位所需要的情商类型都不相同，比如，一个战略联盟单位的首席执行官要求具有高超的冲突管理技能，而一个最近刚刚私有化的企业的中层管理人员或许更多要求具有强烈的同情心和推动变革的特殊能力。另外，大部分应聘者在招聘过程中会有意识地在人前表现得冷静、沉着以及友好、合作和好心肠。对情商的评估如此复杂，因此大多数公司在招聘过程中，没能给予足够的重视。

9.缺乏客观准确的评价标准

这会导致多种情况的发生。比如，以绝对的方式评价人的现象就是这样发生的。例如，在未能全面了解应聘者的情况下就评判一个人，说“王先生是个好经理”“张先生工作很努力”等，而事实上，王先生作为经理在达成组织目标方面很得力，但却不善于处理人际关系，或者张先生工作努力只是因为将有一个升职的机会。评判一个人的业绩应该考虑所处情境的因素，建立客观准确的评价标准，而不可简单地作判断。再比如，有些人一旦身居要职，就要在招聘中推举其朋友出任某职位，拉帮结伙，其他人则碍于情面而放弃应有的招聘和评判标准，这种现象在招聘管理中被称为“流沙”现象，危害极大。

10.晕轮效应、首因效应

在招聘面试中，面试官心中往往具有潜在的、关于人的各种特质的相互关联性的理解，并基于此形成对应聘者的整体印象，其中晕轮效应就产生于面试官对应聘者特质的推断，面试官倾向于认为，当应聘者在某一个特征上表现好或不好时，在其他一些特征上也会有类似表现。这是在面试官中普遍存在的评价偏差，使之不能对应聘者的行为给予不同方面的评价。首因效应是指面试官由于采用了最容易得到的信息而做出判断，一般来说，对应聘者的第一印象是最容易获得的。首因效应同样会影响对应聘者做出准确的评价。

基于以上可能的误区，招聘工作开展前，有必要对招聘团队进行意识教育和技能培训。意识教育可以让招聘者认识到招聘评价中会涉及怎样的心理活动，并在此过程中可能会存在哪些认知偏差。技能培训主要通过行为导向性培训或图式导向性培训等方式，提高招聘者的观察技巧、评价的准确性等技能。

第四节　招聘策略的确定

招聘策略，主要是指组织为了达到一定的战略目标，尤其是为了实现组织对人力资源的需求，而采取的招聘行动的总计划。组织选人是讲求“实用性”还是为后期发展储备人才？不同的目的有不同的招聘策略。当不同的企业根据环境状况和自身情况确定了不同的发展战略之后，招聘管理就需要随之制定相应的策略了。

一、人才吸引策略

为了吸引足够多的应聘者，组织需要分析与研究人才吸引策略。人才吸引策略制定前，应做一些调研工作。首先，分析目前已经在本组织任职的员工，他们最初是出于什么目的来到这里的，现在他们认为本组织有哪些吸引力，还有哪些让他们担忧和犹豫的地方。其次，了解本组织最近一个时期的招聘情况和效果，如投递简历的应聘者一般来自哪些地方，他们为什么选择本组织。由此基本可以确定本组织在招聘中的优势和劣势。最后，了解优秀组织具有哪些共性特点。通过与优秀组织的比较找出差距，提出改进措施。通常情况下，吸引度高的组织往往有以下特点：

1.高工资和高福利

高工资和高福利是吸引人才的重要因素，但不是唯一因素。由于薪酬对于几乎所有的求职者而言都很重要，因此向员工支付比现有市场通行工资水平更高的工资，可以使公司在招聘方面具有一种独特的优势。

2.良好的组织形象

一方面，组织招聘工作受到组织形象和声誉的影响。良好的组织形象是组织在生产、市场、管理、技术等各方面的综合反映，是广大应聘者选择应聘单位的重要因素。另一方面，人员招聘也是组织向社会展示形象的机会，如果组织在招聘过程中能创造尊重知识、重视人才的氛围，给社会以良好的印象，就会增强组织的吸引力。美国就以其人才政策吸引了世界各地各方面的人才，为其发展提供了极大的人才资源。

3.组织和职位的稳定性和安全感

调查发现，不少求职者宁愿选择薪酬优势不太明显，但是职位的稳定性和安全感高的职位。

4.工作本身的成就感

有可能虽然本组织目前并不是最有竞争力的，如正处于发展阶段，很多体系还没有构建起来，效益和收入也不太好，但是员工可以经历一个创业的过程，亲身经历很多创造性的工作，这对于那些希望体验成就感的人来说是很有吸引力的。

5.更大的责任或权力

比如，任职的公司规模虽小，但可能有机会负责全面的人力资源工作，这对从事人力资源管理的人员会是一次成长和锻炼的机会。

6.工作和生活之间的平衡

比如，某个职位并不要求放弃个人生活中的乐趣，讲求工作与生活的平衡，这对于那些在过去的工作中常常夜以继日地加班、频繁出差、苦于没有时间体会个人生活中的乐趣的人来说，也是很有吸引力的。

此外，有出色的上司和同事、实现弹性工作时间、强调开放的沟通和以人为本的管理风格、学习型的组织、工作本身对社会的贡献等，都是吸引应聘者的因素。某种程度上，招聘工作会类似营销工作，既需要清楚自己的优势和不足，也需要清楚竞争对手的优势和不足，还要知道自己的目标顾客是什么样的人群，如何才能使他们感兴趣于本组织。这里的关键，一是要找出自己“产品”的优势，二是要明确哪些人是要吸引的关键“顾客”。

二、人才选聘策略

保留核心员工，降低人才流失率，是组织人力资源保持与发展的重要关注点。而选聘关没有把好，就有可能为日后的人才流失留下隐患。

（一）关注人才的文化、价值追求

鉴于人才流失的原因之一是人才不认可组织的文化、价值追求。因此，成功的选聘应该关注人才对组织文化、价值追求的认可程度。比如，朗讯公司在人员选聘过程中，就非常注重考虑人才对全球增长观念、注重结果、关注客户和竞争对手、开放和多元化的工作场所、速度等文化价值观的认同。选聘中有必要既重视人-岗的匹配度，也重视人-组织的匹配度。这里的组织，主要指的是组织的文化和价值追求。

（二）关注人才与团队的融合度

在一些组织中，有些优秀人才尽管也认同组织文化，最后还是流失了，究其原因是人才的个性特点与所在团队结构的兼容性太差。试想，对一个观念陈旧、员工素质普遍较低的组织来说，选聘一位观念超前、有思想、有创意的人才，会出现什么样的结果呢？因此，在选聘过程中，除了关注人才个体的素质外，还需认真分析团队的结构特点，如团队成员的学历、性别、年龄、观念、价值取向等，尽量减少不必要的磨合成本，增强人才与团队的融合度。

（三）关注选聘与培训开发的结合度

人员选聘是企业吸收新鲜血液的源泉，也是组织积累人力资本，提升组织竞争优势的起点。我们在选聘人才时更多地应考虑人才在组织中的长远发展，将组织目标的达成与人才职业生涯的发展融合起来，找到两者的平衡点。因此，人才的培训开发应该贯穿于包含人员选聘在内的所有人力资源活动中。对新应聘人员在上岗前针对岗位要求进行导向性培训（包括环境介绍、业务熟悉、了解工作关系、了解组织文化等），让人才适应岗位，业绩优良，招聘成效因此而得到保证。

（四）关注“心理契约”

“心理契约”理论认为，在组织与其成员之间存在一种非正式且十分重要的契约，即“心理契约”（psychological contract）。这种契约的基本含义是指：在组织成员之间及组织与成员之间存在着“期望”和“对义务的承诺与互惠”。与经济契约不同的是，心理契约更强调个人与组织的关系而不是交换。这种心理契约在组织招聘人员的过程中就已经开始，并且存在于组织管理活动的几乎所有方面和始终。现实中，某些企业招聘人员为招到满意的人员，会把企业说得天花乱坠，似乎一切要求都可以满足，等人才进入企业后才发现事实并非如此，就有上当受骗的感觉，期望越高失望也越大，离职率势必上升。为此，在人员选聘中，招聘人员应注意坦诚相见，需要给应聘者以真实、准确、完整的相关职位信息，明确告知企业的战略和企业的发展目标，使应聘者了解企业的真实情况后进行理性的选择，从而提高招聘的有效性、降低雇员流失率。

三、重视雇主品牌建设策略

（一）雇主品牌概念

雇主品牌（Employer Brand）这一概念，最初在20世纪90年代由英国管理专家Ambler和Barrow共同提出，其表现为企业激励和保留现有员工以及吸引潜在员工的相关价值、政策和行为体系。雇主品牌是一种雇主和雇员、其他利益相关人，以及潜在雇员之间的可传播的情感关系，通过各种方式表明企业是最值得期望和尊重的雇主。它是以雇主为主体，以核心雇员为载体，以为雇员提供优质而特色的服务为基础，用来建立独特的雇主形象，提高雇主在人才市场的知名度与美誉度。这一概念的提出，扩大了产品品牌概念，在人力资源管理领域得到延伸。为此，企业必须明确界定自己的位置，以此在劳动力市场和从市场营销的角度来塑造优秀的雇主品牌，从而达到吸引人才、激励和保留优秀人才的战略目标。

（二）雇主品牌对人才招聘的意义

随着经济的发展，全球人才争夺愈演愈烈，吸引与保留优秀人才成为企业人力资源管理的战略目标和重要任务。在人才争夺战中，雇主品牌可以帮助企业吸引并留住最好的人才。《2013中国雇主品牌关注度调查》显示，93%的受访者对雇主品牌表示“非常关注”和“关注”。该调查也显示，虽然薪酬福利仍是受白领关注的重要指标，但组织管理首次超越薪酬福利，成为公众定义理想最佳雇主的首要指标，表明公众对雇主品牌形象的认知更趋理性化，对最佳雇主的“内功”更加关注。组织管理、学习培训、企业客观环境和人文环境等“软实力”成为未来企业品牌形象提升的关键因素。具体而言，雇主品牌对人才招聘的意义表现为：

1.缩减招聘周期，降低搜寻成本，提升吸引力

雇主品牌和商业品牌类似，当我们买商品的时候，可能某种商品的价格比较贵，但如果这种商品属于某知名品牌，我们可能还是会购买。当然，雇主品牌和

商业品牌也有所不同，雇主品牌对应的是雇员，包括在职员工和外部人才，而商业品牌对应的是消费者。良好的雇主品牌是企业在人力资源市场上的金字招牌，有效地创造了开源/互动式人才资源获取方式，可以在人力资源市场上提升企业的社会价值，提高企业的知名度和美誉度，源源不断地吸引慕名而来的潜在候选人，为企业储备最优秀的人才。所以说，具有公信力的最佳雇主品牌，能够大幅增强企业对人才的吸引力，有效降低人才的搜寻成本。

2. 有效降低人才与企业的适配风险，降低配置成本

雇主品牌的宣传，能够积极地向企业潜在雇员传递企业价值观，吸引到对企业的价值观和企业文化持认可态度的人才，通过雇主品牌的影响，就能自动屏蔽掉一些与企业价值观不一致的人，降低双方的适配风险，降低因人岗不匹配导致的人才重置成本；同时，人才对企业的高认同度，也缓解了薪酬成本的压力，因为关键人才往往更多关注的是雇主品牌影响所带来的心理感受，而不会只是考虑薪酬等物质因素，这就解决了单纯只靠薪酬吸引人才而带来的财务压力大且效果短暂的问题。研究发现，一名普通员工流失，造成的成本损失是其年薪的0.5~1.5倍，而高级人才的流失成本则为其年薪的2.5倍甚至更多。雇主品牌的建设可以促进企业内部管理机制的改善，从而提高员工的满意度和忠诚度，降低人才流失造成的重置成本。

在人才竞争愈演愈烈，人才吸引、人才保留与激励问题越来越严峻，人力资源管理职能由此也面临挑战和改革的状况下，求职者在评价潜在雇主时，考虑的首要因素是企业的品牌或声誉。企业品牌正在转化为雇主品牌，这已经成为一种极具竞争力的无形资产，是企业人才招聘的利器。越来越多的一流企业通过雇主品牌建设来吸引最优秀的求职者，利用雇主品牌和企业文化让员工与公司保持价值观的一致。正如欧洲管理思想大师查尔斯·汉迪曾说过：的“今后，我们将不再‘寻找工作’，而是‘寻找雇主’”。未来，雇主品牌将越来越显现出在人才吸引与保留方面的关键作用。

（三）雇主品牌建设路径

众多企业已经意识到并开始探寻雇主品牌建设的路径，以期招揽贤能、保留人才。根据领英发布的《2017年中国人才招聘趋势报告》，91%的中国企业的人力资源部负责人认可雇主品牌对招聘优秀人才有显著的影响，但是只有25%的雇主拥有全面的雇主品牌战略。那么，如何打造雇主品牌呢？雇主品牌与产品品牌传递给“顾客”的信息是一样的，对于企业招聘来说，它的“顾客”就是与之相匹配的人才。“雇主品牌建设是一个新型的品牌战略意识，铸造卓越的雇主品牌就是‘通过品牌吸引你的员工’，促进企业形成最优秀的人才竞争机制。雇主

品牌强调的是将个人品牌意识融入企业品牌建设中，并推行至企业内部每一个雇员，使其具备品牌竞争意识。”①

1.获得高层支持，评估和确立自身的雇主品牌

雇主品牌建设首先需要取得高层的认同与支持，并且需要各个部门的相互配合、通力合作，才能完成从战略策划到有效落地的实施。雇主品牌包含了内部品牌和外部品牌两个维度。一方面，企业应关注现有雇员，提高现有员工满意度，注重内部品牌的树立，保持员工与企业的价值观一致；另一方面，企业要关注企业的潜在雇员，树立最佳雇主形象，使他们产生加入本组织的愿望。评估雇主品牌因此而分成两个方面，一是在公司内部，可以通过对员工满意度、忠诚度和敬业度的调研来量化和评估雇主品牌对内的质量；二是在公司外部，可以通过请专业的调研公司或者通过一些招聘平台的大数据分析获得和其他公司比较，以及公司在求职者心中的认知情况。与此同时，要提炼出本企业雇主品牌的价值点，确定企业要塑造出在员工和外部人才心中具体是什么样的品牌形象。雇主品牌是建立在企业的价值观之上的，因此须与原有的企业文化相匹配。企业可以通过广泛征求意见，认真研究，根据本企业特点，确定适合本企业文化的雇主品牌核心理念。

2.雇主品牌打造的核心——员工价值主张

员工价值主张，或称雇主价值主张（Employees Value Proposition ，EVP），是建立雇主品牌的重要元素。员工价值主张是组织为雇用员工而提供的综合计划。它明确了“付出和得到”，即：员工因贡献的劳动付出与绩效而获得的价值。EVP的范畴远远超过薪酬和福利，包括组织的愿景、使命和核心价值观、工作体验、团队、组织文化氛围，以及职业生涯和发展机遇，它涵盖了雇用期间组织与员工关注的方方面面。雇主品牌不是一个实物，它看不到、摸不着，是从员工真实的工作体验中潜移默化地反映出来的。通过人力资源政策，企业和员工对价值主张进行沟通，在员工心中树立良好的雇主形象。了解员工得到了什么而让他觉得自己在这家公司工作是幸福的。世界知名咨询公司翰威特也认为，雇主品牌是一种雇主的承诺。这一承诺包括组织文化、工作氛围和发展空间，员工进入公司后的感受和体验。根据赫兹伯格双因素理论，员工的工作体验具体包括两方面：一是物质需求，包括工作环境、薪酬福利、激励管理等方面的具体内容，然而这些诉求的满足，只能让员工的感觉从不满意过渡到没有不满意，是容易形成比较的，同时也很容易被其他企业所复制和超越，所以这样的吸引方式是暂时和短暂

① 孟跃. 第三种品牌：雇主品牌［M］. 北京：清华大学出版社，2007.

的。二是心理需求，包括组织氛围、沟通机制、自我价值、职业晋升通道等方面的因素，因为物质需求的满足容易被模仿和超越，且是暂时的。所以，除了注重物质因素的平衡调整外，要提高员工的工作满意度，还需满足员工的心理诉求，使员工由衷地产生自豪感，员工会将这种自豪感主动向其周边群体辐射，既能增强员工的工作敬业度，又能在企业的外部人群中树立良好口碑。员工自豪感的产生基于对企业价值观的认同，这不仅能够保障留住关键核心人才，同时能够吸引企业外部优秀人才，这种满足对于员工的吸引和保有是长效的。

员工价值主张和雇主品牌两者之间的关系是：提出鲜明的价值主张、整合人力资源政策，并就此和员工进行长期、持续的沟通和传播，以高水平的管理，兑现承诺，提供独特的体验，直至形成雇主品牌。这是很多企业实践验证的构建雇主品牌的有效途径。对于雇主品牌而言，拥有独一无二的员工价值主张，在这个竞争日趋激烈的人才市场至关重要。企业的高层和人力资源管理者也愈加重视EVP的建设，以期通过EVP战略增进员工对企业的情感认同和凝聚力，提高员工的荣誉感和归属感，最终增强员工对企业的绩效承诺。

3.发挥商业品牌和雇主品牌的合力

雇主品牌不等于商业品牌，但是雇主品牌也不是脱离商业品牌而孤立存在的，它们之间有一定的关联性和协同性。一般的公司重视商业品牌的建设，却很容易忽视雇主品牌的建设。企业的高层领导和负责商业品牌建设的部门，需要重视并参与到雇主品牌的建设中，才能收获比较好的效果。企业品牌、产品品牌、雇主品牌三者密不可分、相互依托、互为支撑。好的雇主品牌是对企业品牌、产品品牌的有力支持，而企业品牌、产品品牌也会为雇主品牌锦上添花。

4.以企业人力资源管理为轴心建设雇主品牌

雇主品牌的载体是人力资源管理过程，因为企业与雇员的良好关系是通过人力资源管理过程的顺畅来体现的，因此，企业人力资源管理的一切工作都要以创立雇主品牌为思考的出发点；雇主品牌建设中，又要以人力资源管理为中心、为重心来进行。本着公平、公开、公正、透明的原则，履行对员工的承诺，建立和谐的劳资关系，从人力资源规划、招聘、录用、培训、薪酬以及绩效考核等环节，尽可能地把是否有利于发展、维护公司雇主品牌作为衡量人力资源管理工作的首要标准。

5.选择雇主品牌的传播渠道

良好的雇主品牌要靠企业长期的精心培养与建设。在努力塑造好内部雇主品牌同时，外部品牌更不容忽视。因为外部品牌就是在潜在的雇员中树立品牌，使他们愿意到公司来工作，为公司树立最佳工作地的形象。在宣传雇主品牌的时候，我们除了可以和相关部门对商业品牌的宣传用相同的渠道之外，还可以用我们的招聘渠道进行宣传，尤其注意扩大网络宣传。信息时代网络已经渗透到我们工作和生活的每一个角落，组织可以充分地运用企业的网站、网店，配合产品品牌的宣传推广，对雇主品牌的外部塑造进行传播和宣传。特别需要注意的是，企业的口碑首先是通过内部员工口耳相传得来的，因此，良好的雇主品牌需要公司员工向外传播，而这种传播不是强加的，需要员工自动自发、自觉自愿。所以，培养员工对企业的自豪感尤为重要。一些企业把年终评出的感动人物、优秀员工，印制成挂历，连同纪念品寄送给员工家人；或者为每一位优秀员工录制一段视频介绍；将感动人物的事迹介绍，在公司内最显眼的位置张贴一年；每年的颁奖典礼都会将获奖员工家属请到现场等，通过这一系列举措，使员工与家人倍感“骄傲”，企业自豪感与日俱增，员工与其家人也就主动成为公司雇主品牌的“传销”者。对商品最好的传播是口碑，对雇主品牌最好的传播资源是我们的员工。

四、灵活用工策略

在新经济时代，传统的员工直雇模式已经不能满足企业适应竞争和变化的需要了。首先，规模不经济，企业产生了诸多短期、临时、批量的灵活用工需求，布点分散的销售型企业正在源源不断地产生。其次，随着《劳动法》《劳动合同法》等法律法规的相继出台，企业不仅要承担员工工资、“五险一金”等显性用人成本，还要承担离职补偿金、员工医疗费等隐性用人成本。另外，求职者的就业观念也在发生变化，更多的年轻人选择更为自由、灵活的就业方式。20世纪60年代以来，灵活用工在世界各地开展，并被证明是企业面对激烈的竞争环境和技术变革所采取的最有效战略之一。查尔斯·汉迪博士于1990年提出的三叶草组织形态理论，认为企业人力资源应由三部分员工组成弹性灵活的组织结构：专业核心人员、外包人员和临时及兼职人员。专业核心人员包括专业、技术、管理员工，是企业生存发展的基础；外包人员来源于企业将非核心工作外包给外包商或个人，以集中发展核心业务；临时及兼职人员是因企业根据业务需要临时增减人员而产生。临时及兼职方式除了提供传统的初级劳动力以外，也可能提供经验丰富且具有创造能力的人力，如顾问、财务人员等。后两者往往也被认为是非核心的外围员工。

（一）灵活用工的概念

灵活用工是指在规定工作任务或固定工作时间长度的前提下，企业根据基于雇佣关系制度的现行法律法规，通过使用兼职、劳务合作、自雇合作、劳务派遣、短期合同、人力资源服务外包等多种用工方式，实现企业人力资源队伍的快速调整、弹性管理，满足动态变化的用工需要。

从劳动力市场的发展历程看，劳动力市场发展、成熟度不断提高，会带来劳动力市场灵活性不断上升。劳动力市场中的雇用合约呈现出缩短的趋势，劳动力市场的灵活性显著增强，兼职、临时工、自我雇用等灵活就业形式比例不断提高。尤其是随着移动互联网、APP、移动支付等新技术的出现，共享经济迅速发展，催生了新的商业模式，也随之改变了工作模式。一方面，企业不再需要长期雇用一批员工，而只要在需求发生时将工作分配给不同的劳动者，就能完成生产。另一方面，国家实施创新驱动发展战略，大力推动大众创业、万众创新，激发了市场活力和创新动力，市场主体大量涌现，分享经济的商业新模式，促进就业形式愈发多元，工作内容、工作岗位、工作形式、雇用形式灵活多变，与长期固定劳动关系的就业人员不同，非全日制劳动者、临时雇用人员、小时工等灵活就业人员成为劳动队伍中的重要组成部分。

（二）灵活用工的主要形式

1.岗位服务外包

岗位服务外包是指企业将公司内的部分业务或职能工作内容发包给相关的机构，由其自行安排人员按照企业的要求完成相应的业务或职能工作。通过岗位服务外包，企业将该岗位的招聘、职业化培训、薪酬设计与核算发放、个税申报、社保缴纳、绩效设计与奖惩执行、各类人事事务工作等完全外包给第三方人力资源服务机构，并且劳动关系管理、劳动纠纷处理以及劳动用工可能带来的经济补偿等也选择性地由人力资源机构承担，企业享受的是完全的和深度的人力资源服务。劳动者与发包方没有关系。发包单位往往根据业务发展所处的不同时期（通常是初创期或快速发展期），选择将部分岗位外包出去，合作期往往为1～3年甚至更长，比较典型的岗位类型有客户中心类、运营推广类、金融服务类、消费品连锁类等。通常这类岗位的特点为需求量大、流动性大，为保障业务运行和发展，需要具备快速、精准的招聘能力，同时能对新员工进行基础培训。

2.项目制外包

发包企业需要组建项目团队，借助于人力资源服务外包公司的专业能力，迅速批量地组建团队及开展业务，在一定阶段服务团队达到了服务标准，则服务团队可转为发包单位的自有编制；未达到服务标准的服务团队，则由人力资源服务外包公司进行培训提升或转向其他服务项目或被淘汰。

3.临时用工外包

临时用工外包主要适用于短期业务或溢出业务。发包单位因业务的波动，短期临时（通常为1～3个月）需要增加团队提供业务支持，但面临无法及时批量找到人员，以及短期兼职人员的用工管理、人工成本管控困难等问题，即可采用临时用工外包方式，外包企业为用工单位提供了这样一个满足短期业务需求的模式。临时用工的服务价值包括：人力资源服务公司具有平台优势，可以储备大量灵活的雇员，通过系统平台派单的方式，满足不同发包企业波峰波谷业务需求，有效避免企业紧急招聘难、用工结束后辞退赔偿高、用人成本高等问题。目前网络平台临时用工方式已经为大家所熟悉，网络平台用工是随着分享经济而快速发展起来的一种新型灵活用工模式，指一个公司或机构把过去由员工执行的工作任务，通过大众网络（通常是一家互联网平台公司）进行发布，由这家平台公司组织劳动力完成发布的工作任务。目前网络平台用工使用范围最广泛的是劳动密集型的服务业，包括美容美甲、主厨料理、家政保洁、用车出行、外卖快递等行业。其次是专业技术领域工作，包括IT项目开发、培训课程等，比如企业通过“猪八戒网”这一网络平台悬赏招标任务，具备相关技能的专业人员通过“猪八戒网”接单，并完成企业任务。

4.人力资源派遣①

人力资源派遣是人力资源外包的一种形式，是通过人力资源服务公司–服务合同或劳务合同来实现的服务交易。它是指派遣机构根据用派单位（行业为区分传统劳动关系中用人单位而造的专用术语）的用人需求，将自己符合用派单位要求的员工派遣至用派单位工作，然后向员工和用派单位提供相关服务，并向用派单位收取一定的服务费用。人力资源派遣的基本程序是：用派单位根据自身工作和发展的实际需要，向派遣公司提出所需要人员的标准、数量和派遣价格。派遣公司通过现场招聘、查询人才库等手段，将符合条件的人员名单及资料送交用派单位，由用派单位进行选择和确定。人才派遣为用派单位提供了弹性用人机制，一定程度上规避了用人风险，有效降低了人事管理的成本。众多的招聘网站、猎头机构、测评公司都是人员派遣这一模块的外包服务提供商。人力资源派遣作为一种新型的用工方式，在国内劳动力市场备受关注，2008年1月1日实施的《劳动合同法》，将劳务写入章程，为我国人才派遣业的发展提供了法律依据。

5.非全日制用工

非全日制用工是劳动用工制度的一种重要形式，根据《劳动合同法》的规定，非全日制用工指以小时计酬为主，劳动者在同一用人单位一般平均每日工作

① 此部分内容可进一步参考本书第十一章——作者注。

时间不超过4小时，每周工作时间不超过24小时的用工形式。非全日制用工小时计酬标准不得低于用人单位所在地最低小时工资标准。

6. 实习生用工

作为企业吸纳人才，注入新鲜血液的一种有效途径，实习生越来越受到企业的青睐。企业使用实习生主要依据两类法律规定，一是按照2007年教育部颁布的《中等职业学校学生实习管理办法》，学校组织在校学生到企业进行教学实习、跟岗实习或顶岗实习。中等职业学校三年级学生要到生产服务一线参加实习。二是根据2019年教育部印发的《关于加强和规范普通本科高校实习管理工作的意见》的相关规定，以及原劳动部印发的《关于贯彻执行〈中华人民共和国劳动法〉若干问题的意见》第12条"在校生利用业余时间勤工助学，不视为就业，为建立劳动管理，可以不签订劳动合同。"

7. 退休返聘

退休返聘指到达退休年龄后，与原用人单位或者其他用人单位订立再入职合同，重新上岗，包括：受雇者到达法定离退休年龄，在原工作岗位延长一定的工作时间；受雇者离退休后，被原用人单位返聘回原单位从事同种或不同种工作；受雇者离退休后，在劳务市场重新进行择业，到原用人单位之外的单位工作等情况。

【补充案例】　　Cisco的招聘与面试

Cisco系统公司1984年成立，总部在美国加州圣荷塞，是一家标准硅谷模式的高科技公司，创始人是来自斯坦福大学的一对教授夫妇。一开始两位教授的电脑不互联，1986年他们做了第一个Route（路由器），这是Cisco的核心产品。1990年Cisco公司在NASDAQ上市，股票代号CSCO，是NASDAQ高科技板块的第二大企业，市值达到4 000亿美元。1990年的1美元Cisco股票现在价值1 000多美元。Cisco创业资本是高技术专利，公司很快实现了财富的积累，也聚集了大量高技术人才，截至2020年，Cisco全球共有7.5万名员工。1999年Cisco系统公司营业额达121.5亿美元。Cisco系统公司成为全球领先的网络解决方案供应商。1994年，Cisco公司开始在中国成立代表处，截至2020年，Cisco系统（中国）网络技术有限公司已经有员工近5 000人。Cisco系统公司在中国成立了网络技术实验室，为国内多家网络技术公司和研究所提供网络解决方案的性能测试、ATM宽带交换机的性能测试、千兆位路由光纤传输和虚拟局域网的性能评估测试。这是Cisco公司在全球的第三个大型实验室，也是其在亚洲最大的网络实验室。Cisco公司几乎参加了中国所有大型网络项目的建设。Cisco一词源自旧金山的英文名SanFrancisco的尾词，公司Logo灵感来自美国金门大桥形象，寓意Cisco

系统公司通过网络联结全人类。1997年Cisco在美国《工业周刊》100家管理最佳公司中列第一位；1999年Cisco被评为100家网上最受欢迎的公司第一名；《财富》杂志也曾将Cisco公司列为美国100佳工作场所的第4名。这只是有关Cisco系统公司的枯燥数据，当记者进入Cisco公司内部时，发现一个充满全新理念的企业就在我们身边。

招聘总动员

Cisco的招聘广告是：我们永远在雇人。对优秀人才Cisco永远有兴趣。在Internet世界里，最关键的是人才的取得和保留。Cisco在Internet领域走得非常快，以致整个业界人才的供应跟不上Cisco成长的速度。

全面招聘

Cisco公司的招聘方式是全面撒网，报纸、网站、猎头、人才招聘会等都用上，面对Cisco每年60%的增长速度对人才张开的巨口，这些方式都显得不够得力。在21世纪初，令人力总监关迟头疼的问题是“招聘广告试过不成功，网站试过不成功，原因是这些方式非常Open，没有定向目标。上海有一个网络招聘的公司说他们有一个过滤的程序，能够将许多不合要求的求职者挡在外面，但我们还没有试过。好的方式还没有，所以是摸着石头过河。”Cisco公司经常到IT界专门的人才会议中做人才资源收集工作。对Cisco公司最有效的方式是使用猎头公司，这样做的成本很高，但是面对大量高技术人才缺乏的情况，Cisco还是有大概40%的员工是猎头公司找来的，Cisco用猎头公司招人是从上到下不分职位。Cisco还有大概10%的应聘者是通过员工介绍进来的。Cisco有一项特别的鼓励机制，鼓励员工介绍人加入Cisco，方式有点像航空公司累积旅程。Cisco的规定是：介绍一个人来面试就给你一个点数，每过一道面试关又有一个点数，如果员工最后被Cisco雇用，则有事成的奖金，这些点数最后累积折成海外旅游。这是Cisco创造性的做法，让所有员工都是猎头代理，有合适的人一定会介绍到公司来。

进入学校培养员工

Cisco的发展速度要求员工能够自己很快独当一面，所以对应届毕业生使用得比较少。Cisco从1999年开始在一些大学设立虚拟的网络学院（Networking Academy），通过提供一些设备和课程，让学生熟悉Internet环境，而且对学生有一个笔试的CCNA认证，让学生对Internet有基本的了解。Cisco在过了这一关的学生中挑选一些人做见习员工。另外Cisco也开始在学校进行一些助理工程师的培养，这些学生经过半年到一年的培养，成为Cisco正式的工程师。1999年Cisco公司在学校招了150人，应聘的人很多，但是成功率非常低。

人人都需领导素质

Cisco招聘一个人，除了有基本条件的要求外，还要求应聘者有领导的特质。因为在Cisco每一名员工都是一个单兵作战的单位。例如Cisco的系统工程师，不是简单做产品规划，还可能要到客户那里去做报告，需要有较好的表达能力。所以Cisco在招聘时考虑应聘者的综合素质，需要有领导的特质和专业精神，对工作的需要和客户的需要都能有敏锐的反应。Cisco的业务不是做一次买卖，而是与客户建立一种长久的关系，需要员工能够感觉客户的需要就是Cisco的需要，这样的敏感度和成熟度必须反映到每个人的身上。即使行政部门，也需要他们给别人提供好的服务。

多轮面试与一票否决

到Cisco应聘的主要环节是面谈。招聘的大致步骤是首先挑选简历，然后用人部门直接安排时间与应聘者面谈，一个应聘者进入Cisco一般最少要跟5~8个人交谈，任何职务都要经过这个过程。1999年Cisco给员工推出了一个培训，教授招聘者很专业的面谈技巧，所有的用人部门经理都要学习这个课程。即使这个课程你很早就学过，以后还要复习，目的是让招聘者保持敏感度。在面试的过程中，应聘者需要通过很多项目的交谈，每个负责招聘的人都有一份面谈记录，最后有一个评价，Cisco实行全体通过制，例如在8个负责招聘的人中，如果有一个人说NO，那么应聘者就没有机会被录用。

反问面试员

Cisco非常重视面谈的开始和结束，Cisco强调面试人员需要一个完整的培训。面试人员不仅要懂得问什么问题，还要给应聘者一个愉快的环境，让应聘者不要等得太久。面试人员的一个责任是在面试程序上做总结，所有面试人员面试结束后会问那些应聘者，有什么环节他们做得不好，希望他们对面试提出意见。如果多位应聘者对招聘人员在某些方面的意见都是一致的，例如等了一个小时，时间太长，Cisco内部会针对应聘者提出的问题做出修正。Cisco美国公司做得更细致，发给应聘者正式的表格，并进行后续电话联系，让应聘者谈对上次面试的看法，这样公司对自己的招聘工作有一个真正的监督。

第五节 招聘广告的设计

招聘广告是招聘的重要准备之一，对外部人员的招聘常常需要以广告为先导，以广告的形式宣传自己的形象，并招聘本组织需要的人才，使组织能在较短的时间内，吸引更多合适的招聘对象，便于组织挑选与录用。

一、招聘广告的设计内容与要点

（一）在显眼位置标明组织标志和广告性质

招聘广告设计最基本的要求是要让阅读者一眼就可以判断出这是什么广告，不会与其他广告混同。因此，应在广告的显眼位置注明广告的性质。比如，就报纸广告而言，最显眼的位置应该是左上角，其次是左边，称为“金角银边”，这与我们汉字从左至右的排版习惯有关，在“金角银边”的位置，应该印上招聘单位的名称和企业标志，并以大号字体注明“诚聘”或“聘”的字样。

（二）组织性质简介

招聘广告的第一段应该写清楚组织性质及经营业务等情况，以便让应聘者对招聘组织有一个初步的了解。但也应避免文字过多、喧宾夺主，而应以简约的语言将有关组织最吸引求职者的信息表达出来。比如有一家企业在简要介绍完企业情况后，加上这么一段话：“在本公司，你不必有以下顾虑：（1）论资排辈；（2）唯学历论；（3）发展空间狭窄；（4）嫉贤妒能；（5）分配封顶；（6）缺乏培训机会。”就是一个颇为成功的设计。

（三）主要职责和任职要求

招聘广告要发布的最重要信息之一是有关空缺职位的“主要职责”和“任职要求”的信息。“主要职责”告诉应聘者这个职位要求你做什么，“任职要求”告诉应聘者应聘该职位要具备什么条件。当然这里不需要将该职位的“工作说明书”中的相关条款全部照搬下来，但至少要参考其中的主要条款并以简要的语言注明。或许有些人会认为，既然招聘的是有多年工作经验的骨干人员，还需要告诉他们该干些什么吗？其实，同样的工作，在不同的组织中很可能是由不同的职位承担的，比如，一个公司的营销经理，既要管市场，又要管销售，还要管广告和公关，而来应聘的另一家公司的营销经理，可能只管过市场，对其他工作并没有经验。如果在广告中注明了工作职责，该应聘人员可能就要考虑一下自己能否胜任了。

（四）申请资料要求和联系方式

广告的最后部分，要向应聘者说明投寄申请资料的要求以及联系方式。如：“有意者请于某月某日前将详细的学习和工作简历、有关学历证书和身份证复印件、免冠近照、要求薪金、联络地址和电话寄至……”可以要求应聘者自己提出薪金要求，这是有关求职者的重要信息。招聘组织的联系方式一般有通信地址、电子邮件和传真。可以不提供电话，以免增加人力资源部的人力成本。

（五）避免设计太单调或过于花哨

有些招聘广告不做版面设计，密密麻麻写满了小字号的文字，令人读起来很费力；而另一些招聘广告，如广告公司、媒体的招聘广告，为了突显其独特性、艺术性，在广告中插入大幅的插图，文字信息很少，往往详略失当、顾此失彼，甚至连最重要的信息也被省略掉了。

（六）避免内容出现违反法律法规的现象

类似性别歧视、年龄歧视、种族歧视、城乡歧视等违反我国法律法规的内容，在招聘广告中应该避免。

二、基于求职者的招聘广告内容诉求重点①

在招聘广告的内容方面，美国学者戈登（J.Gordon）、威尔逊（P.Wilson）和斯旺（H.Swan）在1982年通过对报纸读者的调查来了解企业招聘广告中各种信息的必要性，其结果（见表3-6）对我们今天设计招聘广告仍有启示意义。

表3-6　**广告中细节的必要性**

细节	细节的必要性（%）
工作地点	69
任职资格	65
工资	57
职务	57
责任	47
公司	40
相关经历	40
个人素质	32
工作前景	8
公司班车	8
员工福利	6

① 房国忠，等. 求职者视角下平面招聘广告内容分析［J］. 中国人力资源开发，2008（1）.

由于招聘广告要解决的是招聘组织与求职者之间信息不对称的问题，因此关注求职者对招聘广告内容的要求和态度，对提高招聘的效率、体现组织对求职者的尊重是十分必要的。

1. 个人发展前景和组织发展前景

现代员工更加重视的并非眼前的既得利益，而是工作岗位能否给自己更多的发展机会、更广阔的发展空间。因此招聘组织如果想吸引更多应聘者，那么直接在招聘广告中体现这项内容，或说明可以在签约前为他们列出一份既简洁又具有吸引力的个人职业规划以及企业远景规划，既能吸引符合特定岗位要求的人员，也可显示出该公司对员工的责任心以及员工升迁的透明度，宣传了组织文化和组织形象。

2. 工资水平和员工福利

薪酬问题是招聘广告中一个核心问题。与商业广告要求创意不同，招聘广告一般不特别强调创意，主要以诚恳简练的语言，起到向所求人才直陈其意的传播效果，即使为了加强人才招聘广告的可读性和吸引力而使用艺术化的语言和构思，也要在符合组织特性的基础上做到内容翔实可信。从调查中发现，人们更希望在招聘广告中看到明确的薪酬福利信息，否则很容易使组织失去一批潜在的应聘者。

3. 组织性质

就我国而言，目前组织性质大致包括国家机关、事业单位、国有企业、民营企业、外商合资企业、外商独资企业等。在招聘广告中，我们仅从单位名称很难判断出该组织的性质。

4. 任职资格

招聘广告中界定清晰的任职资格，会吸引真正符合岗位要求的这部分求职者，从而提高空缺岗位与求职者的匹配度及招聘的有效性。关于任职资格说明，针对不同人群的招聘需要不同的策略。

除此之外，在招聘广告内容设计中，是否还需要添加其他项目，如组织文化情况、食宿条件、培训情况等，可视招聘组织的具体情况和广告篇幅而定。但要注意根据具体情况突出重点，避免面面俱到。设计出一则成功的招聘广告，既能体现组织对人才的尊重和渴求，又能表现出组织在管理上的细致、高效。

三、招聘广告案例分析

（一）案例1——上海申克机械有限公司的招聘广告①

SCHENCK上海申克机械有限公司（http：//www.schenck.cn）

上海申克机械有限公司是一家由世界著名企业德国卡尔申克股份公司(Schenck）控股99%的企业，公司位于普陀区怒江北路××弄××号（××公园附近），主要生产和经营工业动平衡机和工业真空清洗设备等。

作为卡尔申在华的控股子公司，我们在技术上与德国总部保持同步，共享一个技术资料库，产品性能达到国际水平。公司产品广泛应用于航空航天、汽车、钢铁、化工、造船、矿山、水泥及其他通用机器领域，产品畅销全国，并批量出口欧美技术发达国家及经济发展迅速的亚洲各国。公司管理采用先进的商务软件系统，产品从销售、技术、生产直至出厂实现全流程网络化管理。公司中高级技术及管理人员占员工总数比例超过60%，重要岗位人员定期前往德国总部培训。公司贯彻ISO 9001质量标准体系，提倡“优质、创新、满意、卓越”的质量方针。欢迎您成为我们中的一员。

文件编制管理工程师

职位描述：

大学本科毕业，机械或机电一体化专业；一年以上相关工作经验，优秀应届毕业生亦可考虑；英语四级以上；本市户口。

机械设计工程师

职位描述：

相关专业本科以上学历；有五年以上机械设计经验，其中2年以上机床设计经验；熟悉AutoCAD和Solidworks的应用；良好的英文沟通能力，大学英语四级以上；须有液压经验；机械设计经验丰富者可适当放宽年龄。

以上这则招聘广告，第一部分用较大的文字篇幅介绍了公司的基本概况，显示出公司的经营范围和公司实力，不仅可以吸引应聘者关注，引发应聘动机，也是对公司的有效形象宣传。招聘广告的第二部分，也是整个招聘广告的核心层，以“职位描述”引出了拟聘岗位的任职条件，从专业、经验、技能、户籍几方面对两个拟聘岗位作了限定，使每一位应聘者都能从中了解岗位的一些基本要求，在一定程度上提高了招聘中的能岗匹配度。简述词的最后用“欢迎您成为我们中的一员”，使招聘广告具有了亲和力和鼓动性。招聘广告中无性别限制，表示该公司没有性别歧视，但对户籍的要求，却表现出不应有的户籍歧视，容易引起不

① 引自《人才市场报》，2007年11月13日第1276期。

必要的法律纠纷。很遗憾的是，该招聘广告在职位描述中没有对“文件编制管理工程师”和“机械设计工程师”这两个岗位的职责和任务作简要的说明，而这恰恰是一则招聘广告中非常重要的内容。

（二）案例2——英美烟草中国公司的招聘广告①

英美烟草中国公司（British American Tobacco China）

总部设于伦敦的英美烟草集团乃烟草市场上的产品领导者，业务遍及180个地区，全球雇用约9万名员工。英美烟草中国公司亚太北区负责公司在中国内地、香港、台湾及澳门的业务运作，聘用约700名员工。

我们致力于成长——

我们在不断地成长，不断地向前看。我们将致力于通过发掘我们品牌及员工这些最珍贵的财富的潜力以实现我们公司真正的潜在价值。

因业务发展需要，经人事部全国人才流动中心批准，英美烟草中国公司招聘如下储备管理人员，并附上英美烟草储备管理人员发展计划（The Challenge Initiative Program）以供参考：

ARE YOU THE RIGHT ONE?

Our strengths, your talents

If you are the BEST, do you have the ambition to become even better?

Trust yourself and ready for our challenge.

Position Provided: We are looking for 10 more Management Trainees to be trained and developed in various Functions as specified below:

Beijing:	Marketing	市场部
	Human Resources	人力资源部
	Finance	财务部
	CORA	公共事务部
Shanghai:	Marketing	市场部
Guangzhou:	Marketing	市场部

Specification: Our ideal candidate should be holders of excellent under-graduates or post-graduates degree or graduates with 1-2 years' working experiences in Multination Companies and must possess following qualities:

——Good interpersonal and communication skills;

① 引自《人才市场报》，2007年11月13日第1276期。

——Strong analytical and creative skills；

——Good command of both spoken and written English；

——Highly mobile within China and Asia Pacific Region for career development and posting.

Training period：2–3 years. After 2–3 years of training，you are expected to have your first management level position in the company.

Training Program：The Company will provide comprehensive training program to the Management Trainees in each function which may include both technical and managerial skills' training，on–the–job and off–the–job training，job rotation and oversea as attachment as deem appropriate.

If you are interested in a career starting as Management Trainee，please send your resume（both English and Chinese）with copy of your ID card，certification，current photo and expected salary to the relevant HR department before June 29，20××（Please indicate the function you are applying for）

Beijing HR：北京市建国门外大街××号××大厦××层

英美烟草中国公司北京办事处人力资源部100×××

Shanghai HR：上海市淮海中路××号××大厦××层

英美烟草中国公司上海办事处人力资源部200×××

Guangzhou HR：广州市建设六马路××号××广场××室

英美烟草中国公司广州办事处人力资源部510×××

Suitable candidates will be invited to paper test & interview.

Selected candidates will be hired through the registration with local FESCO.

For more information，please visit our Company website：www. BAT. com or recruitment website：www.bat–recruitment.com

We challenge you to shape our world

以上这则广告开门见山地介绍了英美烟草公司是一家国际知名的烟草公司，总部及其中国分部的管理中都将品牌与员工看作公司最为珍贵的拥有，表明了公司的文化价值观，具有很好的形象宣传作用。广告中对所要招聘的储备管理人员的素质能力要求，能抓住关键，说明清晰，值得借鉴。但是囿于招聘职位的多样性和特殊性，没有进行工作职责说明，使相关求职人员不能进行与空缺岗位间的自我匹配度分析。广告中没有性别、年龄、户籍、种族等的歧视性内容，不违反相关法律的规定。广告对培训机会给予重点说明，增强了对应聘者的吸引力。另外，广告采用中英文夹杂的写法，不太提倡。一般说来，根据广告媒体及其基本读者对象的分类，采用或者全中文表达或者全英文表达，或者中英文完全对照表达的方式为宜。

（三）案例3——奥力来康体设备有限公司的招聘广告[①]

奥力来康体设备有限公司（www.active.cn）

奥力来集团是一家专营中高档健身和康体设备的跨国集团公司，具有近30年的设备代理、设计安装及服务维修经验。集团总部设于新加坡，并在印度尼西亚、马来西亚、泰国、中国香港等地设立分支机构并逐步建立全国分销、服务网络。

奥力来集团致力于将世界一流的专业服务引入中国，让客户深刻体验全程无忧式服务，包括前期概念设计、市场分析定位、设备组合选择、专业装修咨询、设备定期保养、快速反应维修等，全力推广客户服务新标准，倡导“快乐客户”新概念。

奥力来集团中国公司代理的康体设备产品多样，满足各类客户的不同需求。奥力来集团以倡导“积极人生、激情生活”为理念，将以不懈的努力，助您打造全新健康、精彩的生活。

客户经理

职责：进行公司所代理经营的产品营销、销售及售后服务；主动进行市场开发、项目跟踪、方案设计、报价、商务谈判及设备安装、验收、售后服务的协调工作并最终完成销售。逐步建立客户网络，维护良好的客户关系，深化代理品牌形象；具备创造性市场开拓的能力。

要求：为人正直、诚恳、自信，富有团队合作精神，有较强的表达能力、人际关系能力和独立工作能力；具有良好的客户沟通能力，客户关系管理能力及优秀的谈判技巧；具有迎接挑战的信心和对工作的激情；有极强的人际沟通技巧和客户亲和力；具有一年以上销售方面经验，对健身行业有所了解或者有浓厚的兴趣；具有良好的英文沟通能力，能够以英文与外籍人士交流；有承受巨大压力的能力；学历本科，性别不限，欢迎有志之士前来应聘。简历请投递至电子邮箱，附照片之简历优先甄选。

售后服务工程师

职责：进行公司所代理经营产品的维修、安装、保养、售后服务及其他相关

① 引自《人才市场报》，2007年11月13日第1276期。

工作；联系酒店、会所等健身房项目，推广售后服务合同，提供设备维修、保养服务工作；维护良好的客户关系，深化代理品牌形象。

要求：机械、电子类相关专业，学历不限，能力优先，一年以上工作经验；为人正直、诚恳，工作态度端正，有责任心，踏实肯学，有较强的解决问题和故障的能力；可熟练进行电脑操作；有电工、机械或电子产品技术维修经验者优先考虑；有较好的英文理解和沟通能力者优先考虑；机械、电子工程类或相关专业大专以上学历；大专以下学历但是其他方面突出者亦可考虑；可出差者优先考虑。

公司地址：上海市天目西路××号××座××室

电子邮箱：activeshanghai@××.com

以上这则广告，同样在开篇处即对公司的性质、规模、实力等作了简要介绍。该广告最值得借鉴的是对招聘职位，即对客户经理和售后服务工程师的职责描述得比较清晰，便于应聘者自我衡量是否能胜任相应的工作，同时也对两个拟聘岗位的任职条件加以说明。广告中也没有性别、年龄、国籍、种族、信仰等歧视性内容，符合法律要求。但在内容表述上有些地方不够凝练，甚至有矛盾之处，如对售后服务工程师的要求中，先是说“学历不限”，后又说“要机械、电子工程类或相关专业大专以上学历”。总体看，该广告的设计是比较完整、规范的。

重要概念

招聘流程　人员招聘　招聘计划　招聘团队　招聘分工　招聘者素质　招聘者误区　招聘策略　招聘广告

复习思考

1. 招聘计划的内容主要包括哪些？
2. 请替某组织设计一份完整而实用的招聘计划。
3. 一个合格的招聘者应具备什么样的技能？
4. 招聘中人力资源部门与用人部门是如何进行分工的？
5. 如何构建一个高效的招聘团队？
6. 简述招聘者招聘误区情况。
7. 请说明招聘的替代方法有哪些。

8.根据招聘广告的设计要点，请从报刊上找一则招聘广告并分析其优缺点。

9.分析下面一则案例，并回答案例后的问题：

小张刚被聘为上海英才管理咨询公司人力资源部招聘主管，上班的第一天，人力资源部经理H先生在将小张介绍给各位同事之后，急着给小张布置了第一项任务。由于近期公司咨询业务繁忙，原有人手顿感缺乏，又加上原来的办公室主任因赴美国与家人团聚而离职了，需要抓紧时间招聘相关人员，以填补空缺。为此，经理希望小张能尽快落实人员补充事宜。小张经过考虑，决定采用在《新民晚报》做招聘广告的形式完成H经理交办的任务。小张立刻打电话将建议告诉给了H经理，H经理说："我只要求尽快到位，至于采用什么方式，你自己决定。"小张很高兴，立即设计好了一份招聘广告，内容如下：

上海英才管理咨询公司招聘

本公司系沪港合资企业，主要从事各项咨询业务。因业务发展需要，经上海市人事部门同意，向社会公开招聘下列人员：

（1）市场调研部经理1名，男，40岁以下，本科及以上学历，具有2年以上相关工作经验者优先，英语熟练。

（2）财务咨询部经理1名，男/女，45岁以下，本科及以上学历，英语熟练，具有3年以上财务工作经验或有高级职称者优先。

（3）办公室主任1名，男/女，40岁以下，大专及以上学历，英语熟练，具有2年以上行政工作经验者优先。

凡具有本市户口的在职职工和待业人员、符合上述条件者均可应聘，请于10天内将本人履历、通信地址、学历证书复印件及有关证明、一寸近照2张，函寄本公司人力资源部收。一经录用，实行劳动合同制，享受中外合资企业待遇。如未被录用，资料恕不退还。测试时间另行通知，谢绝来电来访。

分析题：小张设计的招聘广告是否合适？为什么？如何充分做好招聘前的准备工作？

第四章

人员招聘渠道

【开篇案例】

苹果的员工都是从哪里招聘的？①

苹果公司一直是全球最优秀的企业之一，其市值曾经突破10 000亿美元，现金储备达到2 000亿美元，在最炙手可热的智能手机领域竟然能长期获得70%以上的利润，而库克建设的产业链更成为经典的MBA案例。在刚刚过去的几个月里，苹果的日子并不好过，但绝非伤筋动骨，只不过是偶尔染上一些风寒罢了。诚然，我们不太清楚苹果未来是否还有重大的创新产品，但这些年其业绩一直独领风骚。其实，说到底苹果能有此成就，正在于他们招聘了伟大的CEO和伟大的团队，不仅能设计出优秀的产品，而且在坚守品质、优化产业链方面都做得非常不错，而随着iPhone产业链持续扩张，软件业务增长，蒂姆·库克一直在全球范围内网罗精英，让他们承担全球最大的压力，也享受全球最顶级的薪水。毫无疑问，苹果是一个精英公司，能在这家企业站得住脚的职员，都是狠角色。公司招聘的设计天才、技术天才，更看中工作经验和能力，对学历的要求并没有硬性规定，而供应链管理人员则常常需要具备名校学历、产业链经验。人格特质方面也是非常重要的，不同的岗位，招聘的渠道不同，但总的来说，他们招聘的都是各个领域的杰出人才。

① 康斯坦丁．苹果的员工都是从哪里招聘的？［EB/OL］．（2018-12-24）．https：//www.sohu.com/a/284231211_115224.

技术收购，苹果看中的正是人才

苹果是一家以硬件设计起家的公司，公司最核心的人力资源自然是技术性人才，包括硬件设计、软件编写以及新材料开发等，事实上，这些人不仅在薪水上高人一等，更拥有至高无上的地位。在iPhone最风靡、最好卖的时候，这些人的设计全凭自己的喜好，全然不顾消费者的意愿和产业链的生产难度，于是如你所见，出现了黏在外框上的电池，大号的USB接口以及非常有个性的操作系统等。当然，随着竞争对手的崛起，其设计团队不得不认真考虑消费者的口味，而非完全按照自己的意志设计。但总的来说，他们在苹果内部还是享有很高的地位，只需要在实验室中把iPhone原型机做出来，而后交给生产团队。显然，要成为苹果的设计团队成员非常困难，远非一两张学历文凭或者一两场面试就能搞定的，他们拥有全球最严苛的HR系统。事实上，苹果创始人乔布斯非常重视人才招募，他在生前要花费1/4的时间来选拔人才，蒂姆·库克就是他挖过来的，“帮主”曾不无得意地说：要是没有我，蒂姆估计也就是个卖糖水的。而库克能来苹果估计也是因为乔布斯的个人魅力，或者说，“帮主”是他喜欢的类型。另外，乔布斯只上过6个月的大学，就辍学创办了苹果，他固执地认为，大学里可以培养出“循规蹈矩”的人才，却培养不出苹果所需要的天才，即便是天才也会因为大学教育而变得平庸。于是，他们在招聘设计人员时，不强制要求大学学历，而更看中从业经验，特别是要求提供代表作，乔布斯会从中发现亮点或者设计潜力，再决定能否录用；更奇葩的是，他们居然会直接跑到高通总部圣地亚哥积极招聘工程师，来弥补无限组件和芯片的不足，可以说是公开挖墙脚。经过如此严格筛选的设计团队，成为全球智能产业链的核心，造就了完美的手机。

此外，苹果网罗技术人才的另一种方式就是收购初创企业，相比于Google、微软动辄100多亿美元收购摩托罗拉和诺基亚，苹果更喜欢收购小型的技术性初创企业，他们看中了这些公司的技术，更看中了这些公司的人才，这些都是有了“代表作”的人才。比如，他们在2014年花费30亿美元收购Beats Electronics，已然是其近30年最大手笔的收购，但依旧被认定是“垂涎于该公司的人才”，而非现有的产品，事实也是如此，他们收购来的人才把苹果的音乐服务推上一个新的高度；自2015年开始，苹果就开始收购同Face ID相关的技术和人才，包括PrimeSense/RealFace和Faceshift等一系列的小型公司以及这些公司的人才，正是这些不同初创企业的人才凑到一块才有了iPhone X独有的Face ID功能，又正是他们的努力，Face ID功能于新iPhone上再度得到升级。

管理产业链，苹果不拘一格降人才

对于技术性企业的员工来说，被苹果收购真的是一件完美的事情。自己突然从一家默默无闻企业的员工，瞬间变成全球最伟大企业的员工，而且还是核心领域，如此角色的转变会使“新员工”们保持至少2年以上的热情，也只需这2年，苹果也就收回了收购成本。而对于更烦琐的供应链管理事项，则需要庞大的组织来处理。事实上，自从库克接任CEO以来，苹果的组织扩大了3倍以上，自然地，他们招聘的不全是天才，而是很多电子制造业的老兵，他们穿梭于全球各地的iPhone产业链，保证出货，提高效率，降低成本。众所周知，库克是一位供应链管理的高手，他自然能招聘到大量的供应链管理人才，包括哈佛商学院的MBA、剑桥大学的供应链管理硕士以及Google、诺基亚的中高管。事实上，前几年就传出前诺基亚CEO桑杰贯就曾接到苹果的offer，而特斯拉CEO埃隆·马斯克也曾进入过苹果猎头的名单。虽然，这些赫赫有名的大佬尚没有加盟苹果，但大量优秀的供应链管理人员已经成为“库克军队”的特种兵，他们穿梭于iPhone的全球产业链，负责把苹果的订单Forward给供应商，而且通过事无巨细地索取资料，来掌握供应商的生产计划。他们会要求供应商提供原物料采购计划、生产计划、仓储计划，以确保能够达成总部的出货需求。同时，这些人员也会参与到供应商的生产线建设中去，通过向供应商提供iMac电脑以及搭建网络来实时获取供应商的生产数据，这些数据不但保证了最终出货的准确性，更会成为库克谈判杀价的依据。还有，供应链管理人员要负责整理工厂复杂的信息，为苹果总部做决策参考，他们更喜欢露出狼一样的獠牙、狠狠地撕扯掉供应商的一块肉的员工。显然，供应链管理人员的审美水平远远不如设计团队，但也是不可或缺的一员，他们常常身处世界各地，一年到头也见不到库克，由于时差问题还要在半夜开电话会议，而他们一个信息的错误就会造成几百万甚至上千万美元的损失，其承担的压力可想而知。相对来说，苹果供应链管理人员的流动性比较大，正可谓：铁打的营盘，流水的兵！

案例思考：

1. 如何评价苹果公司在招聘渠道方面的独特选择？
2. 一般而言，组织还有哪些招聘渠道可供选择？

人员招聘就是通过一定的方法，寻找或吸引具有一定任职资格和条件的应聘者前来应聘的工作过程。人员招聘的一个基本要求是找到足够数量的合格的应聘者。当人力资源不足以满足企业生产经营需要时，组织就必须进行人员的增补，以弥补原有空缺职位或新增岗位。即使组织现有人员能满足生存发展的需要，组织也应从人力资源管理长远战略出发考虑人力资源的储备，有计划地进行招聘工作，建立人力资源库，以应对人员非正常流出或特殊情况给组织带来的震荡，并为内部劳动力市场的有效运作打好基础。在招聘工作开始之前，要根据需补充人员的业务类型、职位复杂度、招聘方法本身的适用性等情况，对招聘方法与渠道做出正确的策略选择。可以说，到目前为止还没有哪一种招聘方法或渠道是尽善尽美的，我们只能根据组织不同的需求，去选择那些最合适的方法和渠道。组织人员招聘的渠道有内部和外部两种。

第一节 内部招聘的原则与方法

内部招聘是指组织采用职位公告、岗位竞聘或部门推荐等方式在组织内部招聘新员工。当组织出现职位空缺时，在组织内部通过各种方式向全体职员公开职位空缺的信息，并招募具备条件的合适人选来填补空缺。内部招聘作为从总体上对招聘方式和渠道进行划分的类型之一，目前在企业界和其他各类型的机构中都得到普遍运用，一些调查结果显示，高达90%的管理职位都是由从企业内部提拔起来的人员来担任的。

一、内部招聘的原则

内部招聘应遵循以下基本原则：

（一）机会均等

内部招聘的信息覆盖面应是整个组织内部的全体员工，应当让每一个人都清楚空缺职位的工作职责和任职要求、任职时间等，从而使所有符合招聘条件的员工都有获得该职位的机会。

（二）任人唯贤，唯才是用

“贤”“才”是人才的客观标准，“任”是主观上对人才使用做出的决策。只有解决了对人才的选任问题，才能保证合格的优秀人才有适合它发挥才干的岗位和机会。

（三）激励员工

无论是通过选拔优秀的员工到更高的职位上工作，还是通过考试将员工安排到更适合的岗位上去，都应当让广大员工认识到，不断地提高自己的工作能力将会在组织内获得更大的发展空间，从而有效调动员工的工作积极性，起到激励的效用。

（四）合理配置，用人所长

经过竞争、选拔、考核、筛选，安排最合适的人选到空缺岗位上去，确保他（她）能胜任该岗位的工作，并能充分发挥其特长。如果员工在新的岗位上不能取得比原岗位更高的绩效，那么这就不是一次成功的内部招聘，同时也不能调动起本人及其他员工的工作积极性。

二、内部招聘的方法

内部招聘的实施方法主要有内部晋升或岗位轮换、内部竞聘、内部员工举荐、外围人员转正等方法。

（一）内部晋升或岗位轮换

内部晋升或岗位轮换是建立在系统有序基础上的内部职位空缺补充办法。运用此种方法首先需要建立一套完善的职位体系，明确不同职位的关键职责、胜任素质、职位级别等在晋升和岗位轮换中的运作依据；其次需要建立员工的职业生涯管理体系，对员工的绩效状况、工作能力进行评估和建立相应的档案，根据组织中员工的发展愿望和发展可能性进行岗位的晋升和有序轮换，使有潜力的员工得到相应的发展。比如，索尼公司曾经每周出版一次内部小报，刊登公司各部门的“求人广告”，员工可以自由而秘密地前去应聘，他们的上司无权阻止。另外，索尼原则上每隔两年就让员工调换一次工作，特别是对于那些精力旺盛、干劲十足的人才，不是让他们被动地等待工作，而是主动地给他们施展才能的机会。就内部晋升而言，美国柏克德公司的做法也值得研究。该公司是美国乃至全球规模最大的从事基本建设工程的一家公司，有员工3万多人。公司设有多级培训机构以及在总部设立的一个很大规模的“管理人员培训中心”。公司的晋升方式是这样的：首先公司从2万名管理人员和工程师中，选择5 000人作为基层领导（工长、车间主任）的申请者，然后，鼓励他们自学管理知识，并分批组织其参加40小时的培训，再从中选拔需要的基层领导人员。其次，从基层领导中选拔1 100人参加“管理工作基础”的培训和考核，从中挑选出600人分别再给予专业训练，使他们承担专业经理的职务（如销售经理、供应经理等），最后，再从这些专业经理中选拔300人进行训练，以补充市场经理的空缺岗位（包括各公司的总经理、副总经理等）。就内部岗位轮换而言，日本丰田公司有一套较完整的体系，首先，为提高一线工人的全面操作能力，公司对一线工人采用工作轮换制，用以培养和训练多功能作业员。对于各级管理人员，公司采取5年调换1次工作岗位的方式进行重点培养，每年1月1日进行岗位变更，调换的幅度在5%左右，调换的工作一般以本单位相关部门为目标。这样的岗位轮换，有利于使之成为一名全面的管理人才、业务多面手。接班人计划图如图4-1所示[①]。

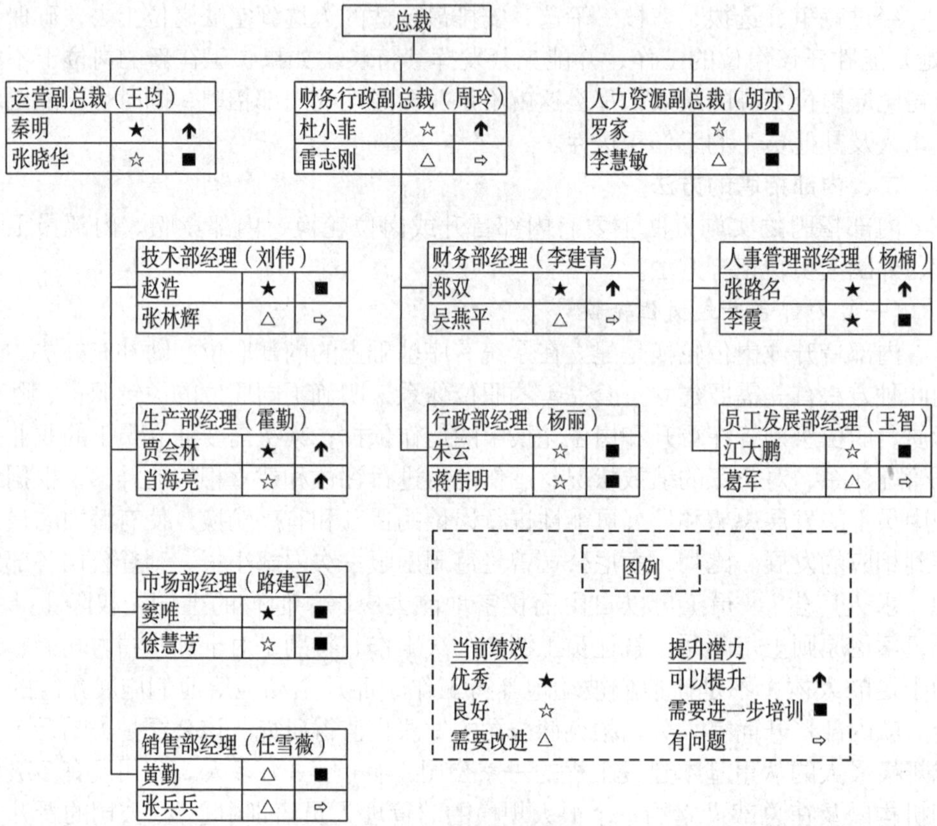

图4-1　接班人计划图

（二）内部竞聘

内部竞聘上岗，是内部获取人才的主要方法，也是近些年来的一种创新性做法。它是通过内部公告的形式在内部组织公开招聘，符合条件的员工可以根据自己的意愿自由竞争后应聘上岗。表4-1即为组织内部竞聘职位公告的示例。内部竞聘中需要接受选拔评价程序，只有经过选拔评价符合任职资格的人员才能予以录用，以保证内部招聘的质量。另外，参加内部竞聘的员工须征得原主管的同意，且一旦应聘成功，应给予一定的时间进行工作交接。对内部竞聘的员工的条件也有一定的界定，如应在现有的职位上工作满一定时限、绩效评定的结果应该满足一定的标准等。总之，应完善内部竞聘的制度管理。我国不少企事业单位在

① 吴志明．员工招聘与选拔实务手册［M］．北京：机械工业出版社，2002：153.

改革人事管理制度中，尝试实施中层干部以及一般管理岗位人员的定期竞聘上岗制度。内部竞聘由于其组织流程较为复杂，周期较长，因此，不是所有的岗位都适合运用此方法。

表4-1　　竞聘职位公告

竞聘职位公告

为进一步深化公司人力资源管理竞争激励机制，实施公司内部人才发展计划，打造高素质的人才队伍，公司计划采用内部竞争上岗方式，选聘苏州地区主管1名。

一、内部竞聘原则

注重实绩、自愿、公平、公正、竞争、择优。

二、竞聘职务及相关情况

1.竞聘职务：苏州地区销售经理（1人）。

2.职务级别：地区经理。

3.内部竞争上岗人员的试用期为3个月。试用期满进行考核，考核合格者按程序办理转正。考核不合格的，由公司重新安排适合岗位。

4.岗位职责、市场及现状：

（1）负责部门产品，隶属华东大区，现苏州销售经理职位空缺。

（2）编制情况：苏州设销售经理1名。

（3）负责苏州地区公司产品的销售业务，组织好销售团队，开拓新的销售客户，维护原有的客户，直接对总公司销售部负责。

三、参加竞聘人员的基本条件

1.公司在职工作满3年并已转正的销售代表。

2.任销售代表期间展现出良好的市场开拓及管理能力，业绩良好。

3.对公司有较强的归属感和认同感。

4.熟悉苏州市场者优先。

四、内部竞聘工作程序

1. 9月10日之前，符合竞聘条件者自愿报名，将个人申请交予人力资源部。

2. 9月12日之前，人力资源部对报名人员进行资格审核，结合总公司销售总监及地区负责人的意见，确定应聘者。

3. 9月18日之前，通过多方法评估，择优确定聘任人选。

4. 9月19日公司发出聘任通知，修改聘用合同相关条件。

人力资源部

20××.9.1

1.适用条件

一般而言，如果组织出现下列情况，可考虑采用内部竞聘的方法。

（1）组织的领导层希望传统的人力资源体系发生突破性的改变以打破传统的僵化状态。

（2）组织员工展示能力、表现自我的意愿非常强烈。

（3）岗位比较重要或敏感，传统招聘方式得不到广大员工的认可。

（4）组织领导层之间关于岗位的人选意见不统一，存在矛盾激化的可能。

（5）组织领导层需要激发员工的工作热情和积极性，同时增强其危机感。

（6）在现有的人选中不能满足空缺岗位的需求，需要从更大的范围内发现人才。①

2.基本原则

（1）公平。竞聘过程中任何人不得向评审人进行暗示、推荐竞聘者，对待所有竞聘者完全按照其实际表现确定成绩。

（2）公正。所有竞聘岗位面向所有符合条件的人员，信息发布公开透明，竞聘规则和评审办法的实施具有统一性。

（3）公开。对公开竞聘的岗位、竞聘流程、评审办法、评审结果等须向全体公开，并让竞聘者了解所有相关信息，了解信息的渠道多元并容易获取。

（4）权威。竞聘评审小组成员来源广泛，包括高层领导、直线经理、人力资源部负责人、其他外部专家。

3.实施流程

一套完整的内部竞聘流程对整个招聘的工作起着关键的作用，一般而言，包括以下八个环节：

（1）岗位分析及合适人员的胜任模型确定。其中胜任模型是关键，它规定了应聘的条件。

（2）建立竞聘工作团队。由人事部门或组织部门牵头，包括高层领导、部门领导、工会等方面的人员，以及外请专业机构的负责测评工作的人员。

（3）发布竞聘职位公告。具体所涉及的内容包括竞聘职位名称、职位所在部门、需求人数、职位主要职责、报名条件、报名时间、报名地点、提交材料及其方式等（见表4-1），竞聘申请表见表4-2。同时，注意公告应通过员工能及时接触到的途径进行发布，诸如公告栏、组织网站、电子邮件等。

---

① 彭劲柏，等．破解企业公开竞聘中的大难题［M］．北京：机械工业出版社，2006：11.

表4-2　　竞聘申请表

姓名		性别		出生日期	
学历		专业		职称	
政治面貌		入职时间		工作年限	
现工作部门		现职务			
竞聘职位					
主要学习工作经历					
本人主要的竞聘优势与不足					
奖惩情况					
人力资源部意见					

竞聘人签名：　　　　　　　　　填表时间：　　年　月　日

（4）进行初步筛选，剔除不符合要求的竞聘申请人，但须对其进行必要的反馈。

（5）对竞聘者进行综合评价，形成评价报告，并筛选出若干名应聘者。

（6）对确定的若干应聘者进行实地考察、业绩分析，形成考察报告供最后决策之用。

（7）根据综合的评价报告和考察报告，进行聘用决策。

（8）签订职位聘任合同。

（三）内部员工举荐

内部员工举荐即当组织出现职位空缺时，鼓励内部员工利用自己的人际关系为组织推荐优秀的人才。据《劳动力管理》（Workforce）杂志报道，如果组织能善用员工举荐人才的做法，不仅省时省钱，而且能提高征才质量，减轻人力资源部门的负担。但是，在员工举荐的过程中，为保证举荐的有效性，组织有必要注意以下三个因素：员工的道德水平、工作信息的准确性以及其与中间人的亲密程度。组织鼓励或要求推荐自己熟悉的人应聘空缺职位前，必须先建立一套明确的举荐制度。很多公司愿意采用员工举荐的方式聘用新人，比如Intel公司通过给予员工高额奖金及奖品来鼓励员工为公司寻找合适的员工，并且还在操作流程上下了不少功夫，使员工愿意积极参与到此项活动中去。首先公司将推荐办法在公司网站上公布，员工可以上网查看所有相关细节。其次，公司将职位空缺信息及所需条件也列在网上，员工可以直接转发给熟人或朋友，同时员工可以在网上填写介绍表，被推荐者也可以直接通过网络传递履历，整个过程清楚方便。当然，公司在收到介绍资料后也会尽快处理、答复。采用员工举荐方式的典型案例是思科公司，该公司大约10%的应聘者是通过员工相互介绍而来的。

（四）外围员工转正

不少组织在核心员工或正式员工之外，为完成一些临时性的工作任务或因编制所限或因组织结构整合需要等，会雇用一些临时性员工或派遣员工，作为公司的外围员工。当人力资源派遣成为一种发展趋势、派遣员工或临时性员工队伍逐渐扩大的时候，组织应当特别重视这部分人力资源的价值。因此，当正式岗位出现空缺，而外围员工的能力和资格又符合所需岗位的任职资格要求时，通过将外围员工转正的方式，既可填补空缺，满足组织用人需求，又能激励外围员工，提高其工作积极性。当然，外围员工的雇用和转正在各项手续的办理中都要注意符合我国人事管理的各项法规政策。

第二节 外部招聘的原则和方法

外部招聘是根据一定的标准和程序，从组织外部众多候选人中选拔获取所需人选的方法。这是组织根据自身发展的需要，向外界发布招聘信息，并对应聘者进行有关的测试、考核、评定及一定时期的试用，综合考虑其各方面条件之后决定是否聘用的常见方式。

一、外部招聘的原则

外部招聘应遵循以下基本原则：

（一）公正公平原则

外部招聘的对象是广大招聘信息的接收者，面对众多的应聘者，公正公平是首要的原则。应给每一位应聘者以平等的机会，展示自我、公平竞争，使真正有能力的候选人不因一些外界的人为因素的影响而失去获得该职位的机会。组织的招聘人员，应明确公正公平的深刻含义，排除主观偏见，选拔出真正适合组织的优秀人才。

（二）适用适合原则

招聘人员应熟悉空缺岗位的工作性质、工作职责、能力要求等情况，并根据这些具体条件，认真选择合适的人选，使所招聘的人员真正适合并胜任这项工作。在实际招聘过程中，所聘用的人员并不具备担任该职位能力的现象时有发生。此外，还有一种招聘现象也不容忽视，即许多组织在招聘过程中出现的人才“高消费”现象，不少组织的招聘广告动辄提出最低学历要求为本科或研究生及以上学历的标准，使许多有实际工作能力和经验但不具备相关文凭的人才，只能面对组织招聘高高的门槛望而却步。与此同时，组织在招聘中对应聘者的期望过高，录用了能力超出职位要求很高的优秀人才，虽然在短期内组织是受益者，但其结果却造成该人才很快感到该职位并不足以提供满足其个人发展的广阔空间，人才的流失在所难免，从而造成人员流动速度过快、频率过高的现象。这无疑会加大组织招聘的工作量和难度，增加招聘、培训等的成本。

（三）真实客观原则

组织在进行外部招聘的过程中，面对的是不熟悉组织的外部应聘人员，招聘人员有必要真实、客观地向应聘者介绍组织的情况，这在国外被称为realistic job previews（RJP，真实工作预见），即在招聘时，向应聘者提供全面的信息。这有助于应聘者与组织形成正确的心理契约。实际招聘中，不少组织往往倾向于把自己的组织说得非常好，以吸引更多的应聘者，但这通常会使应聘者产生过高的期望值，容易导致失望和产生不满情绪，甚至有受骗上当的感觉，导致新进人员保持率降低。因此，本着真实客观的原则，组织招聘人员应向应聘者如实介绍组织的真实情况，以提高招聘的有效性，防止人员流动率过高。

（四）沟通与服务原则

外部招聘是组织内外互动的过程。通过信息的双向流动，组织在获取应聘者个人信息的同时，也应向应聘者传递组织的相关信息，实现组织内部与外部的双向沟通。此外，招聘过程也是招聘人员向应聘者提供咨询服务的过程，招聘人员向外界传递的相关信息，直接关系着该组织的形象。这些信息不仅包括组织的内部结构、部门设置等硬件设施和组织文化、经营理念、发展潜力等软件配置，还应该能够从招聘人员的形象、谈吐、待人接物等方面反映出该组织对成员素质的培养和人格的塑造，从而使应聘者即使不能最终录用，也能对组织留下良好的印象。

二、外部招聘的方法

外部招聘的主要方式有广告招聘、人才市场招聘会、校园招聘、专业机构招聘、网络招聘等。

（一）广告招聘

广告招聘是通过报刊、电视和行业出版物等传统媒介向公众传递组织的人力资源需求信息，以吸引求职者前来应聘的招聘方法。在借助广告进行招聘合适的候选人的过程中，要注意两个关键因素：一是注意广告方式的选择策略，即决定选用何种媒体。这是由招聘预算和待招聘的职位特点所决定的。除了考虑成本的因素外，还要考虑职位的特点和要求，一般而言，由于报纸发行的地域性较强，故报纸分类广告比较适合于将候选人的来源限定于某一地区使用；专业杂志广告的优点是针对性比较强，所以当招聘职位专业性较强，并对上岗时间和候选人来源地没有太多要求时，在专业杂志上进行广告招聘不失为一个很好的选择；电视广告如能与提高组织知名度相结合，也可成为一个明智的选择。广告媒体优缺点及适用范围比较见表4-3[①]。二是注意广告的内容与形式设计。广告的核心内容应包括两个方面：职位所要求的胜任素质和向受众表明组织对符合资格要求的应聘者的欢迎态度。要使广告形式设计得好，一般来说应满足“AIDA”（attention-interest-desire-action）原则，即A——能引起求职者的注意，I——能激起人们的兴趣，D——能激发人们求职的愿望，A——方便求职者的求职行为。

表4-3　**广告媒体优缺点及适用范围比较**

类型	优点	缺点	适用范围
报纸	标题简短精练；广告尺寸大小可灵活选择；发行集中于某一特定地域；各种栏目分类编排，便于积极的求职者寻找	容易被未来可能的求职者所忽视；集中的招聘广告容易导致招聘竞争的出现；发行对象无特定性，组织不得不为大量无关的读者付费；广告的印刷质量一般	当招聘限定于某一地区时；当可能的求职者大量集中于某一地区时；当有大量的求职者在翻看报纸并希望被雇用时
杂志	专业杂志会到达特定的职业群体手中；广告尺寸大小可灵活选择；广告的印刷质量较高；有较高的编辑声誉；时限较长，求职者可能会将杂志保存起来再次翻看	发行的地域太广，故希望将招聘限定在某一特定区域时通常不能使用；广告的预约期较长	当所招聘的工作承担者较为专业时；当时间和地区限制不是最重要的因素时；当与正在进行的其他招聘计划有关联时

① 德斯勒. 人力资源管理［M］. 6版. 刘昕，译. 北京：中国人民大学出版社，1997.

续表

类型	优点	缺点	适用范围
广播电视	不容易被观众忽略；能够比报纸和杂志更好地让那些不是很积极的求职者了解到招聘信息；可以将求职者来源限定在某一特定区域；极富灵活性；比印刷广告能更有效地渲染雇用气氛；较少因广告集中而引起招聘竞争	只能传递简短的、不很复杂的信息；缺乏持久性；求职者不能回头再了解（需要不断地重复播出才能给人留下印象）；商业设计和制作（尤其是电视）不仅耗时而且成本很高；缺乏特定的兴趣选择；为无关的广告接受者付费	当处于竞争的情况下，没有足够的求职者印刷广告时；当有许多种职位空缺，而在某一特定地区又有足够的求职者的时候；当需要迅速扩大影响的时候；当在两周或更短的时间内足以对某一地区展开“闪电式轰炸”的时候；当用于引起求职者对印刷广告注意的时候
现场购买（招聘现场的宣传资料）	在求职者可能采取立即行动的时候，引起他们对企业雇用的兴趣；极富灵活性	作用有限；要使此种措施有效，首先必须保证求职者能到招聘现场来	在一些特殊场合，如为劳动者提供就业服务的就业交流会、公开招聘会、定期举行的就业服务会上；当求职者访问组织的某一工作地时

（二）人才市场招聘会

我国人才市场包括各级人才市场、劳动力市场和职业介绍中心等机构。这些机构都是各级政府人事部门和劳动部门为指导和服务就业工作而建立的人才管理服务机构。人才市场招聘会往往就是由这些机构作为主办单位所开展的市场招聘活动。根据主办者情况的不同，招聘会一般分为专场招聘会和非专场招聘会两种。专场招聘会是由一家单位主办，也只为这一家单位的招聘工作服务的；非专场招聘会则是由人才市场或中介机构组织的、有多家单位参加的招聘会。人才市场招聘，能使组织在短时间内集中掌握众多求职者的信息，且供需双方直接见面，有利于双方的直接沟通，也有利于组织进行一定的形象宣传，因此这种方法在实际招聘工作中也运用得较多。目前，人才市场招聘会作为一种重要的招聘形式已经有了进一步的发展，比如出现了针对某些专门人才的专业市场招聘会，以及针对应届大学毕业生的校园招聘会等。要使招聘工作借助招聘会而有效完成，需要注意以下问题：

（1）注意选择规模、参加单位、举办地点、声誉都比较理想的招聘会。包括要了解清楚主办者的能力与社会影响如何、举办地点的交通情况如何、招聘会的前期宣传是否到位、是否有同业竞争者参与等。

（2）注意参会前做好充分的准备工作。准备工作可包括：争取到一个有吸引力的展位、准备好会上所用的资料和相关的设备器材、对招聘人员事先的培训、与有关协作方的沟通等。

（3）注意认真处理会后信息。要求在最短的时间里将所收集到的简历进行整理，并通过电话或电子邮件的方式将组织筛选的结果告之应聘者。这样做既可体现出对应聘者的尊重，也表现出组织的工作效率。

（三）校园招聘

每年都有大量的大学毕业生走出校园进入社会，这些毕业生充满朝气、可塑性强、最具发展潜力，是就业市场上的生力军，是组织获取新鲜人力资源的源泉。越来越多的企业将目光对准校园，展开各式各样校园招聘活动，以之作为获取人才的一个主渠道。比如，被誉为外企“黄埔军校”的宝洁公司在华招聘时就将其目光锁定在重点大学的优秀应届毕业生上，宝洁公司认为，在一张白纸上，才能创作出最新最美的图画。因此，他们喜欢招聘刚毕业的、没有社会经验的大学生。1988年宝洁刚刚进入中国，第二年就开始在高校中招聘应届毕业生，至1998年，宝洁已经聘用了1 000多名应届大学毕业生（不含中专毕业的技术工人）。1997年应聘宝洁职位的大学生超过2.4万人。据当时中国宝洁北京地区人力资源部经理介绍，宝洁90%的管理级员工是从各大学应届毕业生中招聘来的。

1. 主要的校园招聘方式

（1）各种校园活动

校园活动包括开展各种校园招聘演讲会，宣传企业形象同时吸引优秀毕业生加盟；举行各种校园竞赛活动并从中选拔优秀大学生等。在每年校园招聘的高峰时节，当地政府以及高校都会组织一些大型的专场招聘会，为企业和前来投递简历的毕业生提供面对面的交流机会，并及时进行选拔测试。校园宣讲会也是企业在校园招聘伊始针对目标高校组织的专门的活动，通过企业高层、人力资源部门负责人以及在本公司工作的该校校友的现身说法来传达公司基本概况、企业文化、经营理念，发布空缺职位、招聘条件、招聘流程等信息，借助情绪的感召和互动引导学生全面了解企业。“选秀大赛”是近些年来兴起的一种校园招聘形式，发展势头非常强劲。企业通过组织一些职业技能或商业大赛，模拟实际商业项目的运作，吸引大批学生参与，让优秀人才从中脱颖而出。正如欧莱雅公司认为的，跨国公司之间的竞争并非只限于市场，也包括世界顶尖商学院的毕业生。21世纪初，欧莱雅公司凭借着每年吸引3万名学生参与的“全球在线商业策略竞赛”以及“校园企划大赛”这两项活动，在校园招聘领域积累起相当丰富的经验，这类商业竞赛令学生们对欧莱雅公司及整个化妆品行业有了更深入的了解。为了使招聘过程更加人性化，欧莱雅集团选择体育运动这一方式来增加学生对公司的了解，这种做法被证明是卓有成效的。“这是一种与有潜力的应征者交流的新方式，这种方式轻松愉快，能让我们在与商业竞赛或是招聘会完全不同的情况下来了解学生”，欧莱雅公司曾经的战略招聘总监Jean-Claude Le Grand这样评说。

（2）学生直接去企业中实践

邀请学生进入企业中进行社会实践、工作实习或者参观访问等，使学生直接而深入地了解企业，对企业产生兴趣。企业也可以借此了解与观察实习学生的综合素质与能力，进行双向选择。学生参与企业实习实践有诸多好处：一来可以避开校园招聘的人才争夺高峰，将一些优秀毕业生提前纳入人才储备库。二来通过实习，企业能够提前了解应届毕业生的个性特点、价值观及在工作中的实际能力表现，有利于做出准确的录用决定。对于大学生而言，也能通过实习实践充分了解企业，感受行业与岗位的适合性，有利于今后择业方向的正确选择，而且，一旦被正式录用，也能较快地适应岗位。目前国内外很多企业都在实行毕业生实习计划，比如IBM的“蓝色之路”实习生计划，广东移动的“领先100”暑期实习生项目等。

（3）企业设立奖学金制度或与学校联合办学

不少希望建立良好校企关系的企业，在相对专业对口的学校里设立了奖学金制度，用以资助那些学业优秀而生活困难的学生。通常情况下，获得奖学金的优秀学生还可以获得优先进入企业工作的机会，同时，受资助的学生也会对企业心存感激，愿意为企业的发展做出自己的努力，也使学校成为未来员工的培养之地。组织在决定去哪一所大学招聘时，必然会有一定的考虑，比如会考虑该学校在关键技能领域的声望、学校的总体声望、过去从该校中聘用的员工的绩效等。选择招聘学校的决定性因素见表4-4[①]。企业与学校联合办学培养人才的方法，也有不少案例。一般这种联合办学培养的人才在毕业后可全部进入培养企业，企业不仅出资而且提供专业实习基地，这种方式通常适合某些特殊专业的专门人才的培养。

① 杨杰. 有效的招聘［M］. 北京：中国纺织出版社，2003.

表4-4　选择招聘学校的决定性因素

项目	重要性（1—7）*
在关键技能领域的声望	6.5
学校的总体声望	5.8
先前从该校聘用的员工的工作绩效	5.7
学校的地理位置	5.1
先前的录用比例及就职比例	4.6
过去的经验	4.5
潜在招聘对象的数量	4.5
满足公平就业机会要求的可能性	4.3
成本	3.9
对学校教职工的熟悉程度	3.8
SAT和GRE的成绩	3.0
总经理及其他高层管理人员的母校	3.0

注：*7表示重要性高；1表示重要性低。

2. 校园招聘的策略

为使校园招聘获得成效，组织除了要注意了解国家针对大学生在就业方面的一些政策和法规以外，还需要采取一定的策略。一般包括以下工作要点：

（1）选择并培训好招聘人员

校园招聘对招聘人员来说具有很大的挑战。校园招聘与其他招聘方式相比有其特殊之处，因为毕业生们工作经验有限，在资历方面没有多大的差别，而招聘人员又必须在一个较短的时间内，和大量的毕业生进行面谈，甄别难度很大，需要招聘人员具备很高的测评面谈水平。另一方面，招聘人员进入大学进行校园招聘，他们既向应聘者提供企业的有关信息，又为企业创造声誉，成了企业形象的代表，应聘者首先从他们身上感受到该企业的文化与形象品质。因此选择招聘人员并做好对其的培训，就显得非常重要了。

（2）与大学建立良好关系

一般除了与大学的学生工作部门和人事部门建立良好关系之外，与教师或教授的关系也越来越被看重了，“教授计划”是校园招聘的一种新形式。因为，一旦与大学教授建立了良好的关系，一方面，教授可以确认哪些学生是不错人选；另一方面，在与企业管理人员接触之后，在观摩过企业员工的工作之后，教授们可以在授课或各种各样的讲座中传递企业的信息，或者安排企业与大学的合作研究，还可以进一步介绍学生到企业实习或直接介绍学生到企业工作。另外，在校园内设立优秀人才奖学金计划，也是校企建立良好关系的重要方法，企业要获取某个专业的技术人才，就可以在这一专业方向具有优势的学校里奖励那些科研表现突出的学生，获得奖学金的优秀学生将得到优先进入该企业工作的机会。

（3）做好充分的招聘准备

企业要想取得校园招聘的成功，就要做好各项准备工作，包括对自己所在的行业、地区、企业的综合实力有充分的定位，有针对性地在全国范围内选择、锁定若干所学校和专业，保证应聘者的素质，避免不必要的招聘成本。而且，对学生感兴趣的问题要做好准备；校园招聘中，通常学生会有一些共同关心的问题，对这些问题有必要提前考虑好回答的内容，并使所有的招聘人员都能心中有数、统一思想、口径一致。另外，因尚未走入社会的大学生往往会对自己的工作能力有不一定恰当的自我评价，或者对未来的工作有理想化倾向，企业在与学生面谈交流的过程中，可适当注意对其进行一些职业指导，注意纠正一些错误的认识。

3.校园招聘的实施

（1）招聘实施流程

招聘准备阶段。包括确定招聘职位和人数；成立招聘小组；联系招聘学校；准备相关资料。

①确定招聘职位和人数。确定校园招聘的职位、人数，并在此基础上确定去哪些学校招聘，招聘哪些专业的学生。

②成立招聘小组。招聘小组由人力资源部经理甚至主管人力资源的副总负责。招聘小组的主要职责是准备招聘前期资料、制订招聘计划和政策、招聘实施、面试等。

③联系招聘学校。招聘小组根据公司批准的招聘计划、历年各校的毕业生接收情况、本年度各校生源状况和各校往年毕业生在企业的表现等情况，选定相应

的高校，在招聘工作具体实施前，招聘小组将招聘计划发送给各高校的毕业生就业部门，并与学校保持联系。

④准备相关资料。包括制定招聘政策（包括招聘整体实施、招聘纪律、招聘经费等）、明确小组内部分工、准备面试相关的表格、企业宣传资料等。

招聘实施阶段。包括发布招聘信息；收集和筛选应聘资料；测试与面试；录用。

①发布招聘信息。通常招聘信息的发布方式包括以下三种：

在公司网站（包括各子公司网站）和校园网站上刊登招聘信息，介绍公司本年度对应届毕业生的需求、用人标准、招聘程序、人力资源政策以及应聘方式等。

在校园内部张贴海报，宣传企业。

在校园举办招聘推介会，加强毕业生对公司的感性认识，并树立良好的公司形象，吸引潜在的应聘者（在校生）。招聘推介会所用资料，事先公司统一制作，并且在推介会演讲的人员必须事先经过培训。

②收集和筛选应聘资料。对应聘人员的资料进行初审和筛选。这是校园招聘的重要环节，可以迅速从求职者信息库中排除明显不合格者，提高招聘效率。同时，也可将所有求职资料进行记录归档，为之后的分析工作提供素材。招聘人员需要通过多种渠道证实应届毕业生所提供资料的真实性，比如到所在院系核查分数、奖励情况等。

③测试与面试。

校园招聘的测试，强调既要准确有效，又要简便易行，建议采取以下几种测试方式，可根据具体情况选择：

专业知识测试。主要采用笔试方式。招聘小组需在出发之前准备好各专业的测试试卷。

分析问题和解决问题能力测试。主要采用案例分析方式。事先准备一些案例，要求在几分钟以内答完。

性格特点以及沟通协调等能力测试。主要采用无领导小组讨论和面试方式。无领导小组讨论，是一种对应聘者集体面试的方法，在应聘者较多的情况下，最适宜采用这种方法，每一次选5～7人为一组，每组20～30分钟的测试时间。通过让应聘者平等地集体讨论给定的问题，考察每个应试者的综合素质，主要包括：口头表达能力、人际沟通能力、灵活性、适应性、情绪控制力、自信心、合作精神、性格特点等。

校园招聘的面试：大部分职位都需要借助面试测评的方式。面试前要准备好每个职位的面试考察要素、面试题目、评分标准、具体操作步骤等，并且统一培训面试考官，提高评估的公平性，使面试结果更为客观、可靠，使不同应试者的评估结果具有可比性。由于应届毕业生没有工作经验，因此对他们的面试，重点在于考察基本素质，即对潜质进行考察。

④录用：面试合格的人员可以确定为录用对象，根据应届毕业生招聘的相关规定签订协议。签订协议后还需要做好后期跟踪，因为优秀的应届毕业生很有可能也被其他企业所看好。

（2）应届毕业生接收与跟踪引导

应届毕业生接收：人力资源部需要在网站上或者通过其他方式，告知毕业生公司的地理位置、乘车路线；对于外地毕业生，如有可能，可在机场、车站出口设接待点，到企业后，要热情接待，安排好他们的食宿等。同时，尽快安排入职培训，以利于其了解企业，更快地融入其中。

跟踪引导：定期了解应届毕业生的心态，倾听他们的声音，及时给予帮助与引导。不能用对待社会招聘人员的方式对待应届毕业生，他们需要更多的时间熟悉企业与本职工作，需要更多的理解与引导。企业始终要思考的一个问题是"如何让应届生在短期内完成从学校到企业的转变？"因为转变所花的时间越短，企业支付的培养成本越低，应届毕业生也会越快为企业创造价值。

【补充案例】　宝洁公司的校园招聘①

宝洁在用人方面，是外企中最为独特的：与其他外企强调有工作经验不同，宝洁特别青睐刚从大学毕业的学生。由于我国每年7月份才有大量毕业生走出校园，宝洁才不得不吸收少量的非应届毕业生。中国宝洁北京地区人力资源部傅经理介绍说，在中国，宝洁90%的管理人员是从大学应届毕业生中招聘来的。1988年宝洁刚刚进入中国，第二年即开始在高校中招聘应届毕业生。至1998年，宝洁已聘用了1 000名应届大学毕业生（不含中专毕业的技术工人）。1997年报名参加宝洁招聘工作的大学生超过了2.4万人。

为什么宝洁只要应届大学毕业生？傅经理介绍说，宝洁很重视年轻人的职业发展，实行从内部提升的制度。所有的人都是从大学中刚出来，都处在同一起跑线，竞争与升迁的条件是均等的。比如，如果突然给你派来一个有着多年工作经验的上司，实际上等于剥夺了你的升迁机会，我想许多人是不会心情愉快的。另外，许多有工作经验的人被招聘进来，如果还是和应届毕业的大学生享受同样的待遇，许多人也同样不会高兴。因此，我们尽量不要有多年工作经验的人，万不

---

① 彭剑峰．人力资源管理概论［M］．上海：复旦大学出版社，2003.

得已，如果招来了非应届毕业生，他们基本上也会被安排和应届毕业生一样，从基层职位干起。

毕业生只要有能力，便会很快得到升迁。傅经理自己便是一例。他1996年7月从华南理工大学本科毕业，1997年7月即到韶关宝洁公司负责一个项目，10月即开始负责宝洁全国范围的校园招聘工作，1998年8月开始负责包括校园招聘在内的所有招聘工作，10月又调到北京任北京地区人力资源部经理。

每年10月前后，宝洁公司就开始在全国各大学招聘新人了。宝洁一般根据往年招聘的毕业生的情况，有针对性地选择部分重点大学，并以每一个大学为单位，成立一个专门的招聘小组。如2003在北京地区就有北大招聘小组、清华招聘小组、人大招聘小组。在全国类似的小组有10余个，分赴高校集中的北京、上海、天津、杭州、西安、广州等地。而在2002年，招聘小组多达25个。

小组成立后，第一项工作就是在各学校召开“介绍会”，介绍宝洁及其人才观，并发放报名表，要求在一定时间内寄回。公司相关人员“阅表”后，对报名的同学进行第一轮的筛选；通过者由欲招人的部门进行第一轮面试；面试通过后，将进行唯一的一次笔试；笔试通过后，进行第二轮的面试，这次面试结束，基本上就可以确定是否会被录用。如需要，一些部门还将请同学到广州总部去考察，以确认自己的选择。

宝洁最看重大学生什么品质与能力呢？傅经理说，我们整个招聘过程，都特别注意这几点：优秀的合作精神，良好的表达交流能力，出色的分析能力，创造性和领导才能。在宝洁的整个考察过程中，没有一道题是考死记硬背的知识的。笔试主要是考察大学生解决问题的能力，多为智力题。一般说来，这一关的通过率在90%以上。与大多数外企不同，宝洁对应聘大学生的外语没有任何要求。在宝洁公司的招聘宣传册上，各部门对大学生所学专业几乎没有任何限制，学文也行，学理也行，只要能通过考察就行。在宝洁，“学非所用”的人比比皆是。宝洁不盲目追求高学历，在每年的招聘中，被录用的本科生往往占到了总数的70%~80%。

（四）专业机构招聘

外部招聘中组织经常采用的方式就是委托人才招聘机构。专业的人才招聘机构主要是指人力资源服务公司、人才中介服务公司、人才租赁公司、猎头公司等机构组织。我国有大量的职业介绍中介机构。鉴于不少人才中介机构都有自己独特的测验工具和测验体系，有多年的招聘经验，再加上对某一行业领域人才市场的熟悉，他们能为组织提供一些比较权威的、独特的测验分析报告，帮助雇主选拔人员，节省了组织招聘选拔的时间。特别是一些企业如果没有设立专门的人力资源部，可以借助人才中介机构求职者资源丰富而且能提供专业咨询和服务的优势。我国的人才服务机构可分为公共人才服务机构和私营人才服务机构两种类型。

1.公共人才服务机构

相对私营人才服务机构，我国的公共人才服务机构发展得更早也更发达一些。由于在计划经济体制下我国就存在劳动局和人事局的传统分割状态，就业与人才服务也分化为劳动力市场和人才市场，出现了企业招聘“蓝领”去劳动力市场，招聘“白领”去人才市场的分离现象。与发达国家不同，我国的公共人才服务机构在招聘中起着主体作用。全国各经济区域、各省市都有各自的劳动力市场和人才市场，形成了覆盖全面的市场体系。

2.私营人才服务机构

2001年9月19日，国家人事部与工商行政管理总局以第1号令联合发布《人才市场管理规定》，外资被允许有条件地进入中国人才市场。2001年10月16日，劳动和社会保障部、工商行政管理总局联合颁布《中外合资中外合作职业介绍机构设立管理暂行规定》，自2001年12月1日起，我国劳动力市场正式向外资开放。私营的，尤其是外资的人才服务中介机构开始发展，与公共人才服务机构一起，构成我国人才与就业服务的专业机构格局。

在各种人才中介机构中，针对高级人才的专业招聘机构，就是人们常说的“猎头”公司。这种招聘机构特色鲜明：工作效率高、服务费用高。由于我国经济的快速发展，对人才尤其是高端人才的需求量大大超过了人才市场的供给量，因此国内猎头机构业务量也很快提升。就组织而言，选择猎头公司应掌握以下原则：

（1）所选公司应是可靠诚信的。

诚信可靠主要表现为：一方面，猎头公司为能有针对性地搜寻相关人才，需要了解委托方的各方面资信与管理信息，如不能很好地加以保密，没有良好的职业道德，可能给委托企业带来损害；另一方面，猎头公司必须遵守行业内的规定，能有始有终完成整个招聘过程。根据猎头行业规定，一家猎头公司在替前一个客户完成招聘工作的2年内，不得再替新的客户去挖自己给前一位客户招聘的人员。

（2）所选公司应是经验丰富的。

经验丰富表现为：首先，作为寻才顾问，应娴熟掌握有关人事政策，如特殊人才引进办法、高新技术企业专利法等。其次，要有丰富的市场运作经验和专业操作经验，要能准确判断所需人才、应付的薪酬等，甚至能“先知先觉”，比其他竞争者先行一步，对相关人才市场甚至全球的人才市场行情了如指掌，能给客户提供有实用价值的意见和方案。最后，要有良好的人际关系和广泛的社会网络，保证人才选择面的广泛。

（3）了解公司的收费情况和业务直接负责人情况。

猎头公司收费的标准一般在所招聘岗位年薪的25%~35%之间，通常在项目开始时付1/3作为定金，在接近招聘业务的最后期限前30天左右支付另外1/3费用，在完成招聘业务后的60天内再付剩下的1/3费用。如出现意外情况，费用可另行商议。猎头公司在吸引客户的时候往往会派出公司最出色的、有良好业绩记录的猎头来推销自己，实际上，负责为企业进行实际搜寻工作的人非常重要，如果此猎头没有能力去开拓性地寻找合适的人才并将其推荐给客户，整个招聘工作能否完成就成了很大的问题。

（五）网络招聘

网络招聘也称在线招聘或者电子招聘（e-recruiting），它是指利用互联网技术进行的招聘活动，包括招聘信息的发布、简历的在线收集整理、电子面试以及在线测评等。随着企业信息化程度的极大提高和互联网用户的迅猛增长，网络已经成为越来越多企业、人才进行招聘和求职的最重要手段。网络招聘以其招聘范围广、信息量大、可挑选余地大、招聘效率高、效果好、费用低等优势，获得了越来越多组织的认可。

与传统招聘方式比较，网络招聘被认为具有以下优势①：

提高了招聘信息的处理能力：企业利用搜索引擎、自动配比分类装置、自动反馈等技术，可以更快更好地识别、发掘优秀人才。增强了招聘信息的时效性：电子招聘没有时间限制，供需双方可以随时通过传输材料进行交流。降低了招聘成本：电子招聘因无地域、时空限制，供需双方足不出户即可直接交流，节约了人力资源部门的精力、时间和费用。在21世纪初，美国思科公司有60%的员工招聘是通过网络进行的，82%的人员简历是通过互联网收到的，电子招聘使得思科招聘一名员工的费用仅为美国业界的六成。

网络招聘的不足则表现为：由于缺乏面对面的沟通交流，无法深入考察应聘者的综合能力、内在素质、语言表达能力等，还需要之后进行进一步的考察；招聘网站良莠不齐，加上缺乏规范管理和有序竞争，许多网站之间的竞争演化成信息的竞争，一些网站不经授权转载报纸杂志或其他网站的招聘信息，导致公布的

---

① 吴东晓. 电子招聘：网络时代人力资源管理的新变革［J］. 中国人才，2001（6）.

信息失真失效、过时虚假，误导应聘者；网络招聘需要与网络硬件、信息技术关联，在一些发展不平衡地区可能缺乏足够的生存空间。

那么，如何有效地实施网络招聘呢？

1.委托专业的人才网站发布招聘信息

这是用人单位采用的最为广泛的一种招聘方式。众多用人单位会选择在一些大型的专业网站上发布招聘信息。因为专业网站能聚集某一行业的专门人才，在这样的网站发布招聘信息，一方面由于浏览量较大而信息反馈多，另一方面对吸引某一特定专业的人才效果良好。企业可以在人才网站上发布招聘信息，收集求职者简历，查找适用的人才信息。由于人才网站上资料库规模庞大，日访问量高，加上人才网站收费相对较低，所以很多企业往往会同时在几家网站注册。选择人才网站也需进行策略思考，一般要求该网站：功能强大；站在客户角度进行人性化设计；服务细致、反应快速；可提供在线测评、在线培训等服务。例如，美国就业网（www.usajobs.gov）作为提供联邦政府职位和招聘信息的一站式网站，充分利用现代网络技术手段，为求职者和相关机构提供广泛、深入和现代化的公共就业服务。目前，前程无忧、智联招聘等招聘网站是我国专业招聘网站的典型代表。

2.利用商务社交网站、微信、微博、BBS等发布招聘信息

随着企业对社交媒体认可度及使用率的不断提升，21世纪初，以大街网、天际网为代表的新兴商务社交招聘网站在中国得到快速发展。与传统的SNS相比，商务社交招聘平台不仅可以满足用户的社会交往需求，而且能够给用户提供职位信息平台，使求职者与企业雇主在互动过程中即可完成招聘。与传统网络招聘相比，商务社交招聘在时效性、精准度及成功率方面的优势更加明显。全球最大的职业社交网站LinkedIn在2014年2月才推出其中文测试版，宣布正式进入中国市场。天际网、若邻网、人和网、优士网等大小职业社交网站都在试图打破51job、智联招聘、中华英才网这三家传统招聘网站造成的“三分天下”之局。而脉脉、赤兔（LinkedIn中文版）等职场社交APP也在移动互联市场上运营得风生水起，旨在利用大数据和商务社交的方式进一步进行人脉管理。BBS是英语“bulletin board system”的缩写，中文称为电子布告栏，它是Internet上热门的服务项目之一，用户只要通过远端登录的方式，就可享有在远端主机上张贴布告、网上交谈、传送信息等功能。这种方式发布信息的成本几乎为零，但是影响力也有限，并可能不利于体现组织形象，一般适用于小型的公司。

3. 通过公司主页发布招聘信息

当公司建立了自己的网站后，就可以随时发布招聘信息，既可以吸引求职人员来访问，又可以将企业文化、人力资源政策以及更多的公司信息传递给应聘人员，让其了解企业的实际状况，使之有针对性地选择应聘岗位。

人力资源部门进行网络招聘所要具备的条件为：

• 准备好发布招聘信息的配置，如搜索引擎、公司主页等；

• 在合法的网页上刊登岗位需求信息和工作说明书；

• 设置自动配比功能，使自荐表在被阅读前按要求分类；

• 开发事后处理功能，将所有应聘信息分门别类地存储到数据库中，并提供关键字查找功能；

• 配备互联网管理软件，处理其他相关招聘功能。

4. 其他基于网络的新兴招聘方式

随着互联网的普及，尤其是智能终端设备的普及，传统的招聘信息发布方式受到了极大的挑战。各种基于高新技术的招聘广告信息化发布方式层出不穷，招聘手段不断出新：

• 借助新媒体的传播

联合国教科文组织对新媒体的定义："以数字技术为基础，以网络为载体进行信息传播的媒介。"新媒体是相对于报刊、广播、电视等传统媒体，后发展起来的媒体形态，是利用数字技术、网络技术、移动技术，通过互联网、无线通信网、有线网络等渠道，以及电脑、手机、数字电视机等终端，向用户提供信息和娱乐的传播形态和媒体形态。新媒体是能对大众同时提供个性化的内容的媒体，是将传播者和接受者融会成对等的交流者、而无数的交流者相互间可以同时进行个性化交流的媒体。新媒体广告则是指建立在数字化技术平台上的，区别于传统媒体的，具有多种传播形式与内容形态的，并且可以不断更新的全新媒体介质的广告，是打破了广告投放规模资金的定式，大大降低广告投放门槛，还能精准地针对目标群体给出符合特别需求的广告。基于海量的用户群体的资料收集以及强大的数据分析，互联网可以智能地实现传统媒体根本无法想象的精确到个人的个性化广告，通过对用户搜索历史和浏览记录的综合分析，智能地向他提供其可能会感兴趣的广告信息。新媒体不仅可以传播一般商业广告，也被用于传播招聘广告。目前新媒体的招聘广告，通过微博、微信公众号、QQ等渠道不断发布，为我们所熟悉。

以微信公众号为例，微信公众号是开发者或商家在微信公众平台上申请的应用账号，利用公众平台账号进行自媒体活动。简单来说就是进行一对多的媒体性活动，如商家通过申请微信公众服务号，进行二次开发，展示商家微官网、微会员、微推送、微支付、微活动、微报名、微分享、微名片等，形成了一种主流的线上线下微信互动营销方式。在招聘广告发布中，招聘企业可借助公众号，在微信平台上实现和特定群体的文字、图片、语音、视频的全方位沟通、互动，形成一种主流的线上互动招聘信息推广方式。

- 二维码的应用

二维码，又称二维条形码，它是用某种特定的几何图形按一定规律在平面（二维方向上）分布的黑白相间的图形记录数据符号信息，在代码编制上巧妙利用构成计算机内部逻辑基础的“0”“1”比特流的概念，使用若干个与二进制相对应的几何形体来表示数值信息，通过图像输入设备或光电扫描设备自动识读，以实现信息自动处理。基于二维码的信息识别技术在招聘广告发布中得到应用，企业将招聘信息生成二维码，在网上发布或在招聘会现场展示，求职者可以使用智能手机轻松扫描二维码，相关企业招聘信息就直接显示在手机上，求职者就可通过手机方便快捷又能详细地了解公司简介、招聘岗位、任职要求、工作职责、薪酬福利、联系方式等，并经由客户端投递简历。

- H5

H5是指“HTML”的第5个版本，而“HTML”，则是指描述网页的标准语言。因此，HTML5，是第5个版本的“描述网页的标准语言”，即超文本标记语言修订版5，是万维网内容的结构和表示的标记语言，通俗讲就是一种编程语言。H5在应用中表现为：在智能手机播放Flash的移动端上呈现，可以达到Flash效果（如各种动画、互动），用于广告、营销，生成具有酷炫效果的网页。由于微信的迅速崛起，H5语言编写的界面和微信浏览界面比较兼容，故H5借助微信也越来越火。H5是个多感官体验的工具，用户不仅能感受图片和文字，还能够听音乐、看视频，经过开发还可以支持3D重力感应，像摇一摇、VR等效果可以全方位被调动，给用户一种非常惊喜的体验。H5用于企业招聘的作用一般有三种：一是吸引用户主动分享，帮助企业快速吸引受众。H5中会带有企业的品牌信息，比如产品信息、企业公众号、企业文化等，将带有这些内容的H5页面制作成微传单以后，在移动端的每次转发和分享，就等同于对企业信息的宣传，可以帮助企业轻松抓住受众的眼球。二是提高企业的曝光率。H5页面在传播性上，相对传统的文字和图片来说，往往会因为它的形式更加新颖，并具有互动的特点，使得传播分享的概率大大的提升；特别是配合H5页面制作工具点击跳转功能，用户在H5页面里点击职位等信息，就能跳转到相应的链接页面，以此方式可以提高企业招聘信息在移动端的曝光率。三是增强用户的活跃度和黏性。H5宣传页面的链接，可以放到企业的公众号栏目中，这样用户只要在公众号相应的栏目中就可以快速浏览到企业H5宣传页面，在增加企业公众号特色的同时，还可增强用户的活跃度以及黏性。

总之，网络招聘并不仅仅是将传统的招聘业务搬到网上而已，它是互动的、无地域限制的、具备远程服务功能的一种全新的招聘渠道。尤其是随着数字化、人工智能技术的发展，网络招聘不仅成为人才招聘的主要方式，更发展出了令人眼花缭乱的新形式，我们在接受、应用、创新这些渠道的同时，需要不断地加以规范和完善。

【补充案例】　　花样寻才①

从《赢在中国》、《绝对挑战》到《职来职往》、《非你莫属》，各类招聘节目相继亮相中国电视荧屏，引起了社会各界的广泛反响。电视招聘这种新颖的求职方式受到了越来越多的人的关注，参与其中的人也在不断增加，电视招聘类节目的收视率也节节攀升，引人注目。从传统的面试招聘到报纸招聘、网络招聘，再到电视招聘，可见求职找工作已经成为人们关注的热点。在现在社会的就业形势与就业压力的背景下，电视招聘类节目盛行这一现象似乎引发了人们对招聘的不少思考，我们不妨一起来看看这些寻才新招式呈现的前因后果。

火爆的电视招聘

电视招聘类节目从2010年年初亮相以来日益火爆，一夜之间遍地开花，有天津卫视的《非你莫属》、江苏卫视和中国教育台的《职来职往》、宁夏卫视和第一财经的《中国职场好榜样》等。

以收视不俗的《职来职往》为例，节目中播放的视频“简历”展示了求职者的职业理想和人生经历，有故事、有情感。而舞台上面试官与求职者“18对1皆站立”的新模式，不仅打破了面试官高高在上、绝对权威的传统局面，也在视觉上更刺激，在话题上更容易产生碰撞。在双方思想言论交锋的过程中，社会热点话题和不同的价值观会逐一展现出来。可以说，《职来职往》是一个观点汇集的平台。此外，电视求职类节目现场展示的职场真人秀、模拟面试也吸引了观众的眼球，让人们感受到求职是一个既严肃又不乏关怀的过程。节目中，企业高管大多以对求职者负责的态度，进行点评和提出建议，同时又对求职成功者进行鼓励，对失败者进行安慰。在节目中，理性与感性的光辉在闪耀，对人关怀与尊重的文化理念在蔓延。但是，也有人对求职者是来求职的还是来作秀的提出质疑。确实有部分求职者在节目中行为语言的表现让我们对其求职的目的性持怀疑态

① 佚名．花样寻才［EB/OL］．（2011-11-10）．http：//www.taoke.com/article/42785.htm.

度。另外，节目中有时会出现高管们由于观点不同激烈争论形成口水战的情况。因此，通过大众媒体播出的节目，还应注意其细节问题，避免向受众传达错误观念。一位业内人士认为，电视招聘类节目想走得长远，应该摒除作秀成分，实实在在地为供需双方牵线搭桥。

异军突起的微博招聘

微博以140字以内的文字更新信息，并实现即时分享，已发展成为全民无障碍的沟通平台，它的及时性、互动性、实名性，使它拥有了越来越多的使用人群，宣传覆盖面几乎无人能及。随着越来越多企业的跟进，微博招聘成为招聘的新亮点。像宝洁、IBM、盛大等知名企业的官方微博拥有一大批年轻的拥趸，一旦发布招聘信息，即吸引成百上千人关注。像阿里巴巴、中国平安、创新工场等企业，还直接开通了用于招聘的官方微博。很多大型企业都在微博上发布过相关招聘信息，很多招聘网站也通过微博，不断更新招聘信息。微博已经成为众多人群求职的“常规平台”，在搜索栏中输入“求职招聘”一词，会显示上万条相关微博。诸如曾经畅销的《面霸秘诀》类书籍、广为流传的“勇闯世界五百强”的精华帖子，都成为微博上的经典段子。什么企业喜欢什么样的应聘者，怎样才能提高应聘成功概率的微博，都被微博求职者们广泛关注和转发。这么好的招人方式也引起HR们的重视，越来越多的企业HR开通微博，简短又集中地发布企业的最新动态、招聘信息等，向目标人群准确而快速地传递相关信息。这既可对外传播企业文化，又可让求职者了解企业人才需求，也不失为新型寻才方式之一。

无处不在的QQ群招聘

在中国，几乎无人不爱憨厚的企鹅；在网络用户中，几乎没有人不用QQ。据相关数据显示，2010年腾讯QQ有活跃用户2.9亿人。虽然用户群庞大，但尚未完全发挥其在招聘方面的作用。尽管许多个人、企业注重QQ的宣传作用，如建起企业QQ群、客户QQ群、会员QQ群等，但建立QQ群用来招聘还只是小范围的。QQ群里互发用工信息和求职信，“投石问路”后如一拍即合，则进行电话面试或视频面试；假如相“见”甚欢，接下来就可以在线下招聘会上洽谈签约。用QQ群招聘圈子招人掀起过一股招聘新潮流。“珠三角招聘联盟”就是由多名企业的HR自发组建的招聘QQ群，HR们会交流用工需求和招工信息，也会推荐人才的求职信息。一旦有应聘者加入QQ群，HR将直接与他们在QQ群里交流，其他企业的HR都可在网上了解交流情况，应聘者适合什么工作，各家用人单位一目了然，也可各取所需再进一步沟通。

灵活的社交网络招聘

在人脉才是王道的大环境下，人脉储备量的丰富与否成为职场新规则的必要保证。而以社交网站为依托的交际圈正被看好，又因其就业信息等内容的传播是在现实的人际关系的基础上构建的，所以利用社交网络招聘可以提高企业招聘的成功率。社交网站作为开放式的互动社区，不但把公司HR和求职人员从简历的海洋中解救出来，而且同时让双方都能得到更准确、全面的信息，解决了企业HR与应聘者之间单向沟通以及效率不足的问题，为供求双方深度交流架起多维度通道。如湖北某大学的毕业生梁雁冰顺利拿到了几个面试通知，她就是在“人人网”招聘页面添加了对宝洁、玛氏等的关注，这些企业一有招聘信息，该网站便会以站内信的形式通知她。与那些四处奔走找工作的同学相比，梁雁冰无疑“快人一步”走在前头。

第三节　招聘渠道的策略选择

一、内部招聘与外部招聘的模式比较

各组织的招聘实践表明，组织应按招聘计划中职位数量和资格要求，根据对成本效益的计算，来选择一种或几种招聘渠道和相应的招聘方法。

在组织招聘实践中，无论是内部招聘还是外部招聘，两种途径都有其一定的优势和劣势，我们通过掌握它们之间的特点，进行具体情况具体分析，灵活选择、有效应用。表4-5[①]概括了这两种途径的优劣势。

表4-5　内外部招聘优劣势比较

	内部招聘	外部招聘
优势	组织对候选人的能力有清晰的认识； 候选人了解工作要求和组织； 奖励高绩效、有利于鼓舞员工士气； 组织仅仅需要在基本水平上雇用； 更低的成本	更大的候选人蓄水池； 会把新的技能和想法带入组织； 比培训内部员工成本低； 降低徇私的可能性； 激励老员工保持竞争力，发展技能
劣势	会导致“近亲繁殖”； 会导致为了提升的“政治性行为”； 需要有效的培训和评估系统； 可能会因操作不公或心理因素导致内部矛盾	增加与招聘和甄选相关的难度和风险； 需要更长的培训和适应阶段； 内部的员工可能感到自己被忽视； 新的候选人可能并不适合企业文化； 增加搜寻成本等

① MATER. Human Resources Guide［M］. New York：the global law firm，2002：198.

（一）内部招聘的优缺点

内部招聘的优点主要表现为：首先，为组织内部员工提供了发展的机会，增加了组织对内部员工的信任感，这有利于稳定、激励内部员工，调动员工的积极性，提升内部员工的工作积极性和绩效水平。其次，可为组织节约大量的费用，如广告费、招聘人员与应聘人员的差旅费、被录用人员的生活安置费与培训费等。再次，简化了招聘程序，为组织节约了时间，省去了许多不必要的培训项目（如职前培训、基本技能培训），减少了组织因职位空缺而造成的间接损失（如岗位闲置等待、效率降低等）。最后，它能够使组织获得大量非常了解组织的应聘者，同时组织对内部员工也有较为充分的了解，使得被选择的人员也更加可靠，有利于保持企业内部的稳定性，尽量避免了识人用人的失误。而且，对于那些刚进入组织时被迫从事自己不感兴趣的工作的人来说，内部招聘提供了较好的机遇，使他们有可能选择到感兴趣的工作，进一步提高了招聘质量。

内部招聘的缺点主要表现为：首先，由于人员选择面的狭小，往往不能满足组织发展的需要，尤其是当组织处于创业初期或快速发展时期，或是需要特殊人才（如高级技术人员、高级管理人员）时，仅仅依靠挖掘内部人才资源显然是不够的，必须借助于组织外的劳动力市场，采用外部招聘的方式来获得所需的人员。其次，内部招聘可能使被拒绝的申请者感到不公平、失望而影响工作的积极性和创造性。再次，如果长期使用内部招聘，会导致组织内部近亲繁殖，管理理念和管理风格缺乏差异性和缺少创新意识，影响组织的活力和竞争力。最后，内部招聘有可能在一定程度上造成内部部门之间的矛盾。比如，当一名优秀的员工受到多个部门欢迎的时候，由于有的部门经理比较受员工认可，员工会倾向于进入该部门，或者由于职位之间待遇上的差异，员工会选择薪资高的职位等。因此，内部招聘可能使部门间产生一定的矛盾。

（二）外部招聘的优缺点

外部招聘的优点主要表现在：首先，外部招聘挑选的余地大，能招聘到更优秀的人才，而且是一些稀缺的复合型人才，从而可以节省内部培养和培训的费用。其次，新员工会带来新观点、新方法、新思路，从而给组织带来更多的创新机会。新员工加入组织，与组织内部的人员没有各种复杂的关系，可以放手工作。再次，外聘人才可以在无形中给组织原有员工施加压力，形成危机意识，激发斗志和潜能，从而产生“鲶鱼效应”，通过良性竞争而共同进步。另外，外部招聘可以缓和、平息内部竞争者之间的紧张关系。组织内部可能会出现同时有几个人员基本符合某一空缺职位要求的情况，不良的竞争会导致钩心斗角，影响正常工作。而外部招聘可以使竞争者得到某种心理平衡，从而缓解他们之间的矛盾。最后，外部招聘也是一种很有效的信息交流方式，组织可借此树立良好的社会形象。

外部招聘的缺点主要表现为：首先，由于信息不对称，往往造成筛选难度大、成本高，可能出现被聘者的实际能力与招聘时的评价不符合的现象；其次，部分外聘员工需要花费较长的时间进行培训和定位，可能挫伤内部有上进心、事业心的员工的积极性，或者引发外聘人才与内部人员之间的冲突；再次，外聘人才需要一定时间才能适应新的组织文化，并可能出现“水土不服”的现象；最后，外聘人才可能使组织沦为外聘员工的“中转站”。

二、不同职位类别的招聘渠道选择

在招聘管理实践中，组织招聘可以有多种渠道进行选择，如何以合理的成本吸引到足够数量的高质量的工作申请人，需要组织进行分析并不断总结经验。研究证明，内部招聘与外部招聘相结合使用会产生最佳的结果。如何结合以及结合的力度取决于组织战略、职位类别以及组织在劳动力市场上的相对位置等因素。

美国人力资源管理学界的一个主流看法是：招聘专业技术人员的最有效的三个途径依次是员工推荐、广告和就业服务机构。招聘管理人员的最有效的三个途径依次是：员工推荐、猎头公司和广告。研究人员还认为，对于需要保持相对稳定的组织中层管理人员，更适合从组织内部进行提拔，而高层管理人员在需要引入新的管理风格、面临新的竞争格局时，可以考虑从外部引入合适的人员。不同的工作岗位应该有不同的招聘来源。在20世纪80年代末，美国曾经公布过一个包含245个样本组织的调查结果，显示了这些组织对不同的招聘来源的有效性的评价，见表4-6[①]。对于行政办公人员，被认为最有效的招聘渠道依次是报纸招聘、内部晋升、自荐、员工推荐和政府就业服务机构。对于生产作业人员，被认为最有效的招聘渠道依次是：报纸招聘、自荐、内部晋升、员工推荐和政府就业服务机构。对于专业技术人员，被认为最有效的招聘渠道依次是：报纸招聘、内部晋升、校园招聘、员工推荐和自荐。对于获取佣金的销售人员，被认为最有效的招聘渠道依次是：报纸招聘、员工推荐、内部晋升、私人就业服务机构和自荐。对于经理人员，被认为最有效的招聘渠道依次是：内部晋升、报纸招聘、私人就业服务机构、猎头公司和员工推荐。值得注意的是，各个组织对招聘来源的选择和使用与它们的有效性评价存在着很大程

① MILKOVICH，BOUDREAU. Human Resource Management [M]. Homewood：Richard D. Irwin，1994：292.

度上的不一致。例如，对于行政办公人员和生产作业人员，被认为最有效的招聘方法是报纸招聘，但是分别只有84%和77%的组织采用这种方法；对于获取佣金的销售人员，被认为最无效的招聘渠道是自荐，却有52%的组织采用这种方式；对于经理人员，被认为最无效的招聘渠道是员工推荐，但是仍然有64%的组织采用这种方式。只有专业技术人员的招聘渠道的使用频率与有效性的评价次序是一致的。

表4-6　　不同职位采用不同招聘渠道的匹配度

有效性	行政办公	生产作业	专业技术	佣金销售	经理
第一	报纸招聘（84%）	报纸招聘（77%）	报纸招聘（94%）	报纸招聘（84%）	内部晋升（95%）
第二	内部晋升（94%）	自荐（87%）	内部晋升（89%）	员工推荐（76%）	报纸招聘（85%）
第三	自荐（86%）	内部晋升（86%）	校园招聘（81%）	内部晋升（75%）	私人就业服务机构（60%）
第四	员工推荐（87%）	员工推荐（83%）	员工推荐（78%）	私人就业服务机构（44%）	猎头公司（63%）
第五	政府就业服务机构（66%）	政府就业服务机构（68%）	自荐（64%）	自荐（52%）	员工推荐（64%）

注释：括号内的数字是调查样本组织中采取该种招聘渠道的百分比。

三、企业不同发展阶段、不同文化下的招聘渠道选择

组织不同的发展时期可以选择不同的招聘渠道。在企业的初创期，特别需要有能力又有经验的人才加盟，然而现场招聘这样的人员几乎没有可能性，因为有技能、有经验的人才往往已经有稳定的职位，不大会有空闲时间去参加现场招聘会，但有可能通过网络投放简历，所以企业可以采用网络招聘的方式去寻找。初创时期，由于企业规模较小、员工人数有限，一些企业在此阶段会更多从外部进行招聘以补充大量的空缺，尤其是基层的很多岗位。但对于管理人员和技术人员，此时可采用内部招聘，根据不同员工的表现给予内部晋升、工作轮换、返聘等。对于成长期的企业，由于企业规模日益壮大，对新员工的需求量逐渐增加，内部劳动力市场满足不了企业的发展需要，需求和供给的矛盾会比较突出，需要

较多采用外部招聘的方法，因为这样一方面可以满足本企业对人才的需求，另一方面也借此展开企业形象宣传。此外，成长期企业如果需要中高层管理人才的话，可能更适合通过猎头公司给予解决。

另外，不同企业文化和经营风格也会倾向于不同的招聘渠道和方法。正如通用电气公司数十年来一直采用从内部选拔CEO，日本企业的管理特色之一是内部提拔，而IBM、HP等公司的CEO则更多选择“空降”。还有一些企业根据自己的发展战略和偏好，从应届大学毕业生中招聘人员，看中的是大学生们具备年轻人特有的开拓创新、不惧困难的精神，尽管企业需要花费很大的精力和财力去培训这些新手。另一些企业在一定阶段更希望从外部企业，通常是竞争对手那里招聘有相应工作经验的并有社会关系网络的熟练型人才，招聘后不需要重新培训即可使用。

许多人曾研究过采用不同方式和来源的招聘效果，然而结论却很不相同，比如，戴克和和柯里留斯（Decker & Cornelius）1979年的一项研究显示，通过非正式渠道（如员工推荐）所招聘的员工的离职率要比通过正式渠道（如广告招聘）的低。而斯沃夫等人（Swaroff，Bass & Barclay）1983年的研究则显示，通过正式和非正式渠道所招聘的员工在任期长短或绩效上并不存在差异。由于影响招聘效果的因素是多方面且是动态变化的，因此，一般意义上我们不能绝对肯定地评价哪种渠道或方式更合适，重要的是组织应根据自已的战略、经营环境、竞争态势等实际情况和组织文化取向等，进行综合分析，最终决定招聘渠道和方式的选择。

盖莉·维因斯坦是巴特勒家庭用品公司人力资源部的主任，他曾经为该公司制订了一个人力资源的长期计划。他认为，各种各样的具有创新性的招聘方法必须结合起来利用才有可能招聘到不可或缺的雇员。下面便是这个家庭用品公司所使用的各种方法中的一些：

- 推荐介绍员工奖金；
- 签约奖金；
- 在招聘网站发布广告；
- 在电视上发布广告；
- 与代人求职公司合作；
- 招聘求职会；
- 在地区报纸上发布广告；
- 为当地大学和中学制订实习计划；
- 接触规模在缩小的公司。

重要概念

内部招聘　外部招聘　内部晋升　内部竞聘　职位公告　员工举荐　人才市场　广告招聘　校园招聘　网络招聘

复习思考

1. 内部招聘的原则是什么？
2. 内部招聘的方法主要有哪些？
3. 内部招聘的优点和缺点是什么？
4. 外部招聘的原则是什么？
5. 外部招聘的方法主要有哪些？
6. 如何才能更好地开展校园招聘工作？
7. 外部招聘的优点和缺点是什么？
8. 简述招聘渠道选择的基本策略。

第五章

招聘成本与投资收益

【开篇案例】

西安××计算机销售公司的招聘成本①

西安××计算机销售公司是一家中外合资企业，注册资金1 000万元，年销售额约12亿元。2000会计年度计划增加编制18人，已有员工跳槽5人，实际招聘23人。全年用于人才网站、报纸广告、招聘会等的信息发布费及资料费共9万元，为显性成本，其余开支为隐性成本。根据统计，全年共参加人才招聘会3次，会务费4 500元，收集求职资料510份，平均每份资料成本8.9元；在报纸上发布广告3次，费用84 000元，收集资料700份，每份资料成本120元；人才网站费用1 500元，收集资料280份，每份资料成本约5.3元。累计收集资料1 490份。经过资料筛选，参加面试的情况见表5-1。

表5-1 **西安××公司招聘面试结构时间表**

项目	初试	复试	终试
公司参加人员	人事专员、用人部门经理	人事专员、人事经理、副总经理	人事专员、人事经理、总经理
人次	460	120	46
通信费每人次（元）	1	1	1
资料费每人次（元）	1	1	1
资料浏览及准备时间（分钟）	5	5	5
平均面试时间（分钟）	15	20	30
合计时间（小时）	153	50	27

① 陈关聚，冯宗宪. IT企业新员工获得成本研究：模型与实例［J］. 经济理论与经济管理，2001（8）.

经过三轮考察，先后上岗试用新员工32人，试用期内流失9人。

公司对于求职资料的筛选由人事专员完成，每份资料用时约10分钟，人事专员每小时工资为14元。公司参加面试人员的小时工资为：部门经理20元，副总经理55元，总经理80元。公司专用招聘面试会议室，面积20平方米，租金每月540元，设备折旧忽略不计。上岗试用的新员工体检费每人150元。另外公司还对新员工进行严格的培训，新员工必须接受为期一天的岗前培训和在北京总部举行的为期一周的企业文化培训。新员工试用期小时工资10元，培训讲师工资每小时20元（每天培训时间按8小时工作时间计算），内部培训场地费用忽略不计，在北京住宿费每人每天80元，餐饮费用每人每天50元，交通费用600元，资料费50元。

案例思考：

1.该公司在这样的大规模招聘下，企业付出了怎样的招聘成本？

2.组织如何测算招聘成本的构成与招聘的收益？收益与成本之间如何才能匹配呢？

第一节 有效招聘概述

一、有效招聘含义

对招聘活动进行价值核算和评估已经成为招聘程序中一个必不可少的管理环节。

招聘的有效性，一方面是指招聘的结果是否能够满足组织对于人力资源数量的要求；另一方面则指招聘的质量，特别是招录的新员工素质及其上岗后的工作表现是否很好地达到了组织的用人标准。在过去的组织招聘过程中，对于普通员工的招聘往往侧重于前者，而对于知识型员工、管理人员的招聘，则强调后者。实际上，有效招聘的关键是招聘录用人员的质量。因此，有效招聘是指组织从“人”和“事”两个方面出发，依据人事（人职）匹配的原则，想方设法地挑选出最合适的人来担任某一职务，促使上岗人员的个人特征与工作职位特征有机地结合起来，以取得理想的人力资源管理效果。

有效招聘可以保证组织招来真正需要的人才，不断地增强员工队伍的稳定性和组织的竞争力，同时也减少了组织因为人员流动频繁而带来的损失，而且还可以有效地防止人才的流失。有效招聘可以使组织获得优秀员工和高级管理人才，有效地提高组织的人力资源素质，为其进一步发展壮大打下良好的基础。

有效招聘是做好组织人力资源管理工作的前提。如果新聘员工选择不当，发展潜力不足，可培养性差或者使用价值小，那么人力成本高于人力价格，组织就需要对新员工花费更多的费用和时间培训。如果招聘出现失误，则会造成更为严重的损失，招聘费用就相当于员工的重置成本，直接影响人力资源管理的有效性，增加人力资源管理的成本，尤其是机会成本。有效招聘是一个组织活力和生命力乃至发展状况的象征。成功招聘可以使更多的应聘者了解本单位，并且影响他们决定是否加入本单位。因此，通过有效的招聘，组织可以借机扩大知名度和美誉度，并塑造良好的组织形象。

有效招聘可以调剂社会劳动力的余缺，并且使劳动者与组织空缺职位相匹配，做到人尽其才；有效招聘还属于人力资本投资的内容，可以提高组织人力投资的收益，既有利于个人，又有利于社会。对于个人来说，人力资本投资能够增加个人收入；对于社会来说，人力资本投资具有正向的外部效应，可以提高社会生产率，扩大总产出。同时有效招聘还为组织开展其他人力资源管理工作（如培训教育、薪酬管理、绩效评估、福利管理和组织变革等）做出显著的贡献，最终提高人力资源管理对组织目标和工作绩效的贡献度。

伴随着劳动力市场的日益开放，社会人力资源流动频率加快，人才竞争日趋激烈，组织的人力资源招聘工作也面临着更大的挑战，因此组织对于人力资源招聘工作业绩的量化和价值化评估的现实需要也日趋迫切。当然，构建一套系统的招聘考核指标体系是一个复杂的工作。而从宏观上讲，评价招聘工作是否成功，可以从准确性、可靠性、客观性和全面性四个方面进行把握。

所谓准确性，是指招聘测试内容的正确性、合理性以及其与工作性质相吻合的程度，这取决于负责招聘的人员是否真正了解空缺职位的要求。例如，如果要招聘高级会计师，就需要在专业技能测试中着重于会计、统计、金融、资产评估、会计法规等方面的知识内容，否则，就会使测评失去意义。

所谓可靠性，是指评判结果能在多大程度上客观反映申请者的实际情况。

所谓客观性，包括两个方面的要求：一是招聘者不受主观因素（个人偏好、价值观、感情）的影响；二是申请者不因其所处的社会地位、种族、宗教、党派、性别、容貌等因素受到不公正的待遇。

所谓全面性，是指测评内容是否具有完整性，能否全面反映胜任该职位所必需的技能。例如，如果招聘一名医药业务代表，测评的科目就不能仅仅局限于医药专业知识一个方面，还应该包括社交能力、沟通能力和推销技巧等科目。

下面简单介绍一些有效招聘的效果评价指标。

（1）数量指标——判断空缺职位是否得到满足的指标。这类指标并不能完全反映招聘的最终效果，但是比较容易评价，而且也能够在一定程度上直观地反映某次招聘所获得人力资源在数量上是否及时地满足了组织对于人力资源的实际需求。最为常用的是如下三个指标：

应聘比率=应聘人员数量÷人员招聘需求数量×100%

录用比率=实际雇用人员数量÷应聘人员数量×100%

有效录用比率=实际雇用人员数量÷人员招聘需求数量×100%=录用比率×应聘比率

（2）质量指标——衡量招聘效果的最有效指标，但是获取相对不易。主要依据人事（人职）匹配率或者P-J、P-O合适度与空缺职位填补的及时性来考察，也可以根据工作分析与录用标准对录用的人员进行等级排列来评估，还可以用合格的应聘者与不合格的应聘者之比率来进行衡量。

（3）效率指标——通常运用平均单位招聘成本水平与平均单位招聘收益水平分析以及时间价值分析来考察。不过招聘收益往往不易衡量，所以招聘成本评估是确定招聘效率的一个重要指标，如果招聘成本低，录用人员质量高，就意味着招聘效率高；如果招聘预算总经费不变，录用人数越多，则意味着单位招聘成本越低。

单位招聘成本=招聘总经费（元）÷录用人数（人）

招聘总经费一般包括招聘人员的人事费用、业务费用和其他开支。

（4）离职率等其他相关指标。这一类指标从另一角度反映了招聘的有效性，而且还为组织对于未来的人力资源需求预测提供了分析依据。员工离职率越高，则企业吸引保留人力资源的能力越低。

人力损耗指数=在某一年内离职的人数÷在某一年内的平均员工数×100%

人力稳定指数=现时服务满一年及一年以上的员工人数÷一年前雇用的总人数×100%

该公式没有考虑人员的流动。

留任率=在一定服务期间后仍在职的人员数÷原在职人员总数×100%

总结起来，招聘评价指标体系见表5-2[①]。

二、如何提高招聘有效性

（一）把吸引和留住人才作为组织的重要战略

凡是人力资源管理先进的企业，都把招聘作为企业人力资源管理、开发和利用的基础，把招聘作为企业任何时候都不可能缺少的一项专业性极强的工作，并把吸引和留住人才作为组织发展的重要战略来看待。

① MILKOVICH，BOUDREAU.Human Resource Management［M］. Homewood：Richard D.Irwin，1994:311.

表5-2 **招聘评价指标体系**

一般评价指标	1. 补充空缺的数量或者百分比 2. 及时地补充空缺的数量或者百分比 3. 平均每位新员工的招聘成本 4. 业绩优良的新员工的数量或者百分比 5. 留职至少一年以上的新员工的数量或者百分比 6. 对于新工作满意的新员工的数量或者百分比
基于招聘者的评价标准	1. 从事面试的招聘者的数量 2. 被面试者对于面试质量的评级 3. 职业前景介绍的数量和质量等级 4. 推荐的候选人中被录用的比例 5. 推荐的候选人中被录用而且业绩突出的员工的比例 6. 平均每次面试的成本
基于招聘方法的评价标准	1. 引发的申请的数量 2. 引发的合格申请的数量 3. 平均每个申请的成本 4. 从方法实施到接到申请的时间 5. 平均每个被录用的员工的招聘成本 6. 招聘的员工的质量（业绩、出勤等）

首先，要给人力资源部门和人力资源管理部门重新定位。现代企业制度下，人力资源部门已经由纯粹的职能部门上升为战略合作伙伴关系，以协助、建议的方式推动企业战略目标的实现。人力资源经理在战略资源管理、人事政策和规章制度管理、人员调配管理和人员流动管理方面起着重要的作用。总之，人力资源部门及其职业化的人力资源管理团队可以通过执行战略计划、提供有效的管理、提高雇员认同感和建立企业文化来提高企业的价值。

其次，在招聘工作之前制定和实施提高组织在劳动力市场上的吸引力策略，创造一种赢得员工之心的最佳雇主形象。比如提供挑战性和创造性的、能够增强员工能力的工作机会，提供良好的员工培训和开发的条件，拥有声誉卓著的品牌和产品优势，让员工获得国际工作经验，提供员工自我评价和发展的必要信息和工具等。

增强工作职位吸引力。能够增强职位吸引力的因素很多，一般包括工作匹配、薪酬福利、个人发展远景、个人发展机会、组织的发展前途、奖励回报、团队工作关系和责权利标准等因素。

保持诚恳的招聘态度。组织的招聘态度自始至终都将充分体现在招聘活动的各个方面，每个应聘者在求职的过程中都会感受到。例如，在招聘过程中，招聘者能否及时地安排面试，使受聘者觉得自己是否受到重视。又如，如何拒绝应聘者的应征或者善待落选者，也是一个值得重视的问题。

经常进行招聘，而不是在职位空缺出现或者将要出现的时候才来填补。要让业绩不佳者及时离开职位，将有才能的潜在的员工及时招聘进来并且安排到合适的工作岗位上。招聘部门的反应应该迅速，在接到用人需求后在短时间内就能够找到潜在的合适的候选人，这就要求招聘部门建立一个人才资源库以备不时之需。此外，管理层对于本组织是否需要录用新人也应该快速做出决定。

（二）充分做好招聘的准备工作

对于一个组织而言，准备工作的扎实程度是其招聘工作有效与否的决定因素。表5–3所展示的征招模型引入了3项准备工作，并且强调了工作设计、职务分析和人力资源规划对招聘工作的重要性，表中招聘部分的征招、筛选和雇用3项活动之间无法划清界限，3项活动可能同时发生，招聘的准备工作与具体的招聘活动均受到外界环境的影响，因此招聘工作的组织者必须重视外部环境对于招聘活动的制约作用。不过该模型中没有涉及人职匹配和征招后果的内容。

表5–3 **征招模型**

经济状况	劳动力市场	工会组织	法令法规
外部影响			

准备工作	招聘活动
工作设计 职务分析 人力资源规划	征招　筛选　雇用

（三）制订科学的招聘计划和严格的招聘规模以及规范的操作方法

人力资源管理的实践表明，没有翔实的人力资源规划，人力资源的有计划补充和储备就无从谈起。相应地，没有招聘计划和招聘规程，一定导致招聘失误，从而给组织带来巨大的招聘风险。

第一，要遵循“因事设岗，因岗定人”的原则确定组织的编制。解决好“事事有人做”以及做事的人在人才市场的薪酬定位问题，在不突破组织人力成本限额的情况下，在不低于市场价格平均水平的情况下，招聘到适合该岗位并且相对稳定的人才。

第二，要考虑组织的实际工作量需求（最高需求与最低需求）。按照平均经营水平状况来确定人力需求量，并且辅以小时工、季节工等调节手段或者采取兼职、一事一议等形式。

第三，要考虑组织未来发展的需要，即组织必须提前投入培养未来所需的人才。

第四，要制定与组织的使命、经营目标、价值观相匹配的完备的人力资源招聘策略和招聘程序，以及合理区分社会招聘、内部招聘的有效方法。

（四）借助非对称信息理论提高人员招聘录用的有效性

20世纪70年代，3位美国经济学家阿克洛夫、斯宾塞和斯蒂格利茨奠定了关于市场经济的非对称信息理论的基础，并在2001年获得诺贝尔经济学奖。他们认为市场经济的有效运作，需要买者和卖者之间能够充分共享信息，如果信息不对称，就有可能限制市场功能的发挥。

而对于劳动力市场来说，政府与用人单位之间、应聘者（求职者或者就业者）与用人单位之间、组织内部的人力资源部门与其他部门之间、各部门主管与员工之间依然存在着信息不对称的现象，其中又以应聘者与招聘者之间的信息不对称最为严重。因此，招聘新员工可能是最具风险性的工作之一，尤其在学历信号作用日趋弱化的现实条件下，组织需要建立一种能够让具有较高能力者脱颖而出，而相对低能者淘汰出局的招聘选拔机制。总之，信息共享、双向选择是提高招聘有效性的重要前提。

（五）提高招聘方法和招聘工具使用的效度与信度

在招聘选拔的各个环节中，比如面试、人员测评和招聘效果评估等，招聘者选择各种科学的、行之有效的和现代的方法和技术工具，做到定性分析和定量分析相结合，执行既定标准和具体问题分析相结合，能够提高招聘工作的有效性，并降低一些传统做法所带来的主观随意性。招聘方法与招聘效果是直接相关的，“如果你能够倍增遴选方法的预估能力，你就能够倍增自己的财务补偿”，[①]因为甄选的方法信度越高，效度越高，普遍适用性就越强，而在上述三者均保持不变的情况下，特定甄选背景中的特性会对甄选方法本身产生影响。

（六）建立完善的招聘组织体系

经过专业培训的招聘者和用人部门经理参与整个招聘活动是实施有效招聘的人力保障，而组织给予人力资源管理部门以物质资金支持和足够的授权，将使组

① 贝恩，梅佩. 人的优势——通过更好的遴选与业绩改善经营成果［M］. 徐海鸥，译. 北京：经济管理出版社，2001.

织在与其竞争对手进行人才竞争时处于优势地位。

第二节　招聘成本评估

20世纪50年代末，诺贝尔经济学奖得主舒尔茨创立了人力资本理论，已经被人们普遍认识和接受。人力资源和其他实物资源一样都被视为企业的资产，经济学家和管理学家则一直在探索尽可能准确地计算人力资源投入—产出效益的理论框架和科学方法，并且逐步形成了运用会计方法去评估企业的人力资源管理活动的方法——人力资源会计。

一、人力资源成本和价值的量化

（一）人力资源会计概述

按照美国会计学会的定义，人力资源会计（human resource accounting）是指鉴别和计量人力资源的成本和价值的一种会计程序和方法，其目的在于把企业人力资源变化的信息，提供给企业管理层和外界有关人士使用。

在会计中，资产是指由过去的交易或事项形成并由企业拥有或控制的资源，该资源预期会给企业带来经济利益。人力资源则完全符合资产的定义。首先，资产的本质是“预期会给企业带来经济利益”。人力资源无疑能为企业带来经济利益，在知识经济时代，生产的核心要素是知识。经济的发展、企业效益的高低，将取决于人的能力的充分发挥，取决于人力资源的利用程度。其次，作为资产的人力资源是为企业所拥有或者为企业所控制的。当劳动者与企业签订劳动合同建立雇佣关系时，企业通过支付工资等报酬，也就获得了对该人力资源的控制权。最后，资产是在过去发生的交易事项中获得的。当企业聘用某一劳动者时，企业就应向受聘者支付相关费用，这就意味着人力资源已经成为企业的现时资产。因此，可以将人力资源确认为企业的一项资产。

尽管如此，是否将人力资源确认为资产还面临着两个问题：第一，如何理解“控制”的含义以及人力资源带来的未来经济利益是否可以为企业所控制；第二，如何理解“预期”这个限制性的表述。

从法律意义上来说，企业对人力资源所贡献的未来经济利益是缺乏控制的，任何一个企业都不能像控制物品一样，强行限制其员工终身不得离开该企业，所以人力资源能否成为资产就失去了严格的法律依据。但是我们不应该仅仅拘泥于法律或者契约性限制，而应该从经济本质角度进行审视。随着专业化的发展，企业对人力资源所有者投入增加，一方面人力资源价值在增加；另一方面人力资源的专用性也在与日俱增。所谓专用性是指一旦人力资源所有者脱离企业，其人力资源价值将无从体现，或因其对其他主体的非专用性而发生贬值。所以可以认为，随着人力资源专用性的提升，人力资源所有者将会有与企业合作的倾向，这样，人力资源贡献的未来经济利益其实已经为企业所控制。

关于“预期”一词，我们认为，只要事前认为一个项目有价值而且愿意付出代价去进行交换，该项目就符合资产的定义，而不论最终结果是否能够证明其有价值。“预期”一词并不是资产定义的一个必要组成部分。其实任何一项资产，即使是有形资产如存货或固定资产，其给企业带来的未来经济利益都蕴涵着不确定的成分，所以我们同样也不能仅仅因为人力资源带来的未来经济利益具有不确定性，就断然将其排除在会计系统之外。

（二）人力资源会计的计量

1.人力资源成本的计量

人力资源成本是指为取得和开发人力资源而发生的费用支出，包括人力资源的取得成本、使用成本、开发成本和离职成本。人力资源的取得成本是指“取得”一个新员工所必须付出的代价，包括招聘、选拔、雇用和安置成本等；人力资源的使用成本是指在使用员工的过程中发生的支出，包括工资、津贴、奖金、医疗保健费用及社会保险等；人力资源的开发成本是指为提高人力资源的产出能力，提高员工的工作效率而发生的支出或付出的代价，包括岗前指导费、在职培训费和脱产培训费等；人力资源的离职成本是指在解雇某一员工时支付给个人的离职津贴、一定时期的生活费、离职交通费等。目前人力资源成本的计量方法主要有历史成本计量法、重置成本计量法、机会成本计量法。

（1）历史成本计量法。历史成本计量法是以人力资源的取得、开发、安置、遣散等实际支出为依据，并将其予以资本化的计价方法。采用历史成本计量法，要按照划分收益性支出和资本性支出的原则，在各个会计期末将人力资源资本性投资部分确认为人力资源的成本，同时还应该根据人力资源成本的耗用情况，对于已经形成的人力资源成本进行摊销。历史成本计量法具有客观性、可信赖性及可验证性等特点，而且符合传统会计的客观要求，其计量基础易被操作者所接受，从而使得人力资源会计与非人力资源会计的信息具有可比性。但应注意的是，该方法确定的人力资源的历史成本并不能代表人力资源的实际经济价值，同时人力资源的增值或摊销与人力资源的实际生产能力的增减也不一致，从而使得信息使用者根据会计报表上的数据分析人力资源时，与实际价值产生偏差。例如，一个新员工，通过长期的培训和多年工作经验的积累会成为一个更优秀的员工。另外，其也与传统会计对物质投资可取得所有权不同，投资的结果仅是取得人力资源使用权，而不是获得人力资源所有权。

（2）重置成本计量法。重置成本计量法是假定在当前的市场条件下，重新取得、开发与现有人力资源状况相当的员工所发生的支出并予以资本化的方法。人力资源的重置成本分为两种情况：一种是指重新配备一名能够胜任某一职务的员工现在必须花费的代价，亦称职务重置成本；另一种是指重新配备现有员工必须与原有员工在能力、觉悟、个性及估计在职年限等方面相同或相似所付出的代价，称为个人重置成本。该方法的主要优点是可以反映人力资源的实际经济价值，而且数据比较容易估计。但是，由于重置成本计量法对人力资源价值的预计带有较强的主观性，对其准确预计是很困难的，因而缺乏可信度。所以，这种方法仅适用于对人力资源的预测和决策。

（3）机会成本计量法。机会成本计量法是以员工离职或离岗使某个组织所蒙受的经济损失作为人力资源成本的计价依据。这种方法确定的机会成本比较接近于人力资源的实际经济价值，便于正确核算人力资源成本。但是，机会成本法与传统会计模式相距较远，因而会导致工作量繁重。这种方法适用于员工素质较高、流动性较大且机会成本易于获得的企业，如律师事务所、会计师事务所等。

2. 人力资源价值的计量

人力资源价值是人力资源所具有的经济价值，它反映了人力资源的创利能力和质量状况。人力资源价值的计量主要有两种模式：个人价值模式和群体价值模式。人力资源价值的计量既要反映群体的经济价值，又要体现个人的经济价值，两者互为补充。

（1）人力资源个人价值的计量方法。

①未来薪金资本化法——将企业职工从现在到退休为止预计所获得的个人薪金所得，按一定的折现率折为现值，并分别加总求得人力资源价值的一种方法。这种方法把未来薪金所得作为计量基础，比较容易，但未来薪金报酬、职工的实际有效使用年限均需估计，同时也忽略了职工的调动、晋升、辞职等因素，因此可能会高估或低估人力资源的价值，影响其准确性。

②内部竞标法——认为人力资源的价值可以通过各部分、各利润中心的经理投标竞价来确定。对某员工的最高竞价也就是该员工的价值。这种方法将市场竞争机制引入企业的人力资源配置工作中，可以实现对稀有人才的最佳配置，但忽略了对一般员工的价值计量，如果员工不参加竞价，就不能反映其价值。

③随机报酬法——认为职工在未来时期所处的状态是不确定的，可能升职、调离、退休、死亡等，职工状态是一个随机过程，通过计算个人价值的期望值，将其折现为人力资源的价值。这种方法既考虑了职工在组织内的流动，又考虑了职工离职的可能性，数据计算比较客观，用其估计人力资源价值容易被接受，是

一种值得借鉴的方法。

（2）人力资源群体价值的计量方法。

①商誉法——人力资源价值可以用企业超过本行业正常盈利的资本化收益来估计。其具体计量模式是：把企业过去若干年的超额利润列为“商誉”，并把商誉按人力资源投资占总资源投资的比例摊配额作为人力资源的价值。这种方法只考虑了超过同行业正常水平的人力资源价值，而且按此推理，没有获得超额收益的企业就没有人力资源价值或为负数。显然，这种方法缺乏理论依据，在实际计量中，要有针对性地使用。

②经济价值法——认为人力资源的价值在于其能够提供未来收益。它把企业未来各期收益折现，然后按照人力资源占全部投资的比例，将企业未来收益中人力资源投资获得的收益部分作为人力资源的价值。这种方法虽然忽视了人的能动创造性，但以未来的经济收益为基础，考虑了人力资源与非人力投资因素，较为合理。

（三）人力资源的报告

人力资源的报告就是把有关人力资源的信息以报告的形式传递给信息使用者。在资产负债表中对人力资源信息的报告包括两部分内容：

首先是人力资源信息内容。可将人力资产单设一个科目列于资产负债表资产方之首，另设“人力资产投资”科目反映企业用于职工的历史成本，再设“人力资产价值”科目反映人力资产在使用过程中为企业带来的预测总价值。

其次是人力资源权益信息内容。可以设“人力资本”科目反映企业拥有的劳动力投资，设“应付工资”“应付福利工资”“职工教育基金”“劳动力保险基金”“失业保险基金”等科目反映法定人力资源权益，设“人力资源权益分红”“人力资源权益公积”等科目反映人力资源权益实现的价值增值部分。

资产负债表中体现的会计恒等式为：人力资产+物力资产=负债+人力资源权益+所有者权益。在利润表上，可增设“人力资源成本费用”项目，用以反映企业为使用人力资源而发生的费用和人力资产的摊销。在现金流量表上，应在投资活动产生的现金流量下单独反映企业为招聘、选拔、聘任、录用、培训人力资源而发生的现金流出和人力资源创造价值所带来的现金流入。

二、招聘绩效评估的重要指标——招聘成本

招聘成本是招聘绩效评估的重要指标。这是因为人力资源招聘工作的投入要素是招聘资金这种有限资源，所以其产出评价应该包括该资源投资效益的量化考核。事实上，资源的有限性客观要求我们对任何占用资源的工作都应该从效率与效益两方面进行核算，人力资源工作自然也不能例外。现实中，候选人的数量、质量和职位填补的及时性是当前我国企业人力资源招聘工作业绩评定的主要指标。尽管这些考核指标也体现了人力资源招聘工作的主要关切点，但如上所述，若作为一种系统的业绩评估指标体系来看却有失偏颇。

美国人力资源管理协会1997年的调查显示，企业招聘工作的关切点按重要程度排序为：录用质量（quality of the hire）、顾客满意（customer satisfaction）、时间投入（time invested）和单位招聘成本（cost per hire）。正如施耐德招聘总监在2018年所说的："招聘工作的主要考核点在近几年是有所升级的。全球的、中国的、北美的重点都变成了：招聘质量（客户满意度、用户满意度）、招聘的时间。业务部门永远都不会觉得我们招聘的速度快，所以我们要把握招聘质量、招聘时间，更大地发挥、提升自己的作用。"

招聘成本在我国的实践中尚未得到足够重视。调查显示，很少有企业核算招聘成本，即使核算，方法也过于简单，使得计算结果很难说明问题。

不过，一些财务总监、首席财务官和公司总裁已经发现了这一问题，他们开始向人力资源部门索要招聘成本这种数据以对其工作价值进行评估，可见人力资源招聘工作即将迎接量化和价值化考察的时代，而其中最重要的考察工具之一正是单位招聘成本评价模式。

（一）单位招聘成本的多元性

由于招聘对象和招聘工具的多样性，单位招聘成本也呈现出多元化特征，因此很难归纳出一个具体统一的单位招聘成本计算公式，但可以从招聘对象和招聘工具两方面透视单位招聘成本。

1. 招聘对象多元化对单位招聘成本的影响

企业对人才的需求是多种多样的，主要表现在：职务类别（type of hire）的不同、职位级别（level）的不同、地理分布（geography）的不同和填补空缺的紧迫性（time to fill in）不同。

单位招聘成本不能在不同级别间比较，高级经理的单位招聘成本不可能与普通职员同一水平；即使级别相同，因招聘的地理位置或工作类型不同，人力资源供求状况不同，其成本自然不等。

然而我们常常可以从报刊中看到这样的招聘广告，从第一个职位空缺——大区销售经理到最后一个职位空缺——库房管理员，自上而下顺次排列。如果我们不计算其单位招聘成本的话，很难觉察其存在严重的不当之处。而实际上，大区销售经理正和库房管理员承担着相同的单位招聘成本。假设这是一个1/4版广告。每个职位描述占1/10版面的话，这两个职位的招聘成本在这一招聘环节上同为2 000元。而假设大区销售经理在当地的单位招聘成本平均为5万元（参考猎头公司报价），而后勤人员平均为50元的话，显然这种招聘渠道选择不足以满足或超过其招聘成本，使两个职位都很难由此找到合适人选。可见，单位招聘成本对招聘渠道选择起着指导作用。

2.招聘渠道多元化对单位招聘成本的影响

目前，企业的招聘渠道主要包括招聘会、报刊广告、猎头公司、人才机构、校园招聘、员工推荐、网络招聘和内部招聘/岗位轮换等。根据《财富》杂志的报道，惠普公司在互联网上设置的招聘主页每月都有500万的访问量。

而候选人资格要求不同、招聘时限不同，所采用的招聘渠道也应该不同。比如大区销售经理多由猎头公司推荐，而后勤人员的招聘采用到普通职业介绍所查询的方式则最为经济便捷。

不同的招聘工具也使招聘成本不一，以1998年人力资源招聘市场报价为例：

国际展览中心招聘会费用（4个展位及广告公司布展费用），1万元/次；

《北京青年报》1/4通栏广告，2万元/次；

猎头公司成功推荐1名候选人，该职位年薪的30%左右；

名牌大学校园招聘会，每个学校2 000元/次。

单位招聘成本必须在选择合适的招聘渠道的情况下方具有可比性，不同的渠道选择导致的单位招聘成本不同，因为每种招聘渠道的招聘成本构成不同。

（二）单位招聘成本的构成

招聘成本应包括内部成本（internal costs）、外部成本（external costs）和直接成本（direct costs）。

内部成本包括企业内招聘专员的工资、福利、差旅费支出和其他管理费用。外部成本是指招聘外地员工（异地招聘）或者派遣员工去异地工作所发生的搬家费、安置费、探亲费和交通补贴费等。这些费用不在招聘费用科目中体现，因而属于隐性成本。

直接成本包括广告、招聘会支出；招聘代理、职业介绍机构收费；员工推荐人才奖励金；大学招聘费用等。这一部分是在财务报表上能够体现的投入到招聘工作上的各种费用，一般在财务上设立专门的招聘费用科目，企业每年制作费用预算，通过预算来监控费用的支出，属于显性费用。

内部招聘成本是企业进行招聘成本核算时最容易忽略的部分，而实际上它占有相当的比重。在表5-4中，我们通过模拟一次简单的中级职员筛选、面试流程，粗略地计算其内部招聘成本。在实际工作中有时一次流程并不能招聘到适合的人选，需要重复两三次，则内部招聘成本更加不容忽视。

我们假设人才报价属外商投资企业类，根据北京西三角人事技术研究所

1999年所进行的《北京外商投资企业薪酬调查》统计结果，在薪酬水平上，一般专员（specialist）月薪2 000~5 000元，主管、主任、督导（supervisor）月薪3 500~7 000元，经理（manager）月薪5 000~12 000元，高级经理（director）月薪7 000~20 000元。各类人才取其均值，每月工作172小时（21.5日×8小时），则该企业招聘内部成本核算见表5-4。

表5-4　**某企业招聘内部成本核算**

工作流程	参与者	时间（小时）	小时工资（元）	成本（元）
1.筛选简历，确定面试人选	秘书1名	4	12	48
	招聘经理1名	1	50	50
2.面试准备	秘书1名	1	12	12
	招聘经理1名	2	50	100
3.面试初选（10名候选人）	同事1名	5	20	100
	主管1名	5	30	150
	经理1名	5	50	250
4.参加笔试（5名候选人）	招聘专员1名	2	20	40
5.面试终选（3名候选人）	主管1名	2	30	60
	经理1名	2	50	100
	部门经理1名	2	80	160
合计	11名	31	—	1 070

由表5-4可见，招聘1名中级职员仅筛选、面试环节的内部招聘成本就约1 000元。

因此，单位招聘成本把内外部成本包容进来不仅是人力资源会计的要求，也是出于把招聘工作当作一种系统的动态工作流程考虑，它使得人力资源招聘与员工薪酬、人力资源保留联系起来。

现实中，由于试用期已经不仅仅是企业考察和选择人才的阶段，也同样成为人才考察和选择企业的阶段。相应的，离职因素为企业造成的招聘费用损失比以往有所增加。因此新员工的人均获得成本比一般意义上的单位平均招聘成本要多一些。下面介绍一个新员工获得成本模型，除了有助于帮助我们理解这一点之外，还可以帮我们区分招聘成本中的显性费用和隐性费用。

$$C=CI+CP+CT+CC$$

式中：

C表示新员工的获取成本；

CI表示信息发布成本，CI=人才网站会员费+广告费用+（招聘会展位费+展板制作费+宣传品费用+表格资料费+参会人员小时工资×参会人数×参会时间+交通费）+猎头费用；

CP表示资料遴选成本，CP=投入的人员数目×人均小时工资×投入时间×3①；

CT表示候选人面试及笔试成本，CT=参加面试人数×人均工资×平均面试时间×候选人数×3+场地租金率×面试时间+设备折旧+通信费+资料费+体检费；

CC表示试用期文化培训成本，CC=培训时间×（新员工人均工资×新员工人数+培训讲师课时费）+场地租金+［（住宿费+餐饮标准）×出差天数+资料费］×出差人数。

设m是年度内累计参加试用人数，n是成为正式员工的数目，根据C、n可以计算出正式员工的人均获得成本R，根据C、m可以计算出平均招聘成本r，R大于r。

因离职因素为企业造成的招聘费用损失为W，W=r×（m−n）。设显性费用与隐性费用占总费用的比例分别为Rx和Ry，显性费用在财务报表中可以直接查取，因此Rx=显性费用÷C，Ry=（C−显性费用）÷C。

目前发达国家正在使用一些新的人力资源指标评价人力资源工作，对单位招聘成本的核算颇有借鉴意义。这些指标从动态与全局性角度出发，实际上综合反映了上述三方面的内容，可以作为单位招聘成本核算模式的重要系数。其中应用比较广泛的指标主要有：

该职位的平均流动率（turn over rate），用于招聘重复率估算；

该职位的招聘工作量（workload），用于招聘数量、难度考察；

该职位的未来年薪，用于招聘难度和渠道考察；

该职位的平均接受率（acceptance rate），用于招聘有效性考察；

该职位的平均填补时间（time-to-fill），用于招聘效率/及时性考察；

该职位的安置成本（relocation costs），用于招聘复杂性考察。

其中，安置成本是由异地招聘或员工派遣异地工作而发生的补偿费用，如搬家费、置家费、探亲费、交通补贴等。在实际工作中，猎头公司的报价就综合了上述参数，像平均年薪、流动率、接受率这些指标因工作、级别、地理位置不同而不同，使这些差别有了量化的表现形式，成为人力资源的重要指标参数。

---

① 根据国外学者对于员工工作中创造的价值V与所得的工资S之间关系的研究，V=3S。

正因为这些指标能够架起从定性到定量的桥梁，且反映出职位、成本和招聘渠道的影响和变化，我们可以考虑由此建立起一个模式，它由以下三个维度：职位性质、招聘渠道、成本结构构成，各交叉点正是以这些人力资源指标作为参数计算出的单位招聘成本。

（三）单位招聘成本的评价模式

美国人力资源管理协会在其1997年年会时介绍了一种“标准驱动招聘模式”（Metrics-Driven Staffing Model），该模式提出一种构想，认为招聘流程应该由一套标准所驱动，而不该是随意的、不计代价的，任何职位的人力资源购置成本都应该由这套标准控制。

这套标准模式不仅可以用来评价招聘的投入产出比，还能为招聘决策提供支持。比如企业内部招聘要比对外公开招聘节省成本，且接受率较高。如果单位招聘成本计算模式中考虑进了这两部分因素，反映在计算公式中可以表现为赋予内部成本较小的系数，如100%的外部招聘成本+25%的内部偿付成本。这样，该计算模式明确地提示招聘专员优先采用内部招聘可使单位招聘成本降低。

根据前面的分析，招聘职位的性质决定招聘渠道的选择，而不同的招聘渠道其成本结构各异。职位性质、招聘渠道、成本结构是决定单位招聘成本的三大模块，每个模块都是若干变量元素的集合，这些变量元素的排列组合构成坐标矩阵。

该模式反映出职位、成本、渠道的纵横关系，各维交叉点的数值就是单位招聘成本的多元解。企业可以通过以往记录、经验数据、人才报价，并参考上述人力资源指标（作为系数）核算出交叉点的单位招聘成本。

该模式体现了各方案组合的比较，产生了各种决策方案的最优解和最劣解，将有助于招聘专员合理分配招聘资金、控制招聘支出、优化招聘渠道组合；为招聘经理的资金预算提供参考，并使招聘绩效的评估工作有章可循。

第三节　招聘投资收益分析

在经济活动中，要使获取的成果超过消耗，以少投入获取多产出，这是任何社会形态下支配人类经济活动的一条基本经济规律。员工招聘是企业人力资本外延式扩张途径，任何企业都希望以较少的或者说用最少的消耗或投入招聘到企业最需要的合格的员工，并使其为企业创造最大化的价值，即获取最大的成果或者产出。

不过员工招聘的投资收益测算起来并不容易，因为它属于不同于一般投资特征的人力资本投资。美国著名经济学家贝克尔曾经把人力资本描述为“通过增加人的资源而影响未来的货币和物质收入的活动”。下面我们介绍企业人力资本投资收益的概念及计算方法。

一、企业人力资本投资收益的概念和特征

所谓收益，就是投资形成后在预期的回收期限内所得到的与投资有关的资金回流的总和与投资的成本的差额。

长期以来，对于人力资本投资的认识，都是把这方面的支出看作是一种单纯的消费，直到20世纪50年代美国经济学家舒尔茨建立了人力资本理论才改变了传统看法。他指出，人力资本，即人的健康、知识、能力等方面的存量储备的提高，对于经济社会发展的作用不仅远远大于其他物质资本的增加，而且也大于劳动力数量的增加。

一般来说，人力资本投资收益是通过各种形式和途径对人力资本进行投资所产生的效益。在数量上，它等于对人力资本投资后的效益增量减去这种投资的成本之后所得余额。

就一般投资而言，其收益在数量上等于投资额与产出额现值之间的差额。但是基于人力资本投资区别于一般投资的诸多特征，其收益的计算要更为复杂。下面有必要对人力资本投资的特征加以分析。

（一）人力资本投资收益的间接性

人力资本投资收益的间接性有两种含义：

第一，对于教育、培训、卫生保健和人员流动等方面的人力资本投资，并不直接作用于市场过程，也不直接产生物质财富。因此这种投资不能直接从生产过程中得到补偿，投资无法直接通过物质生产过程反映出来。人力资本投资的直接结果不是经济上的收益，而是使人力资本质量得到提高，成为经济与社会发展的推动力量，从而产生经济和社会效益。

第二，人力资本投资并不全部转化为使用价值，这种投资的收益不是全部以使用价值的形式体现出来的，而是有相当一部分表现在非经济方面。例如，这种投资使人们的教育和文化水平大大地提高，在文化、精神、道德方面得到满足。根据人的心理活动的规律，这种高层次的满足将会进一步提高劳动者的积极性，从而间接地成为经济和社会发展的动力。

（二）人力资本投资收益的滞后性

人力资本投资收益的滞后性主要表现在以下两个方面：

第一，人力资本投资收益的滞后性表现为这种投资的周期比较长。对于物质生产领域的投资常常是一次性完成，或者在中短期内就可以完成。然而，“十年

树木，百年树人”，对于人力资本投资的时间要长很多，比如对其卫生保健的投资，要贯穿于人的一生。

第二，人力资本投资与其“回收期”之间的间隔，大大超过一般投资的间隔。一般来说，用于教育培训的投资，要到这种投资全部完成之后才会收到收益。对于卫生保健的投资，其效益常常在人到中年以后才能更加突出地表现出来。

但是，经济学家观察到，虽然对于人力资本投资的周期比较长，回收期也长，收益却很大，即使从经济角度观察，也比一般的物质生产领域投资具有更高的收益率。

（三）人力资本投资收益的长期性

人力资本投资的收益虽然要在投资后很长的时间里才能发生，但是收益期却比较长。一个劳动者接受教育和培训所增长的知识和能力，能够在很长时间内发挥效用，在卫生保健方面的投资更是使人终身受益。此外，由于劳动者接受教育和培训而产生的科技发明和发现，对于人类经济社会发展所起到的作用期间往往超过一个人的有生之年。人力资本投资收益的这种长效性，是其他一些投资所无法比拟的。

二、人力资本投资收益的一般计算方法

目前在对于企业人力资本投资收益的分析评估中，有两种方法是比较成熟的，分别是间接计算法和直接计算法。

（一）收益间接计算法

企业人力资本投资收益的间接计算是指通过对企业人力资本投资有关的指标的计算，来研究这种投资的收益。运用间接计算的具体方法不止一种，但是总的思路是：首先找出影响企业人力资本投资收益的因素，也就是把投资收益分解为一些具体的指标，然后再根据这些指标的相互关系进行计算。

1.与招聘效益相关的评价指标

（1）企业人力资源效率。企业人力资源效率指一个企业中平均每个人每年所产出的产值或者创造的利润。用公式表示为：

企业人力资源效率=年产值或者年利润÷年平均人力资源数（存量+增量）

该指标数值越大，表明企业的人力资源效率越高，其人力资源管理的效能越高。

（2）企业人力资源年净流量（一定时期内）。

企业人力资源年净流量=年人力资源流入量−年人力资源流出量

如果该指标值大于零，那么表明企业的吸引力较大，招聘工作做得好，人力的流动有利于企业的发展；如果该指标值等于零，那么表明企业的人力流动保持平衡；如果该指标值小于零，那么表明企业的人力资源有萎缩的趋势，人力的流动对企业发展不利，下一步应该加强招聘工作。

与此相关的相对指标公式为：

企业人力资源的年增长率=人力资源年净流量÷基期人力资源总量

（3）企业人力资源质量指标。

企业人才比率，指在一定时间、地点和条件下企业人才总量在其人力资源总量中所占的比例。其公式为：

企业人才比率=人才总量÷人力资源总量

企业人均培训经费，这是一个相对强度指标。其公式为：

企业人均培训经费=人力资源培训总经费÷人力资源总量

企业新录用人员的结构指标，包括新录用人员的文化教育结构、专业技术知识结构和能力结构等。

2.运用会计收益法计算招聘投资净收益

运用会计收益法（不考虑时间价值）计算招聘投资净收益，是一种常用的分析方法，预测通过招聘所能为企业带来的总收益与人员招聘总支出的差额。其计算公式如下：

$$Q=N \cdot R \cdot SD_y \cdot Z-N \cdot C/SR$$

或者：$Q=N \cdot R \cdot SD_y \cdot Z-C \cdot D$

式中：N表示实际招聘录用人数；

R表示招聘过程中的有效指标；

SD_y表示应聘后实际工作绩效的差别；

Z表示被录用者在招聘过程中的平均测试成绩；

C表示全部应聘者人均招聘成本；

SR表示录用率；

D表示应聘者总人数。

公式中的R是指招聘过程中对于最佳候选人（应聘者）预测的准确程度，也就是招聘方法的效度。有效系数越高，测试成绩高的员工未来的工作业绩让企业满意的可能性越大，测试成绩低的员工未来的工作业绩让企业满意的可能性越小。其指标可以通过在人力资本取得的过程中，收集各种不同工作绩效测定方法的平均有效值，取得经验数据。其取值区间在0～1之间，当R等于0时，说明预测结果与申请人实际工作行为完全不符，该招聘方法的有效性为0；当R等于1时，说明预测结果与申请人实际工作行为完全相符，该招聘方法的有效性为1。

国外研究的样本数据表明，通常认为智力测验的R值为0.53，工作试用的R值为0.44，个人简历的R值为0.37，面试的R值为0.14，教育背景的R值为0.10，而年龄的R值为0.01。表5-5[1]列出了可供参考的国外经验数据。

表5-5　**员工未来工作绩效预测方法的有效性系数**

招聘新员工并进行培训的预测方法		根据当前绩效预测未来绩效的方法	
智力测验	0.53	工作实例测试	0.54
工作试用	0.44	智力测验	0.53
个人简历	0.37	同事评价	0.49
背景调查	0.26	以往工作绩效评价	0.49
实际工作	0.18	专业知识测验	0.48
面试	0.14	评价中心	0.43
培训和实际工作成绩	0.13		
学术成果	0.11		
教育背景	0.10		
兴趣	0.10		
年龄	0.01		

应聘后实际工作绩效的差别SD_y是不同申请人每年工作绩效的变化程度。20世纪70年代后期，美国学者经过大量的研究得知，SD_y的取值约等于年工作绩效的40%。

而被录用者在招聘过程中的平均测试成绩Z是某个申请人预测分数减所有申请人预测分数的平均值与其标准差之商。根据经验，Z的取值在-3～3之间。

应用举例1：2020年XYZ公司招聘10名员工，在招聘中准备采用两种方法：方法一为工作试用，方法二为面试（有效性指标均参考国外经验数据，分别为0.44和0.14）；不同应聘者实际工作绩效的差别根据工作记录可知为5 000元/年；被录用者在招聘过程中的平均测试成绩为1.2；全部应聘者人均招聘成本，在采用方法一的时候为400元，在采用方法二的时候为20元；录用率为20%。试判断哪种招聘方式的经济收益更大。

---

① WAYNE F C.Managing Human Resources［M］. New York：McGraw-Hill，1995：206.

根据会计收益法的公式可知，工作试用的招聘收益为：

Q1=10×0.44×5 000×1.2−10×400÷20%=6 400（元）

而面试的招聘收益为：

Q2=10×0.14×5 000×1.2−10×20÷20%=7 400（元）

显然，面试方式招聘的经济收益更大。

3. 完善的遴选方法的财务回报匡算

内维尔·贝恩等人就招聘中遴选程序和方法的有效性对工作业绩的影响进行了模拟，其提出的计算公式为：

年度收益的利润=$r_v \cdot Z_x \cdot SD_y \cdot N - C$

式中：r_v表示特质测试的有效系数；

Z_x表示在选择组的测试中，Z的平均得分；

SD_y表示以美元的形式对于工作业绩测定方面的年度利润的标准偏差；

N表示选择组中的数量；

C表示测试计划的成本。

应用举例2：假定SH公司从1 000名应聘者中聘用了100名销售人员，对他们的个人特质进行测试的成本是10美元/人，测试的有效性是0.4（SD_y被评估为工资的40%），公司对于当前销售人员的平均测试得分为1，招聘候选人当前的职位工资为25 000美元，则年度收益的利润为多少？

根据公式：

年度收益的利润=0.4×1×25 000×40%×100−1 000×10

=400 000−10 000=390 000（美元）

运用这个公式时需要注意：测试的成本小于员工潜力带来的利润；测试越有效，测试中路径越顺畅，回报就越大；盈利回报与有效系数直接相关；招聘的人越多，潜在盈利回报就越高。

（二）收益直接计算法

这种方法是对员工接受培训后的效果进行直接观察，并加以评价。例如：我们可以把同一企业中接受培训的X名推销员和未接受培训的Y名推销员（各项条件基本与前面X名推销员相当）的销售额进行对比；或者将X名推销员接受培训前后的销售额进行对比。这样就可以直接估算出培训的经济收益。这种计算方法比较简便，但是由于参照组的选取往往存在一定的困难，可能会造成估算结果不够准确全面。

总结起来，对于企业人力资本投资收益的分析难点往往在于，许多成功的人力资本投资项目难以用定量化的货币价值来表示。另外，由于企业在进行人力资本投资的同时，往往也对工作环境、物质资本等进行投资，企业经济效益的取得，往往是几个方面共同作用的结果，很难单独把人力资本投资所带来的那一部分效益分离出来。

重要概念

有效招聘 评价指标 征招模型 非对称信息 招聘成本 人力资源会计 历史成本 重置成本 机会成本 人力资源价值 人力资源报告 单位招聘成本 招聘投资收益 收益间接计算 收益直接计算

复习思考

1. 如何理解有效招聘的含义与意义?
2. 评价招聘工作的成功与否可从哪几方面入手?
3. 有效招聘的评价指标包括哪些?
4. 什么是人力资源会计?
5. 什么是历史成本计量法和重置成本计量法?
6. 人力资源个人价值和群体价值的计量方法各有哪些?
7. 简述单位招聘成本的构成与评价模式。
8. 人力资本投资收益的计算方法有哪些？如何计算？
9. 根据开篇案例回答以下问题：
（1）按照新员工获得成本模型，计算公司的招聘成本。
（2）请分析影响公司招聘成本的主要因素。
（3）请你对案例中企业的招聘做出合适的评价，并提出有针对性的建议。

第六章

招聘中的测评（上）——测评甄选

【开篇案例】

成瑞公司的人才测评方案

成瑞公司是一家大型跨国企业，是集研发、生产、销售于一体的实体企业，因企业发展需要，要招聘两名技术主管和一名大区经理。如何识别出适合自己企业需求的销售经理和技术方面的人才呢？知识、经历和技术把关应该不是问题，各项目经理有足够的能力来做好这项工作。但实践证明，发挥不好的人才通常不是因为技能不够，更多的是因为个性等综合素质不适合公司相关岗位的工作，因此，如何有效地对应聘者进行评估成为关注的重点。最后，成瑞公司请来咨询公司进行专业的测评。

测评公司接受委托之后首先考虑了这样一个问题：在目前情况下，该公司最需要什么样的人才？经过深入的调查，确立了不同岗位不同的选人标准，并针对这项标准选择并开发了测评工具：

纸笔测验——“能力测验”“MBTI行为风格测验”“兴趣测验”“企业文化测验”“动力测验”用来考察应聘者的基本能力素质和发展潜力、所必备的心理素质、行为风格和在日常工作中的偏向等。

评价中心技术——无领导小组讨论，用于考察应聘者分析处理问题的能力、口头表达能力、人际沟通意识与能力等。

结构化面谈——用于考察应聘者的经营观念和组织管理意识，并深入考察其人际沟通意识与能力。

整个测试分为三个单元，用时两天。几项测验共用半天时间，无领导小组讨论用时半天。经过这两轮甄选，从11名应聘者中确立8名进行结构化面谈，历时一天。

最后测评专家写出详细的甄选评价报告，评价了11个人的差距、优势和不足，并针对大区经理和技术主管两个岗位进行选择性排序，对其中的三个人提出推荐意见。

看过评价和推荐报告，成瑞公司的领导班子进行了认真的分析和讨论，一致认为评价非常科学并有说服力，报告不仅对招聘的人员进行了甄选和评价，还提出了将来如何使用和发挥他们才能的良好建议。

案例思考：

1. 如何评价成瑞公司的人才测评方案？甄选时常用的测评方法有哪些？
2. 如何才能设计出有效的人才甄选测评方案？在进行人才甄选时还应该注意哪些问题？

第一节　测评甄选概述

一、测评甄选的含义

测评甄选是指综合利用心理学、管理学等学科的理论、方法和技术，根据特定岗位的要求，对应聘者的综合素质进行系统的、客观的测量和评价，从而选择适合的应聘者的过程。测评甄选包含了测量与评价两个核心过程。测量是评价的基础，是依据事先设计好的规则通过一些具体的方法对应聘者的素质给出一个可比较的结果；评价是测量的延续，是对测量结果进行深入的主观分析、评价并给出定性和定量的结论供录用参考。

二、测评甄选的作用

正确评价人员是招聘中最为关键的一个步骤。如果在测评甄选中做出错误的判断，不仅会导致招聘活动失败，也会对组织的正常运作造成负面的影响。

测评甄选决策关系到组织绩效和战略目标的实现。企业的战略目标是靠员工完成的，测评甄选能够使企业挑选出期望录用的员工，剔除不适合企业录用的人员，从而降低人员录用的风险，提高招聘效果。

员工甄别有利于对录用后的员工进行合理安置和管理。通过人员的测评甄选，可以大致了解应聘者各方面素质的差异，了解其优势与劣势，在具体安置岗位时做到有的放矢，真正做到用其所长、激发潜力，使个人的特点与特定的岗位要求结合起来，达到人岗匹配。

三、测评甄选的内容

测评甄选的内容是评估应聘者的综合素质。人员素质是指个人在完成特定活动和特定任务时必须具备的基本条件和基本特点。个人素质是个人固有的特点，对一个人的职业倾向、工作能力与潜力、工作成就和事业的发展起着决定性的作用。

（1）个性心理甄别。个性心理是指人在心理、行为方面所表现出的不同于其他人的特点，也就是个体在其生理素质基础上，在长期生活实践中形成的有一定意识倾向性的稳定的心理特征的总和。在人员甄选中，通过心理测验等方法，可以了解到应聘者的人格特征。

（2）知识与技能。任何工作岗位都需要某种专业知识与技能。知识甄别是指通过测试识别应聘者掌握特定岗位知识的广度与深度。知识测量通常以知识问答的方式进行。

技能指的是在通过练习而获得的有意识活动中接近自动化的动作方式和心智活动方式。技能甄别测试是根据特定岗位所要求的特定技能进行的测试，例如秘书岗位需要测试应聘者计算机操作技能、记录速度和公文起草等能力。技能的甄别也可以通过职业资格证来审核。

（3）工作经验。组织往往希望招收到具有一定工作经验，录用后能立即开展工作的人员。一般对经验的甄选主要是通过履历分析和面试等方法了解应聘者的工作经验。

（4）能力素质。能力是指顺利完成某种活动所必须具备的心理特征。人的一般能力分为思维力、记忆力、观察力和想象力。不同的人其能力是有差异的，组织应该根据岗位要求选择具有合适能力的人才。能力是由先天遗传因素和后天学习及实践结合而逐渐形成发展起来的，许多能力如表达能力、适应能力等可通过训练而得以加强。

（5）身体素质。健康的体格是事业成功的重要影响因素。研究发现，大部分职业所需要的人员至少要保证肌肉力量、血管的耐力和活动质量（灵活性、平衡性和协调性）三种品质，但不同的岗位对身体素质的要求也不同，如体力劳动强度大的岗位对身体素质的要求更高。

四、测评甄选的流程

合理的测评甄选过程应该按照以下几个阶段实施。

1.筹备阶段

（1）明确甄选目的。甄选目的指的是为什么进行甄选和甄选结果的用途。由于甄选的应用除了招聘以外，在人力资源管理的其他方面也能用到，因此，要明确招聘的甄选目的是区分应聘者是否与招聘岗位匹配，而非选择最优者，这就可以规避人才高消费的倾向。

（2）组建考官团队。考官团队一般基于招聘团队，但不局限于招聘团队，其组成人员既要熟悉岗位的工作内容，又要有很好的评价能力。通常来说，考官团队由组织的高层领导、人力资源部门、用人部门人员共同组成，有时还包括外部的人力资源专家或测评专家。

2. 策划阶段

（1）确定测评指标体系。甄选指标体系也称测评指标体系，是选拔人员的依据，是完成岗位要求工作的客观、统一的条件。甄选指标体系通常包括知识背景和能力素质等。如果组织已经有完备的工作说明书或岗位胜任力模型，那么这些材料是对确定甄选指标体系很好的参考。

（2）选择测评方法组合。对于不同的岗位，应该选择适当的测评方法，比如对于技术岗位，与专业相关的知识测试是必不可少的；而对于管理岗位，管理能力的测试可以采用评价中心的方法。同时，使用什么样的测评方法还要看甄选项目的预算和实施条件等因素。

（3）设计测评实施方案。测评方案设计指的是根据测评的目的、结合测评的岗位、基于应聘者的人数等相关内容确定整个测评实施的过程，遵循“成本最低、时间最短、用人最少、效果最好”的原则。这里的“效果最好”并不是说最后测评的一定是最全面完整的，而是指采集的信息能够有效评价岗位匹配性即可。

（4）开发测试甄选试题。这是策划阶段的核心工作，无论是知识测试、面试还是情景测评，都需要针对不同的岗位要求进行专门的策划，只有这样才能保证测评试题的有效性。

（5）培训考官团队。在考官团队中，由于其知识和素质有一定的差异性，同时每次测评的甄选指标与具体方案各不相同，选用的测评方法也不一样，且都具有不同的实施技巧，所以，必须要对考官进行培训，使他们了解并掌握各种方法和相关的知识，尽量避免个人因素对甄选的干扰。

3. 实施阶段

实施阶段是对应聘者进行测评并获得个体相关信息的过程，是整个测评甄选的核心。

（1）进行测评的说明。由人力资源部门向应聘者宣读指导语，说明测评的内容、流程和注意事项，消除他们的戒备心理，认真地参与到测评中，有利于他们的正常发挥和考官的客观评价。

（2）进行测评的实施。这是甄选具体进行的过程，在此过程中，按照甄选最初设计的方案有步骤地进行。通常，这个阶段包括甄选简历、知识测验、心理测验，面试、评价中心和背景调查等。经过这个阶段，能够获得大量的个人综合信息，这些信息是最后录用决策的参考依据。

4.评估阶段

评估阶段的工作是统计实施阶段所获得的信息资料，通过定性与定量的分析形成甄选报告，并提出测评甄选结论。信息包括两种：数字性的和文字描述性的，数字性的是定量的信息，文字描述性的是定性的信息。两种信息要结合起来看，参考最初设定的标准，对所有的应聘者进行比较，最终得到测评甄选的报告与结论。

测评甄选的评价报告没有固定的格式，一般而言主要包括以下内容：

（1）应聘者基本情况描述：个人基本信息，测评过程中的总体表现。

（2）测评指标得分与相关测评活动评价描述：回顾整个测评过程中所使用的测评工具，对应聘者在这些工作的测评指标上的得分以及在这些测评过程中的行为表现进行描述。

（3）优缺点总结：说明应聘者的优势和不足。

（4）发展建议：根据岗位特点提出发展建议。

第二节 测评指标体系

一、测评指标体系的含义

测评指标是能反映应聘者综合素质的一系列特定的考察维度。测评指标体系是由一些特定组合、彼此相关联的甄选指标组成的，并体现了各个指标之间内在联系和在整个评价体系中的重要性。测评指标体系为有效的甄选提供了统一的标尺，明确了根据工作岗位或任务要求来确定人才的素质范围、维度和程度，有利于统一考官的评价标准，也有利于对应聘者进行分析比较，有效地提高评价过程的客观化程度、评价结果的科学性和合理性。

二、测评指标体系的设计原则

（1）针对性原则。测评指标应该针对不同的岗位特点及对应聘者的要求。由于各类人员的工作性质、特点、职务和专业技术不同，选择的甄选指标也应有所不同。

（2）明确性原则。每个指标内容要明确、直观、合理。一个指标必须有明确的定义，只能有一个测评内容，其内涵不能模棱两可、含混不清。

（3）合理性原则。指标体系中测评要素和标准之间要相互吻合，而且符合实际，不能过高，也不能过低。要求过高，一方面会导致测评成本增加，另一方面也会使测评周期延长；要求过低，则不能达到要求，导致录用的人员无法适应岗位需要。

（4）精练性原则。从理论上来讲，测评内容越全面、越完整，就越能较清楚地反映应聘者的各种素质结构，但实际上，不可能也没必要对所有素质特征都做出评价。测评指标体系要体现少而精的思想，把最具有岗位代表性、最能反映人才素质的指标提取出来，从而使指标体系的内容既完整又精练。

三、测评指标体系的构成

测评指标体系由测评指标和指标权重组成。

1.测评指标

测评指标一般包括两大方面的内容：测评要素、测评标准。

（1）测评要素。测评要素是指每一项素质用规范化的行为特征进行描述与规定。整个测评指标要素包括了以下两个层次：一是测评维度，指的是测评所指向的具体对象和范围，往往由数个维度组成，反映了该测评体系所测对象各类素质的宽度、深度和层次关系；二是测评内容，是对测评维度的明确规定和细化。例如，经理人的管理能力、人格特征等属于测评要素，而管理能力中的协调能力、感召能力和决策能力等属于测评内容。

（2）测评标准。测评标准是对测评结果进行评判的方式。测评标准包括两个组成部分：一是测评标志，指的是每个测评要素确立的关键性描述特征或界定特征，要求可分辨和易操作；二是测评标度，是对素质行为特征或表现的范围、强度和频率的规定，一般用"优""良""中""差"或"1""2""3""4""5"等表示。

表6-1是"协调能力"的测评标志和测评标度的示例。

表6-1　**测评内容、测评标志和测评标度**

测评内容	测评标志	测评标度		
协调能力	1.合作意识如何	有	有时有	没有
	2.是否固执己见	是	有时是	不是
	3.是否能够主动化解冲突	能	有时能	不能

2. 指标权重

所谓权重，是指测评指标在测评体系中的重要性或测评指标在总分中所占的比重，其数量表示即为权数。给测评指标加权的形式通常体现为两种。

（1）赋分的形式，体现为直接的各不相同的绝对分数，就是把一定数量的总分按照一定的比例分派到不同层次的测评指标上的过程。赋分的关键在于分派的法则与形式。分派的法则既可以主观臆定，也可以按经验确定或根据科学研究成果确定。分派的形式可以是静态的，也可以是动态的；既可以一次确定，也可以反复多次试调后再定；既可以事先确定，也可以测评后自动生成。

（2）权重系数的形式（见表6–2），就是依据测评指标体系中各部分指标相对总体的不同"分量"赋予不同的百分数，以区分测评指标在总体中的重要性。加权系数可以看作一种隐形的赋分形式。赋分一般是非常明显地把总分逐一分配到测评指标体系的各个指标上，被赋予的是绝对性的分数，而加权系数过程实际上是把总权重分数分配到各个指标上的过程。若用总分乘以权重系数即可得到每个测评指标的赋分。

表6–2　**权重系数的形式**

测评要素			测评标准
一级指标（权重）	二级指标（权重）	三级指标（权重）	高分标准定义
个人内在能力（30%）	逻辑思维能力（15%）		1. 能够抓住复杂问题的关键要素和根本原因 2. 能根据多种信息来源得出结论，看问题深入、透彻，并能通过对过去事件的分析做出相应比较
	改革创新能力（15%）		1. 预见组织需要的改革，创造新的规范，倡导各项战略变革 2. 创造、支持、奖励前瞻性思考和风险意识

第三节　测评方法选择

测评方法，是取得应聘者有关个人素质信息的方法，用以对应聘者进行客观的、公平的、合理的素质测评。目前常用的测评方法有简历和申请表分析、知识测验、心理测验、笔试、面试、评价中心技术和360度评定等。由于各种测评方法特点各异，均有优缺点，因此，要提高甄选质量，一般会选择其中几种方法进行组合测试。了解不同方法的特点并结合指标的不同选择测评方法组合，可以有效获取应聘者的相关素质信息。

一、常用的测评方法

（1）简历和申请表分析。经过招聘阶段，会获取大量的应聘简历，初步测评是要淘汰掉那些不符合基本条件的简历，让合适的应聘者进入下一个阶段。如果有必要，还可以进行电话测评，致电给应聘者，核实他们的资料，了解他们的真实意图，对于不符合组织要求的即可剔除掉。通常，初步测评会过滤掉一半以上的不合适的应聘者。

（2）心理测验。心理测验是对行为样本进行测量的系统程序。这一程序在测量内容、实施过程、计分及解释等方面都具有系统性，从而使测量条件和测量结果具有统一性和客观性。通俗地说，心理测验就是通过观察人的少数具有代表性的行为，对于贯穿于人的行为活动中的心理特征，依据确定的原则进行推论和数量化分析的一种科学手段。

（3）面试。面试是使用得最为普遍的一种测评甄选方法，几乎所有的人员甄选过程中都会使用面试。面试是通过考官和应聘者双方面对面的观察、交流等双向沟通的方式，了解应聘者的素质状况、能力特征以及动机的一种甄选技术。面试的特点是灵活，获得的信息丰富、完整和深入，但是同时也具有主观性强、成本高、效率低等弱点。

（4）评价中心技术。评价中心技术是甄选和评估管理人员，尤其是中高层管理人员的一种人员素质测评技术，其核心内容是多种情境性甄选方法。评价中心技术的费用较高，所需时间较长，在人员上的花费也较大；而且，参加评价中心的考官也需要经过专门的训练。因此，这种方法一般在甄选中高级管理人员或较重要的岗位人员时才使用。评价中心常用的方法有无领导小组讨论、公文处理法、角色扮演、管理游戏和案例分析等。

二、测评方法的选择

选择测评方法时应该掌握以下的原则。

1. 了解各种测评方法的特点、内容以及适用范围

每种测评方法都是针对特定目的而设计的，因此，它对测评特定的内容是有效的，对测评其他内容则可能是无效的。在可能的情况下，尽量选择节省费用、时间和人力的做法。各种测评方法的特点比较见表6-3。

表6-3　各种测评方法的特点比较

测评方法	测评形式	主要适用对象	可靠性	公平度	成本
评价中心技术	情景模拟	中高层管理人员和关键岗位人员	最高	最高	最高
结构化面试	问答	所有人员	高	高	高
心理测验	纸笔测验	所有人员	中	高	低
知识测验	纸笔测验	普通员工、基层管理人员	中	中	中
个人简历	资料信息	所有人员	低	中	低

2. 确保测评方法的可靠性

适合的测评工具应该具有很好的信度，即每次测量的结果要基本保持一致，即使有误差，也应该控制在一定的范围之内。各种测评方法都有各自的局限性，在进行方法选择时可以考虑进行组合实施，以提高测评效度。

3. 确保测评方法的公平度

公平度指测评方法对不同人员（种族、性别、年龄、专业背景等）所测结果不会引起偏差和不同对待，要排除与测评目的无关的影响因素，要保证测评工具在某个领域的通用性，避免使用专业领域狭小的测试；同时，测评当中尽量少使用难以理解的专业术语和缩略语，保证参与的人员在题目的理解上不存在问题；另外，测评中避免过于敏感的个人隐私问题。

4. 确保测评方法的可用性

可用性是指在测评中该测评方法实际使用的方便程度，同时也要平衡测评方法的可用性和甄选有效性的关系，充分考虑测评甄选方法对实施条件的要求，包括实施操作的方式、时间限制、对场地的要求、对考评者的特殊要求等。

5. 选用测评方法时应该考虑成本

成本是指实施相关测评所需要的花费情况，在成本方面越低越好，但同时要考虑测评的效益。测评的精确度越高，成本也越高，在具体使用中要平衡好效果和效益之间的关系。在测评时，能够用成本较低的方法进行测评的，就尽量不用成本较高的测评方法；能够在较短时间内完成测评的，就不要使用耗时较长的测评方法。

三、测评方法的组合

测评方法的组合设计实际上是对测评方法的深度使用，不仅仅是一个简单的堆积，而是一个完整的甄选解决方案设计。它包含了考评者对测评指标体系和测评方法的深刻了解和熟练把握。同时要注意的是，测评方法最终服务于甄选目的，而不能让甄选目的迁就测评方法。

1. 组合设计中的原则

（1）针对性。必须针对组织的甄选需求。

（2）重点性。必须突出甄选重点，而非面面俱到。

（3）经济性。必须考虑质量、时间和经费之间的平衡关系。

（4）顺序性。一是简单的测评方法放在前面进行（或通过上下午的时间来调节）；二是成本低的、批量化的测评方法放在前面，以易于实现单项淘汰的策略；三是对其他测评会产生影响的测评方法放在后面；四是容易产生疲劳的测评方法放在后面；五是测评内容敏感或易产生较大压力的测评方法放在后面。

2. 针对不同甄选目的的测评方法组合

（1）不同职务层次。组织中不同职务层次的岗位，由于其承担工作的性质、内容、责任等都有所不同，因此对任职者的要求是不同的。不同职务层次人员测评要素与测评方法见表6-4。

表6-4 **不同职务层次人员测评要素与测评方法**

岗位	测评要素	测评方法
一般员工	个性特征、实际操作能力、工作经验、价值取向	简历分析、人格测验、价值观评定、面试（结构化或半结构化）
中层管理人员	能力特点、个性特征、职业适应性、知识经验	面试（结构化或半结构化）、评价中心技术、人格测验等
高层管理人员	工商管理能力、创造性思维能力、较高的成就动机、灵活机敏但有原则、敏感性与沟通能力、开放和变革意识	评价中心技术、人格测验、动机测验、领导行为评估系列测验、管理潜能开发系列测验

（2）不同岗位系列。组织中的各个部门作为组织职能和业务的承担者，对组织整体目标实现的贡献是不同的，其活动的性质、难度、作用、技能和机制等都有所不同，从而对各个岗位上的人才要求也有所差异。不同岗位测评要素与测评

方法见表6-5。

表6-5 不同岗位测评要素与测评方法

岗位	测评要素	测评方法
生产系列	个性特征、组织协调能力、综合分析能力、兴趣取向、行为风格、工作履历	人格测验、兴趣偏好测验、价值观测验、面试（结构化或非结构化）
营销系列	人际敏感性、沟通能力、个性特征、动力需求模式、语言表达、工作履历	人格测验、敏感性与沟通能力测验、需求测试、生活特征问卷、无领导小组讨论、面试（结构化或半结构化）
财务系列	个性特征、思维分析能力和综合决策能力、工作履历	人格测验、数量分析能力测验、面试（结构化或半结构化）
行政人事系列	个性特征、人际技巧、事务处理能力、工作履历	人格测验、无领导小组讨论、领导行为评定、面试（结构化或半结构化）
技术系列	创造性、思维推理能力、个性特征、工作履历	人格测验、逻辑推理测验、抽象推理测验、面试（结构化或半结构化）

第四节 测评中的信度与效度

测评甄选的结果直接影响到最终的录用决策。信度与效度是在甄选时的两个非常重要的指标。在对应聘者进行甄选测评时，应做到既可信又有效。

一、影响测评信度的误差来源

1.应聘者本身特征的影响

通常来说，应聘者的应试动机、应聘经验、身心健康状况、注意力、持久性、求胜心、作答态度等个人因素会对测评的效果产生影响。应聘者的团体影响因素有团体的异质性和团体的平均水平。

2.考官的影响因素

不按规定实施测评、制造紧张气氛、给予某些应聘者特别协助、主观评分以及一些暗示性的语言等都会对测试产生影响。

3. 测试内容方面的影响

如果测试题目取样不当、内部一致性低、题目数量过多或过少、题目意义含糊等，都会对测评结果产生影响。一般来说，在一个测试中增加一些题量可抵消测试中的随机误差。测试难度与信度之间没有什么必然联系，但是如果测试太难或者太容易，则分数差距将缩小，信度也随之下降。

4. 实际测试环境的影响

测试场所的通风、温度、光线、噪声、桌面摆设、空间大小、他人的影响等现场条件都会对测试结果产生影响。如果盛夏季节在一间没有空调的环境中做测试，应聘者的状态会受到很大的影响。

5. 其他干扰因素的影响

碰到一些突发事件，如突然停电、电脑死机、题目印制出问题、考场上突然有人生病等，或多或少都会对测评产生影响。

二、影响测评效度的误差来源

1. 测评构成方面的影响因素

测评的具体项目和内容是构成测评的要素，测评的效度很大程度上取决于题目的设计，测评的取材、长度、难度、编排方式等对测评都有影响。

测评题要经过严格的选择，依据岗位来设计，如果对销售人员的测评开发题目用在财务人员的测评上就不适合。题目的长度应适中，难易程度适中且表述得当。如果题意含糊，容易产生歧义，以致应聘者产生误解，也会降低测评的效度。

试题的编制也要合理，一般而言，试题应按由易到难的顺序排列。如果难题在前，水平较低的应聘者就可能由于受挫而影响进一步答题的积极性；并且，应聘者可能花很多时间去解答这些题目，而没时间做后面较容易的题目，从而无法测出应聘者的真实水平，降低测验的效度。

除此之外，试题的难度也要适当。如常模参照测验是通过比较应聘者得分的差异确定某一特定个体在团体中的相对位置，其试题平均难度应在0.5左右，并有适当的难度分布，试题太难或太容易都无法区分应聘者的优劣，从而降低测验的效度。

2. 测评实施过程中的干扰因素

在测评过程中要合理设计测评流程，若中间的环节有误差，可能会影响测评效果。在实施测评的过程中，是否遵照测评使用手册的各项规定进行标准化的施测，指导语是否已将答题方式说清楚，是否按要求进行时间限制等，也会影响到测评的效度。所以，测评的组织者应能恰当控制测评情景，遵照有关规定进行测评，以避免外在因素影响测评结果。

3.应聘者反应方面的影响因素

应聘者对测评的接受程度、兴趣、动机，以及其情绪、态度和身心健康状况等，都令其在测评情景中的反应有所不同。如在无领导小组讨论测评过程中，如果其中的一位应聘者不接受这种测评方式，整个过程一言不发，不仅不能够评判出他的能力，他的行为还会对其他人员造成影响。无论是能力测评还是人格测评，只有在应聘者认真配合的情况下才能反映其真实的状况，才能对其做出正确判断。

重要概念

测评甄选　测评指标体系　测评指标　指标权重　心理测验　评价中心技术　面试　信度　效度

复习思考

1.在进行人才甄选的过程中应注意哪些问题？

2.选择测评方法的时候应注意掌握哪些原则？

3.什么是测评指标和指标权重？

4.目前主要有哪些测评甄选方法？

5.如何针对不同甄选目的进行测评方法组合？

6.影响测评信度和效度的误差来源有哪些？

第七章

招聘中的测评（中）——个性测评

【开篇案例】

美国某保险公司的“乐观测试”①

美国某保险公司某年雇用了5 000名推销员并对他们进行了岗位培训，每位推销员的培训费高达3 000美元。结果雇用1年后有一半人辞职了，4年后这批人员只剩下1/5。究其原因是：在推销人寿保险的过程中，保险推销员不得不一次又一次地面对被人拒之门外的窘境。该公司向宾夕法尼亚大学的心理学教授塞里格曼请教，并请他来公司检验自己关于“在人的成功中乐观的重要性”的理论。塞里格曼对1.5万名参加过两次测试的新员工进行了跟踪研究。研究表明，在乐观测试中取得“超级乐观主义者”成绩的这一组人在所有员工中工作任务完成得最好。第1年，他们的推销额比“一般乐观主义者”高出21%，第2年高出57%。从此以后，通过该“乐观测试”便成为被录用为该公司推销员的一个条件。

案例思考：

1. 该保险公司在人员筛选中为何运用了“乐观测试”？
2. 如何理解运用个性、气质等心理测试方法提高招聘选拔准确性的意义？

① 谌新民，熊烨. 员工招聘方略［M］. 广州：广东经济出版社，2002.

第一节 个性测评概述

一、个性的含义

我国古代就有关于个性的论述。早在1 700年前，著名学者刘勋在《人物志》一书中就系统地提出了个性的分类与鉴定方法。刘勋根据德与才两种因素来考察人的个性，按人的能力把管理者分为12个等级。他提出："人才不同，能各有异""量能授官，不可不审也"。他还曾用"八观"法来鉴别人的个性，提倡"观其感变，以审常度""观其所短，以知所长""观其聪明，以知所达"等方法，这些至今仍有参考价值。

唐太宗李世民也强调个别差异，反对求全责备。他借鉴历史的经验教训，制定出选拔官员的严格标准，即"四善""二十七最"。"四善"指德义有闻，清慎明著，公平可称，恪勤匪懈。这四点是对一切官员的共同要求；"二十七最"中明确规定了不同领域官员的考试标准。例如，善于权衡人物，擢尽量才者，是最好的考官。音律克谐，不失节奏者，为最好的判官。巡导有方，学生成绩优异者，为最好的教官；耕耨不失时节，收获颗粒归仓者，为最好的屯官等。

心理学上的个性也常被称为人格，西方心理学中，常用"personality"（人格）一词来描述个性。但这里的人格一词容易同生活中泛指一个人道德水平高低的"人格"混为一谈，所以研究者一般倾向于使用"个性"一词。从心理学的角度来说，智力与个性是决定人生成败的两大因素。可以说，个性是一个复杂、困难而又重要的主题。

1.个性的一般概念

个性是一个有着颇多争议的概念，不同的研究者对个性的理解不尽相同，对其下的定义也不同。英文中的personality（人格）一词来源于拉丁文的persona，本意是指面具。所谓面具，就是演戏时戴的脸谱，它代表剧中人物的角色和身份。把面具看成人格实际上包含两层意思：一是指个人在生活舞台上表现出的各种行为，呈现给观众的印象特点或公开的自我；二是指个人蕴藏于内外部，被掩饰起来的真实的自我。因此，从字源上看，个性就是我国古代学者所说的"蕴藏于内""形之于外"。

尽管研究者对个性的定义不尽相同，但现代心理学倾向于将个性定义为："个体比较稳定的、经常影响他人的行为，并使他和别人有所区别的心理特点的总和。"个性也是个体具有的和经常表现出来的特征性的行为模式。从这个意义上说，个性是一个人精神面貌的反映。

2.个性的基本特征

个性具有以下特征：

（1）独特性。这是指人与人之间的心理和行为是各不相同的，即每个人具有不同于他人的心理特点，每个人都以自己独特的行为模式与思想方法来适应环境，每个人的爱好、认知方式、情绪表现和价值观都各不相同。虽然个性具有独特性，但是人们的个性也会表现出共同性，同一文化背景下生活的人们，常会表现出相似的个性特点。

（2）整体性。个性虽然由多种成分构成，但是个体身上的某种个性特征并不是孤立存在的，它们彼此密切联系，有机结合成一个整体。例如，固执，在一个人身上表现为墨守成规、顽固偏执；在另一个身上表现为坚韧不拔、顽强勇敢；在其他人身上则表现为忍辱负重、埋头工作。

（3）稳定性。这是指个体的行为模式和思想方法的一贯性和持续性，个性特征一旦形成相对来说是比较稳定的。当然，个性的稳定性并不意味着个性是一成不变的，人格具有一定的可塑性。这通常有两种情况：一是人格特征随着年龄的增长其表现方式有所不同，例如，少年时对即将参加的考试忧心忡忡，在成年后就可能表现为对新工作缺乏信心，而老年时则表现出对死亡的极度恐惧。二是对个人有重大影响的事件或环境因素可能改变某些人格特征，如价值观、信仰等的变化。

（4）社会性。个性具有社会性，它既是在社会化过程中形成、发展并稳定下来的，又是在人的社会生活过程中表现出来的，对人的社会生活和社会行为具有直接的重要的影响。个性的社会性并不排除个性的自然性，即个性是在个体的遗传和生物基础上形成的，也受个体生物特性的制约。

3.个性的基本结构

个性是一个复杂的、多层次、多水平的系统，主要由个性倾向性和个性心理特征组成。

个性倾向性主要包括需要、动机、兴趣、信念和世界观。个性倾向性是个体进行活动的基本动力，是个性结构中最活跃的因素。

个性心理特征主要包括能力、气质、性格，表示个体特定的类型特征。

通常情况下，当不要求全面、系统地评定或描述一个人的个性时，通常涉及的只是个性心理特征中最突出的气质或性格的某些方面。

二、个性测评的意义

个性测评是对个性进行测量和评价的过程，具体是指通过一定的方法对员工的能力和个性进行考察，并进行定性或定量描述的过程。个性测评是人员选拔的一种重要方式，测评的结果常常为面试选拔的诊断结果提供依据。个性测评在古代就受到重视，秦始皇、汉高祖、诸葛亮、王安石、王阳明等人都运用各种鉴别人的个性的有效方法，选拔良才，量才为用。对于人力资源管理来说，个性测评有着十分重要的意义。

1. 使人力资源管理有更强的针对性

了解组织员工的个性是人力资源管理的出发点。要做好员工的管理工作，首先要了解员工的个性类型。只有了解了不同员工的个性特点，才能有的放矢、因人而异地采取有效的措施进行有效的管理。

2. 更好地促进员工个性的发展

员工良好的个性品质，如乐观、积极进取、有责任感、热情等对取得好的工作效果有很大的作用。在人力资源管理中，应了解了员工的个性品质，可以通过一定的手段和途径，促使员工形成和发展为工作和社会所需要的个性特征。

3. 为建立和谐的人际环境提供保证

在组织管理中，如果管理者和员工都了解自己及他人的个性特点，就可以采用比较适合他人的方式与人交往，从而减少人际冲突与矛盾，形成良好的人际氛围。

4. 为员工的任用与提拔提供依据

个性测评是组织管理中人员任用、选拔的重要依据。人力资源管理的主要职能之一就是确保人-岗匹配，即把合适的人放在合适的岗位上，而只有了解一个人的个性特征，才能知道他适合什么样的岗位，从而实现人-岗的最佳匹配。

第二节 气质测评

一、气质的一般概念

气质是一个很古老的概念，早在古希腊，医学家培多克勒就指出气质是个人生来就具备的心理活动的动力特征，是个性的先天基础，与人们平常说的“脾气”“秉性”相类似。个体一出生就具有由生理机制决定的某种气质，如有些人一生下来就大哭大闹，乱动不止，而有些新生儿则比较安静，很少啼哭。

一般来说，气质是个人行为全部动力特点的综合。心理活动的动力特点是指心理过程的速度和稳定性，心理过程的强度，以及心理活动的指向性特点等，例如，知觉的速度、注意力集中时间的长短、情绪的强弱、人们倾向于自己的内心世界还是外部。

一般认为，个性心理活动的动力特点主要表现在人的情感和活动发生的速度、强度、稳定性和灵活性等方面。

现代心理学通常把气质理解为人的典型的稳定的心理特点。气质在环境和教育的影响下，虽然也有所改变，但与其他心理特征相比，变化要缓慢得多。

二、气质类型

气质类型有很多种说法，不同的研究者从不同的角度对气质进行了分类。在此介绍几种比较有代表性的分类。

1.体液说

持这种观点的是古希腊的医生希波克拉底。他认为人的身体内部有血液、黏液、黄胆汁和黑胆汁四种体液，根据哪一种体液在人体内占优势，把人分为四种类型：多血质、黏液质、胆汁质和抑郁质。血液占优势的人属于多血质类型，因血液具有热-湿的性能，所以多血质的人稳而润，比较灵活、开朗；黏液多的人属于黏液质类型，黏液具有寒-湿的性能，所以黏液质的人比较冷漠，不够热情；黄胆汁多的人属于胆汁质类型，因黄胆汁具有热-干的性能，所以黄胆汁多的人热而躁，爱发脾气；抑郁质的人黑胆汁分泌多，由于黑胆汁具有寒-干的性能，所以抑郁质的人冷而躁。希波克拉底的体液说被广泛接受，但在现实生活中真正具有上述四种典型气质的人并不多，大多数人属于混合型，有的是两种类型的混合，有的是三种类型的混合。

2.体型说

德国精神病学家克瑞米奇尔（Kretschmer）根据他对精神病患者的临床观察，提出按照体型划分人的气质类型的理论。他把人的体型分为三种：肥胖型、瘦长型、健壮型。他把身材矮胖、圆肩阔腰的人称为肥胖型。他认为，肥胖型的人易患躁狂性抑郁症，其特点是好交际、不计较、健谈、活泼、表情丰富、情绪不定，此为躁郁性气质；瘦长型的人高瘦纤弱，易患精神分裂，其特点是不善交际、内向、退缩、不计较、害羞沉静、不善言谈、喜欢思考，此为分裂性气质；健壮型的人骨肉均匀，体态与身高呈比例，易患癫痫，其特点是有正义感、注重礼仪、节俭、遵守秩序，此为黏着性气质。

3.血型说

一些研究者认为气质是由血型决定的。日本学者古川竹二根据血型把气质分为四种类型。A型血的人属于A型气质，其特点是温和、老实稳妥、多疑、怕羞、依赖他人、遇到困难容易灰心丧气；B型血的人属于B型气质，特点是感觉灵敏、恬静、不怕羞、喜社交、好管事；AB型血的人属于AB型气质，具有A型气质和B型气质的混合气质；O型血的人属于O型气质，其特点是志向坚强、好胜、霸道、不听指挥、喜欢指使别人、有胆识、不愿吃亏。虽然持血型说观点的大有人在，但这种说法缺少科学依据。

4. 高级神经活动类型

我国心理学界一般认为，气质的生理基础主要是神经类型。巴甫洛夫在1909—1910年间首次提出了高级神经活动类型的概念。巴甫洛夫认为，大脑皮层的神经过程（兴奋和抑制）具有强度、均衡性和灵活性三个基本特性。神经过程的强度是指神经细胞和整个神经系统的工作能力和界限；神经过程的均衡性是指兴奋和抑制过程之间的相对关系； 神经过程的灵活性是指兴奋过程或抑制过程更迭的速度。根据神经过程的强度、均衡性和灵活性，巴甫洛夫把人和动物的高级神经活动类型划分为四种，见表7–1。

表7–1 **高级神经活动类型及特征**

神经类型	强度	均衡性	灵活性	行为特点
兴奋型	强	不均衡		攻击性强，易兴奋，不喜约束，不可抑制
活泼型	强	均衡	灵活	活泼好动，反应灵活，好交际
安静型	强	均衡	不灵活	安静，坚定，迟缓，有节制，不好交际
抑制型	弱			胆小畏缩，消极防御反应强

同时，巴甫洛夫认为，兴奋型相当于胆汁质，活泼型相当于多血质，安静型相当于黏液质，抑制型相当于抑郁质。

后来的研究表明，神经类型并不总是与气质类型相吻合，气质是心理特征，神经类型是气质的生理基础，气质不仅与大脑皮质的活动有关，而且与皮下活动有关，还与内分泌腺的活动有关。因此，整个个体的身体组织都影响着一个人的气质。

三、气质与职业及管理的关系

1. 气质与职业

气质在人的实践活动中不起决定作用，但是有一定的影响，主要表现为它可能影响活动的效率。例如，要求做出迅速灵活反应的工作，具有多血质和胆汁质的人较为合适，而具有黏液质和抑郁质的人则较难胜任。而要求耐性、细致的工作适合于黏液质和抑郁质的人。

另外，一些特殊的工作岗位，如飞机驾驶员、宇航员、高空带电作业人员等，这些岗位操作人员常常处于身心的高度紧张状态，要求其具有灵活快速的反应、冷静、理智、胆大心细、临危不惧的心理品质。

气质特性影响着一个人是否适合从事某个岗位，所以，对于一些特殊岗位来说，识别气质类型应成为职业选择、培训及淘汰的重要依据。

一些常规的职业，如教师、医生、一般行政人员、技术人员、流水线工人等原则上都要求员工具有相应的某些气质特点，但是，这些特点的突出与否对工作结果的影响不是特别大，因为，如果这些特点在员工身上表现较弱的话，员工可以利用其自身的其他特点来弥补这些特点的不足。例如，对于一个具有黏液质的流水线工人来说，他具有良好的注意稳定性，而注意转移的灵活性不足，他在工作中往往用注意力的稳定性补偿了注意力不易转移的缺陷，较好地适应了工作。

2.气质与管理

气质类型本身并无好坏之分，任何一种气质类型都既有积极的一面，又有其消极的一面，因此，在评定气质类型时不能认为一种气质类型是好的，另一种气质类型是坏的。

在管理中，要帮助员工了解自己的气质类型，使他们扬长避短，发扬积极的方面，克服消极的方面，从而使其自身的气质不断得到完善。

另外，在管理中，要注意根据人们不同的气质类型的特点，采用不同的管理方式。例如，多血质的人往往耐力不够，做事容易虎头蛇尾，应对他们进行严格的督促，严格要求；胆汁质的人比较粗心，做事急躁，应培养他们冷静客观的工作态度；抑郁质的人比较敏感，比较脆弱，和他们打交道时尤其要注意方式方法，不能伤害他们，免得引起他们过于激烈的反应。

新员工的适应问题是组织管理中很重要的问题，因为新员工能否很好地适应环境直接影响其工作效率。多血质的人对新环境的适应能力比较强，管理者不必对他们过多关注；而黏液质和抑郁质的新员工适应能力比较差，管理者应该更多地关注他们，给予他们更多关心和指导，使其更快地适应。

四、气质测评

气质测评通常通过一个60道题目的自陈式量表来进行。整个量表限时在5~10分钟之内完成。在做测试时，不要猜测题目内容要求，也就是说不要去推敲答案的正确性，按自己的真实想法回答，因为题目答案本身无正确与错误之分。另外，每一题都必须回答，不能有空题。在回答问题时，认为很符合自己情况的，记2分；较符合自己情况的，记1分；介乎符合与不符合之间的，记0分；较不符合自己情况的，记-1分；完全不符合自己情况的，记-2分。气质测试量表见附1。

附1　气质测试量表

1.做事力求稳妥，从来不做无把握的事。

2.遇到可气的事就怒不可遏，想把心里的话说出来才痛快。

3. 宁肯一个人做事，不愿很多人在一起。
4. 到一个新环境很快就能适应。
5. 厌恶那些强烈的刺激，如尖叫、噪声、危险镜头等。
6. 和人争吵时，总是先发制人，喜欢挑衅。
7. 喜欢安静的环境。
8. 善于和人交往。
9. 羡慕那种善于克制自己的人。
10. 生活有规律，很少违反作息制度。
11. 在多数情况下情绪总是乐观的。
12. 碰到陌生人觉得很拘束。
13. 遇到令人气愤的事，能很好地克制自己。
14. 做事总是有旺盛的精力。
15. 遇到问题常常举棋不定，优柔寡断。
16. 在人群中不觉得过分拘束。
17. 情绪高涨时，觉得干什么都有趣，情绪低落时，又觉得干什么都没意思。
18. 当注意力集中于一点时，别的事很难使我分心。
19. 理解问题总比别人快些。
20. 碰到危险情景常有一种极度恐怖感。
21. 对学习、工作、事业怀有很高的热情。
22. 能够长时间做枯燥、单调的工作。
23. 符合兴趣的事情，干起来兴趣十足，否则就不想干。
24. 一点小事就能引起情绪波动。
25. 讨厌做那种需要耐心、细致的工作。
26. 与人交往不亢不卑。
27. 喜欢参加热烈的活动。
28. 喜看感情细腻、描写人物内心活动的文学作品。
29. 工作时间长了，常感到厌倦。
30. 不喜欢长时间谈论一个问题，愿意实际动手干。
31. 宁愿侃侃而谈，不愿窃窃私语。
32. 别人说我总是闷闷不乐。
33. 理解问题常比别人慢些。
34. 疲倦时只要短暂的休息就能精神抖擞，重新投入工作。
35. 心里有话宁愿自己想，不愿说出来。

36.认准一个目标就希望尽快实现，不达目的誓不罢休。
37.同样长时间的学习、工作，常比别人更疲倦。
38.做事有些莽撞，常常不考虑后果。
39.老师或师傅讲授新知识、新技术时，总希望他讲得慢些，多重复几遍。
40.能够很快地忘记那些不愉快的事情。
41.做作业或完成一件工作总比别人花的时间多。
42.喜欢运动量大的剧烈的体育活动，或参加各种文体活动。
43.不能很快地把注意力从一件事转移到另一件事上去。
44.接受一个任务后，就希望把它迅速解决。
45.认为墨守成规比冒风险好些。
46.能够同时注意几件事物。
47.当我烦闷的时候，别人很难使我高兴起来。
48.爱看情节起伏跌宕、激动人心的小说。
49.对工作抱认真严谨、始终一贯的态度。
50.和周围人们的关系总是相处不好。
51.喜欢复习学过的知识，重复做已经掌握的工作。
52.希望做变化大、花样多的工作。
53.小时候会背的诗歌，我似乎比别人记得清楚。
54.别人说我“出语伤人”，可我并不觉得是这样。
55.在体育活动中，常因反应慢而落后。
56.反应敏捷，头脑机智。
57.喜欢有条理而不甚麻烦的工作。
58.兴奋的事常使我失眠。
59.老师讲的内容，常常听不懂，但弄懂以后就很难忘记。
60.假如工作枯燥无味，马上就会情绪低落。

记分方法：

把每题得分按下面的题号相加，并计算各栏的得分：

胆汁质（A）	2	6	9	14	17	21	27	31	36	38	42	48	50	54	58	合计______
多血质（B）	4	8	11	16	19	23	25	29	34	40	44	46	52	56	60	合计______
黏液质（C）	1	7	10	13	18	22	26	30	33	39	43	45	49	55	57	合计______
抑郁质（D）	3	5	12	15	20	24	28	32	35	37	41	47	51	53	59	合计______

如A栏得分超过20分，并明显高出其他3栏（>4分），则为典型胆汁质，其余类推。

如A栏得分在10~20分之间，并高于其他3栏，则为一般胆汁质，其余类推。

如果某2栏或3栏得分接近（<3分），并明显高于其他2栏或3栏的得分（>4分），则为2种或3种气质的混合型。

第三节　性格测评

一、性格的一般概念

性格是对现实的态度和习惯化了的行为方式。如果一个人经常表现得大度宽容、助人为乐、与人为善、勤劳勇敢、认真严谨，则这些特点就是他的性格特征。而一个人在特殊情况下偶尔表现出来的行为方式并不代表一个人的性格特征。如果一个一向行事谨慎的人偶尔表现得鲁莽，并不能说明鲁莽是他的性格特征。也就是说，只有那些经常性的、习惯性的表现才能被认为是一个人的性格特征。

性格与气质不同，它有好坏之分，在某种程度上性格常常是用道德观点来评价的。如，人们通常会对“善良、宽厚、勤奋”等加以赞扬，而对“自私、狭隘、懒惰”等加以批评。

世界上性格完全相同的人是没有的，只有相似性的程度大小而已。性格的特征千差万别，应该说，性格是个体差异的一个重要方面。

二、性格类型

许多心理学家从不同方面对性格进行了分类，比较常见的有以下几种：

1.向性说

瑞士精神分析学家荣格（C.G.Jung）把人的性格分为外向和内向两种类型。外向的人表现为坦率、随和，喜欢交际，感情外露，开朗，适应环境的能力强；内向的人表现为安静，富于想象，易害羞，喜欢独居，不善交际，适应环境的能力较差。荣格指出，完全属于内向和外向的人是很少见的，多数人兼具两者的特点，也同时具有多种心理功能，只是在某个人身上某种倾向或某种心理机能具有相对的优势。

2.机能类型说

英国心理学家培因（A.Bain）等根据智力、情感、意志三种心理机能在人们身上占的优势不同，把人格区分为理智型、情绪型和意志型。理智型的人喜欢思考，通常以理智衡量周围发生的事情，并以理智支配自己的行动；情绪型的人不善思考，行动易受情绪左右；意志型的人具有明确的行动目的和较强的自制能力，行动受追求目标的支配。

3.独立-顺从说

美国心理学家威特金（Witkin）把性格分为独立型和顺从型两种。独立型的人自信、自主意识和自尊心较强，善于独立地发现问题和解决问题；顺从型的人社会敏感性较高，易受暗示，常不加批判地接受他人的意见。

4.文化社会类型说

德国社会学家斯普兰格（E.Spranger）根据社会文化价值来划分性格类型，把人的性格分为理论型、经济型、审美型、社会型、权力型和宗教型六种。理论型的人用知识和理智衡量一切，力求认识生活的真理，以追求真理为生活目标；经济型的人以经济观点衡量一切，以追求利润、获取财物为生活目标；审美型的人从美学的角度判断事物的价值，以获取和欣赏美为生活目标；社会型的人乐善好施，以增进别人和社会的福利为生活目标；权力型的人相信并迷信权力，爱支配别人和发号施令，以追逐权力为生活目标；宗教型的人以宗教教条衡量一切，以追求信仰为生活目标。斯普兰格认为，纯粹属于某一类型的人是没有的，多数人是不同类型特点的混合。

三、性格测评

目前在我国比较流行的是Y-G性格测验量表（Yatabe-Guilford）。该量表是由日本的矢田部达朗等人和美国的吉尔福特设计制定的。量表由吉尔福特的12个人格特质（每个特质10个项目，共120个项目）构成。Y-G性格测验量表是一个自陈式量表，该量表的内容见附2。

附2　Y-G性格测验量表

本测验是有关个人兴趣、爱好、态度等方面的问题。每个人对这些问题都会有自己的看法，回答自然也是不同的，因而答案并没有“对”“错”之分，请不要有所顾忌，您应该完全根据自己的真实体验和实际情况来回答，不要花费太多的时间去思考，应顺其自然，根据第一印象做出判断。

测验中的每一道题都有三种选择答案：A是；B不清楚；C否。每一道只能选一个答案，并尽量少选中性答案B。

注意：测验中的每一个问题都要回答，不要遗漏。

1.我对什么都不感兴趣。

2.我内心的感情容易表露出来。

3.我总担心事情也许会失败。

4.我做事的时候如果有人看着就做不下去。

5.我有无缘无故高兴或悲伤的情况。

6.我认为人们多半是只顾自己，不管别人。

7. 我总是闲不住。
8. 我和周围的人都合得来。
9. 我对任何工作都喜欢去做。
10. 我喜欢思考难题。
11. 我在人群中不喜欢抛头露面。
12. 我认为和各种类型的人交朋友是一种快乐。
13. 我即使在人群中也会突然感到寂寞。
14. 我兴奋时就会激动得流泪。
15. 我常因犹豫不决而错过机会。
16. 我讨厌别人来访。
17. 我常因忧虑而失眠。
18. 我认为许多人都像特务一样狡猾。
19. 我认为正确的事，不管别人怎么说，都会坚决做下去。
20. 我相信自己能在短时间内完成很多工作。
21. 我宁愿快点去做，而不愿制订周密计划。
22. 我常希望一个人待着。
23. 我在集体活动中总是比一般人显得活跃。
24. 我和不熟悉的人谈话感到拘束。
25. 我总认为自己是一个没有用的人。
26. 我常后悔自己下决心太晚。
27. 我总担心会受到别人的干扰。
28. 我常为一点小事而伤感。
29. 我在路上遇到讨厌的人总想设法避开。
30. 我认为即使亲密的朋友也不能完全信任。
31. 我对长辈也会毫无顾虑地议论。
32. 我善于回答别人的问题。
33. 我不喜欢一个人安静地待着。
34. 我常分析别人做事的动机。
35. 我很乐意为集体做事。
36. 我很少积极主动地去交朋友。
37. 我常会莫名其妙地感到不安。
38. 我的情绪经常变化。
39. 我在众人面前常会脸红，感到不好意思。

40. 我常留心别人的品德和行为。
41. 我喜欢空想不可能办到的事。
42. 我认为人们在无人监督的情况下总是会偷懒的。
43. 我很难控制自己的感情。
44. 我遇到困难时心情也很开朗。
45. 我总想寻求新的刺激。
46. 我总是慎重考虑之后再进行工作。
47. 我宁愿多听别人讲，自己不想多说。
48. 我不喜欢出风头。
49. 我常陷于沉思之中。
50. 我常为一点小事感到不安。
51. 我常因有自卑感而烦恼。
52. 我如果老被人盯着看会感到不安。
53. 我感到自己有时聪明，有时又很笨。
54. 我总怀疑别人的友好态度是否真诚。
55. 我不能容忍别人的无礼对待。
56. 我做事麻利、爽快。
57. 我常在考虑不成熟时就开始工作。
58. 我在和别人交谈时会突然陷于沉思。
59. 我习惯于将照顾人的事交给别人去做。
60. 我不善于和异性同学接触。
61. 我常为过去的失败而心情沉重。
62. 我常因思想不集中而不能很好地思考问题。
63. 我不愿做与众不同的事。
64. 我常因一些小事影响完成工作的进度。
65. 我常因失眠而苦恼。
66. 我认为人们都是为了钱而工作。
67. 我不喜欢平凡的生活，总想有所作为。
68. 我做事比一般人快。
69. 我喜欢和大家一起喧闹。
70. 我不论对什么事情不考虑好就放心不下。
71. 我在长辈面前感到很拘束。
72. 我喜欢广泛结交朋友。

73. 我常感到疲倦。
74. 我的情绪容易波动。
75. 我很容易惊慌失措。
76. 我常对一些事过于敏感。
77. 我常对别人讲心里话。
78. 我对什么都不太满意。
79. 我容易激动，爱发脾气。
80. 我总是生机勃勃，精力充沛。
81. 我比较爱说话。
82. 我对什么都非常留心。
83. 我比较消沉，不够积极。
84. 我和谁都谈得来。
85. 我常喜欢担心着急。
86. 我容易激动。
87. 我碰到困难容易悲观失望。
88. 我常忧虑不安。
89. 我常会发呆。
90. 我认为老师对同学的评价往往是不正确的。
91. 我受别人蔑视就会立刻生气。
92. 我对新环境的适应能力强。
93. 我喜欢节日的欢乐。
94. 我常有沉思的习惯。
95. 我善于社交，应付自如。
96. 我很难结交新的朋友。
97. 我有呆想沉思的习惯。
98. 我的心情容易变坏。
99. 我对任何事情都缺乏信心。
100. 我的脾气有点古怪，不能与人和谐相处。
101. 我喜欢沉溺于空想。
102. 我认为自己的运气总是不好。
103. 我喜欢参加各种社会活动。
104. 我的心情一般总是舒畅的。
105. 我对问题有轻率下结论的习惯。

106. 我什么都不在乎，悠然自得。
107. 我很害羞。
108. 我不爱多说话。
109. 我常无精打采。
110. 我的感情丰富。
111. 我很果断。
112. 我常因为一些小事而烦恼。
113. 我常心神不宁，坐立不安。
114. 我不受重视是由于人们看不到我的作用。
115. 我无聊时总想寻求强烈的刺激。
116. 我的动作敏捷。
117. 我是个乐天派的人。
118. 我有反复深刻思考事情的习惯。
119. 我在人多的场合不好意思说话。
120. 我在大庭广众之中不会惊慌不安。

表7–2表示12个人格特质及相应的性格指标。

表7–2　**12个人格特质及相应的性格指标**

序号	人格特质	性格指标
1	抑郁性	
2	循环性	情绪稳定性
3	自卑感	
4	神经质	
5	主观性	社会适应性
6	非合作性	
7	攻击性	活动性
8	一般活动性	冲动性
9	乐天性	内省性
10	思维外向性	
11	支配性	支配性
12	社会外向性	

根据12个人格特质的不同组合，可以区分出五种典型的性格类型（A~E）和一些次典型（A′~E′）、亚典型（A″~E″）或混合型（AE，AB，BC）的性格类型。

五种典型的性格特征可以描述如下：

A型，也叫平均型。情绪比较稳定，对人、对事较随和，对社会的适应能力一般。向性适中，不容易冲动，活动性一般。

B型，也叫不稳定不适应积极型。情绪不稳定，对社会、现实不够适应，活动性强，反应快，外向。个性变化多端，表现在外，容易冲动。

C型，也叫稳定消极型。情绪稳定，适应性强，随遇而安，活动性差，服从性强，内向，比较老实。典型的C型人可能缺少作为。

D型，也叫稳定适应积极型。情绪稳定，适应性强、活跃、外向，善于与人相处，有抱负，组织能力强，在学习与工作中都可能取得较好成绩。但如果特征过于明显，则冲动性过强，极端外向，驾驭人的欲望过甚，会从另一极端导致对社会的不适应。

E型，也叫不稳定适应消极型。E型的人与D型的人相反，情绪波动较大，对现实、环境难以适应；活动面小，内向，心胸狭窄，神经质，多愁善感又难于表露，往往会促使其发生意外问题，值得注意。

第四节 能力测评

一、能力的一般概念

能力是指直接影响活动效率，使活动顺利进行的个性心理特征。能力总是存在于具体的活动中，并通过活动表现出来。如一个人的绘画能力，只有通过他绘画才能表现出来，同样，沟通能力也只有在与人打交道、处理问题时才能表现出来。

要想成功地完成一种活动，常常需要多种能力的有机综合。如，一个教师需要语言表达能力、沟通能力、理解能力等多种能力才能上好课；而作为一个管理者，要想做好管理工作需要决策能力、组织能力、协调能力、沟通能力等多种能力。

人的能力有着极大的个体差异，有的人这方面的能力强，那方面的能力弱，有的人恰恰这方面的能力弱，那方面的能力强；有的人几种能力的结合比较好，有的人则比较弱。能力的高低可以通过实践活动进行比较，在客观条件完全相同的情况下，能力的高低可以通过实践活动的结果进行比较。

二、能力的种类

从不同角度能力分成不同种类，一般分为以下几种：

1.一般能力和特殊能力

按照倾向性可以将能力分为一般能力和特殊能力。

一般能力是指大多数活动所共同需要的能力，是人们所共有的最基本的能力，包括注意力、观察力、记忆力、思维能力和想象力等。这些能力是有效地掌握知识和顺利完成活动所必不可少的心理条件，即使最简单的活动，也不能缺少这些一般能力。一般能力的综合体就是通常所说的智力。

特殊能力是指从事某种专业活动所必需的能力。任何一种专业活动都要求有与该专业内容相符合的能力。例如，数学能力、音乐能力、绘画能力、体育能力、写作能力等都是特殊能力。

一般能力和特殊能力总是有机地联系在一起。特殊能力建立在一般能力的基础上，特殊能力的发展也有助于一般能力的发展。

2. 再造能力和创造能力

按照参与活动的性质可以将能力分为再造能力和创造能力。

再造能力也称模仿能力，是指通过观察他人的行为来学习知识和技能，并以相同方式做出反应的能力，如孩子模仿大人的动作等。模仿是人类的一种重要的学习能力，是知识积累所必不可少的心理条件。

创造能力是指产生新思想、创造新事物的能力。在创造能力中创造思维和创造想象起着十分重要的作用。美国心理学家吉尔福特（J.P.Guilford）等人认为，发散思维表现于外部行为就代表个人的创造能力。当然，创造活动依赖于发散思维的同时也离不开集中思维。

3. 认知能力、操作能力和社交能力

按功能可以将能力分成认知能力、操作能力和社交能力。

认知能力是指通过人脑对外界信息进行加工和储存的能力。它是人们成功地完成活动最基本最主要的心理条件。知觉、记忆、注意、思维和想象都是认知能力。

操作能力是指通过肌体的动作完成各种活动的能力，如体育活动能力、艺术表演能力、实验操作能力等。

认知能力和操作能力是紧密联系在一起的，它们相互依赖，相互影响。

社交能力是指人们在社会交往活动中所表现出来的能力，它是人们参加社会集体活动、与周围人保持协调的最为重要的心理条件。组织管理能力、言语感染能力及判别决策能力等都是最重要的社交能力。

三、能力与管理

在组织管理中，管理职能的发挥与人的能力因素有很大的关系。这主要表现在以下几个方面：

1. 在招聘与配置中，使人的能力与岗位匹配，做到人尽其才

俗话说，“人尽其才，才尽其用”，只有人的能力与其所从事的岗位达到最佳匹配时，人的能力才能得到最大程度的发挥，从而取得最佳的工作绩效。如果一个人的能力低于实际工作岗位要求的水平，其将无法胜任工作，使工作不能顺利进行，进而给组织带来损失；如果一个人的能力高于实际工作岗位所需的水平，其将不满足于现状，产生工作效果不理想的后果，造成人才浪费。在人员的招聘与配置中，既不能“小材大用”，更不能“大材小用”，而应适才而用。

2. 按照不同岗位工作能力要求的标准考核员工

不同工作岗位对人的能力的要求有很大差别。普通员工与管理人员在工作中所需要的能力不同；技术人员与生产人员、营销人员等所需要的能力有很大差异，所以在组织的绩效考核中，应根据不同的岗位要求的能力制定考核标准，并依此进行考核。不能整齐划一，用一个标准考核不同工作岗位的员工。

3. 组织培训既要提高一般能力，也要注重提高特殊能力

一般能力和特殊能力的发展是相互促进、相互影响的。组织培训既应选择提高员工特殊能力的课程，也要选择提高一般能力的课程，比如创造力、想象力及分析判断能力等。

4. 录用人员既要考虑到现有能力，也要考虑到潜在能力

目前，各类组织在选拔录用员工的时候，多数情况下以现有的知识、技能和能力水平作为标准，主要看求职者的学历、所学专业及各种资格证书，很少考察其潜在的能力。这样常常把一些有发展潜质的人拒之门外，从而使组织错失了一些优秀人才。一些求职者虽然现在的能力不强，但是发展空间很大，应该对其潜在的能力加以考察，并作为选拔录用的标准之一。

四、能力测评

能力测评通常分以下两类：

1. 智力–智商测试

智力–智商测试是测量一个人的智商高低。智商通常用人们都熟知的IQ来表示，一般用于管理及技术人员的选拔。一些特殊的行业，如IT行业为了招聘到智商较高的软件设计师，常常在招聘选拔的时候做智力测试，微软公司在招聘时即如此。另外，目前我国一些制造业的大公司在招聘劳务工的时候，为了能招聘到理解能力、领会能力更好的人，常常做智力初筛测试，即对求职者进行较为简单的智力测验，以此来鉴别其理解能力及领会能力的基本状况。

2.能力倾向测验

能力倾向测验是测量一个人的多种能力分数，以判断其是否适合从事某项工作。人员招聘中常测量的能力倾向包括语言理解能力、数字敏感度、逻辑推理能力、空间思维能力、综合分析能力等。美国劳工部曾编制了一套《一般能力倾向成套测验》，该测验由8个书面测验和4个器械测验组成，有9种职业能力倾向测验：一般学习能力（G）、言语能力（V）、数字能力（N）、空间判断能力（S）、形状知觉（P）、书写知觉（Q）、运动协调（K）、手指灵巧度（F）和手腕灵巧度（M）。该测验同时分析了13个职业领域40种职业的能力倾向模式，可以作为职业指导的依据，帮助企业做出人员选拔的决策。

还有一种能力倾向测验是特殊能力倾向测验，反映的是一个人在某一领域的特殊潜能，如绘画能力倾向、舞蹈能力倾向等。

在职业咨询、人员选拔以及类似目的的测评中智力-智商测试常被用作初步的甄选工具，然后再用特殊能力倾向测验施测。

第五节 两种常见的人格测验——卡特尔16种个性因素测验及大五人格测验

卡特尔16种个性因素测验及大五人格测验是在我国比较常见的两种人格测验，在企业的管理咨询及招聘、选拔中使用较为广泛。

一、卡特尔16种个性因素测验

卡特尔16种个性因素测验是由美国心理学家卡特尔（R.B.Cattell）编制的。他认为人的个性是由许多特性所构成的，由于各种特性在一个人身上的不同组合，构成了一个人不同于他人的独特个性。他把人的个性分为“表面特质”和“根源特质”，所谓“表面特质”是指一个人经常发生的、可以从外部观察到的行为；而“根源特质”则是制约着表面特质的潜在基础。卡特尔从许多表面的行为中抽取了16种“根源特质”，称为16种个性因素。然后他又据此编制了专门的量表来测量这16种特质。这就是卡特尔16种个性因素测验。

卡特尔16种个性因素测验具有较好的信度和效度，因而在全世界应用范围很广。我国是在20世纪80年代开始引进此种测验的。

1. 16种个性因素及其高分低分特征

（1）乐群性A

高分特征：外向、热情、乐群。通常和蔼可亲，容易与人相处、合作，适应能力强。愿意参加或组织种种社团活动，萍水相逢也可以一见如故。

低分特征：抑郁，缄默，孤独。通常表现为执拗，对人冷漠，吹毛求疵，宁愿独自工作，且工作标准常常很高。

（2）智慧性B

高分特征：聪明，富有才能，善于抽象思维。

低分特征：思维迟钝，学识浅薄，抽象思维能力较弱。

（3）稳定性C

高分特征：情绪稳定而成熟，能面对现实，行动充满魄力，能以沉着的态度应付现实中的各种问题。

低分特征：情绪容易激动，易产生烦恼，容易受环境支配而心神动摇不定。

（4）恃强性E

高分特征：好强固执，独立积极，有主见，独立性强，但容易自高自大，自以为是。

低分特征：谦虚、顺从、通融、恭顺。

（5）兴奋性F

高分特征：轻松兴奋，随遇而安，通常活泼、愉快、健谈。

低分特征：严肃、审慎、冷静、寡言，内省而不轻易发言，较消极、阴郁。

（6）有恒性G

高分特征：有恒负责，做事尽职，责任心强，工作细心周到，有始有终。

低分特征：苟且敷衍，缺乏认真负责的精神，缺乏远大的理想和目标。

（7）敢为性H

高分特征：冒险敢为，少有顾忌，有时也可能粗心大意，忽略细节。

低分特征：畏怯退缩，缺乏信心，有强烈的自卑感，在人群中羞怯，有不自然的表现。

（8）敏感性I

高分特征：敏感，感情用事，通常心肠软，易受感动，爱好艺术，富于幻想。

低分特征：理智，着重现实，自恃自力，多以客观、坚强、独立的态度处理问题，不感情用事。

（9）怀疑性L

高分特征：怀疑、刚愎、固执己见，多疑，不信任别人，与人相处斤斤计较，不顾别人的利益。

低分特征：信赖随和，容易与人相处，无猜忌，不与人竞争，顺应合作，善于体贴人。

（10）幻想性M

高分特征：幻想，狂放不羁，忽视生活细节，只以本身动机、当时兴趣等主观因素为行动的出发点，可能富有创造力。

低分特征：现实、合乎常规，力求妥善合理，不鲁莽从事，在关键时刻也能保持冷静。

（11）世故性N

高分特征：精明能干、世故，处事老练，行为得体，能冷静分析一切，理智、客观。

低分特征：坦白、直率、天真，思想简单、感情用事，与人无争，心满意足，但有时也显得幼稚、粗鲁、笨拙。

（12）忧虑性O

高分特征：忧虑抑郁，烦恼自扰，通常觉得世道艰辛，人生不如意，甚至沮丧、悲观。

低分特征：安详、沉着、有自信心，不易动摇，有安全感，相信自己有应付问题的能力。

（13）实验性Q1

高分特征：自由、激进，不拘泥于现实，对新的思想和行为有兴趣。

低分特征：保守，看重传统观念与行为标准，不愿尝试探新，常常激烈地反对新的思潮和变革。

（14）独立性Q2

高分特征：自立自强，当机立断，通常能够自作主张独立完成自己的工作计划，不依赖别人。

低分特征：依赖、随群、附和，通常愿意与人合作共事，而不愿独立孤行，常放弃个人主见，附和众议。

（15）自律性Q3

高分特征：知己知彼，自律严谨，通常言行一致，能够合理支配自己的感情行动，为人处世能保持自尊心。

低分特征：矛盾冲突，不明大体，通常既不能克制自己，又不能尊重礼俗，更不愿考虑别人的需要。

（16）紧张性Q4

高分特征：紧张困扰，激动挣扎。缺乏耐心，心神不定，过度兴奋，时常感觉疲乏。

低分特征：心平气和，闲散宁静。容易知足满意，心理容易平衡，也可能过分松懒，缺乏进取心。

卡特尔16种个性因素问卷简称16PF，它适用于中学生以及成人，测验大约需要45分钟。

2.二元双重个性因素类型

二元双重个性因素类型的标准分为十级，即每一类型的最高分为10分，最低分为1分，3分以下为低分，7分以上为高分。

（1）适应与焦虑型

高分特征：焦虑性高、易激动、易出现不满意感，高度焦虑不但会降低工作效率，而且会影响身体健康，易患神经症。

低分特征：焦虑性低，常感心满意足，能做到所期望的和认为有重要意义的事，生活适应顺利，但极端低分者，可能对困难的工作缺乏毅力。

（2）内向与外向型

高分特征：外向、开朗、善交际、不受拘束、不拘小节。

低分特征：内向，趋于胆小、自足，和别人交往中拘谨而不自然。

个性的内向与外向没有好坏之分，应根据具体工作要求而定。内向者较专心，能从事较精确的工作。外向者则善于从事社会交往方面的工作。

（3）感情用事与安详机警型

高分特征：安详机警、富有事业心、果断、刚毅、进取，但也易贸然行事，不顾后果。有时过分现实，忽视生活情趣。

低分特征：感情用事，情感丰富，含蓄、敏感，性格温和，讲究生活艺术。情绪易受困扰、不安，易感觉挫折气馁。

（4）怯懦与果断型

高分特征：果断、独立，有气魄，锋芒毕露，有攻击性，有创造性。通常主动寻求可以施展所长的机会和环境，以充分表现自己的独创能力。

低分特征：怯懦，顺从，优柔寡断，易受人驱使而被动，依赖，迎合迁就他人。

3.综合性的个性因素

用16PF既可以测出一个人的某一方面的个性特征，又可以对一个人的个性进行综合分析，做出全面评价。在16PF的多年应用过程中，积累了大量的各种职业和患各种类型的心理疾病的人的个性资料，经过分析研究，可以用一些特殊的公式计算出如下几种综合性的个性因素：

（1）心理健康者个性因素

心理健康状态是一切工作和学习的基础。以此方法计算出来的心理健康标准分在4~40分之间，平均分为22分。一般不足12分者占总人数的10%，这种人一般情绪显著不稳定。担任艰巨工作的人要求有较高的心理健康标准分。

（2）专业有成就者的个性因素

专业有成就者的个性因素得分在10~100分之间，平均分为55分，60分约等于标准分7分，63分以上者约等于标准分8分以上。总分在67分以上者，一般应有所成就。

（3）创造性强者的个性因素

其标准分越高，则创造能力越强。

因素总分与标准分的换算关系为：

因素总分	15~62	63~67	68~72	73~77	78~82	83~87	88~92	93~97	98~102	103~105
标准分	1	2	3	4	5	6	7	8	9	10

（4）在新环境中有成长能力的个性因素

总分在4~40分之间，平均分为22分，不足17分者占总人数的10%，成功的可能性很小。27分以上者则成功的希望较大。

二、大五人格测验

大五人格测验也是组织中较为常用的人格测验。广为接受的大五人格模型是Costa和McCrae（1986）提出来的，他们用五种普遍性因素概括人格结构和特点，这五种因素是个体的适应性、社交性、道德感、利他性、智力开放性。每种因素包含一系列潜在的特质（见表7-3）。

表7-3　**大五人格因素**

一端的特质	五种因素	另一端特质
稳定、自信、有效	适应性	神经质、自疑、情绪化
群居的、精力充沛的、自我表现的	社交性	羞怯的、退缩的、不确定的
有计划、整洁、独立	道德感	冲动、粗心、不负责
温和、得体、体贴	利他性	依赖、冷漠、无礼
富有想象力、好奇、创造性	智力开放性	平庸、想象贫乏、刻板思维

每种因素既是相关特质的集合也是一种连续体。例如，拥有利他性因素一端特质的人被描绘成温和、得体、体贴的，而具有另一端人格的人则被认为是依赖、冷漠和无礼的。

在选拔员工时进行人格测试，是因为人格和行为之间往往是相互联系的。人们对大五人格因素和工作绩效之间的关系进行研究后发现，具有独立、负责、有毅力和成就定向人格特质的员工，其工作绩效比缺乏这些特质的员工更佳。

重要概念

个性特征　个性测评　气质测评　性格类型　性格测评　人格特质　能力类型　能力测评　卡特尔个性因素测验　二元双重个性　大五人格测验

复习思考

1. 个性的概念与基本特征是什么？
2. 简述个性测评的意义。
3. 如何理解气质与职业的关系、气质与管理的关系？
4. 性格的概念与类型是什么？
5. 能力的概念与种类是什么？
6. 如何理解能力与管理的关系？
7. 简述卡特尔16种个性因素测验的高分、低分特征。
8. 简述大五人格测验的基本内容。

第八章

招聘中的测评（下）——管理人员心理素质测评

【开篇案例】

Tampa工厂的596个甄选决定①

Clark Kirby和他的助手已经为Tampa工厂的596个职位找到了986个申请者。但是在顺利完成这件工作前，他意识到他们面临着一个庞大的任务。这986个申请者中哪些人应该被挑选出来呢？谁应该被雇用呢？

人力资源专家已经进行了一些前期筛选工作，并且大部分申请者已经完成了申请表格的填写。但他到底应该怎样做呢？

Clark打电话给该工厂的经理Ed Humpher，Ed说他仅有时间决定高层管理团队，剩下的人员都由Clark决定。Ed提醒Clark不要从其他工厂挖人——这违反公司的政策。Clark说他知道并愿意遵守公司的政策。

Clark面临着做出596个甄选的决定。甄选需要做出许多决策。甄选对一个组织来说是一个生死攸关和连续的过程。只有每个个人与每个工作相匹配才能使招聘工作为组织所肯定。

Clark决定针对不同的岗位和工作分别使用下列甄选过程：

- 管理者：筛选面试、申请表、面试、介绍信检查。
- 专业人员和技术人员：筛选面试、申请表、面试、介绍信检查。
- 文职人员：筛选面试、申请表、面试、测试。

① IVANCEVICH.Human Resource Management：8th Edition［M］. New York：McGraw-Hill，2001.

- 熟练工：筛选面试、申请表、测试和对少数申请者的面试。
- 半熟练工：筛选面试、申请表、测试和对少数申请者的面试。

Clark根据甄选的过程作了决策，人力资源专家检查了他们的工作，他们的甄选工作完全符合要求。

案例思考：

1.Ed Humpher的决定是否正确：他仅有时间决定高层管理团队，而由Clark作其余的决策?

2.Clark对不同岗位、不同工作的甄选过程的做法是否正确?

第一节 管理基本技能测评

一、国内外管理基本技能测评的基本现状

管理基本技能是指组织管理者从事管理活动时正确处理普遍性的管理问题，有效地履行主要管理职能，即计划、组织、指挥、协调、控制等所具备的能力。对管理人员基本技能的测评能够使企业更好地选拔、合理使用管理人员，同时能为考核、培训管理人员提供依据。

从目前来看，国内外测评管理基本技能的最有效方法是评价中心技术，这种方法在对管理人员的招聘与选拔当中最为常用。评价中心技术是将被试置于一系列模拟的工作情境中，观察被试在这些模拟工作活动中的心理和行为，以考察其各种能力和潜能。这种方法的主要评价手段及使用在本章的第四节中会详细阐述。

国内在对中层管理人员的选拔测评工作中主要考察被试的工作经历、工作业绩，从前比较常用的是一般能力测验和个性测验，近几年也开始尝试评价中心技术，并且逐渐使其完善起来。但是评价中心技术还有许多问题有待解决，比如模拟场景的设计问题、评价者的培训问题、成本过高的问题等。另外，评价中心技术本身很难满足大规模使用的需求。因此，不断地发展改进评价中心技术，使其更简便易行是今后努力的方向。

二、管理基本技能测评内容

管理者的管理基本技能主要包括三个方面：自身素质基础、掌握有关知识、管理实践体验。管理基本技能的发展取决于这三个方面交互作用和整合的结果，因此，管理能力是复合性能力，既不能偏重知识，也不能偏重经验和智力。

自身素质基础包括智力性和非智力性两大方面的素质。非智力性素质可以在

管理者的个性测验中得以评价，而智力性素质则可以在管理者的能力倾向中得以测评。

管理者的有关知识主要指有关的管理技术知识和业务性知识，这两种知识对管理能力有很大影响，但不作为管理基本技能的主要测评内容。因为，第一，管理者的知识水平可以通过更简便有效的方法加以评价，比如笔试等；第二，知识水平在一定程度上可以通过培训、锻炼等形式提高；第三，知识欠缺的弊端一般可以通过有效的管理实践加以弥补。

管理实践活动的有效程度还取决于另一个重要因素，即管理环境。管理实践活动与人的认知活动一样复杂，因此在目前科学发展水平的条件下，有现实意义的是对管理者应具备的能力水平进行结构化的测评。

三、管理基本技能测评的理论基础

管理人员基本技能的测评主要依据心理测量理论及管理学原理。在此理论基础上结合管理实践，从管理职能出发，找出在实现管理职能中的主要活动过程，确定管理者应具备的相应能力点，针对能力点予以命题、测量。

依据现代管理理论，管理职能分为四个方面，即计划、组织、指挥与控制。这四个方面可以归纳为三大过程，即目标计划过程、目标实施过程和调节控制过程。管理职能与管理过程的关系如图8-1所示。

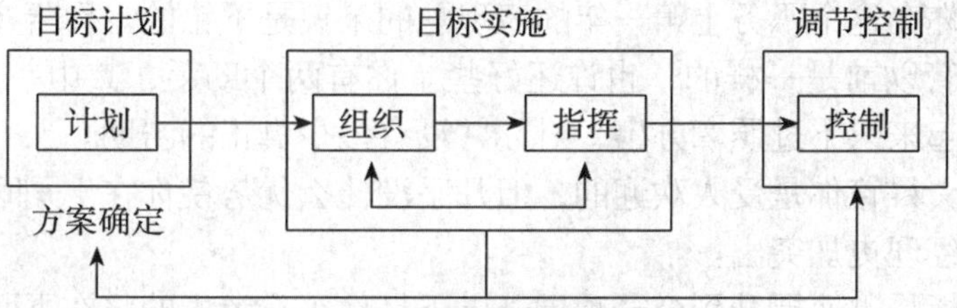

图8-1　管理职能与管理过程的关系

从图中可见，管理职能与管理过程是相对应的，所以可以以管理学的五大职能为主线，分析管理人员应具备的能力要求，展开测评的结构设计和测评编制工作。

由于管理能力是通过长期实践体验和学习积累而形成的，因此，它不仅直接反映在分析处理管理问题的具体能力上，而且还会形成稳定的管理观念、意识，以及看待管理问题的态度。因此，可以从两个角度进行测评。一是对管理观念、管理意识进行测评，重点考察被试在一般现实管理条件中的个人认识观念倾向，不以理论性、原理性的观点、知识为主；二是对一般管理问题的分析处理能力进行测评，重点考察对现实管理问题的处理方式、方法的有效性和实用性的评价能力，即以判断评价不同工作方式、方法在一般条件约束下的目的有效性为主。

四、《企业管理基本技能测评》的实施

华东师范大学俞文钊教授曾编制了《企业管理基本技能测评》量表，并在其所著的《现代人事测评原理与操作实践》中介绍了该量表的测试版。

(一)《企业管理基本技能测评》测试版的内容

该量表的测试版包括两部分：

第一部分：主要考察管理活动中的管理观念、意识倾向和处理现实管理问题的方式、方法倾向。在内容上分为领导责任、领导权威、授权控制、沟通协调、一般管理认识五个方面的基本管理观念。第一部分共计75道题目，采取四级计分制，即1（同意）、2、3、4（反对）。题型示例如下：

作为领导，如果经常有一些改进工作的设想，反而会给眼前的工作造成障碍。

第二部分：主要考察管理环境中解决实际问题的能力，在内容上分为领导控制、组织管理、经营决策方面的基本管理能力。这部分共14道题目，试题为管理案例分析判断形式。题型示例如下：

现在是你作为通信工业公司中层经理的第二年，你领导着一个约有30名员工的部门。你在这个职务上第一年的表现总的来说是不错的。你所在部门的表现至少与你接管以前是一样的，也许还好些。你有两个助手，其中一个相当能干，但另一个看起来只不过照章办事，对你并没有多少真正的帮助。

你相信，尽管你是受人欢迎的，但几乎没什么优势使你在上司眼里比公司里与你同级的经理更加突出。

你的目标是迅速提升到公司顶层，以下是你正在考虑的将在下两个月做的事的清单，你显然不能每件都做。请你评估每件事作为达到你的目标的手段的重要性等级。

A.参加一系列在当地电视台上播出的讨论会。

B.想办法确保你的上级意识到你的重要贡献。

C.提出对某个问题的解决办法，该问题目前在你部门的职权范围之外，但却是你乐意负责的。

D.接受朋友的邀请参加某个不公开的俱乐部，那里有许多高级行政管理人员。

答题时，被试首先要根据自己的看法对A、B、C、D四个选项分别表达“同意”或“反对”程度的判断；然后再进行排序：最同意的一项为1，其次为2，再次是3、4。本题的排序结果显示，该题的四个选项中C最可取，其次是B，然后依次是A、D。

（二）《企业管理基本技能测评》测试版各部分的基本含义

在这里仅介绍各部分的高分特征。

1.基本管理观念

领导责任：对领导角色的责权和作用有较正确的认识，在处理管理问题时具有较宽的视野，轻重有序。

领导权威：对领导权威、影响力的建立有正确的认识，能够在处理管理工作上的矛盾关系时注意树立自身威信。

授权控制：对下属具有较正确的授权观念，遇到问题注意调控，能够重视对下属的培养和工作考核。

沟通协调：注意与下属的相互沟通，关心下属需要，倾向于正面协调矛盾关系，注意发挥管理工作本身的激励作用。

一般管理认识：对管理工作基本常识有正确的认识理解，对管理问题的分析判断较为客观现实，较少有观点偏激的现象。

2.基本管理能力

领导控制：有较好的全局观念，注意与上下级的沟通并尽力处理好整体与局部的关系，对工作中的对立和冲突能够果断采取措施进行控制，引导员工努力工作，做出贡献。

组织管理：有较强的组织意识，能够有效发挥管理者的组织协调和指导作用，严格执行管理制度，遵从组织管理原则。

经营决策：在经营管理方面有较好的市场意识，对潜在的问题反应敏感，进取，敢为，审时度势，果断决策。

第二节　管理职业能力倾向测评

一、职业能力倾向概述

职业能力倾向测评包括两类：一类是职业能力倾向测评，主要用于就业指导和人员安置。这类测评通常包括一组涉及各种职业活动的分类测验，从受测者在各个分类测验上的表现推断受测者的能力特点，并将测验结果与各种职业所要求的能力倾向模式相比较，评估受测者在不同职业上的成功潜力。另一类是特殊职业能力倾向测评，主要考察受测者是否具有从事某种职业工作的能力倾向。《管理职业能力倾向测评》（简称MAT）是一种特殊职业能力倾向测验，主要考察受测者是否具有从事企业管理工作的潜力。企业管理能力倾向是不同于具体的知识技能的一种心理特点，主要表现以下在三个方面：

1.影响面

知识仅仅影响到一个人在有限领域中的活动。例如，刑法的知识仅仅影响到律师、法官等解决刑事案件的能力，对劳动合同纠纷的影响不大；而能力则影响到人在很多领域中的活动，例如，组织能力可以帮助一个人更好地管理团队，也可以使一个人有效、合理地安排好事情的进程。

2.变化速度

相对来说，知识是一种变化速度很快的变量，既可以很快获得，也可能很快被遗忘；而能力则是一种变化速度很慢的变量，即能力的形成有一定过程，这个过程有时候比较缓慢，但是能力一旦形成就不会失去。

3.潜力

一般情况下，知识只是反映一个人当前已有的水平，关注的是“一个人现在能做什么”；能力反映的则是一个人的发展潜力，关注的是“一个人以后能做什么”。

由此可见，职业能力倾向对人们从事各种活动都有一定的影响，管理活动也不例外。国内外的有关研究和实践表明：管理人员应该具有较高的职业能力水平，才能做好企业管理工作。

二、管理职业能力倾向测评的现状

管理职业能力倾向测评要测量的是企业管理能力倾向，即与做好管理工作有关的那些影响较广、比较稳定、潜在的能力。为了将这种观念转变为具体的测验题目，首先必须明确界定“管理职业能力倾向”的结构。自20世纪初以来，国外心理学家和管理学家围绕职业能力问题进行了许多研究。围绕职业成功的主要因素问题，分别提出了一些非常接近而又略有不同的看法。当今世界上应用最广、由美国心理评定资源公司出版的《特殊职业能力倾向测验》（简称DAT）包括8个分测验：言语理解、数字能力、抽象推理、文书速度与正确性、机械推理、空间关系、拼写、言语运用；前述的由美国劳工部编制的《一般能力倾向成套测验》（GATB）中包括9种职业能力倾向测验：一般学习能力、言语能力、数字能力、空间判断能力、形状知觉、书写知觉、运动协调、手指灵巧度、手腕灵巧度；而由美国教育与工业测验服务中心出版的《职业能力安置量表》（CAPS）中包括8个分测验：机械推理、空间关系、言语推理、数字能力、言语运用、字词知识、知觉速度与准确性、手指速度与灵活性。从上面三个测验可以看到，国外各种能力倾向测验的共性是比较明显的。这说明国外在编制能力倾向测验时的框架是比较一致的。

我国对能力倾向测验的研究起步较晚，但近年来有了很大的发展。其中影响比较大、相对比较成熟的要数国家公务员考试中所使用的《行政职业能力倾向测验》。1988年，国家人事部决定以考试录用的办法来补充中央国家机关工作人员，并为此专门组织国内心理学家及其他相关领域的专家开始研究编制《行政职业能力倾向测验》。经过这些年的理论研究和实践，该测验的版本不断更新和完善，达到了国外同类测验的水平，并在实践中取得了良好的效果。

三、《管理职业能力倾向测评》的内容[①]

《管理职业能力倾向测评》的开发着眼于从事管理工作所必备的基本能力要素。根据国内外著名企业进行人员测评的经验以及组织有关专家进行的多年研究，得到了从事管理工作所必备的能力要素，即言语理解、判断推理、数量关系、思维策略和资料分析。测评的相关内容见表8-1。

表8-1　**测评的相关内容**

部分	测评内容		题数（道）
一	言语理解	选词填空	10
		语句表达	5
		阅读理解	10
二	判断推理	常识判断	10
		图形推理	10
		事件排序	10
		演绎推理	10
三	数量关系		15
四	思维策略		10
五	资料分析		10
合计			100

① 俞文钊．现代人事测评原理与操作实践［M］．上海：上海教育出版社，2005.

表8-1介绍了《管理职业能力倾向测评》各部分的内容、题型构成与题量。下面分别介绍各部分内容的具体题目样例。

1. 言语理解

言语理解主要测查一般的阅读理解能力，即准确地把握字、词的含义和用法以及迅速理解文章内涵的能力。这部分的内容包括句子理解、文章段落含义的领会等多个方面。言语理解能力对许多职业活动都有重要影响，更是企业管理者处理日常工作所必需的能力要素。

题型示例1：

下面四句话中有一句话有歧义，既可以这样理解，也可以那样理解，请把这个有歧义的句子挑出来：

A. 今天来这里聚会的都是"老三届"的人

B. 这些建材在同类产品中处于领先地位

C. 学生家长都同意在课外给学生补课

D. 热情的观众对这些节目称赞不已

正确答案为C。

2. 判断推理

判断推理主要测查对各种事物关系的分析推理能力，涉及对图形、词语概念、事物关系和文字材料的认识理解、比较、组合、演绎和归纳等方面。判断推理能力在人的智力活动中具有重要作用，也是从事企业管理工作所必不可少的基本能力。

题型示例2：

英国旅游者约翰对他的导游小张说："你很美。"小张谦虚地回答："哪里，哪里！"约翰愣了一下，又将小张打量了一番，说："全身都美，尤其是眼睛很美。"这个故事告诉我们：

A. 不了解一些习惯用语中的约定俗成的含义，可能造成言语交流中的信息差

B. 即使是汉语说得好的外国人，也可能在讲汉语时闹一些笑话

C. 在语法结构上英语与汉语之间存在很大差别

D. 在表达意义方面，口头语言不及书面语言精确

正确答案为A。

3. 数量关系

数量关系主要测查理解、把握数量概念关系和灵活有效地分析解决数量问题的能力，主要涉及数字和数量关系的简单分析、推理、判断、运算等最基本的数学知识。

题型示例3：

184.78元、259.50元、621.61元、212.43元以及566.50元的总和是：

A.1 843.73元

B.1 843.83元

C.1 844.73元

D.1 844.82元

正确答案为D。

实际上只要把最后一位小数加起来，就会发现和的末位数字是2，只有D符合要求。由此可见，只有多动脑筋，才能找到灵活有效的解题办法。

4.思维策略

思维策略主要测查在解决较复杂的问题时对思维活动的把握控制能力，包括挖掘、利用潜在的信息，对思维过程的再认知并调控思维定式。这种能力是智力活动的核心成分，与人的所有思维活动都有较大关系，是影响复杂思维能力水平的主要因素。

题型示例4：

足球一般由黑色正五边形和白色正六边形组成。黑色正五边形有12个，那么白色正六边形有多少个？

A.15　　B.18　　C.20　　D.12

正确答案是C。

5.资料分析

资料分析主要考察各种图形、文字资料的综合理解与分析能力，这部分内容通常由图表数字及文字材料构成。图表是现代企业管理工作中常用的资料表现方式，综合地分析图表文字材料的能力是现代企业管理者必须具备的。下面是一个简单图表资料分析的示例。

题型示例5：

请根据图8-2的统计图表回答下列各题：

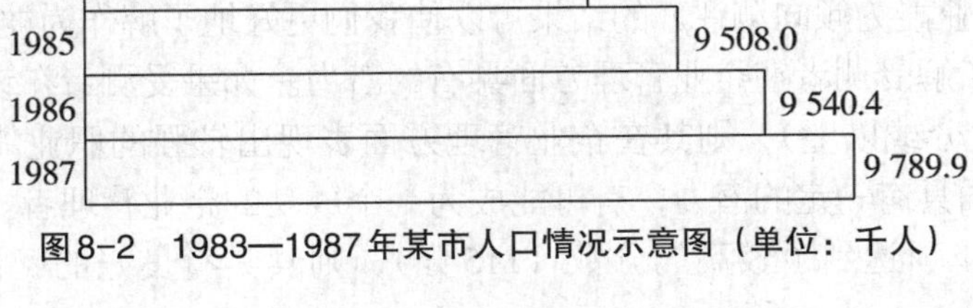

图8-2　1983—1987年某市人口情况示意图（单位：千人）

1.1984—1987年中人口增长最多的一年是：

A.1984年　　B.1985年　　C.1986年　　D.1987年

2.1984—1987年中人口增长最少的一年是：

A.1984年　　B.1985年　　C.1986年　　D.1987年

3.截止到1986年年底，该市人口数为（单位：千人）：

A.37 689.8　　B.9 540.4　　C.37 689 900　　D.9 540 400

正确答案依次为D、C、B。

四、《管理职业能力倾向测评》的施测

《管理职业能力倾向测评》的主要特点是题量大、时间短，而试题难度相对来说比较容易，具有大中专文化的人就可以参加本测评。该测评全部为单项选择题，即每道题只有一个正确或合理的答案。施测时应注意以下问题：

（1）在实施测试前必须把测评的要求发给被试，使其事先掌握测评时回答问题的要求，同时使被试熟悉题型，以保证测评的公平性。

（2）实施测试时要分段进行，每一段都有固定的时间限制，要求被试在规定的时间段内做规定的部分试题。测试一共分五部分，各部分的规定时间如下：

第一部分　言语理解　25分钟

第二部分　判断推理　35分钟

第三部分　数量关系　15分钟

第四部分　思维策略　15分钟

第五部分　资料分析　10分钟

《管理职业能力倾向测评》的最终结果为平均数100、标准差为15的标准分。标准分数的意义直观明了，假如某人的测评分数为100，说明其能力倾向水平中等，即50%的人比他好，另外50%的人比他差。各分数段的基本含义如下：

75分以下：属低水平范围，占总体5%左右；

75~90分：属偏低水平范围，占总体20.5%左右；

90~110分：属中等水平范围，占总体49%左右；

110~125分：属偏高水平范围，占总体20.5%左右；

125分以上：属高水平范围，占总体5%左右。

《管理职业能力倾向测评》的结果可以使我们更好地了解作为被试的特质。

首先，了解受测者在企业管理方面具有的潜力。如果受测者在该测评上的得分较高（115分或以上），则其在企业管理方面表现出较强的职业能力倾向，在企业管理方面具有一定的潜力，有可能成为一个成功的企业管理者。如果受测者的言语理解单项达到了较高的分数（115分），则其具有良好的阅读理解能力，可以正确地把握字、词的含义，以及文章的主题和思路。

其次，了解受测者在常模团体中所处的位置。如果一个受测者的测评得分是115分，可以知道其在企业管理方面的潜力较大，处于常模团体中84%的人之上。

最后，了解受测者在言语理解、判断推理、数量关系、思维策略等方面的优势与不足。如果一个受测者的言语理解分数是90分，数量关系分数是10分，那么表明其数量能力较差，而言语能力较强。

第三节　管理工作动机测评

一、动机的含义及其种类

（一）动机的含义

动机是一种个人倾向性，是指引起、维持和指引人们从事某种活动的内在动力，它可以用来解释或说明个体行为发生的原因或理由。分析人们的行为时，必须揭示其行为的动机。只有这样才能判断其行为的出发点，才能预见其行为重复出现的可能性，从而对其行为进行一定的控制。

人们的动机是由其需要所激发的。需要驱使个体趋向某个目标，变为动机，例如，饥饿使有机体积极寻求食物并摄食，口渴使个体产生饮水的行为。动机是由需要激发的，但有时候，人们的需要却未被自己明确意识到，这是一种潜在的需要。人的潜在需要在某种场合下仍然可以作为其行为的动机而发生作用。例如，有人去书店要买一本文学书，正好看到刚出版的一本食谱，本来他并没有购买此书的明确需要，但有潜在需要，于是也想买一本。

动机和情绪有着密切的关系，两者都是指引和激发行为的心理动力成分。情绪也是以需要为基础和背景的，是事物是否符合主题需要而产生的态度体验。凡不能满足需要的事物，便引起否定的情绪，如不满、苦闷、哀伤、憎恨等。情绪总是伴随动机性行为产生的，而且有时情绪本身也可视为动机。无论动机还是情绪，对人而言，价值观在其中都起着十分重要的判断、评价和调节作用。

管理者的一切活动也都是由一定的动机引起的。管理者的动机直接反映在其管理行为上，并影响管理的成败。管理工作的成功与否，很大程度上取决于管理者能否发挥其积极性与主动性。而管理者的动机力量与主动性、积极性是呈正比的，动机力量越大，则主动性、积极性越大，反之则越小。因此，动机对管理者的管理行为有支配作用，在相应动机的支配下，管理者就能发挥其积极性和主动性，促进管理行为的顺利实施。

动机对管理行为的支配作用还表现在，动机使管理者的行为具有明显的选择性和目的性。具有某种动机的管理者，其行为总是指向某一目的，而回避另一方向。在正确动机的指引下，领导者的领导行为就被赋予积极的社会意义，给社会带来积极的作用。

（二）动机的种类

动机是十分复杂的心理现象，可以对此做出各种各样的分类。

1.内部动机与外部动机

内部动机是指人们对活动本身感兴趣，活动能使人们获得满足，从活动中获得的满足感，是对活动者的一种奖励与报酬，无须外力作用的推动。例如，一个员工做了一个成功的企划案，虽然领导没有表扬他，但他感到自我满足，还想做新的企划案。

外部动机不是对活动本身感兴趣而产生的动力，而是由活动以外的刺激对人们诱发出来的推动力。例如，有的员工为了多拿奖金而努力工作，或者有人为了避免批评而完成工作指标等。这些并不是对工作本身发生兴趣，而是因工作以外的表扬或批评所致。

内部动机与外部动机没有好坏之分。事实上，上述两种动机是缺一不可的，必须结合起来才能对个人行为产生更大的推动作用。一方面，通过奖励与惩罚促使人们去追求符合社会要求的目标，从而实现社会对其行为的调节与控制。另一方面，要引导人们对其所从事的工作本身产生内在的兴趣，从而使他们更加自觉地做好工作。

在企业管理中既应重视内部动机，也应重视外部动机。一方面，通过激励激发外部动机，使激励对其行为予以直接的影响。奖金、福利、晋升、表扬等都是比较常见的激励方式。另一方面，让员工获得一种成就感，使员工获得工作本身的乐趣，以激发其内在动机。工作成功本身是一种最大的激励、最高的奖赏。

2.原发性动机和社会性动机

原发性动机也称生物性动机，是以有机体自身的生物性需要为基础的。例如，饥、渴、性欲、排泄、睡眠、疼痛、好奇等。这类动机无须学习，是与生俱来的。一般来说，这类动机对于满足有机体的生存或种族繁衍的需要是必不可少的。

社会性动机也称习得性动机，是在初级的原发性动机的基础上发展起来的高一级的动机，是与社会生活相联系的动机。例如，交友、恋爱、学习、争取权力和利益等。显然，人类习得的行为远比生物性行为多得多。只有人类才具有社会性动机，它是在一定的社会生活条件下形成并发展起来的。

社会性动机可以分为交往性动机与威信性动机两种。

交往性动机是一种最基本的社会性动机。它代表不同层次的连续体，从低级的群集感到高级的亲属感，都是不同层次的交往性动机。人们总是希望和大家在一起而不愿一个人独处，这就是群集感。人们总是喜欢和自己家里的人相处，这就是亲属感。

威信性动机是更高一级的社会性动机，是一种追求他人对自己尊敬并希望获得他人赞扬与肯定的动机。它实质上也就是一种取得成就和获得社会承认的愿望和需要。威信性动机常被用来作为激发学习与工作积极性的手段。

许多心理学家认为，在社会生活中交往性动机与威信性动机都是不可缺少的。人们往往注意了人的威信性动机的作用，但却很少意识到交往性动机，使它对人的行为充分发挥作用。其实，交往性动机对人的学习、工作起的作用也很大。例如，员工往往是因为不喜欢他的上司而工作积极性低下。

二、国内外关于管理者的动机研究

在组织行为学与管理心理学领域，研究者对三种动机给予了极大的关注，即权力动机、成就动机与亲和动机。

（一）三种动机的基本含义

1.权力动机

权力动机是对权力的一种欲求，就是指一种个体意图影响他人或支配他人的内在动力。凡是对社会事务有浓厚兴趣，而且极愿以其作为影响大众的人，其行为背后均存有强烈的权力动机。强烈的权力动机不仅会影响个体的自我看法，还会影响其信念、思维方式和感情定向。一般来说，管理者应具备一定水平的权力动机。缺乏权力动机的管理者，通常会在管理工作中被动消极地应对各种棘手的管理问题，从而使其无法有效地统率整个机构的活动。但这并不意味着权力动机水平越高越好，权力动机过强容易产生越权决策，忽视与下属的沟通以及其他一些问题，从而给管理工作造成不良后果。研究发现，当管理者的权力动机过高或过低时，管理绩效都很低，而当权力动机水平适中时，管理绩效最高。

2.成就动机

成就动机是指个体追求进步以期达成希望目标的内在动力，是个体在社会生存竞争中逐步形成的、具有社会意义的心理特征。成就动机是后天学习的结果，由于社会生活及文化背景的不同，人们之间的成就动机存在着明显的差异。一般来说，下列情境将会激发人们的成就动机：一是能让个人独立负起责任来解决问题的那种环境气氛；二是能制定中等成就目标并接受“可预测奉献”的倾向；三是有关个体工作进展的及时反馈。

许多心理学家对成就动机进行了研究。阿特金森（J.W.Atkinson）把成就动机分为追求成功和避免失败两种倾向。成就动机高的人追求成功的动机远远大于恐惧失败的动机，因而敢于选择比较困难的工作，以期获得成功的快乐；而成就动机低的人，对失败的恐惧大于对成功的期望，因而只能选择轻而易举的工作，以避免事后失败的痛苦。

麦克利兰（David C.Mcclelland）的研究发现，企业家的成就动机通常较高，而社会文化环境对促成个体成就动机的气氛具有深刻的影响。他认为，成就动机一般的人通常选择中等难度的目标，而成就动机高的个体常常选择难度很高或难度很低的目标。而谢晓菲（2004）的研究则表明：随着行为的动态发展，个体的行为呈现出一定的规律性，即成就动机高的个体在初期选择中等难度任务的基础上逐渐选择更难的任务；成就动机低的个体在初期选择低难度任务的基础上也逐渐选择更难的任务；相对于成就动机低的个体，成就动机高的个体更慢地选择难度高的任务。

3.亲和动机

亲和动机是指个体在社会情境中，希望与他人建立、保持或恢复积极情感关系的内在动力。需要他人关心、需要爱情、需要得到认可、支持与合作等都是亲和动机的表现。美国心理学家沙赫特（S.Schachter）对亲和动机的研究发现，亲和动机是为了减少不安和恐惧；当个体对自己的状况模糊不清时，很难有客观的标准来说明自己的情感是否适合一种情境，于是就会产生和他人在一起的愿望，希望通过把自己的反应与他人相比，来估价和把握自己的反应，因为社会对比的欲求是亲和动机、亲和行为产生的另一个可能的原因，而且个体越是难以确定自己的情感，就越希望与别人在一起，以便减少不确定性。

一般来说，亲和动机对管理行为有两个相互对立的影响。一方面，由于高亲和动机的个体总是力图避免冲突与竞争，因而对他成为一个强有力的管理者会产生一定的负面影响。因为要成为一个好的管理者就必须学会正面处理冲突并对他人施加影响，有时还要做出有可能伤害他人感情的决定。另一方面，适合的亲和动机能促使个体更多地关心他人，使他成为一个有效的帮助者，而这会造就一个好的管理者。

（二）三种动机与管理行为的关系

权力动机、成就动机、亲和动机三者并不是孤立地影响管理行为的。在管理者的动机系统中，权力动机、成就动机和亲和动机各自有一个最适合的水平，并相互影响、共同制约着管理者的有效管理行为。

中国台湾学者余朝权（1983）关于管理者动机的研究得到了如下结果：机构主管的动机系统与领导结果之间的关系见表8-2。

表8-2　　机构主管的动机系统与领导结果之间的关系

权力动机	成就动机	亲和动机	领导结果
高	次高	适度	最有利于机构的领导
低	次高	高	对个人有利，对机构不利
次高	高	低	个人成功，对机构不利（无团队精神）
低	高	次高	无法统率团队
高	低	次高	可能偏袒私人
次高	低	高	把机构当成社交场所
太低	—	—	无法统率部属
—	太低	—	无法完成机构的任务
—	—	太低	无法与人交往

从表8-2可知，管理者的权力动机、成就动机、亲和动机无论哪种过低，都会对管理行为产生不利影响，因而也就不能实现有效的管理过程。余朝权认为，对于机构主管来说，最重要的是要有较高的权力动机水平，其成就动机和亲和动机水平均应低于权力动机。如果领导者的成就动机高于其他一切动机，那么他会喜欢独自完成工作，而不愿领导下属共同完成任务。如果成就动机附属在权力动机之下，则领导者会倾向于追求团体绩效，而非个人的成功表现，这无疑是有利于团体进步的，而团体的进步正是领导行为有效性的表现之一。另外，如果领导者的亲和动机高于权力动机，他可能为了和部属维持亲密的关系，而不愿做出必要的决策，有时会做出原则性的妥协让步，以避免与部属或有关人员的冲突。此外，领导者的亲和动机过高，会使领导者易于偏袒私人，无法公正统率整个团体，因而也就无法有效地完成领导行为。所以，领导者既要保持适度的亲和动机，又要注意使之保持低于自身权力动机和成就动机的水平。只有这样，才能真正发挥亲和动机对领导者领导行为有效性的积极作用。

在工作实践中，几种动机的最佳组合还要受到管理环境的影响和要求，并不总是一成不变的。

三、管理工作动机的测评

我国学者俞文钊教授等人在国内外有关动机理论的基础上，开发了权力动机、成就动机、亲和动机三种动机的测评量表，用来考察我国企业中层管理人员动机的特质。该量表共348个项目，分8个维度，分别是：成就水平、目标水平、自信心、风险决策、失败承受力、对待困难的态度、权力动机与亲和动机，其中前6个维度构成了成就动机。该量表考察了中国企业中层管理人员的特色，具有一定的借鉴意义。该量表具有较好的信度水平，其效度和题目的区分度也达到了较好的水平。

【补充案例】　　某集团副总经理素质测评方案[①]

飞翔集团总裁为了了解集团内各个岗位副总经理的人、职匹配情况，特授权人力资源部总监组织一次团体测评。人力资源部总监聘请三位咨询公司的测评专家协助完成这一工作。

一、准备阶段

1.成立测评小组

测评小组包括测评专家组、测评项目小组，其中专家组包括此次测评的主要负责人——人力资源部总监和测评专家三名，主要负责建立测评指标体系、重点测评项目施测、汇总测评结果；测评项目小组包括总经理、培训中心经理、招聘主管三人，主要负责测评指标的评估、打分和最终测评结果的讨论。

2.建立测评指标体系

测评专家查阅全体副总的“职位说明书”及规范，明确所有副总的工作职责及职位要求，确定副总所需具备的素质要求。

测评项目小组人员查阅全体副总的绩效考核资料，确定高绩效人员、普通绩效人员，并从这些人员中各取三名组成样本组，以备建立胜任素质模型。

（1）初步确定胜任素质

首先，由人力资源部总监提供与副总职位相关的背景材料和素质要求；其次，由测评专家提供具体的胜任素质；再次，项目小组成员在测评专家的指导下列出各副总胜任职位的重要素质；最后，将所有资料汇总整合，确定出初步的胜任素质。

（2）开展行为事件访谈

由测评专家分别对优绩组、普绩组成员一一进行行为事件访谈（专家事先不知访谈对象属于哪个组别），专家要对谈话的内容做详细的笔记并做全程录音。

---

① 孙宗虎，等．人员测评实务［M］．北京：人民邮电出版社，2007：147.

（3）甄选、修订胜任素质

通过分析、汇总访谈笔记和录音内容，寻找新的胜任素质，同时对原先的胜任素质进行甄选和修订，得出最终的必不可少的胜任素质。

通过分析绩优组成员的行为表现，对所得的胜任素质进行高分标准定义，并赋予权重。

二、确定测评方法

针对此次被测人员的特殊性，决定采用以评价中心技术为核心、以心理测试和书面资料分析等方法为辅助，分阶段的施测方法，见表8-3。

表8-3 副总经理测评指标体系与测评方法一览表

测评要素		测评方法（测评工具）
测评维度（一级指标）	测评内容（二级指标）	
个人内在能力	个性品质	心理测试（16PF量表、投射测试、DISC个性测试）
	分析思维能力	心理测试（韦克斯勒成人智力量表）
	改革创新能力	心理测试（威廉斯创造力倾向测评量表）
人际沟通能力	个人影响力	评价中心技术、心理测试
	沟通技能	评价中心技术
	客户服务导向	评价中心技术
组织管理能力	业务组织能力	评价中心技术
	目标管理能力	评价中心技术
	团队建设能力	评价中心技术
	果断决策能力	评价中心技术
	危机应变及处理能力	评价中心技术

三、分阶段实施测评

1.初测阶段

首先，需要运用书面资料分析法对所有参测的高层管理人员的资格进行审查，分析职业申请表、个人履历表以及所有副总的档案，初步确定被测人员的年龄、学历、专业、从事管理工作的经验等各个方面的差异。

其次，将以上各方面的差异与副总职位胜任素质相比较，分析已得到测评的素质和有待进一步测评的素质，确定集中施测阶段的工作重点。

2. 集中施测阶段

在明确此阶段的工作重点之后，可以运用相应的测评方法和测评工具，由经过专门培训的测评小组在集中的一段时间内对所有副总进行深入测评。

在集中施测阶段，测评人员及测评专家不仅需要指导被测人员了解测评目的和测评工具的使用方法，还需要避免各种心理效应干扰，提高测评的公正性、可靠性和有效性。

四、汇总结果，得出结论

测评结束后，需要汇总、整合、分析测评结果，得出测评结论，主要有以下四项工作：

（1）评阅试卷，得出原始分数。

一般由测评专家来评分，测评项目小组成员进行数据录入工作。

（2）转换原始分数。

整合信息为了最大限度地减少年龄、学历等各种差异对测评结果的影响，可运用测评工具的常模标准把原始分数转换成标准分数。整合各方面获得的信息，得出每位副总的实际素质水平，并结合相应职位的具体要求，分析人与职是否相匹配。

（3）撰写素质测评报告。

一般来说，测评报告由测评专家共同撰写，需要经过撰写人员再培训、拟定初稿、共同商讨、统一标准、正式撰写、统筹定稿等阶段，从而保证测评报告格式的统一性、结论的准确性。

从内容的综合程度来分，测评报告有两种形式：一种是单个副总的素质测评报告；另一种是集团副总整体素质测评报告。提交何种形式的报告由企业实施测评的目的决定。其中，整体素质测评报告是建立在单个人员素质测评报告的基础之上的。

五、跟踪素质测评结果

测评结束后，测评项目负责人人力资源部总监继续对副总经理的工作表现进行跟踪和考核，评估此次测评结果是否符合事实，总结经验教训，以便改进素质测评技术。

第四节　评价中心技术

一、评价中心技术简介

评价中心技术是近年来流行的一种评价、选拔企业管理人员的方法。评价中心技术是一种综合性的人员测评方法，综合使用了各种测评技术，其中既包括个性测验、能力测验等心理测验的方法，也包括面试的方法。评价中心技术的最主要特点是它的情境性，这种方法将被试置于一个模拟的工作情境中，采用多种评价技术，观察和评价被试的心理和行为。

评价中心技术主要用来选拔、评价中高级管理人员，不仅可以对被试各方面的管理能力做出评价，而且可以发现、识别被试未来的潜力。西方管理学家在对评价中心技术的效果分析中发现，由企业领导随意挑选的管理人员，按照使用评价，其正确率只有15%；经过各级经理层层提名推荐的，正确率达到35%；经过评价中心技术推荐的，其正确率达70%。匹兹堡大学职业研究院的威廉·C.柏海姆调查了评价中心技术的研究项目后也指出，经过评价中心技术选拔的管理人员比仅仅凭人员主观判断而提拔的管理人员，其成功率要高2～3倍。

二、评价中心技术的产生与发展

20世纪50年代以后，评价中心技术被美国、西欧、日本的许多企业集团或组织所利用，并取得了较好的发展。评价中心技术产生于早期的情境模拟和心理测验及其应用，随着情境模拟及心理测验技术和方法的不断完善，以及社会对它们的认可，情境模拟和心理测验作为人员评价的手段逐步得到应用。评价中心技术的产生和发展大体上可以分为三个阶段。

（一）起源阶段：20世纪20—40年代

评价中心技术起源于德国心理学家所建立的一套用于挑选军官的多项评价程序。1929年，德国为了选拔军事人才，聘请心理学家建立了一套非常先进的、包括多种评价方式的评价程序。其中的一项内容是对领导才能的评价，是让被试参加对一组士兵的指挥工作，被试必须完成一些任务或向士兵解释问题。在此过程中，评价者需要对被试的表情、讲话的形式、完成任务的情况、笔迹等进行分析，对其做出全面评价，这就是评价中心技术的前身。

20世纪40年代，德国心理学家采用多种评价程序对军官进行评定的方法被带到了美国，并被美国中央情报局所接受，用来选拔特工人员，最先创立了评价中心。1943年哈佛大学的临床心理学家亨利·莫雷在华盛顿创立了评价中心。当时应用的测评方法有面谈、常规的考核和测验、从属测验、地图记忆能力、审讯模拟测验、无领导小组讨论、机械结构测验、压力情境测验、角色扮演测验等。

虽然当时美国中央情报局采用的选拔特工人员的方法受到了人们的重视，英国等国家也采用了这种方法选拔特工人员。在评价中心技术创立的启蒙阶段，这种方法只是适应战争的需要。

（二）发展阶段：20世纪50—60年代

20世纪50—60年代，评价中心技术开始在企业组织中应用，并收到了明显的效果。最早使用评价中心技术的企业是美国电话电报公司。1956年该公司开发了“管理发展研究项目”，采用了这一技术对几百名初级管理人员进行了评价，然后将评价结果封存起来。8年以后，即1964年，将当时的报告拆封并与这8年里的实际升迁情况进行核对。结果证明，在被提升到中级管理岗位的人员中，80%的评选鉴定是正确的，在未被提升的人员中，有90%在那时已经预测到了。使用的评价中心技术包括：无领导小组讨论、管理游戏、公文处理、深入细致而且广泛的面谈以及心理测验。公司内有2/5的管理人员参加了这项评价计划，评价的内容涉及25项，如领导能力、决策能力、组织能力、计划能力、成就动机、社会现实性、价值观等。美国电话电报公司在使用评价中心技术10年的时间里，对公司内部大批年轻的管理人员进行了评价，并进行了大样本的追踪实验，以获取评价结果与评价者在组织中成长的情况。

在这一阶段，评价中心技术得到了很好的发展，达到了一个规范化的程度，在企业组织的职业发展中起到了较好的作用，特别是有效地运用到企业组织对中低层管理人员进行的选拔和培训中。

（三）成熟与推广阶段：20世纪70年代以后

从20世纪70年代开始，评价中心技术得到了广泛的应用，全世界工业发达国家和地区相继采用这种技术，使得该技术的应用更为普遍。这一时期评价中心技术不再仅局限于企业组织，开始在军队、政府、学校及公共福利部门普遍使用。继美国电话电报公司之后，美国许多大公司都建立了评价中心，开始使用评价中心技术，如国际商业机器公司、通用电气公司、俄亥俄州标准石油公司、福特汽车公司、托拉斯银行、柯达公司、梅里尔·伦契的投资公司、西尔斯·罗勃克百货商店和J.C.朋妮邮购商行，以及美国政府的农业部等。有些较小的组织则合办评价中心。在美国每年通过评价中心技术选拔的人员达数十万名。

欧洲的一些大型企业也广泛地使用了评价中心技术，如德国大众汽车有限公司专门设立了评价中心，由专人负责，进行管理人员的选拔、培训与发展，求职者能否担任管理职务以评价中心的评价为准。对英国1 000家大公司的调查表明，约有37%的公司使用无领导小组讨论、公文处理及角色扮演等评价中心技术。而澳大利亚在5年间利用评价中心技术的公司增加了2倍。

评价中心技术自20世纪80年代被介绍到我国以后，得到了很好的发展与广泛的应用。吉林、辽宁、河北、广西、上海、陕西等省市从1989年开始广泛使用情境模拟测评人的素质，招聘录用干部。近年来，我国的一些企业也纷纷采用评价中心技术进行人员的招聘选拔及培训、考评，如上海五洲制药厂、上海第三制药厂、上海大众汽车有限公司、百事可乐公司及通用汽车公司等。

三、评价中心的测评方法

评价中心常用的测评方法有公文处理法、无领导小组讨论、角色扮演、管理游戏、案例分析、演讲等。各测评方法比较见表8–4。

表8–4　**评价中心测评方法的比较**

测评方法	方法概述	考察的能力
公文处理法	应聘者假定为应聘职位人员，在其办公室的桌上堆放着一大堆亟待处理的文件，包括信函、电话记录、电报、报告和备忘录。应聘者要求在给定的时间内完成文件的处理	计划能力、组织协调能力、分析判断能力、沟通协调能力、决策能力、授权能力、团队管理能力、时间管理能力、文字表达能力、信息的收集和利用能力、处理问题的条理性程度和灵活性程度及人际敏感性等
无领导小组讨论	无领导小组讨论是把应聘者划分为不同的小组，每组人数4~8人，不指定领导者，大家地位平等，在此基础上根据提供的案例进行讨论，最后要求形成一致意见，并以书面或口头形式汇报它的整个讨论过程，考评者并不参与，完全由应聘者自己控制讨论进程	组织协调能力、领导能力、团队合作能力、说服能力、综合分析能力以及决策能力、自信心、进取心、责任感、灵活性、情绪稳定性等
角色扮演	考评者设置了一系列尖锐的人际矛盾与人际冲突，要求应聘者扮演某一管理角色并进入角色情境去处理各种问题和矛盾。考评者通过对应聘者在不同角色情境中表现出来的行为进行观察和记录	判断能力、创造能力、谈判能力、沟通能力、决策能力、语言表达能力、应变能力等

续表

测评方法	方法概述	考察的能力
管理游戏	给几个应聘者分配一定的任务，必须合作才能较好地完成，有时引入一些竞争因素，通过对游戏项目的完成判断应聘者的能力	沟通能力、语言表达能力、综合分析能力、团队合作能力、领导能力、决策能力、应变能力等
案例分析	考评者提供给应聘者一些在管理中遇到的各种现实问题，要求他们通过准备一系列的建议，形成一份书面报告提交相关的部门的一种甄选方法	综合分析能力、逻辑思维能力、独创性、决策能力、策划能力等
演讲	给应聘者随机抽取一个题目，让其准备5~10分钟，然后进行演讲，演讲时间一般在5~10分钟，以此来阐述自己的观点和理由	分析推理能力、逻辑思维能力、反应理解能力、语言表达能力、言谈举止和风度气质等

（一）公文处理法

公文处理法也叫文件篓或文件筐测验，是评价中心常用的核心技术之一。具体方法为：设置一个模拟情境，让被试扮演管理者的角色，急需处理一些文件。这些文件包括上级的通知、下级的报告、客户的来信以及公司内部人事及财务方面的信息等。要求被试在有限的时间里，独立处理这些文件。公文处理完以后，评价者还要对被试进行采访，要求被试说明这样处理文件的理由，看其理由是否充分，决定是否果断。如果被试的文件处理方式属于“扣分”范围，应让被试特别说明。

另外，在整个文件处理的过程中，被试是遵守原定的方案还是临时改变策略，这点很重要。评价者应根据情况，注意观察，做出正确评价。在对被试采访的过程中，如果被试提出一些好的解决方法，评价者应该对其给予积极的评价。在被试处理公文的过程中，评价者观察被试处理公文的情况，看其是分轻重缓急、有条不紊地处理公文，还是拘泥于细节、杂乱无章地处理。

公文处理测验可以反映被试在管理上的组织、计划、分析、判断、决策和分派任务的能力，还反映了其对事物的主动性和对外界环境的敏感程度。

（二）无领导小组讨论

无领导小组讨论是对一组人同时进行测试的方法。主持人给一组被试（通常为4~8人）一个与工作有关的题目，进行简单的说明后，让小组成员就这个问题进行讨论。在讨论小组中没有指定的领导者，也不安排任何角色，整个讨论过程完全由小组成员自行安排。主持人和评价者并不参与讨论，只是对整个讨论过程进行观察和评价，并对每个参试者评分。对参试者的评价大致围绕8个方面来进行：主动性、说服力、沟通能力、表达能力、自信心、承受压力的能力、人际交往能力及精力。

美国人力资源管理评价中心的有关研究表明，无领导小组讨论对于评价被试的集体领导技能非常有效，尤其适用于考察应聘者分析问题、解决问题以及决策等方面的素质。然而，事实上，由于各个小组之间的人数不同、小组成员的素质不同、气氛不同，各组之间难以进行横向比较。另外，无领导小组讨论与管理实践中的实际情况毕竟存在差异，所以无领导小组讨论的信度较难保证。

（三）角色扮演

角色扮演是一种比较复杂的测评方法，它要求被试扮演一个特定的管理角色来处理日常的管理事务。它一般由多个被试同时参加测评，每个人扮演一个角色，模拟实际工作中的一系列活动。例如，让被试扮演一个百货公司经理的角色，对售货员与顾客因某事引起的争执进行处理。

角色扮演强调在测评中要了解被试的心理素质，而不是根据他临时提出的意见做出评价，因为临时工作的随机因素很多，不足以反映一个人的真才实学。有时可以由评价者故意给被试施加压力，如工作时不合作，或故意破坏等，以了解被试的各种心理活动及其所反映出来的个性特点。

角色扮演通常能有效地考察被试的多方面能力，如组织协调能力、合作能力、实际工作能力、处理突发事件的能力等。

（四）管理游戏

管理游戏也是评价中心技术常用的方法之一。管理游戏是让被试参加到一个企业真实的经营管理活动中，这种活动是以“实际工作任务”为基础的标准化模拟活动，用以观察和测评被试实际的管理能力。

在管理游戏中，每位小组成员被分配一定的任务，成员之间必须合作才能较好地完成任务，如购买、供应、装配或搬运等。有时也可以在活动中引入竞争因素，如将被试分成几个小组，让几个小组同时进行销售或市场占领，以分出优劣。管理游戏根据被试在解决问题及完成任务的过程中所表现出的行为来测评被试的素质，有时还伴以小组讨论，评价者可以在客观的环境下有效地观察被试的领导特征、能力特征、指挥特征和社会关系特征等。

管理游戏能够突破时间与空间的限制，把实际工作中很长时间才能发生、具有典型性的事件浓缩在几小时之内，让被试感受、处理，可以很好地了解被试各方面的能力。另外，管理游戏的模拟内容真实感强，富有竞争性，又能使参与者马上获得可观的反馈信息，所以能引起被试的浓厚兴趣。

从表8-5[①]中可以看到，评价中心中的每种测评方法都可以测量胜任力，而每种胜任力又至少有两种以上的测评手段进行考察。

表8-5 **评价中心设计中的评价矩阵**

项目	影响力	协调能力	授权	决策	分析判断
无领导小组讨论	●	●		●	●
文件筐测验			●	●	●
演讲	●				●
角色扮演	●	●			●
半结构化面试		●	●	●	●

表8-6是评价中心的典型模式。

表8-6 **评价中心的典型模式**

时间	活动内容
星期日	6名评价者在某宾馆集合，组织安排一个星期的活动。评价中心的所有活动都将在这个宾馆中进行。12名应聘者于当天晚上到达宾馆并住下
星期一上午	第一单元：首先由评价者向被评价的应聘者介绍情况，并由应聘者做自我介绍。然后将应聘者分成4个小组，参加管理实习游戏。管理实习游戏的内容一般是提供给每个小组一笔有限的资金用于采购原材料，制造成产品并销售出去。原材料是玩具的零件，这些零件可以装配成不同种类的产品，每种产品都有规定的市场价格。 应聘者的任务是首先决定如何来投资以得到最高利润，然后组织采购、制造和销售。评价者观察应聘者的领导风格、组织能力、财务敏感性、思维速度以及在紧张情况下的效率。 评价者也会给应聘者安排一些突发的情况，例如，让应聘者接到一个通知，原材料与产品的价格都突然改变了，这就需要应聘者果断地做出决策，重新安排资金和组织工作。可能当大家刚刚安排完新的工作，忽然价格又一次发生了变化。应聘者在这些突发的事件中做出的决策行为和处理办法，使得评价者能够从中对他们的适应能力做出评价。 在游戏结束的时候，评价者要求每一位应聘者写出一份报告，对自己和其他应聘者的执行效果做出评价

① 刘远我．评价中心刍议［J］．中国人力资源开发，2007（5）．

续表

时间	活动内容
星期一上午	第二单元：将应聘者分成6个小组。当其中的一个小组接受纸笔的心理测验的时候，评价者对其他的成员进行个别谈话。每个应聘者的详细背景资料已经事先提供给评价者。通过这些资料可以审查应聘者过去的工作经历、求职动机以及自我发展意识等。这种谈话的评价过程是考察应聘者过去行为的一个措施
星期一下午	第一单元：心理测验与面试
	第二单元：无领导小组讨论：在两个没有组长的6人小组中，应聘者进行提升决策的讨论。在这里，应聘者扮演的是主管人的角色，他们将会从上级那里接到一个简短的通知，要求在6人小组中挑选出一个人给予提升。每个应聘者接到一份作为“选拔对象”的档案资料。当每个应聘者读完手中的这份资料之后，他们将有一个小时的时间展开讨论，来决定推荐谁提升。评价者可以观察应聘者在讨论中所表现出来的主动性、自信心、灵活性、说服本领、表达技巧、人际交往能力等。 选择性的练习：在无组长的6人小组中，由应聘者来讨论作为一个管理人员所应该具备的几个最关键的素质，并按其重要性进行排序，这样也迫使这些应聘者考虑自己的被评价的品质。然后每个小组推选出一个代言人在全体评价者与应聘者的面前介绍他们这样排列的依据
星期一晚上	每个应聘者接到一份怎样才能更好地选用员工的材料以及一份求职者的履历表。他要阅读这些材料，因为这些材料将在第二天的一个练习中使用。他也会接到一个特殊的电话，如发怒的顾客来电
星期二上午	文件筐练习：要求应聘者模拟一种工作的情境。例如，在某一天上午，假设他处于总经理的职位，在他的文件筐中装满了他所要处理的各种各样的文件。他要回答被查询的事件，也可以要求索取他所要进一步了解的信息，也可以适当地授权给下级。他要像真正处于那个职位的人那样组织和计划开展工作
星期二下午	第一单元：应聘者按照前一天准备好的材料接待求职者的来访，在进行每一个访谈时都有一个评价者在场。申请工作的人由受过这方面专门训练的大学生来扮演。访谈持续一个小时，等申请人离开以后，评价者会询问应聘者对申请人了解到了一些什么
	第二单元：对犯规的处理。在4人的小组里，应聘者将在一个小时的时间内做出如何分配时间来处理好这样的3个案例的决定。通过本练习，评价者可以评价应聘者对人事问题的鉴别和判断，以及他在处理下级人员的事件时的敏感性，同时，还能深入了解他在集体中的行为表现

续表

时间	活动内容
星期二下午	第三单元：选择性的练习：无领导小组讨论。要求应聘者扮演市政会的成员，面临的是如何对城市的各个部门分配一笔100万美元的赠款的问题。每个市政会成员分别代表的是市政部门、公安部门、环卫部门、水利部门等，他们要尽可能地为自己所代表的部门争取更多的赠款。有效的讨论时间限于一个小时之内
星期二晚上	将一个公司的详细资料和数据提供给全体的应聘者。要求每一个应聘者站在顾问的立场上审阅财务和市场销售情况，并准备一份关于发展一种产品的书面建议呈交给董事会
	与此同时，评价者要准备第二天的活动，并详细阅读应聘者的文件筐测验的结果
星期三上午	第一单元：分成4个小组，每个小组由1个评价者和3名应聘者组成。每个应聘者轮流口头介绍他前一天晚上准备好的公司材料的分析并提出书面的建议
	第二单元：3个应聘者集中在一起用一个小时的时间统一意见写出一份综合性的建议书
	第三单元：进行文件筐练习谈话以后，由1个评价者和1个应聘者一起讨论他所采取的各种行动。这样可以进一步明确地了解每一个应聘者对典型问题和机会的掌握和领会
星期三下午	最后一次小组会议，应聘者互相评价并提出他们想了解的问题，然后他们就各自回家
星期三下午至星期五	评价员对应聘者进行讨论，并准备对应聘者的评价做出汇报
	在整个练习的过程中，每一个评价者都争取尽可能多的机会密切观察每一个应聘者。因此，在评价者对应聘者进行评价的过程中，例如，在对应聘者A进行评价的时候，由接待应聘者A个别谈话的评价者总结他的背景以及他自己对该应聘者在谈话中的行为的评价，然后，另外一个对A的文件筐测验进行评价的评价者会向大家说明A在文件筐测验中的表现。依此类推，每个评价者都介绍自己所观察到的对应聘者A的印象。每个评价者都尽可能对这些评价保持客观
	当所有观察过应聘者A的评价者都对其发表意见之后，他们才开始从应聘者A在管理方面的潜在能力的角度出发，判断他的能力对拟任职位的适宜性以及对今后的培训及发展方向的建议。然后将大家统一的意见写成总结性的报告

【补充案例】　　联想的帅才“孵化器”①

据传段永基曾经说过，四通之所以比不上联想，在于柳传志给自己选对了两个人：杨元庆和郭为，这或有一些偏颇，但也说明了联想的帅才确实是成就今天联想的一个重要因素。

人力资源管理是联想集团的管理核心。

在联想的早期，首要的是求生存，我比创业伙伴们对企业的认识要深一些，市场感觉要好一点，因此，那个时期我个人拍板决断的情况要多一些。后来，生存问题基本解决了，企业要求发展，这时候我就开始注意培养接班人问题。

——柳传志

一、孵化第一式："扎鞋垫法"

培养战略型人才跟培养优秀的裁缝是同样的道理，不能一开始就给他一块上等毛料做西装，而是应该让他从缝鞋垫做起。鞋垫做好了再做短裤，然后再做长裤、衬衣，最后才是做西装。不能拔苗助长、操之过急（柳传志语录）。即使是帅才，也是从最基本的工作，一步步做起，待到经验和能力都达到时，再给予其更高的平台。

神州数码总裁郭为，担任联想副总裁时不过30岁出头，但他在联想同样是从秘书做起，岗位先后变动达十余次，每个岗位都有不同类型的业务内容。按郭为的说法，他的工作是从给老板开车门、拎皮箱开始的。后来离开秘书岗位，到只有五个人的公关部做经理。一年后又去做集团办公室的主任经理。在之后的几年里，他做过业务部门的总经理、企业部门的总经理，负责过财务部门的工作，被派到广东惠州联想集团新建的生产基地学习盖厂房，也去过香港联想负责投资事务。

而杨元庆1988年到联想集团，从推销员做起，两年后成为当时一个不太重要的业务部CAD部门的经理。担任业务部经理的时候，杨元庆利用与美国惠普公司的业务往来关系潜心学习惠普公司的管理，不仅使任职部门的营业额快速增长，而且带出一支十分优秀的队伍，由于工作出色，后调到联想最重要的微机事业部做总经理。在微机事业部，杨元庆带领一群人不断拼搏，使联想电脑市场份额在两年间有很大的飞跃，又逐渐被委以重任。就这样，一步一步才登上联想集团总裁的位置。

柳传志培养杨元庆、郭为的做法，第一是让帅才们逐渐参与决策、参与管理，这样一方面在价值观、思想方法甚至工作技巧等诸方面求得一致；另一方面

① 黄林．联想的帅才“孵化器”[J]．投资北京，2011（1）．

要求他们不能当被动式接受、传递的齿轮，而是要当主动思考、创造执行的发动机，可以指导，但绝不代替他们自己。第二就是先把责权利说清楚，然后放手给他们以机会和舞台，让他们在工作中锻炼成长起来。

这样做的好处就出来了，一是群策群力，企业能避免大的决策失误和经营震荡；二是帅才们有职有权，积极性能调动起来；三是在他们独当一面后，柳传志也能腾出时间和精力思考一些关乎公司发展的更重大、更长远的问题。

二、孵化第二式："赛马法"

只有在赛马中才能识别好马，才能发现千里马。

折腾是检验人才的唯一标准。

培养年轻人主要是考虑把事业做大。我用的方法就是让他们参与管理。

——柳传志

联想培养帅才的第二个方法是从赛马中识别好马。在联想看来，最好的认识人才和培养人才的方法就是让他做事。

联想"赛马法"包括三个方面的含义：

(1) 要有"赛场"，即为帅才提供合适的岗位。

(2) 要有"跑道"划分，不能乱哄哄挤作一团，必须引导他们有秩序地竞争。

(3) 要制定比赛规则，即建立一套较为科学的绩效考核和奖励评估系统。

联想从1994年开始，每到新年度的3—4月间都会进行组织机构、业务结构的调整。在这些调整中，管理模式、人员变动都极大。通过"折腾"，联想给员工提供尽可能多的竞争机会，在工作中崭露头角的年轻人脱颖而出，而那些故步自封、跟不上时代变化的人就会被淘汰——这就是"在赛马中识别好马"。

早在20世纪90年代初，联想就开始实施"在赛马中识别好马"的策略。当时联想人员的年龄结构存在着一个很大的矛盾，最初创业的一代当时约占总人数的40%，平均年龄在46岁，年龄最小的也在40岁以上；另外60%是刚从学校毕业或从社会上招聘来的，平均年龄在26岁左右，年龄最大的不超过30岁。而30~40岁这个年龄层出现了空白。这种情况可能会导致两种后果：一是5年之后，也就是当老一代联想人需要退居二线的时候，联想可能会后继乏人；二是5年之后，50多岁的老一代联想人虽没有退居二线，但计算机界的竞争日新月异，从观念上、市场竞争上，联想可能会掉队。联想意识到了这一点后，便开始不断地把年轻人推到前面。在1990年、1991年这两年里，虽然遇到了很大的阻力和困难，虽然年轻人还没获得大家的认可，但联想在用人、选拔人才时始终贯彻这一策略。

杨元庆和郭为也正是在这个时候开始不断被提拔的，1990年郭为任联想业务二部总经理，1991年杨元庆任联想CAD部门的总经理。从此，“好马们”开始显山露水了。

三、孵化第三式：“索骥法”

接班人问题要早做考虑。

办公司就是办人。

不光要看到前门脸，还要看到后脑勺。

德才兼备最好，实在不能兼得的时候，应该将“德”放在第一位。一流的人才都是善于总结的。

——柳传志

联想在创业初期，对人才的能力素质尚未进行深入的分析，没有成型的领导素质模型，但有个朴素的要求——“德才兼备”，就是说既要有业务能力做出业绩，又要有好的品德，而且德是放在第一位的。

到了20世纪80年代末，联想开始将人才分成“三个层次”：

（1）好员工：有责任心，能独立完成本职工作的人。

（2）骨干或经理：有责任心和上进心，能带领一班人完成工作的人。

（3）领军人物（也即帅才）：有责任心、上进心、事业心，能带领一个团队，制定战略，并将战略推向成功的人。

对于帅才细化成了十项全能：

①很强的适应能力。

②很强的学习能力。

③很强的总结能力。

④很强的沟通能力。

⑤很强的决策能力。

⑥正确认识自我的能力。

⑦顾全大局。

⑧实事求是。

⑨敢于承担风险，敢于面对困难。

⑩勤奋、吃苦。

联想认为以上10个项目中，首先应是适应能力。一个年轻人要想发展，很多情况下不是由你选择环境，而一定是你适应环境，当环境认可你时，你再认可环境，这样才能发展。现在很多年轻人眼高手低，缺乏这一素质。

杨元庆当初是抱着做技术工作的想法进入联想的，进去后才发现自己原来是要每天往外跑做销售。结果性格内向、言语不算流畅的杨元庆接下这工作干了起来，最后一直做到了总裁。其适应能力不可谓不强。

而1991年杨元庆所去的CAD部实际上主要代理销售惠普公司的绘图仪。杨元庆从惠普绘图仪的销售中，学会了除了零售和批发之外的另一种销售模式：代理和分销。杨元庆从中受到了很大启发。他开始构想以联想为中心的销售网络。也就是在杨元庆上任的这个月，联想CAD部与中关村的一家公司签订了代理分销合同，从此，中国IT业诞生了真正意义上的分销商。杨元庆以这种销售模式使得CAD的销售业绩持续上升，1992年销售额比上一年增长了一倍，1993年又比1992年增长了一倍，由1991年的3 000万元增加到1993年的2.3亿元。正所谓青出于蓝而胜于蓝，这种学习自惠普的模式，也是后来联想在中国大地屡屡打败惠普、IBM的强大工具。

杨元庆在CAD部的成功，显示了他的天赋，那就是善于适应环境、善于学习、善于总结经验、善于发现，又善于应用。联想也在企业不断的发展成长中，逐步完善自己对帅才的要求，形成系统的职业素质要求。最后通过这个成熟的模型，联想先后发掘了陈绍鹏、刘军等新一代的帅才。

重要概念

管理技能测评　管理职业能力倾向　权力动机　成就动机　亲和动机　管理行为　评价中心技术　无领导小组讨论　公文处理法　角色扮演　管理游戏

复习思考

1. 管理者管理技能的测评内容有哪些？
2. 管理者管理技能测评的理论基础是什么？
3. 管理职业能力倾向测评的主要内容是什么？
4. 管理职业能力倾向施测中应注意的问题是什么？
5. 什么是动机？动机和情绪有什么关系？
6. 简述权力动机、成就动机、亲和动机的内涵及其与管理行为间的关系。
7. 简述评价中心技术的概念及发展历史。
8. 评价中心的测评方法主要有哪些？

第九章

招聘面试（上）

【开篇案例】

典雅家具制造公司的一次面试[①]

秦先生是董事经理，随着公司业务的逐渐扩大，他开始考虑放弃一部分权力，着重战略上的管理。目前他正在找寻一名合适的人力资源部经理。这也是他对这个岗位的第一次招聘。在作了一番研究之后，他对这个岗位的应聘者提出了几项基本条件，包括10年的相关工作经验和商业管理方面的学位。有一名应聘者李先生，是秦先生的合作伙伴邓先生的表兄。李先生现在是典雅公司一家直接竞争对手的人力资源部经理的得力助手。秦先生的合作伙伴介绍李先生来应聘典雅公司的这个岗位，前提条件是由秦先生负责面试和确定是否最终录用。李先生只修读了两年工商管理课程，但在那家公司做过8年不同的人力资源管理工作。秦先生的合作伙伴还提到，他的表兄因为不满意现在的工作正欲另投其他公司。三个月前，当李先生公司的人力资源部经理一职空缺时，他本来是有希望得到提升的，但经理的妹妹虽没有工作经验和文凭却夺得了这个职位。李先生对工作失去了积极性，不仅仅是因为没有得到提升，更因为他为人力资源部精心设计的工作体系被公司束之高阁。

秦先生已经准备好了几个面试问题，并已面试了几名应聘者。现在请一起与他参与面试李先生的过程。

① 国际金融公司中国项目开发中心组．人力资源管理［M］．上海：上海科学技术出版社，2004.

秦先生（面试者）：李先生，早上好。

李先生（被面试者）：早上好，经理。

秦先生：非常高兴能与你见面，在面试过程中我将会做一些笔录，希望不会干扰你的谈话。你是邓先生的表兄，对吧？

李先生：是的，先生。我的母亲和他的母亲是姐妹。

秦先生：那我相信邓先生已经告诉你我们公司需要一名人力资源部经理的原因，这是我们第一次招聘能帮助我管理员工的人员。

李先生：我希望能获得这个机会与您合作。

秦先生：你现在正在为我们的竞争对手大方公司效力。那么你为什么会应聘这个职位呢？

李先生：大方公司成立已经超过12年了，我在公司干了8年。我对大方公司的运作情况了如指掌，我对这个行业的需求也很清楚。我确信我能胜任这项工作。对于贵公司来说，拥有我肯定将是一个很大的优势。

秦先生：你无疑将对公司有很大的作用。但我又如何能保证在8年之后，你不会又另谋高就呢？

李先生：首先，我的表弟是你的合作伙伴，我不会做任何导致家庭不和的事情。我只是对自己在大方公司所遭受的待遇非常有意见。我期待人力资源部经理职位已经很长时间了，但他们连一点机会都不给我。最重要的是，我为人力资源部精心设计的工作体系和流程被置之不理。我感觉大方公司已经不再需要我了。

秦先生：为什么你想来这里而不是去规模更大的家具生产公司发展呢？

李先生：我现在还没有机会去其他公司应聘。况且，我宁愿为表兄工作，因为我相信他会一直照顾我的。

秦先生：你作为人力资源部经理助理，具体做哪些工作？你设计的工作体系和流程是怎样的？确实有效吗？

（李先生对他所完成的某些人力资源管理体系作了描述，并谈了一些成功的经验和所遇到的问题）

秦先生：你的工作经历听起来非常不错，但这个岗位的一项基本要求是在人力资源领域有10年的经验，还有一点很重要的是，我的人力资源部经理要求具备商业相关学历。我的另两名管理人员都有商业方面的学位。所以我的人力资源部经理在学历上也不能逊色。

李先生：秦先生，我知道你的要求，但是我想请你考虑一下我的工作经验。你说我的工作看来不错。

秦先生：我当然会考虑你的工作经验。但我仍会对其他应聘者进行评估。在完成所有评估之后，我会通知你我的决定。

（站起身，和李先生握手）

李先生：我会等你的来电。谢谢。（站起身握手）

在李先生离开后，秦先生仔细回想了面试过程，并开始填写应聘人员评定表。

案例思考：

1.请分析面试中面试考官容易犯的错误。

2.请评价这场面试中面试者的面试技巧运用情况。

第一节 招聘面试概述

一、面试的含义和特点

在人力资源管理中，人员招聘与录用是其中一个重要的输入环节，而在人员招聘过程中，对应聘人员的面试又是其中的关键环节。面试是通过主试与被试双方面对面的观察、交流等双向沟通方式，使应聘者能够了解到更全面的组织信息，更是组织了解应聘者的素质状况、能力特征以及应聘动机等信息的一种人员测评技术。

迪波耶（Dipboye）1992年的一项研究显示，70%的企业在招聘和筛选过程中使用了某种形式的面试技术或方法。相对于纸笔考试、心理测验、工作模拟等其他测评技术，面试的特点主要表现为：

（1）以观察和谈话为主要工具，实行面对面的交流和沟通。有利于评估那些通常只能通过面对面相互作用才能测量的因素，如外表、口才、自信度、人际交往能力等。

（2）面试内容灵活，适应性强。面试内容可以因组织、工作/岗位、申请者的不同而灵活安排、设计，能填补其他测评手段中的信息空白。

（3）双向沟通、互通有无。通过面试既可以使招聘者观察和评估应聘者的素质、技能等情况，也可以让应聘者有机会直接了解招聘组织的相关信息，进一步体现招聘中的双向选择原则。

二、面试的优势与局限性

和其他测评方法比较起来，面试的优势主要表现为：

（1）适应性强，能填补其他测评方法中的信息空白。面试的测评弹性空间较大，可根据需要设计问话提纲，或就某一方面连续提问多种问题，或就需要提问各种问题，从而达到收集有用信息和全面深入了解申请者的目的。

（2）面对面的交流。通过面试，可以用来评估那些只能通过面对面交流才能测量的因素，比如外表气质、礼仪口才、自信及人际交往能力等，从而有利于增强对自己所做决定的信心。

（3）提供给应聘者一个现场实时的表现机会。当应聘者有了一个当面证明自己能力的机会时，应聘者会觉得这样的选拔更有表现的机会、更公平、更富有人情味。

（4）收集信息的渠道是立体的、多侧面的。通过面试，招聘者可充分调动信息收集渠道，如看、听、问等，既便于多方印证，也使招聘者对其评判呈现立体的、多侧面的。

根据Mehrabian关于面对面交流的“3V”理论，在信息的传达中，言辞只占7%，语调占38%，身体语言则高达55%。因此，面试中主考官应有目的、有计划地直接观察应聘者的语言行为和非语言行为，并将结果作系统记录、研究和分析，判断应聘者的行为类型，进而分析其深层心理。与此同时，应聘者也可以在面试中通过考官的行为来判断其态度偏好、价值标准及对自己表现的满意度，从而调整自己的行为。

但是，面试测评法的局限性也是相当明显的，主要表现为：

（1）成本较高，费时长，效率低，不宜大规模采用；

（2）评分主观随意性大，不易保证信度；

（3）由于面试官可能存在的偏见和应聘者的刻意掩饰，对应聘者的品格、诚实度、忠诚度、技能等方面难以完全把握，需要与其他方法配合使用才可保证选拔的有效性。

三、面试的主要类型

根据分类标准的不同，面试可以划分为不同的类型：

（一）根据面试与应试的人数划分

1.一对一面试

一对一面试即一个面试官对一个应聘者。比如在微软公司，每一个应试者要同公司的5~8 个人面谈，必要时可能达到10个人。每一个面试官的面试都是以

“一对一”的方式，因为微软文化中讲究公平对等，所以他们不会让一个应试者面对一大堆考官。

2. 一对多面试

一对多面试即一个面试官对若干个应聘者进行面试。

3. 多对一面试

多对一面试即多个面试官对一个应聘者进行面试。此种情形包括小组面试和委员会面试两种类型。小组面试是3~4个面试官同时对一个应聘者进行的面试，每个面试官可根据自己的专长提问。委员会面试是5个或更多人对应聘者的面试，可借机了解应聘者在压力下的反应。

4. 多对多面试

多对多面试即多个面试官对若干个应聘者的面试。这种面试方法通常是由面试的主考官提出一个或几个问题，引导应聘者进行讨论，从中发现、比较应聘者的表达能力、思维能力、组织领导能力、解决问题能力等。此面试方法效率较高。

（二）根据面试内容设计的侧重点划分

1. 情境式面试

情境式面试即通过向应聘者提供一种假定的情境，观察应聘者在情境中的行为反应，主要关注该应聘者与未来行为相关的意向或倾向。情境式面试是结构化面试的一种特殊形式，它的试题多来源于工作，或是工作所需的某种素质的体现，通过模拟实际工作场景，考察应聘者是否具备工作要求的素质。

2. 行为描述式面试

这是基于行为的连贯性原理发展起来的面试方式，是一种采用专门设计的问题来了解应聘者过去在特定情况下的行为结构化面试方法。考官通过了解应聘者过去的工作经历，判断他选择本组织发展的原因，预测他未来在本组织中发展所采取的行为模式，并将其行为模式与空缺职位所期望的行为模式进行比较分析。

3. 心理面试

这是由心理学家或人力资源专家主持的，目的在于评价应聘者的某种心理素质（如独立性、责任心）的面试。当某种心理素质对于一个职位特别重要时，多采用这种面试方法，一般在选择高级人才时使用。

（三）根据面试的结构化程度划分

1. 结构化面试

结构化面试由一系列连续向应聘者提出的与工作相关的问题构成，包括情境问题、工作知识问题、工作样本模拟问题、关键工作内容模拟问题以及员工要求问题五类。这些内容在面试之前已经形成一个固定的框架（或问题清单），主考官根据框架对每个应聘者分别作相同的提问。这种面试的优点在于：对所有应聘者均按同一标准进行，可以提供结构与形式相同的信息，便于分析、比较，同时减少了主观性，且对考官的要求较少。研究表明，结构化面试的信度与效度较好，但缺点是过于僵化，难以随机应变，所收集的信息范围受到限制。

2. 非结构化面试

非结构化面试即对面试的构成要素不作任何具体的规定、无固定模式、事先无须作太多准备的面试，主考官只要掌握组织、职位的基本情况即可提出一些探索性、无限制的问题。这种面试的主要目的在于给应聘者充分发挥自己能力与潜力的机会。但缺点是发散性强、随意性大，效度较低，应聘者之间也难以比较。

3. 半结构化面试

半结构化面试即结合结构化面试与非结构化面试的特点，形成对面试的构成要素中有的内容作统一要求，而有的内容则不作统一规定的方式。此面试的特点是简单、易组织，但也有一定的随意性，效度也不高。

（四）根据面试的目的划分

1. 压力型面试

压力型面试即将应聘者置于一种不舒适的环境中以考察其对压力的承受能力。考官一开始就可能从应聘者的背景中寻找弱点，提问具有攻击性的问题，如询问其原来是不是工作不积极、经常缺勤等，以此观察应聘者在承受压力、情绪调整上的能力，以及应变的能力和解决紧急问题的能力等。压力型面试多用于招聘销售人员、公关人员、高级管理人员。目前有些人力资源专业人士认为，压力型面试不仅不替别人着想且作用不大，而且所获得的信息经常被扭曲、被误解，这种面试所获得的资料不应作为录用决策的依据。

2. 非压力型面试

与压力型面试相反，非压力型面试中，考官力图创造一种宽松亲切的氛围，使应聘者能够在最小压力下回答问题，以获得录用所需的信息。一般除了那些需要真正在压力下工作的岗位之外，非压力型面试适用于绝大多数的情况。

3. 鉴定型面试

鉴定型面试即主要是上级主管和同事对应聘者的工作绩效所作的评定。

（五）根据面试借助的介质划分

1.普通面试（by no means，简称N面试）

普通面试即不借助任何介质或媒介，面试双方在同一房间内进行的面试。

2.可视电话面试（by telephone，简称T面试）

可视电话面试即双方通过可视电话进行的面试。

3.网络（电子）面试（by internet or electronic，简称E面试）

网络（电子）面试即双方借助网络或电子介质进行的面试。

4.其他面试（by others，简称O面试）

其他面试即除了以上三种面试形式之外的面试形式，如通过闭路电视等设备进行的面试等。

四、面试的要素

（一）面试的结构要素

一项标准的面试活动通常由五大结构要素构成。

（1）面试官（interviewer），也称评委、面试者、考官。他是组织选派的主持、面试人员。

（2）应试者（interviewee），也称被面试者、考生、被试等，即参加面试的应聘者。

（3）面试内容，包括所提问题及评分标准等。

（4）实施程序，通常分为五个阶段，即初始、引入、正题、变换、结束。

（5）面试结果。

（二）面试的内容要素

根据面试所要测查的内容，分为通用要素与专门要素两大类。

1.通用要素

所谓通用要素，即指不论工作性质如何，不管应聘者的经历、背景是否有差异，通常会列入面试考察范围的内容。具体包括：

- 个人信息；
- 仪表风度；
- 工作经验；
- 工作态度、动机与工作期望；
- 事业心、进取心、自信心；
- 语言表达能力；
- 综合分析；
- 自我控制能力与情绪稳定性；

- 人际交往倾向及人际关系；
- 精力和活力；
- 兴趣及爱好。

2. 专门要素

所谓专门要素是指与特定组织的特定职位有关的特殊要求。一般包括三大方面：

- 专业知识的广度和深度；
- 专业技能的高低；
- 专业上的特长。

第二节 面试的信度、效度及影响因素

面试的信度和效度是评价一项测试是否有效的两项重要指标。

一、面试的信度

面试的信度分为面试官内部信度与面试官之间信度两种。

（一）面试官内部信度

面试官内部信度是由同一面试官随时间推移做出判断的一致程度。卡森（Carlson）1968年的研究发现，面试官在有一个相对的评价标准可以用作比较以及申请者差异非常大的情况下，其内部稳定性会有所提升。基于大量对面试官内部信度的研究表明，面试官的评价都有相当程度的内部一致性。无论他们个人是否对应聘者有偏见，由于应聘者的情况是稳定的，因此面试官的评定结果也是稳定的。

（二）面试官之间信度

面试官之间信度是指不同面试官对同一个应聘者判断结果的一致性程度。对面试官之间信度的研究主要集中在面试官之间的差异上。大量研究并未显示一致的结论。面试官之间信度高者达0.80，低者只有0.15。研究发现，在面试中要求面试官做出评定的内容会影响到其评定结果的一致性。比如，如果评定内容是应聘者在某一工作/岗位上的过去工作情况，则大多数面试官之间的评定结论是一致的；但如果是要求评定应聘者的人格特点及其与工作/岗位的相关程度，则会出现较大分歧。

二、面试的效度

面试的效度分为面试过程效度和面试官效度两种。

（一）面试过程效度

面试过程效度是指面试作为一个整体的效度，即面试官所注意到的关于应聘者的所有信息能否有效地预测应聘者未来工作绩效的程度。这些信息不仅包括面试内容本身，还包括测验分、推荐信内容、过去的工作记录等。

（二）面试官效度

面试官效度是指面试官正确、敏锐判断应聘者的才能、特点的程度。

在实践中，这两种类型的效度常混在一起，很难区分录用决策是受哪一方面的影响。但总体而言，面试官效度不高。卡森在1972年对13位面试官的效度研究表明，其效度并不高，其中9个研究对象的效度在0.15~0.25之间。瑞利（Reily）等人的研究表明，面试官效度仅为0.19，低于心理测验的效度。为此，阿维和坎平在1982年对面试官效度不高但仍被广泛应用的原因进行了分析，结论是：第一，面试官的实际效度要高于研究结果，只是由于方法论的问题或研究的局限，无法予以准确评判；第二，效度错觉的存在，即人们总是高估自己对别人的判断能力，导致其比较偏信面试；第三，面试有助于其他人事管理功能。

下面是西方国家关于筛选面试研究的一些结果：在预测工作绩效方面，一对一方式进行的情境面试的效度平均值最高，职位追溯面试的效度平均值次之，心理面试的效度平均值最低。情境面试、职位追溯面试和心理面试的效度分别为0.50、0.39、0.29。不管面试的内容如何，结构性面试的效度都比非结构性面试高。结构性面试的效度为0.44，而非结构性面试的效度为0.33。

根据研究结果，以一对一方式进行的结构性情境面试，在预测工作绩效方面似乎是最有用的，而非结构性面试、心理面试和小组面试，在预测工作绩效方面的效果似乎差一些。当然，也不能因此就排斥非结构性面试、心理面试和小组面试这样的面试形式，不同情况下选用不同方式，把它们运用到一些特殊方面还是会很有成效的。

三、影响因素分析

面试的信度、效度取决于实施面试过程中的诸多环节，包括由于面试官认知活动的方式等导致信度、效度降低的问题，这些问题与影响因素主要有：

1.缺少整体结构

未能按照岗位说明书中的任职资格说明制定出完整、详细的面试提纲，面试过程变得随意而无目的。

2.以图式或原型进行信息加工

人们往往习惯于利用头脑中已有的图式或原型进行判断，进行自动“过滤”外部信息，以至于可能习惯于按照某些特征对他人进行分类化的信息加工。面试中的很多评价偏差都是分类化的信息加工的结果。一旦得知其属于某一类别，就认为对方必定具有所属类别的所有特征。例如，人们通常会认为来自国企的人具有某些共同的特点，来自外企的人具有另一些共同特点。

3.以认知启发式进行信息加工

人们在缺乏资源或信息加工的动力时，倾向于采取一些简捷的信息加工方式，在社会认知中遵循“图形–背景”的原则。有些信息不需要人们付出太多认知努力就会被注意到，它们就好似“图形”被凸显出来。比如第一印象、最初印象，一般来说，对面试者的第一印象或者最新得到的信息是最容易获得的信息。考官通常在面试开始几分钟就凭借对应聘者的第一印象做出判断，在之后的面试过程中通常不能改变这一判断。另外，面试官的判断也很容易受到无关因素，如面试者的性别、年龄、生理特征、服饰等的影响。仪容仪表影响面试有下述规律：仪容较好者比仪容平平者得到的评价高；体型瘦者比体型肥胖者得到的评价高；衣着得体保守者要比衣着时髦者得到的评价高，如此等等。再比如，在没有其他参照对象时，面试官会对面试者做出是否与自己相似的判断，此时与自己有较多相似的面试者就可能获得更高的评价，这被称为类我效应。研究显示，如果应聘者在个性、态度、性别、种族等方面与考官相近，则其通常会获得较高的面试分数，即面试官会倾向于忽略与自己相似的应聘者的缺点，而夸大与自己不同的应聘者的缺点。

4.锚定效应

在面试中可以发现有些面试官比较苛刻，打分普遍较低，而另一些面试官则可能打分宽松些。这是因为他们在评价时，心理锚定点不同。例如，在1~5分的分数域中，有人认为3分就很不错，而有人则认为4分才不错。另外，对比效应也是一种锚定的结果。如面试次序的安排影响评定结果的现象就是这样一种效应的体现。在一项研究中，考官在面试了数位“不合格”的应聘者后，被安排面试一位“仅仅是一般”的应聘者，结果考官对其的评价均高于他实际能得到的评价。相反，当他被安排到一些优秀的应聘者之中进行面试时，结果就有很大的差异了。可以认为次序问题是影响面试结果的一个突出问题。这种情况也常常发生在无领导小组讨论的群体面试中。

5.归因误差

面试官常常需要对面试者的行为进行归因，也就是判断其某一行为到底源于情境因素还是个体因素。如果因前者造成，则该行为就是暂时的，否则就可能是相对稳定的，难免以后会重复出现。人们在归因活动中有一种“基本归因谬误”，即容易高估他人的个体因素而低估外部环境因素。这反映为面试官容易忽视自己的行为对面试者造成的影响，尤其是非语言行为。研究表明，表现出更大量眼神接触、头部运动、微笑，以及其他非语言行为的应聘者得到的评价更高，但同时没有任何证据表明非语言行为和能力、素质有任何程度的相关性。为此，考官在面试中应尽量避免非语言行为对评判结果的影响。

6.缺乏提问的有效性

研究表明，考官常问的问题如“为什么我要雇用你?”“你认为从现在起5年内你将做什么?”等，并不与某个特定的工作有关，对那些问题的回答如何才算适宜并无可靠的实践数据支撑。鲍里斯（Bolles）1995年的研究指出，不同的人事经理对这些问题的答案会有不同的偏好，但偏好并不意味着做出该回答的个体就一定能在将来的工作中表现卓越。

7.追问技巧欠缺

应聘者情况复杂，回答问题时的思路、经验的多寡、表述能力的高低等都会有差别，需要考官循循善诱，不断进行有效的追问，才能更多地了解其真实的能力状况。

8.认知判断受到情感和动机的影响

近年来，研究者们越来越重视情感和动机过程对认知过程的影响（London，2001）。认知可以分冷热，“冷”认知是指理性的、具有信息导向的认知；“热”认知是在认知活动中考虑到动机和情感的因素，比如以偏概全、晕轮效应、魔角效应等。在面试中，面试官的认知判断很容易受到情感因素的影响，例如喜欢面试者就会给予过多积极评价，不喜欢面试者的某一方面就会否定其他诸多方面。另外，动机因素也不容忽视。当面试官的评价目标是“快速完成任务”，那么可能会进行匆忙、表面化的信息加工；有时候若动机是维持与他人良好的关系，那么其往往会做出与大多数人一致的评价，这就是趋中倾向。[①]

以上种种因素，都有可能影响到面试的信度和效度，需要引起招聘者的注意。表9-1[②]总结了由于各种面试错误影响面试信度和效度的问题以及克服的办法。

表9-1　**面试错误影响面试信度和效度问题及克服办法**

错误	问题	克服办法
因相似引起的偏见	对与自己相似的应聘者忽略他的缺点，而对与自己不同的应聘者夸大他的缺点	要认识到如果比较自己与应聘者有何相似或不相似，就会影响你的判断 不要把重要的时间花在讨论与工作无关的问题上

① 陈祎，吴志明. 面试官的认知方式与技能提升［J］. 中国人力资源开发，2007（5）.

② 宝利嘉顾问. 请正确的人上车——战略性招聘和选拔高效能人［M］. 北京：中国社会科学出版社，2004.

续表

错误	问题	克服办法
最初印象倾向	对应聘者的初次印象（发型、口音、衣着）会导致对工作相关方面判断上的偏见 大多数招聘者认识不到他们受这种偏见的影响有多深	应认识到在面试的最初两分钟内，对应聘者形成的印象会对面试结果产生明显影响 在面试的最初五分钟内是无法准确发现你喜欢或不喜欢这个应聘者的。你要认识到你对应聘者产生的感觉，而不要使它影响你对与工作相关的方面做出判断
以偏概全	大多数岗位要求8~14种独立的才能。应聘者某一个方面的能力优秀，一般来说不能代表他在所有才能上都优秀	单独逐一评价每一个方面的才能，注意不要让对某一个方面才能的评价影响到其他方面才能的评价
负面印象加重倾向	对应聘者的负面信息比正面信息更容易在招聘者心中留下印象，而且要把他们的坏印象转为好印象是很困难的	注意不要过多地沉浸在之前谈话的印象中
对职位缺乏了解	招聘者对于所聘的职位缺乏基本了解，也不了解什么样的应聘者才真正适合该职位，这时他们对应聘者的判断常常是建立在自己不正确的想象之上的	在招聘前首先对所聘职位做一个全面系统的了解，并明确筛选的理性标准，避免感性的、一意孤行的行为
招聘压力	降低人员选拔标准会导致组织浪费大量人力、物力、财力	使招聘部门减少因急于招聘而造成的浪费 沿用现有的招聘策略，以保证招聘到正确的人
应聘者顺序不当	对应聘者进行比较会使你对他们的期望值忽高忽低，结果常常导致聘用了一个在正常情况下不会被聘用的人	对你评估的每项要求建立招聘标准，努力把每个应聘者与标准相比较，而不是与其他应聘者相比较

续表

错误	问题	克服办法
非语言行为造成的错误	应聘者的眼神交流、头部运动、微笑等非语言行为以及吸引力和性别都会影响招聘者作最后的决定	建立招聘标准，严格遵照该标准行事 对不同招聘者要做到统一标准、一视同仁
暗示	招聘者由于急于填补职位空缺，在招聘面试中暗示应聘者，让他们有机会正确回答问题	招聘前做好招聘计划 避免提出用“是否”来作为答案的问题 控制自己，不让应聘者通过自己的表情或举止窥视出答案
讲话过多或者过少	招聘者在面试过程中讲话过多或者过少，引起的面试错误效应	控制面试节奏，避免冷场 提出问题后让应聘者充分发言，发言过程中可适当打断，提出附加问题

第三节　几种重要的面试方法

一、结构化面试

（一）结构化面试的含义及内容

正如前一章中所述，结构化面试是由一系列连续向应聘者提出的与工作相关的问题构成，包括情境问题、工作知识问题、工作样本模拟问题、关键工作内容模拟问题以及员工要求问题五类。这些内容在面试之前已经形成一个固定的框架（或问题清单），主考官根据框架对每个应聘者分别作相同的提问。所以，结构化面试是按预定的程序和步骤进行的，对所有应聘者采用相同的考核标准、面试问题、面试程序的面试方法。

国外多年的人事实践已经证明：传统的、毫无准备的或准备不充分的、信马由缰式的面试是不严谨的，也是最不可靠的，其结果就像盲人摸象一般。而结构化面试的推行就是为了克服面试中的随意性、盲目性以及程序不规范、评分的客观性和一致性较差等现象。面试也由此从只需少量计划的一般性探讨，发展成为结构完整的统一体，包括面试指南、面试提纲设计、完整的评估方式和特殊的面试培训等。

所谓结构完整，根据凯文·C.欧康奈尔的研究，应包括四个部分的内容：

1. 面试指南

它是对面试的一般原则、内容、方法、考核要素、评价标准及所需要注意事项的系统说明，是促使面试顺利进行的指导方针。面试官通过对这部分内容的阅读，可以了解面试的基本情况，形成对面试程序的整体概念。

表9–2[①]是哈克尔（Hakel）在1982年提出的一个如何科学地实施面试的指南。

表9–2　　面试指南简表

1. 开头

友善和蔼的问候——微笑。

名字是主要的——你和申请者的。正确地念出申请者的名字，告诉他（她）该如何称呼你，让他（她）按照其所喜欢的方式称呼你。

简单地介绍自己（你在组织中的职位、个人背景、爱好、兴趣等），使申请者感到自然放松。这样他（她）也会愿意介绍他（她）自己的个人信息。

请申请者说说自己的爱好、活动以及其他你认为可以打破人际隔阂的话题。

2. 面试的结构

提出面试的目的。“作为一个选员的面试，这个面试的目的是要讨论你的资格条件，看看这些条件是否符合工作所需要的能力条件，然后，我向你介绍一下这个职务的情况；最后，你有机会可以对你所想要了解的任何问题提问，怎么样?”

告诉申请者你要对谈话做记录。“顺便说一下，我在谈话中要做记录，这是为了不漏掉我们讨论中的任何有价值的信息，可以吗?”

3. 工作经验（与工作/岗位最有关联的）

用这种易于理解的提问开头：“让我们来讨论一下你的工作经验，先从作为这个职务的任职者，你对这一职务的最佳准备谈起，说说你所了解的这一职务的所有情况。你是从哪儿了解到这些信息的？为什么选择这一职务？你的实际职责是什么？你能从这个职务上学到什么？谈谈你的出勤情况以及工资。为什么你离开了以前的职务?”

关注。随着申请者对怎样认识这个职务、为什么会选择这个职务、职务的责任等问题的思考，随时做出反应。

从申请者所说的职务等方面的问题，总结主要的事实和特点。例如“让我们总结一下刚才所讨论的内容，以保证我的记录是正确的。你曾经作为一个________工作过，你的大多数时间用于做________和________，你利用这些技能________和你选择这个职务是因为你原来的工作。”

4. 其他工作经验

如果时间充裕，谈一谈申请者还可能担任的职务，对申请者所担任过的所有职务作一个总结，强调最近5年间担任的职务，因为过去太久的经验与其现在的工作相关性小。

① 杨杰. 有效的招聘［M］. 北京：中国纺织出版社，2003.

续表

提问那些你特别需要了解的有关工作经验的问题。 总结这部分内容，确保申请者对你的总结满意（即记录是正确的）。 5.教育、培训 用这样的提问开头。“现在我们来谈谈你所受的教育和培训——学校、课程，哪些是你所喜欢的和不喜欢的？先从你在学校学的东西哪些对你现在要选择的职务有最大的帮助开始。” 注意对这些特殊问题的提问。“你在职务的技能方面受过哪些训练？”“你都学习过什么有关课程？” 提问那些你准备向这个申请者提出的特殊问题。 总结申请者的受教育情况，并询问申请者，你的记录是否正确。 6.职务介绍 介绍职务的一般情况。 把职务介绍给申请者，逐条进行讨论。对职务的介绍要现实，不要把职务描述成非常美好的图画。 7.申请者的问题 与申请者一起讨论职务。“如我前面所说过的，你现在有机会对你所想要知道的任何问题提问。刚才我向你大概介绍了这一职务的情况，你还有什么问题？” 全面地、开诚布公地回答申请者的问题，注意申请者表现出来的任何能够影响你对其评价的信息。 8.结束面试 用友善和蔼的态度——微笑结束。 计划下一步评价决策过程。 告诉申请者什么时候能够做出决定。 向申请者致谢。 9.面试之后 立即写总结，描述申请者的基本情况以及对他（她）的印象，列举面试中表明申请者工作经验和教育历史的事实。 完成评定表。

2.提前准备的问题

它是帮助组织获得申请者是否具备合格的工作/岗位才能方面的信息而精心设计的一组（套）相辅相成的题目。但是，我们认为在设计提问问题之前，有必要根据工作/岗位说明书以及职位的关键胜任能力要求，先确定面试问题结构及指标设计的内容。表9-3[①]即面试提问结构及指标设计框架示例。

① 欧阳洁，等．有效招聘［M］．北京：清华大学出版社，2004.

表9-3　面试提问结构及指标设计框架示例

一、角色意识测试（分职位出题，部门主管负责面试） 1.知识结构 2.工作经验 3.信息利用 二、管理素质测试（覆盖各层级出题，人力资源部负责或分管副总经理负责面试） （一）决策素质 1.想象能力 2.广纳能力 3.敏锐能力 4.变革能力 5.影响能力 6.控制能力 （二）效率素质 1.把握关键能力 2.有序管理能力 3.危机管理能力 4.效率工具运用 （三）文化素质 1.价值趋向 2.情感柔性 3.卓越气质 4.言谈举止 三、情感智能测试（覆盖各层级出题，人力资源部、分管副总经理、总经理负责面试） （一）自我管理素质 1.意志力 2.自控性 3.自信心 4.规范性 （二）沟通协作素质 1.乐群性 2.活泼性 3.交际性 4.协作性 四、职业安全性测试（覆盖各层级出题，人力资源部、分管副总经理、总经理负责面试） （一）自我实现需要 1.竞争人格 2.成就动机 3.权力动机 4.面子倾向 （二）人格品质 1.责任心 2.自律性

续表

3. 自滤性 4. 质疑性 （三）风险态度 1. 稳定性 2. 紧张性 3. 隐秘性 4. 情绪性 五、工作模式和情境评价测试（分部门出题，人力资源部和部门主管负责面试；经营班子视为一个部门） 1. 角色扮演 2. 无领导小组讨论 } 综合上述四个方面，特别体现六大能力

为了进一步清楚地对每一项胜任素质的行为指标体系、具体行为面试问题进行了解，我们还可以设计与使用表格形式（见表9–4），具体面试问题的设计都是根源于表中介绍的行为指标，在具体表述形式上可结合应聘面试者的其他资讯，设计多样化的提问方式。

表9–4 **胜任素质及相应面试提问**

1. 影响力		
定义：行为上表现出对其他个体或团队有影响力，能够利用劝诱、说服、影响、感动和权威来达到既定目的		
行为指标	等级（分值）	面试问题
能够有意识地采用某些方式对同事、下属、客户及其他各方面施加影响；能够控制自身的言行以便积极地影响他人，有时会使用正式权力来影响他人	中等的（3）	简历中提到，你6年前曾在××地区负责某空调品牌的大客户开发工作，请向我们介绍一下你完成这一工作的过程
正确地运用劝诱、说服等方式，以及个人威信来影响他人，使他们改变不同的观点；很少使用命令、惩罚等强硬的方式来影响他们，以达到工作目标	高等的（5）	请回忆一下，你曾经与客户、领导或下属发生过的、有重大的观点冲突的事例，然后向我们描述一下事件的结果
熟练地使用各种手段对下属、同事、客户和公众施加积极影响，达成既定目标；表现出很高的非正式影响力，能够对集团管理高层、重要客户等施加有效影响	卓越的（7）	你在出任某家电公司西南区域销售主管时，向总部建议缩减西南区域的人员编制和费用预算，遇到了很多阻力。请介绍一下你的建议最终是如何被大家接受的
2. 结果导向		
⋮		

3.完整的评估方式

它是对面试中所收集到的信息按工作/岗位所需要的标准进行评估的体系，包括评价方法、评价量表以及得分汇总方法等内容。表9-5[①]是接表9-3、表9-4后，所设计的面试提问主要指标含义及评分特征的部分示例。

表9-5 **面试提问主要指标含义及评分特征的部分示例**

（管理素质——决策素质部分）

序号	测评因素名称	定义	高分特征	低分特征
1	想象能力	在外在环境因素与内在思维过程两者之间寻求平衡的水平	勤于思考，不拘事件的细节信息，思索超出现有信息范围的东西	是现实主义者和脚踏实地的人，直接地去做
2	广纳能力	对新观念和新事物的开放程度	对新观念与经验有强烈的兴趣	按既定的方法行事
3	敏锐能力	对外界反应的速度性与表达的自发性	思维迅速，但在决策前后会三思而后行，思考全面深刻	表达水平高、思维迅速，但在言行前不深思熟虑
4	变革能力	是否有敢于创新和冒险的倾向	有独创性和革新性行为，愿意冒险	较为保守和谨慎，依赖经验，不愿创新
5	影响能力	力图影响他人的倾向性水平	喜欢去影响他人，让他人接受自己的观点和主张	不经常表达自己的观点，倾向让他人领导
6	控制能力	力图控制决策方案实施的倾向性水平	能有效地控制决策方案的执行过程，能有效地解决执行过程中的问题	对决策执行缺乏控制力，出现问题不能有效解决

面试过程是在连续的问答对话中完成的。面试官通过有针对性的话题从

① 欧阳洁，等. 有效招聘［M］. 北京：清华大学出版社，2004.

不同侧面了解应聘者的心理特点、工作动机、能力素质等，评价内容可设计成表9-6[①]中的面试命题卡，即在面试前针对岗位职责任务及关键胜任能力等要求所设定的一系列面试评定指标的说明。

表9-6　**面试命题卡**

参考时限：3分钟

工作职位	经营班子——副总经理（兼总工程师）
考评指标	角色意识——工作经验
原始编号	工作经验——2年
试题正文	如何有效进行工程技术鉴定工作?
评分标准	1.好：能准确、流畅、清楚、简洁地阐述有效进行工程技术鉴定工作的方法和注意事项，能够谈到：按国家有关技术政策、标准、规范、法规和工程技术管理制度的要求，认真全面组织和领导新技术、新工艺、新产品、新材料的技术鉴定，能择优定型、推广使用，及时有效组织改进施工工艺，显著地节省投资，大幅度提高工程效率 2.中：言语表达一般，条理基本分明，基本能够阐述清楚有效进行工程技术鉴定工作的方法和注意事项 3.差：说话吞吞吐吐，言语表达不清，不能清楚阐述有效进行工程技术鉴定工作的方法和注意事项 评分规则：好——2分；中——1分；差——0分

4.培训

它是指对面试官开展的系统培训，其目的是控制因面试官缺乏面试经验、技巧、能力、知识等而产生的评价误差。培训的形式是多种多样的，既可以采取课堂授课的方式，也可以借助多媒体手段，关键是因时因地因人制宜。培训的目标是使面试官掌握辨识面试对象的能力以及申请者是否适合于他（她）所应聘的工作/岗位的各种方法、技巧。培训的内容可以分为理论知识和实践技巧两大块。理论方面主要使面试官掌握与面试有关的人力资源资讯，如面试的概念、优劣、类型等；实践技巧的培训则主要是通过模拟的方式练习面试过程中经常用到的各种技巧，如倾听技巧、记录技巧、沟通技巧等。

① 欧阳洁，等. 有效招聘［M］. 北京：清华大学出版社，2004.

这四个部分的内容，实际上也说明了结构化面试的基本程序，如图9-1[①]所示。

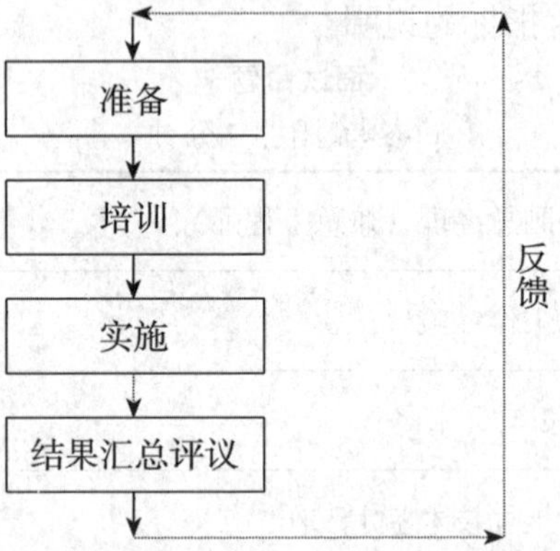

图9-1　结构化面试基本程序

（二）结构化面试的优缺点

结构化面试的优点主要有：使所有的应聘者感到公平；使外界感受到组织招聘的公开、公平和公正；面试官用同样的问题和程序面试应聘者时，可以使面试官以较统一的标准，衡量和比较不同的应聘者，以保证评价的相对客观、公正和准确；结构化面试便于掌握，操作简便，只要有科学和规范的面试题，便会使招聘面试顺利进行，较少出现意外情况。

结构化面试的缺点主要有：不能充分发挥面试官的智慧、知识、经验和能力；不能给应聘者更大的展示才华的空间；缺少面试官与应聘者之间充分的双向沟通；缺少面试官与应聘者之间知识、智慧、心理素质等多方面能力的交锋；不能根据应聘者的不同特点提出有针对性的问题。

二、行为描述性面试

（一）行为描述性面试的含义与意义

如前所述，行为描述性面试（behavior description interview，BDI），是基于行为的连贯性原理发展起来的面试方式，是一种采用专门设计的问题来了解应聘者过去在特定情况下的行为的结构化面试方法。行为描述性面试采用了行为事件访谈的技术，面试考官通过了解应聘者过去的工作经历，判断他选择本组织发展的原因，预测他未来在本组织中发展所采取的行为模式，并将其行为模式与空缺职位所期望的行为模式进行比较分析。

20世纪70年代初期，哈佛大学著名心理学家麦克利兰最早把行为事件访谈

① 杨杰．有效的招聘［M］．北京：中国纺织出版社，2003.

法用于为美国国务院选拔优秀的国外服务新闻官员。目前这种技术常常应用于组织人才招聘选拔的面试过程中。

行为描述性面试技术的关键是通过对面试者过去经历的探测，了解与职位所要求的胜任特征有关的行为样本，在胜任特征的层次上对应聘者做出评价。因此，使用这种面试技术的意义主要在于：要求应聘者在较短时间内对过去经历的行为事件作详细、具体的描述，而且面试官也很容易通过追问来弄清楚含糊不清的地方，因而可以减少应聘者说谎的机会；由于行为的具体实证性，可以避免面试者个人主观印象影响评价的客观性；利用这种面试方法可以在相当程度上判断其在未来工作中的表现，在效度上比传统的心理测量更高，也更经济实用。

（二）行为描述性面试对行为预测的假设前提①

1.过去的行为表现能够很好地预测未来的行为

人的行为是一致的，如果在某一情境下表现出了某种胜任特征，就可能在以后的类似情形中再次表现。与之相关的假设还有：行为的时间越接近、行为的习惯越牢固（频率高），他在未来重复行为的可能性越高，在预测其将来同样的行为时也就有更大的准确性和参考价值。

2.“说”和“做”是截然不同的

与应聘者的理论性、假设性回答相比，其过去实际表现的行为实例更为重要。事实上，应聘者知道正确的答案并不意味着他就一定能将其应用到工作中，现实工作中的复杂因素会使实际工作变得非常具有挑战性，所以能“说”不一定能“做”。因此，想在短时间内了解应聘者能否把说的话付诸实现，最好的办法就是取得他过去行为的例证。

3.预测失败比预测成功容易

要获得成功需要多种因素，而一项能力的缺乏就可能导致失败。因此，面试官应努力发现应聘者的不足，而不仅仅是发现符合工作要求的那些特征。

（三）行为描述性面试的实施要点

1.注意提问提纲中理论性问题、判断性问题和行为性问题之间的区别

面试提纲的设计中最关键的是面试问题的设计。注意提问提纲中理论性问题、判断性问题和行为性问题之间的区别，见表9-7②。面试中提出的问题应该让应聘者用具体的言行实例来回答，而不应是理论性、判断性的问题，并能通过

① 周斌．基于胜任特征的员工招聘系统［J］．中国人力资源开发，2006（4）．

② 宝利嘉顾问．请正确的人上车——战略性招聘和选拔高效能人［M］．北京：中国社会科学出版社，2004．

了解应聘者过去工作经历中的一些关键细节来判断应聘者的胜任特征，而不要轻信应聘者自己的评价。

表9-7　　理论性问题、判断性问题及行为性问题之间的区别

能力	理论性问题	判断性问题	行为性问题
协作能力	你将如何对付难缠的员工	你善于化解矛盾吗	告诉我，作为监管人员，你曾如何对付难缠的员工
销售能力	你认为你能卖出商品的原因是什么	我们的销售目标很高，你能应付这种挑战吗	谈谈过去一年中你成交量最大的一次销售。你是如何做成的
解决问题能力	你将如何处理生产中出现的问题	你能排除机器设备的故障吗	请你说说你最近遇到的一个有关仪器的加工或质量的问题。你是如何解决的
安全意识	你觉得工作中的安全问题有多重要	听起来你是个小心谨慎的员工，是吗	请你谈谈所发现的你认为是不安全的情况。具体情境是什么样的？你做了些什么
应变能力	如果你不得不改变自己的工作安排以适应变化中的要求，你将有何感想	一个月内你先后干四种不同的工作，你不会烦吗	请谈谈你工作中不得不适应变化的经历。是怎样的变化？结果如何

2.围绕描述基于胜任特征的关键事件的四个关键要素进行

首先，行为描述性面试是让应聘者讲述一些关键性的行为事例，是以工作情境中的关键事件作为测验的基础，因此选取合适的关键事件十分重要。关键事件必须是基于胜任特征的，它包含一个或若干个工作胜任特征单元，能激活、诱发胜任特征，它又必须是绩效关联事件，能区分有效绩效和无效绩效。

其次，这些问题要直接围绕与工作相关的胜任特征。可根据基于胜任特征的职务分析所得到的工作说明书来设计问题。这样的职务分析可以确定在特定的与工作有关的情形下，应聘者应做的事情，什么是有效的，什么是无效的，即确定期望的行为模式，通过应聘者对问题的回答来判断他的行为模式是否符合需要。例如，人力资源总监助理的职责之一是对将要录用的员工进行背景调查，那么，我们可以由此设计基于胜任特征的行为面试题："请举一个例子说明一下你是怎样对候选人进行背景调查的？过程是怎样的？"

最后，行为描述性面试的有效性还体现在对有关细节进行追问的技巧上。在

设计追问细节的问题时，可以围绕描述关键事件的四个关键要素进行设计，即：情境（situation）——描述应聘者经历我国的特定工作情境或任务；目标（target）——描述应聘者在那种情境当中所要达到的目标；行动（action）——描述应聘者为达到特定目标所做出的行动；结果（result）——描述行动的结果。这四要素的英文缩写即"STAR"。具备了这四个要素的事件就是一个完整的行为样本，它可以有效地考察应聘者对拟任岗位的胜任力。例如，可以问："您为什么要这样做，出于怎样的背景？""您当时想达到什么目标？""您本人在整个过程中扮演什么角色？做了哪些分析决策和行动？""事情的结果如何？"等。需要注意的是，由于STAR技术已被广泛使用，应聘者往往有所准备，所以面试者要对问题的设计多做准备，尽量限制在自己熟悉的范围内，另外要关注应聘者叙述的细节，通过细节可以看到应聘者叙述内容的可靠性。

3.能区分行为性回答和非行为性回答

作为面试官，在应聘者尽力表述自己的时候，应该学会区分行为性回答和非行为性回答。比如，一名应聘者说："我总是领导预算庞大的项目。"这番话能说明应聘者确实做了些什么吗？什么也说明不了，除非应聘者能举出某个项目的具体例子，来详细说明其所负的责任，并说明项目效果，这样的回答才有实际意义。应聘者与行为有关的回答，例如，问："请描述在过去工作中，你做过的超过工作本身要求的事情。"答："我记得那时我初到信息系统部。尽管我不是程序员（背景），我还是决定学一门程序设计课程。这样老板需要我们做点什么的时候，我就能知道他的意思了（行动）。老板对我的这一举动非常满意，并要求其他几个人也学习类似的课程（结果）。"这个回答反映了背景、行动以及结果。相反，如果这样答就是与行为无关的回答："工作中我总是积极主动，我们部门里的每个人都很能干，为了完成工作任务不惜付出任何代价。我坚信员工应认识到每个人都应该具有全面的工作能力。至于我，倘若学习新的技能或承担更多的责任，对集体有利，毫无疑问，我会主动去做的。"这里我们应意识到这一点：与应聘者自称通常做的、相当熟练的、能够做的、可能会做的或者应该做的事情相比，其过去实际行为的结果要有意义得多。

可以说，基于关键胜任特征的行为描述性面试，使得面试官能够根据事实做出聘用决策，这种面试是结构化的、与工作相关的、侧重考察具体可衡量的胜任能力的。

当然，基于关键胜任能力的面试并不意味着在面试时全部问题都采用基于关键胜任能力的问题，即行为性问题，在面试中也会适当采用其他类型的问题，但是，行为性问题所占的比重大约在70%。

三、网络（电子）面试

随着互联网的普及以及功能的日益强大，面试也由原来单一的、面对面直接交谈的方式，进一步发展出了网络（电子）面试等面试新方法。

（一）网络（电子）面试的优点和局限

网络（电子）面试的优点主要有：

1.降低面试成本

由于全球化、国际化的深入，企业组织的人员雇用也变得更加复杂，经常会出现用人单位、面试考官和应聘者相距遥远的状况。在此情况下，用人单位如果采用网络（电子）面试，就无须支付面试考官不远千里前来当地分公司的交通费、住宿费等直接或间接的费用，从而降低了组织招聘成本。

2.利于沟通

休伯和达夫特曾利用媒体的信息丰富性标准，为给出的6个媒介排名，并将网络视频排名第二，这间接反映了网络（电子）面试的一个优势，即利于沟通。[①]在现实生活中，不少应聘者在普通面试现场环境中，由于不适应或者心里紧张，往往会怯场而表现失常。而网络（电子）面试则可以消除直接面对考官时的怯场心理，并可能充分展示其聪明才智。

3.提高效率

当用人单位需要面试的人数较多，面试地点也相隔较远的话，与普通面试相比，网络（电子）面试不需要面试官和面试者赶到各个面试点，而只需要就近赶到“网络面试专用场所”即可，这样的话就可以充分利用现代信息技术，大大提高面试的效率。对于应聘者而言，利用网络（电子）面试的机会成本更小，选择范围更宽。

4.提供相对真实的场景

尽管网络（电子）面试不如普通面试那样真实切近，但相对于一般电话面试和可视电话面试来说，其反映的真实性有了很大的改观，因为可视电话面试仅仅局限于观察到应聘者的头部或者上半身，而网络（电子）面试的视觉范围要广，不仅能观察到应聘者的言谈举止，还能看到其所处的特定环境，让面试双方有如临其境之感。

网络（电子）面试的发展目前也受到一些因素的制约：

1.受制于硬件的局限

因为网络（电子）面试需要先进的视频设备，假如视频设备的像素较低，就

① 廖泉文，等．E面试方法刍议［J］．中国人力资源开发，2006（12）．

有可能很难看清楚对方的行为举止，从而降低面试效果。同时，网络（电子）面试还需要非常流畅高速的网络速度，否则画面常常会被卡住而不流畅，甚至会出现长时间停滞现象。网络面试还需要特定的场所，要求精心设计，以保证在面试过程中不受周围环境或其他噪声的影响。

2.网络（电子）面试对面试考官也有进一步的要求

网络（电子）要求面试考官不仅具备传统面试的技巧与方法，还需要掌握丰富的电脑及网络知识，适应网络视频环境。同样，应聘者也要在这种新的面试形式下提高其展现自我的能力。

3.受制于多方协调合作的压力

网络（电子）面试开展的前提是，面试的双方在不同的地点都有特定的“面试场地”，都有完备的视频设备，所以网络（电子）面试的普及应用，不仅仅需要在某个地方设有面试场地，而是跨地区、跨国都具备这样的面试场地才有实施的可能。

（二）网络（电子）面试的实施要点

（1）网络（电子）面试可以作为甄选普通员工的主要方法。对于录用数量较多、素质要求不高的普通员工，组织可以通过网络（电子）面试做出决策。但对于核心员工或中层以上管理人员等，除了采用网络（电子）面试以外，还需要结合其他的测评手段，不能以网络（电子）面试代替其他所有的测评技术和环节。网络（电子）面试在甄选中高层次管理技术人员时，可起到为用人单位和应聘者达成初步意向的作用，为双方进一步的沟通打下良好的基础。

（2）网络（电子）面试前同样要求面试官做好各项面试准备，包括面试提纲的设计、简历的阅读、评价维度和评价标准的设定等，还包括检查网络设备的运行情况、网络速度是否流畅等，充分保证网络（电子）面试的有效性。

（3）面试双方注意尽可能适应网络（电子）面试这一特定环境，面试官有责任通过具有亲和力的微笑和循循善诱的语言引导应聘者消除不适，逐渐适应和进入面试过程。

【补充案例】　　阿里巴巴是如何面试、提拔人才的？[①]

——对一位阿里人的采访实录

阿里巴巴继续打造着商业神话

剥开阿里巴巴闪耀的光环，人们对它的招聘、员工晋升等公司运营细节似乎更感兴趣。有篇文章这样说：到小公司学技能，到大公司学制度。这篇文章的作

① 天机. 阿里巴巴是如何面试、培训、绩效管理、提拔人才的?［EB/OL］.［2017-09-13］. http: //www.chinahrd.net/blog/400/1149500/399389.html.有删减.

者曾任阿里学院培训负责人，他将为大家揭开阿里巴巴的晋升、层级和培训体系，让你看到一个真实的阿里。

阿里巴巴是怎么面试的？

2009年，我在北京创业，做自己的公司。有一天接到一个电话说“天机老师，您想不想到杭州工作”，我当时想：“杭州？什么都没有，不去！”他说“阿里巴巴要不要考虑一下”，我觉得可以考虑一下。我说出愿意考虑之后，陆续有三个电话从阿里巴巴打过来，包括部门主管、HR和行政。HR在我没去面试之前和我聊了一个多小时，没有聊其他的东西，她聊的是阿里巴巴的梦想是什么。同样，主管给我打电话的时候，一直在聊他到公司有多久了，他的梦想是什么。我觉得很意外，基本上没有问我自己的情况。后来行政详细帮我安排什么时候面试、谁负责面试，各方面都井井有条。到阿里巴巴面试的时候，参加的人很多。轮到我的时候，说安排半个小时让我讲课。包括我们部门当时的总监，听了都觉得我讲得还不错。然后他单独面试我，他说：“你的性格中，最突出的是什么？”我说：“我的性格中最典型的是学习。”他说：“怎么证明你喜欢学习？”我说：“我每周可以看两本书”。他下一个问题是：“你最近在看什么书？”我说：“我最近看《大秦帝国》。”我们聊了2个小时的《大秦帝国》，最后他说：“明天去体检，后天开始上班吧。”我当时觉得好奇怪，为什么因为《大秦帝国》就面试成功了。

马云是怎么看招聘的？

阿里巴巴2002年才500人，2004、2005年员工数量开始快速增长，尤其是销售人员的比例不断增长，2006年、2007年15 000个员工中大部分是销售人员，那时候阿里是典型的销售型公司。2011年之后，招聘的步伐开始减慢，不是自动减慢，而是马云有意减少人员。当时HR要求所有部门提交招聘计划，各个项目部、事业部都要提交计划。数据报过来，马云惊呆了，所有部门加起来总共要招聘12 000人。结果马云说2011年我们最多招2 000人，将12 000人的计划直接砍掉，他说人多了反而坏事。2012年，我们招聘计划又是2 000人，马云又砍，说今年最多招500人。2014年，仅仅招了200人。到了2015年，马云直接说公司不加一个人，走一个才可以增加一个，不走人就不招人。

“千金易得，一将难求”“不要把招人的权力随意下放给项目经理和HR”。马云当年反复强调招人的权力，这个人能否进来，要老板自己做决策。你的HR和主管给应聘者打电话的时候，除了谈及简历，能不能把企业介绍给别人很关键。在阿里巴巴，所有人都是前台，没有后台，即使从事财务工作的人，都在给公司做宣传，因为好的人才需要你“三顾茅庐”去请，而不是简单招过来给他钱让他做事。

阿里的招聘流程是什么样的?

招聘人才是非常困难的事情，很多公司都是依靠HR部门，从浩如烟海的简历中寻找，打电话，预约面试。但阿里巴巴HR的流程是相反的。他们似乎成了“政委”，招人变成了项目经理、产品经理自己的事情。很多销售管理者、产品经理说“让我怎么找人”，HR会告诉他“你经常在网上分享吗”，如果你经常分享，就会有粉丝；HR会问“你经常参加人力资源的培训吗”“你能不能约20个人到公司”。可见，他们的人力资源管理只是协助走人才招聘的流程而已。马云当时找曾鸣就是这样。曾鸣是长江商学院的副院长，马云本来是去商学院上课的，结果把老师给招过来了。为什么彭蕾能做首席执行官？她对很多事情的了解是靠她和别人交流的时候学会的。她懂产品、懂设计，她招人的时候跟别人聊得特别多。她作为人力资源招聘官，善解人意，未来会成为非常厉害的首席执行官。

阿里闻味官是怎么回事?

在阿里巴巴，面试最后一关一般会有一个入职5年以上的老阿里人，这个人可能要和应聘者聊天，聊什么都无所谓，这个人叫闻味官。有些东西需要直觉，这个人是合适的，那个人是不合适的。直觉是看一个人潜意识里所散发出来的东西，他的能量和价值观。信任一个人需要多久？需要3年。喜欢一个人需要多久？1秒钟就可以。能让面试官“一见钟情”，是那个人的本事，那需要几十年甚至更长时间的修炼。有时候，直觉比其他判断更加准确。任何时候都把公司的文化用到每个人的身上，即使此时此刻他不是你的员工，说不定过2年就是了，说不定过2天他就会和你发生很多交集。

阿里巴巴层级怎么设置?

P序列=技术岗；M序列=管理岗。阿里巴巴有两套人才发展体系：一套体系是专家路线，程序员、工程师、某一个专业领域的人才。另一套体系就是M路线，即管理者路线，从M1到M10，把每一个层级的评判能力全部细分，它的能力表现是什么，要达到什么样的层级，全部有一个细分的体系。这样就实现了整个人力资源体系的科学化。阿里的职称是这么评定的，大部分归纳为P序列员工的title+工种。比如P7产品经理=产品专家。在阿里早些时候P级普遍偏低，专员可能是P2这样，后来有了一次P级“通货膨胀”，出现了更多的P级。在阿里只有P6（M1）以上才算是公司的中层。不同的子公司给出P级的标准不一样。比如：B2B的普遍P级较高，但是薪资水平低于天猫子公司的同级人员。同时到达该P级的员工才有享受公司RSU（RSU，可以称为受限股票单位，和普通的股票不同。员工在达到约定工作年限，拿到被分配的股票后即可变现，前提是公司已经上市或者被收购）的机会。低于P6的除非项目出色才有RSU奖励，否则1股都拿不到。

阿里巴巴内部怎么晋升？

（1）晋升资格，上年度KPI达3.75；（2）主管提名，一般如果KPI达不到3.75主管也不会提名；（3）晋升委员会面试（晋升委员会组成一般是合作方业务部门大佬、HRG、该业务线大佬等）；（4）晋升委员会投票。

P5升P6相对容易，再往上会越来越难，一般到P7都是团队技术leader了，P6到P7我感觉非常难，从员工到管理的那一步跨出去不容易。当然有人说P序列一般都是专家，M序列才是管理，实际上，专家线/管理线有时并不是分得那么清楚的。

重要概念

面试误区　面试信度　面试效度　面试提问设计　面试指标含义　结构化面试　行为性面试　网络（电子）面试

复习思考

1. 相对于其他测评方式，面试的主要特点是什么？
2. 面试的主要类型有哪些？
3. 请分析影响面试信度和效度的主要因素。
4. 试述结构化面试的含义及内容。
5. 根据凯文·C.欧康奈尔的研究，结构化面试包括哪几个结构模块？
6. 分析结构化面试的优缺点。
7. 行为描述性面试的意义及实施要点是什么？
8. 简述网络（电子）面试的优缺点及实施要点。

第十章

招聘面试（下）

【开篇案例】

当公司人力资源部经理助理的职位出现了空缺①

某跨国饮料公司是全球最大的饮料生产企业之一，年销售额达×××亿美元。成立于1984年的该饮料公司中国××地区分公司，发展也非常迅速，经过多年的经营，在当地市场已经拥有了最大的市场份额。但是公司高层领导仍不敢松懈，为了保持竞争优势，实现公司的战略目标，公司积极制订人力资源开发计划，满足本公司对人力资源的需求。

此时，因公司人力资源部经理麦克先生的行政助理苏珊小姐升任公司总经理惠特先生的行政助理，人力资源部经理助理的职位出现了空缺，所以需要招聘一位新的经理助理来接替苏珊小姐的工作。公司在大型的人才网站和知名的人才招聘报刊上刊登了招聘广告，很快有不少应聘者寄来了简历。公司人事部经过仔细地初步筛选，确定了其中的几位应聘者，因为从简历上看，他们都比较符合该职位的各方面要求，所以公司准备通知他们前来面试，以便作进一步的甄选。

以下我们将主要以此案例为说明的参照，描述、体验招聘面试过程中的技术环节和要点。

案例思考：

1. 该公司在面试前应做哪些准备工作？
2. 你能替该公司拟制一份面试提纲吗？

① 本案例为本书作者自行编写。

第一节 招聘面试过程

一、面试准备

（一）成立招聘面试小组

在现代企业中，组织内部的人力资源管理部门和用人部门都要参与重大的招聘工作。人力资源管理部门主持日常性招聘工作并参与招聘的全过程，招聘团队中，仍以人力资源管理部门为主，并吸收有关部门人员参加，用人部门（业务部门）的意见将在很大程度上起决定性作用。在传统观念中，招聘是人事部门的事，用人部门只要提出用人需求就行了，不用参与到招聘过程中，事实是，只有用人部门最清楚需要什么样的人，招聘进来的人员素质和能力将直接关系到本部门的工作绩效。具体说来，用人部门经理人员和人力资源部门招聘人员在此合作过程中分别应承担的工作见表10-1。

表10-1 用人部门经理人员和人力资源部门招聘人员在招聘过程中分别应承担的工作

用人部门经理人员	人力资源部门招聘人员
1.负责确定业务发展计划、人力规划及人力需求，负责制订招聘计划和报批	1.分析人力资源供应的外部环境因素，帮助用人部门分析招聘的必要性和可行性
2.制定招聘职位的工作说明书	2.选择招聘的渠道和方式，设计招聘中选拔、测试评价的方法和工具以及测试内容
3.对应聘者的专业技术水平进行评判、初选	3.策划制作招聘广告或招聘网页，并办理相关审批手续，联系信息发布
4.确定面试和复试人员	4.负责简历等求职资料的登记、筛选和背景调查
5.参与测试内容的设计和测试工作	5.通知面试、主持面试、实施人事评价程序
6.做出正式录用决策	6.为用人部门的决策提供咨询
7.参与新员工培训并负责其基本技能的训练辅导	7.负责试用人员个人资料的核查，确定薪酬

续表

用人部门经理人员	人力资源部门招聘人员
8.负责录用员工的绩效评估并参与招聘评估	8.寄发通知并帮助录用人员办理体检、档案转移、签订试用或正式劳动协议等手续，并为员工岗前培训服务
9.参与人力资源规划的修订	9.负责招聘评估以及人力资源规划的修订

以人力资源部以及用人部门人员为主组成基本的招聘面试小组。另外，面试考官代表着组织的形象，是公司文化的象征，又担负着甄选人才的重任，所以需要特别挑选并进行一定的培训方可上阵。

基于此，开篇案例中该饮料公司组建了一个由公司人力资源部门人员参与、包括人力资源部经理麦克在内的招聘面试小组，负责完成这一招聘面试任务。

（二）阅读职位说明书

招聘时你将发现，如果没有清楚了解提供的工作要求，就建立起一套体系的话，评价应聘者就很难。面试的准备工作从阅读职位说明书开始，即首先要了解所招聘职位的职责任务、素质技能要求、工作关系、环境特点、工资福利等。对职位的描述和说明是在面试中判断应聘者能否胜任该职位的依据，因此招聘者在进行面试之前必须对职位说明信息了如指掌。为了判断招聘面试者是否熟悉职位说明书，可通过以下几个问题进行自我测验：我是否对判断候选人身上应具备哪些重要的任职资格足够了解？我是否能够将该职位的职责清晰地向候选人介绍？我能够回答候选人提出的关于职位信息和公司信息的问题吗？如果我是代表人力资源部的面试者，我是否对该职位的薪酬福利标准有足够的了解？

（三）资料阅读与准备

1.阅读应聘者登记表与简历

仔细阅读应聘者的应聘材料和简历，一来可以熟悉应聘者的背景、经验和资格并将其与职位要求相对照，对应聘者的胜任程度做出初步的判断；二来可以发现应聘者的应聘材料和简历中的问题，供面试时进一步讨论、了解。

2.应聘者前几轮的测试成绩和竞聘演讲稿

前几轮测试情况可能包括笔试成绩、人-机对话的成绩和评价、模拟考试成绩、外语成绩、竞聘演说的演讲稿以及收集的其他信息。通过对前面测试情况的了解，既可以淘汰一部分应聘者从而筛选出面试对象，也可以预先掌握应聘者的一些情况从而为面试确定提问的重点。

（四）面试场所的选择与布置

面试的环境首先必须是安静的，为双方的交流提供一个良好的环境氛围。对于面试场所，一般根据招聘职位的高低、招聘岗位面试的人数、招聘岗位的性质、是否需要听众和听众多少来选择。

面试场所的布置应既严肃又有人情味，既紧张又不失温馨。应聘者与考官的桌面布置应基本相同，并互相都有明确的标记，场记安排在考官席的左边或右边，如有听众，则听众席应在考官席后面，不要摆在考官席的左右两侧，以免对应聘者形成包围之势。

面试中考官与应聘者的位置安排也需要考虑，一般有这样几种安排方法，具体如图10-1所示。

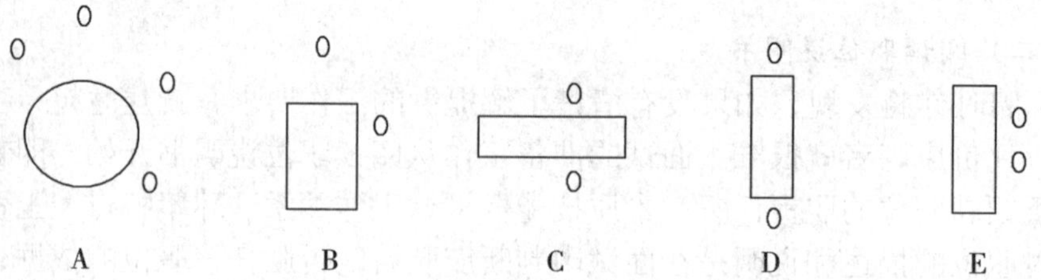

图10-1　面试中考官与应聘者的位置安排

这里有A、B、C、D、E五种座位安排方式，我们建议在通常情况下采用A、B两种方式，而不建议采用C、D、E几种方式。因为C是一对一形式，面试者与考官是相对而坐，双方距离较近，目光直视，容易给对方造成心理压力，使面试者感觉到自己好像是在法庭上接受审判，其可能会紧张不安而无法正常发挥。D是一对一形式，面试者与考官相对而坐，双方距离又太远，不利于交流，因为空间距离过远会增大心理距离。E也是一对一形式，面试者与考官坐在桌子的同一侧，心理距离较近，也不易造成心理压力，但这样一来显得面试考官的位置有些卑微，不够庄重，二来不利于观察应聘者的表情。再看A，这是一种圆桌会议的形式，是多个面试考官面对一个应聘者的形式，这种位置安排不会使应聘者有太大的心理压力，同时气氛又较为严肃。B是一对一形式，面试考官与应聘者呈一定角度而坐，避免了目光过于直视，可缓和心理紧张，避免心理冲突，也有利于面试考官对应聘者进行观察。

（五）电话通知和筛选应聘者

正式面试之前，不妨先进行电话访谈，因为一来可以从中确认应聘者的应聘材料和简历中的信息，初步了解应聘者的职业兴趣和相关素质是否与应聘的职位相符；二来可以确定与应聘者正式面试的时间和地点。

电话访谈中，招聘者可以询问这样一些情况：

——应聘者是从什么渠道了解到公司的？又是如何得知职位空缺信息的？

——应聘者应聘的原因是什么？

——应聘者现在所做的主要工作是什么？

——应聘者为什么离开前一个雇主？

——应聘者最感兴趣的是什么工作？

——应聘者对自己所应聘的工作是如何理解的？

——应聘者对公司有什么期望？

电话访谈尽可能形成双向的交流，一个电话访谈一般可保持10~15分钟的时间，当结束访谈时，招聘者应该对以下问题形成判断：

——应聘者是否正确领会了所应聘的工作内容？

——应聘者表现出对所应聘的工作具有很大的兴趣吗？

——应聘者是否满足对该职位的最基本的任职要求？

——应聘者所说的与简历材料中的信息是否一致？

——是否决定对应聘者进行正式面试？

当然，电话访谈不等于面试，不是形成是否聘用的决策，而是确定是否需要正式面试的问题。开篇案例中该饮料公司招聘小组通过电话访谈，将经过初步筛选后的人员名单中的两位排除在正式面试之外，其中一位因为在用英语作交流的过程中，理解和表述能力都较差，不符合该行政助理岗位对掌握外语的基本要求；另一位则是因为从电话访谈中得知，她已经获得另一家公司的聘用通知。

（六）面试评价量表和面试问话提纲的设计

面试评价量表依据空缺岗位的工作说明制定而成，是面试过程中考官进行现场评价和记录应聘者各项要素优劣程度的工具，它应能反映出工作岗位对人员素质的要求。在设计面试评价量表时，要注意这些评价要素必须是可以通过面试技巧进行评价的。由于面试没有标准答案，评分往往带有一定的主观性，为了使面试评分尽量具有客观性，在设计评价量表时，应使评分具有一个确定的计分幅度及评价标准。面试评价量表示例见表10-2。

表10-2　　面试评价量表

姓名：　　性别：　　年龄：　　编号：
应聘职位：　　所属部门：

评价要素	评定等级				
	1（差）	2（较差）	3（一般）	4（较好）	5（好）
求职动机					
个人修养					
语言表达					
专业知识					
工作经验					
人际交往					
情绪控制					
自我认知					
综合分析					
应变能力					
评　价	□建议录用　□可考虑　□建议不录用				

用人部门意见：	人事部门意见：	总裁意见：
签字：	签字：	签字：

也可以进一步采用加权法制定面试加权评价量表，开篇案例中该招聘面试小组根据岗位要求所制作的面试加权评价量表见表10-3。

表10-3 **面试加权评价量表**

编号：		姓名：		出生年月：		性别：	
面试评价要素	权重	具体指标 100%~90%	优秀 90%~80%	较好 80%~70%	一般 70%~60%	较差 70%~60%	很差 60%以下
身体外貌	20	健康程度10					
		气质10					
知识经验	20	基础知识4					
		实际经验6					
		职业道德5					
		专业知识5					
能力方面	40	社交能力10					
		口头表达能力10					
		应变能力8					
		协调能力6					
		解决问题能力6					
性格方面	20	工作热情6					
		自信心6					
		开放性4					
		亲和力4					
小计							
级别标准		95~100分	90~95分	80~90分	70~80分	60~70分	60分以下
主试评价意见		评委甲：					
		评委乙：					
录用决定							

面试问话提纲则是根据所选择的评价要素以及从不同侧面了解的应聘者背景信息而预先设计的问话提纲。它由两部分组成：一是通用问话提纲；二是重点问话提纲。以下我们将开篇案例作为问话提纲的设计示例（见表10-4），提供一定的学习参照。

表10-4　　　　　　　　　　**面试问话提纲示例**

<table>
<tr><td colspan="2">应聘职位：人力资源部经理助理　　应聘者姓名：　　　　　　　面试时间：</td></tr>
<tr><td colspan="2">注意事项：
• 审阅应聘者的材料，包括简历和面试申请表，找出需要进一步了解的内容；
• 回顾招聘职位所需的胜任特征，以及各项胜任特征的行为指标；
• 对问题的提问方式做适当的修订，使之更能贴近招聘职位的特点和应聘者的经验；
• 计划好面试时间</td></tr>
<tr><td colspan="2">开始面试：
• 与应聘者热情地打招呼，做自我介绍；
• 告诉应聘者面试所需的时间；
• 告知应聘者你将会在面试过程中做一些记录</td></tr>
<tr><td colspan="2">询问背景情况：</td></tr>
<tr><td rowspan="3">教育背景</td><td>学校：　　　　时间：　　　　　学历及专业：</td></tr>
<tr><td>学校：　　　　时间：　　　　　学历及专业：</td></tr>
<tr><td>学校：　　　　时间：　　　　　学历及专业：</td></tr>
<tr><td colspan="2">为什么选择该专业？

在学校最喜欢的学科是什么？为什么？最不喜欢的呢？

认为学校生活中最大的成就是什么？

从学校获得的最大收获是什么？</td></tr>
<tr><td rowspan="2">工作背景</td><td>工作单位：　　　　　　　　　　时间：
职位与职责：
满意的与不满意的：
离职原因：</td></tr>
<tr><td>工作单位：　　　　　　　　　　时间：
职位与职责：
满意的与不满意的：
离职原因：</td></tr>
</table>

续表

关键胜任能力考察（部分）	• 客户服务精神 问题：1.并不是所有的客户都是友善的。请告诉我你以前是如何处理那些你曾遇到的最让人生气的客户的？ 2.请讲述你与一个客户长期维持合作关系的例子
	• 团队合作精神 问题：1.讲述一个你在团队中与他人共同解决的事情，你在团队中的角色是怎样的？解决问题的过程是怎样的？ 2.请讲述一个你的意见与小组中其他人意见发生冲突或者产生不同意见的例子，你是怎样处理这样的情况的
	• 自知与自控能力 问题：1.最近一个月（或半年或一年），你是否与同事发生过争执？争执的原因是什么？ 2.请分析你的优点与缺点
	• 专业技能与兴趣 问题：1.描述一下你至今所遇到过的最有意义的招聘经历。对于那些特别难以找到合适人员的职位空缺，你过去每隔多长时间需要进行一次招聘？请说说该职位空缺的情况。 2.有位求职者已经开始工作后，你收到了有关他的不利证明，说说当时的情形。后来的情况如何？ 3.说说你曾经有过的、能使岗前培训对新员工更有意义的、更有帮助的一些想法。 4.描述一下你是如何为撰写工作说明书收集信息的

（七）提问方式选择

面试之前，还要确定你的基本提问方式，以使面试过程更有利于你的目标实现。因为任何想法都可以用不同的言语或非言语方式表达，你的表述方式会决定你最终所获得的信息，及这些信息对于你的有效性。你可能会提一些华而不实的问题、提些多项选择题和强迫性选择题，而提出这些问题很可能会使你获得一些毫无意义或误导性的信息；你也有可能采用一些目前看来相当有效或者比较有效的提问方式，比如开放式问题、行为性问题、探究性问题等。下面我们具体探讨一下这些提问方式，以便你做出选择。

1.开放式问题

开放式问题是一种要求给予应聘者较大回答空间、在回答中提供较多信息的面试题目。这种面试题目不是让应聘者简单地回答一个“是”或“否”，而是要求应聘者用相对完整、较多的语言做出回答。开放式问题往往能鼓励应聘者说话，即使他是一个内向羞怯的人，并且能引发双方进一步探讨有关问题。面试者可以从应聘者的回答中找到新的问题，了解应聘者的表达能力、沟通技巧，况且这类问题也不会给应聘者带来较大的压力。上述提问提纲中的一些问题即为开放式问题，比如："描述一下你至今所遇到过的最有意义的招聘经历。对于那些特别难以找到合适人员的职位空缺，你过去每隔多长时间需要进行一次招聘？请说说该职位空缺的情况。""请讲述一个你的意见与小组中其他人意见发生冲突或者产生不同意见的例子，你是怎样处理这样的情况的？"开放式问题可诱发应聘者对某一问题的主动反应。我们须注意的是，同样属于开放式问题，比如你可以这样问："你认为自己应付难缠客户的能力如何？"也可以这样问："请描述一下当一位生气的客户要求你为一件并非你的过失的事情负责时的情形，你是如何处理的？"而后者显然是行为描述面试的问话形式，更能够有效地对应聘者进行素质鉴定，因此，专家们一般建议在开放式问题的基础上，构建行为性问题。另外一个须注意的问题是，避免谈话的漫无边际。比如对一个工作了30多年的人说"请谈谈你的工作经历"就属于这种情况，正确的说法是"请说说你过去2年的工作经历"，这虽然也是个开放式问题，但确定了有效的界限。

与开放式问题相对的是封闭式问题。封闭式问题是指要求应聘者用非常简短的语言，甚至是"是"或"否"来回答的问题。尽管我们常常建议采用开放式问题以帮助我们获得足够的信息，但我们知道，封闭式问题也有许多特有的作用：此类问题能使面试者掌握更多的主动权，能使某些应聘者心情放松，能帮助澄清事实，当你需要核实情况时，你往往能得到准确的答复。此外，如果发生了可能导致面试终止的问题，比如某项重要的工作要求，那么直截了当地提出一个封闭式问题能使你迅速地、简单地获得你想要的信息。另外，在很多情况下，封闭式问题本身的回答似乎并不重要，面试者常常更关注它后面的探索性或行为性问题等其他问题，例如，"你能不能和你以前的同事打成一片、关系处理得比较融洽？"对这个问题本身所得出的信息并不特别重要，关键在于后面紧跟着的探索性问题和行为性问题："为什么？你是怎么做的？请你举一个例子说明你怎么跟同事打交道？"

2. 行为性问题

我们在面试方法中已经提及行为描述面试法，它是基于行为的连贯性原理发展起来的面试方式，是一种采用专门设计的问题来了解应聘者过去在特定情况下的行为结构化面试方法。行为性问题即为了满足行为描述面试目的而专门设计的问题，这些问题是在对空缺职位进行充分深入的分析的基础上，对职位所需的关键胜任特质进行清晰的界定，然后在应聘者过去的经历中探测与这些要求的关键胜任特质有关的行为样本，在胜任特质的层次上对应聘者做出评价。可以说，行为性面试是基于关键胜任能力的面试方法，我们通过识别出应聘者的职位要求的胜任水平来判断该应聘者是否可以被录用。我们知道，所谓胜任水平就是指能够使任职者有效开展工作或在工作中取得成功的因素，这些因素通常包括任职者所掌握知识、能力、技能、品质、个性特征等。行为性问题多围绕应聘者在过去某些情境中的行为表现或可能的将来某些情境中的行为来提问的，并且以有关过去的行为表现为主。这种面试提问方法的假设主要是一个人在过去的行为表现会成为他在将来的行为表现的一个预测指标。对行为样本进行描述时要注意把握四个关键要素，即情境、目标、行动和结果。具备了这四个要素的事件就是一个完整的行为样本，才可以有效地考察应聘者对拟任岗位的胜任力。基于四要素的行为性面试要求应聘者对行为事件作详细的描述，而且要追问很多细节，因此可以避免考官的个人印象对评价的影响，减少应聘者说谎的机会。

如何事先设计好基于空缺职位关键胜任能力的行为性面试话题呢？

以开篇案例来说明，首先，可以确定该人力资源部经理助理的部分岗位职责如下：

- 招聘和面试空缺岗位求职者；将合格的候选人推荐给相应的部门经理。
- 对可能受聘的求职者进行情况查询。
- 帮助人力资源部经理制订和实施每月的岗前培训计划。
- 帮助进行政策和步骤的实施，可能会对某些政策做出解释或说明。
- 帮助拟定全公司最新的职位说明书，并不断对之加以更新。
- 帮助维护和实施公司的报酬计划，对工资晋级的推荐实行监督管理，以确保工资的增长不违背业绩提高的原则。

其次，我们根据每一项职责任务，列出相应问题。比如，针对第一项任务“招聘和面试空缺岗位求职者；将合格的候选人推荐给相应的部门经理”采用行为性面试的要求，我们可以列出这样一些面试问题：

- 你曾将一位你认为应当聘用的求职者推荐给某一部门经理，但你推荐的人被拒绝了，你是如何解决你与那位经理之间的意见分歧的？请举个例子。
- 说说当你遇到的求职者过多，难以做出决定时的情形。
- 你曾雇用过后来被证实不符合岗位要求的求职者，请具体说说那段工作经历。

• 请举例说说当你与一位部门领导在对某一岗位的职责要求上不能达成共识时的具体情形。

• 你曾被要求为某一部门一次找到好几位空缺职位的人选。描述一下当时的情形。

• 描述一下你至今所遇到过的最有意义的招聘经历。

• 在你从事的上一份工作中，为了说服某一部门领导雇用某人，你是怎么做的？

• 对于那些特别难以找到合适人员的职位空缺，你去年每隔多长时间需要进行一次招聘？请说说该职位空缺的情况。

• 说说当你愿意继续使用某一长期利用的招聘渠道时的情形。发生了什么情况？

• 说说当你对个别求职者的回答感到不安时的情形。结果如何？

再如，针对“帮助人力资源部经理制订和实施每月的岗前培训计划”任务，则可以设计这样一些问题：

• 描述一下你在机构岗前培训计划中所担任的工作。

• 你的时间中有多大部分用于准备实施公司的岗前培训计划？

• 在岗前培训过程中你最喜爱哪部分工作？为什么？你最不喜欢的是哪部分？

• 说说你为第一次岗前培训所做的而现在已不再做的准备工作。

• 你是否遇到过你邀请来做岗前培训的人没有到场，印刷材料没有准备好或者音像设备出了问题的情形？你是如何处理的？

• 描述一下你与其他岗前培训工作的准备人员和参加人员之间的关系。

• 说说你曾经有过的、能使岗前培训对新员工更有意义、更有帮助的一些想法。

• 与那些参加岗前培训课并被要求填写课上发给的表格的人员，你是如何进一步联系的？

当然，这些问题在具体面试时你还可以进行选择与调整。

由此可见，基于关键胜任能力的行为性面试是结构化的、与工作相关的、侧重考察具体可衡量的胜任能力的。基于关键胜任能力的面试并不意味着在面试时全部采用基于关键胜任能力的问题，即行为性问题，在面试中也应适当采用其他类型的问题，但是行为性问题所占的比重大约在70%。

3.探究性问题

探究性问题一般是在其他类型的问题后面所做的继续追问，是考官希望进一步挖掘某些信息、更深入地了解情况时使用的。探究性问题通常运用一些简短的问题提问，例如："为什么？""如何？""何时？""多长时间一次？""什么人？"等，要求应聘者进一步回答，从而得到有关这些内容的信息。例如："你认为什么样的人难以共事？为什么？""经理不在时你接管他的工作吗？这种情况多长时间发生一次？""你说你曾经参与了改进公司报酬结构的设计工作，参加设计的还有其他人吗？你主要负责哪一块工作？碰到困难没有？你是如何解决的？"一般而言，那些难以完整回答问题的应聘者往往较欢迎探究性问题为他们提供的额外帮助。同时，应聘者还会认为考官对他的话感兴趣而想了解更多的情况。但是考官也要注意不能连续使用过多的探究性问题，因为这类问题往往会引起应聘者的戒心。此外，考官在提问时的身体语言应当显示出兴趣而不是指责性的情绪：要保持与对方的视线接触，但不要直盯着对方，要适时地点头、微笑，不要皱眉头。

二、面试过程

大部分面试的过程可以概括为五个阶段：建立融洽关系阶段、导入阶段、核心阶段、确认阶段、结束阶段。每个阶段的任务不同，所使用的问题类型也有侧重。

（一）建立融洽关系阶段

该阶段占整个面试时间的2%左右，虽短暂但重要，其确定了其余面试部分的基调，所谓良好的开端是成功的一半。这一阶段的主要任务是考官要帮助应聘者放松心情，创造一个宽松、良好的谈话氛围，有助于应聘者在以后的面试中能够尽可能放开自我，双方展开有效沟通。一般而言，在面试开始时宜问一个能让应聘者心里知道如何回答，也能够回答的导入性问题，通常进行一些与工作无关的问题谈论，比如以天气、交通等内容为话题的问题："这儿还容易找吧？""路上堵车吗？""今天天气真不错啊""是从公司直接过来的吗？"这些问题不仅与关键胜任力没有什么关系，而且是随意而封闭式的，旨在建立融洽的关系。在此开始阶段，较忌讳的是考官一开口就问一些对招聘意义不大、难以回答、容易使应聘者陷入被动或产生提防的问题，比如："告诉我，你为什么要申请这份工作？"

（二）导入阶段

该阶段约占整个面试时间的8%。这一阶段的主要任务是帮助仍旧有些紧张的应聘者放松心情并给予他们对自我能力及情况的介绍与评价的机会。在此阶段提出的问题，一般应选择应聘者熟悉的话题，以开放式的、宽泛的问话方式，一方面可以缓解应聘者依然有点紧张的情绪，让他有较大的自由发挥空间；另一方面也为考官后面的提问做些准备。这些问题一般包括让应聘者介绍一下自己的经历、介绍自己过去的工作等。如:"请你介绍一下你的工作经历,好吗?""你能大致谈一下你在薪酬管理方面的工作经历吗?""让我们从你最近的一份工作谈起,说说你在这家公司主要负责哪些工作?"

(三)核心阶段

该阶段是整个面试过程中最重要的阶段,占整个面试时间的80%左右,其中用于关键胜任能力的考察时间占65%左右。在此阶段,应聘者将被要求讲述一些关于关键胜任能力的事例,考官将着重收集关于应聘者关键胜任能力的信息,主要需要明确三个方面的信息:一是确认某些模糊的背景信息;二是评估其既往的教育专长和工作成就;三是根据其对问题的回答及观察,推断其与组织、工作/岗位的适合度。因此,这一阶段使用的面试问题也主要是关于关键胜任能力的行为性问题,并配合使用其他问题,以便能够基于这些信息或事实做出客观的评价和判断,考官也是主要依据这一阶段的信息在面试结束后对应聘者做出录用与否的决定。一般情况下,在此阶段,你可以先用一个开放性的问题引出一个话题,随后用行为性问题将该话题聚焦在一个关键的行为事件上,接着可能会不断地使用探究性问题进行追问。如果应聘者过去的经历中没有相关的实例,那么就可以使用一些假设性的问题。为了更好地说明这一面试阶段的特点,我们还是以开篇案例为说明的参照,看看这家饮料公司在对人力资源部经理助理职位的候选人进行面试时,如何运用各种类型的问题开展有效面试的。

考官:请问当你与用人部门的主管对某一职位的用人要求有不同意见时,你是怎样处理的?(开放性问题)

应聘者:我想我会尽量与用人部门的主管沟通,把我的想法和理由告诉他,并且询问他的想法和理由,双方求同存异,争取达成一致意见。

考官:那么你能不能举出一个你所遇到的实例,当时用人部门的主管与你在某个职位的要求上没有达成共识,给我讲一讲当时的情况是怎样的?(行为性问题)

应聘者:好吧。有一次保安部门有一个保安人员职位的空缺,用人部门的经理要求找到的人必须身高在180厘米以上,体重在80千克以上。

考官:为什么?(探究性问题)

应聘者:因为他认为身材强壮的保安人员对坏人具有威慑力。

考官:那么后来怎么样了呢?(探究性问题)

应聘者:我向那个部门经理解释这并不是必要的条件。因为对于保安人员来说，忠于职守、负责任、反应敏捷、有良好的自我控制能力才是最重要的，而对身高和体重则不必非得提出那么高的要求。

考官：那用人部门的主管是怎样反应的呢？（探究性问题）

应聘者：他还是坚持他的意见。

考官：那么你是怎样做的呢？（探究性问题）

应聘者：我对他说，如果你能拿出一些统计数据表明保安人员的身高和体重确实可以阻止坏人的犯罪企图，那么我就接受这条要求；否则的话，提出这种要求是没有道理的。

考官：那接下去的情况怎么样了呢？（探究性问题）

应聘者：后来那位部门经理收回了他的意见，到现在为止，那个职位还处于空缺的状态。

考官：那么你和那位部门经理这次意见不一致是否影响了你们之间的关系？（封闭式问题）

应聘者：没有。

面试继续进行：

考官：能不能给我讲一下你所遇到的这样一种情形：对于一个用人部门已经初步决定录用的候选人，你在进行他的背景调查时发现，他的前任老板对他有一些不太好的评价。遇到这种情况，你是怎样做的？（行为性问题）

应聘者：我还没有遇到过这种情况。

考官：那么能不能假设，如果你遇到了这种情况，你会怎样做？（假设性问题）

应聘者：那不太好说。

考官：好吧，我们换一种问法，你是否遇到过你所获得的关于候选人的信息与他在简历上所提供的信息不一致的情况？举出一个这种情况的例子好吗？（行为性问题）

应聘者：哦，当然可以，我明白了你的意思。我会不断进行追查和比较这些信息，直到我发现了事实真相为止。在你前面提到的那个问题中，我可能会继续询问候选人的前任主管一些问题。

考官：那你会询问一些什么样的问题呢？（探究性问题）

应聘者：我会让他举出一些具体的实例来证明他所说的。并且我也会寻找其他一些知情者来验证这些信息。

就像这样，我们可以将行为性问题、开放性问题、探究性问题、封闭式问题等结合起来，着重收集应聘者关键胜任能力的信息。

（四）确认阶段

确认阶段占整个面试时间的5%左右，主要任务是进一步对核心阶段所获得的对应聘者关键胜任能力的判断的确认和核实。在此阶段一般不再引入任何新话题，可以将前面提及的内容请应聘者概括或再次深入地阐述。这一阶段所使用的问题以开放式为主，间或带一些封闭式和行为性问题。这些问题可能相对比较敏感、尖锐，因为许多应聘者都有丰富的求职面试经验，常规问题常常难以发现其深层次的心理特征，我们根据组织、工作/岗位的特点设计一些有针对性的特色问题，既不能伤及应聘者的人格和隐私权，又能使应聘者不为人知的一面凸显出来。我们还是借用开篇案例来说明。以下是该饮料公司在确认阶段，根据对人力资源经理助理候选人的核心阶段的面试所提出的进一步的问题：

“刚才我们已经讨论了几个具体的实例，那么现在你能不能清楚地概括一下你在安排新员工培训方面的程序是怎样的?”

“前面提到你曾经帮助人力资源总监制定有关的人力资源政策。具体地讲，你自己到底做了哪些工作?”

“当你解决一个问题进展不顺利时，你会怎么办?”

“我需要进一步弄清楚，你是在什么时候向什么人解释或说明这些政策和措施的？你能否再多谈点有关情况？并举两个例子。”

实际上，这些问题一方面可以提供更确切的信息，帮助你做出准确的判断；另一方面也向应聘者说明你很注意倾听。

（五）结束阶段

结束阶段占整个面试时间的5%左右，主要任务是检查是否遗漏了关于那些关键胜任能力的问题，是考官加以追问的最后机会。当然，应聘者在此阶段也应抓住最后机会表现自己。在这个阶段，可以适当采用一些基于关键胜任能力的行为性问题或开放性问题。借用开篇案例，可能有这样的提问：

“你在运用KPI模式进行绩效管理方面是否还有一些其他情况想向我们介绍，以帮助我们了解你在这方面的专业技术水平?”

“你能否再举一些在薪酬设计方面较难处理的环节以及你是如何解决的例子?”

“你能否再举一些例子来说明你具有良好的与同事合作的能力以便于帮助我们做出聘任决策?”

当应聘者认为自己已经得到了充分、全面地展示自己工作适应能力的机会，满意地离开你的办公室时，说明你已经获得了决定对方是否合适担任此空缺职位所需的信息。

总之，根据结构化面试的要求，面试中所提的问题应该有一个比较清晰的脉络，考官需将问题分类归纳，避免重复提问、杂乱无章，让应聘者晕头转向。以上几个阶段的划分，并不是固定的模式，仅仅是一种指导，组织在运用的过程中，应根据实际情况灵活掌握，使面试过程既具有连续性又能显出阶段性，保证面试过程的流畅、有效。

三、面试结果汇总

几轮面试都结束后，应根据每位考官的评价结果对每一位应聘者的面试表现进行综合分析，形成对应聘者的总体评价，以便做出录用决定。前面我们已经介绍过面试之前预先设计的面试评定表，在面试过程中，考官通过仔细地倾听和观察，做好了面试记录。在面试之后，每一位考官都在面试评定表中形成一份独立的评价结果，如果是多位考官就需要将每一位考官的评价结果进行综合，加以客观地分析比较，形成对每一位应聘者的统一认识。这一工作可以在综合评价表上完成。综合评价表是根据多位考官的评价结果汇总得出，有时根据需要还要将所有应聘者的面试评价结果综合排序。关于面试结果的处理，本章第三节中将有具体的说明。

第二节　招聘面试技巧

一、建立融洽的关系，实现良好的交流

1.注意初期对话

应聘者刚进入面试室时，往往会有紧张不安、局促拘束的表现，这时考官不宜立刻开始提问，可找一些轻松的话题作为寒暄，尽量使应聘者平静下来。专家认为，不论你做出怎样的安排，都应在面试开始时花少许时间与应聘者建立起融洽的关系，就像我们在面试第一阶段中说到的，融洽的关系一般可在面试的最初阶段用几句活跃气氛的话语，如几句与工作没有真正关系的议论或问题等建立起来，其主要目的是在实质性面试开始之前让应聘者放松。

寒暄的时间要善于控制，一般建议控制在2分钟内，所以需要注意选择一些不会引出长时间讨论的话题，可以限制自己只提2个问题，进行自我有意识地约束。从闲谈转到第一个问题时，同样可以有意识地将闲谈的话题与一句过渡性的话结合起来，例如："我很高兴你能顺利地到达这里，我正想马上同你聊聊你对我们营销代表一职的兴趣。""好，我们不妨现在就开始谈，这样你就会忘记自己一路上堵车的不愉快了。"

2. 平等的对话、尊重的态度

面试考官不仅要尽量地创造轻松、愉快的面试气氛，更需要有平等、尊重应聘者的态度，诚恳地与应聘者对话，尊重其个性与人格，使应聘者对考官产生信任感，这样才能使应聘者畅所欲言。在面试中，若应聘者对一些问题答不出来，并产生紧张感时，面试考官应加以适当诱导或转向别的问题，不能只是众目睽睽地看着他。切忌在面试中，面试考官对应聘者故意刁难，或当其回答有误时，采取讽刺挖苦的态度。同时，在面试时注意不要带有个人的偏见，比如，不喜欢应聘者的长相或穿着，或者觉得应聘者的声音比较怪等，这些个人的偏见都会影响对所获得的信息进行加工。

3. 如实介绍本组织情况及应聘职位要求

面试中，面试考官既要了解应聘者的情况，判断其是否符合本组织的要求，又要让应聘者对本组织及其应聘职位有所了解，体现双向选择原则。那么，如何向应聘者介绍本组织情况及所应聘职位的要求呢？一般而言，需要考官把握好分寸，不要操之过急，在一开始就毫无保留地将组织情况及职位要求，全部介绍给应聘者，这样会使应聘者根据这些情况投考官所好，片面夸大自己在某方面的经验和背景，结果可能背离了面试的初衷。当然关于职位的基本资料和组织的一般情况可以提早告知对方，以便应聘者尽早衡量自己是否适合所应聘的职位，而考官也可以根据双方沟通的情况，再将详细的情况陆续提供出来。如果考官在面试中预感应聘者十分理想，是一个合适的人才，这时可以适当地向其“推销”本组织，但注意在“推销”过程中要实事求是，不宜夸大也不宜隐瞒，以免产生今后不能实现的心理契约。

二、运用积极倾听策略

1. 少说多听，提取要点

面试考官说话要精练，避免询问过多的问题，更多的时候应该是在倾听。很多面试考官在面试过程中所犯的一个最大错误就是说得太多。如果在面试中不断提问、过多提问的话，不但会使应聘者警觉起来，双方之间的交流就很难称得上是对话了，而且，提问越多，面试所获得的信息量反而越少。事实上，在面试的过程中，面试考官讲话的时间应不超过30%，在这个过程中，考官通过提问了解应聘者的工作经历与工作能力，澄清某些疑惑，向应聘者提供组织和职位信息、回答应聘者的提问，而在70%的时间里，考官应该积极地倾听，善于听出应聘者的话语中与工作相关的信息，特别是有的应聘者语言表达能力不是很强，回答问题不能扣住要害的话，更需要考官从他的话语中提取出与问题相关的内容。因此，有经验的面试考官通常会尽量让应聘者多讲话，而他们在提问的时候会很谨慎，并且能够运用一些巧妙的问题将谈话控制住，同时又不会粗鲁地打断对方的叙述。

2.善于思考，善于总结

有效的倾听不仅止于用耳听，还在于用脑思考。思维速度能起到神奇的作用，许多人的思维速度大约为每分钟400个单词，而我们说话速度大约为每分钟125个单词。这说明我们的思维速度比说话速度要快，因此我们建议在应聘者说话的时候，考官完全可以利用思维的速度完成这样一些工作：准备下一个话题；分析应聘者说的话；将应聘者此刻说的内容与其前面的话语联系起来；扫视应聘者的简历或申请表以便于核对信息；观察身体语言；将应聘者的背景材料和工作要求联系起来考虑；记录。另外，应聘者在面试过程中并不能总是一次性对问题做出完整回答，在许多情况下考官需要将分散、零乱的信息整合起来，需要对应聘者的回答进行总结和确认。通常的做法是：考官用重复或总结的方式对应聘者的回答进行确认，例如，“刚才你讲到你的工作职责有三项：一是对公司的一些上传下达的文件进行管理和帮助总经理草拟一些文件；二是进行办公室事务的管理，那么还有一项是什么?”

3.凝神倾听，排除干扰

有效的倾听自然意味着需要你凝神倾听，不受任何因素的干扰。可能的干扰因素包括：有人进出你的办公室、电话的铃声、走廊里的喧哗等，尤其是当应聘者的语言表达枯燥无味、语调平淡时，倾听会变得不太容易，如果发生这种情况，你应当认识到应聘者口才不佳也许与工作不相干，根据他们的谈话对你的吸引程度来评估他们是有失公允的，如果不积极倾听，你可能会错过那些影响最后录用决策的重要信息。有效的倾听，也是全身心地投入谈话的过程，任何的工作烦恼、家庭琐事，此时都应排除在脑海之外。

4.尊重对方，给予反馈

“倾听”并不意味着只是坐在那里什么也不说。一个善于倾听的考官不应处于被动的地位，而是会采取积极的方式鼓励对方讲话。包括在应聘者谈论某个话题时，不时地点一点头；或当对方说到什么有趣的事情时，笑一笑，说一句“有意思”“呵，这样啊”这类回应，甚至仅仅用一种对方能听见的声音“哦”一下，也能表现出你对他的话很感兴趣，你在认真地听，这也是对应聘者的尊重。这里常用的技巧是“重申对方的观点”，即将你听到的、理解的话，用你的语言给予重复，做出适当的回应。并且，如果你对他要表达的意思理解有误或有偏差的话，采取这种方式就能得到一些弥补。比如：

应聘者：我对整个事情的操作方式不太满意。我想王经理应该知道我对此事的感受。

面试官：但是对此你还不是很确定，现在，你希望自己当时应该在有机会的时候抓住那个机会，直截了当地跟他谈谈你的想法，是吗？

应聘者：是的，也许当时我真是应该说点什么……

面试官：为什么没说呢？

三、做好面试记录

心理学研究表明，人的短时记忆容量只有7+2个组块，长时记忆容量虽潜力无穷，但依赖某种程度的过度学习，而且遗忘速度惊人，因此，如果想单凭脑袋记住一天所主持的很多场面试的每个细节，几乎是不可能的。心理学研究还表明，由于存在前抑制和倒抑制的双重影响，因此，人们只是对记忆材料的首尾内容记得较清楚，而中间部分则会有较大程度的遗忘，也就是说，记忆力并不是完全可以依赖的。做好面试记录的作用在于：

- 有助于在面试过程中和面试结束后进行有效的归纳；
- 确保所有重点问题都涉及；
- 确保全部面试的一致性；
- 有助于在招聘工作的最后阶段对应聘者进行比较；
- 符合法律和行为准则。

如何做好面试记录呢？首先应保证记录内容反映应聘者的原意，切忌考官主观概括或意会；其次，事先做好提问提纲，将之作为记录的一部分，并留下一定的位置用于填写应聘者现场的回答及提供的附加信息。

四、注意非言语信息，提高观察能力

通过应聘者的语言传达，我们可以掌握很多相关信息。但非言语信息不仅能够起到补充作用，某种程度上甚至能更真实地表现应聘者的内心，需要引起考官的注意。这里的非言语信息主要是指身体语言所传达的信息。身体语言（即体态语）不仅包括面部表情、身体动作和手势，还包括说话中的停顿、语速、声调、声高和清晰程度。从双方接触时起，所有这些因素都会一同向面试考官发布信息。我们需要重视的不是手势、姿态本身有多么重大的意义，而是需要结合到具体环境中，这些手势和姿态表达了什么意义。非语言交际研究专家保罗·艾克曼曾经在他的面部情感计分方法（facial affect scoring technique，FAST）中提出可观察到六种用以评估面部非言语表述的不变模式，他坚信厌恶表现在鼻子、脸颊和嘴上；恐惧显示在眼里；悲伤表现在眉上、嘴上和眼里；气愤表现在额上、眉上；惊讶表现在脸部区域。比如，一位教师正在讲课，学生的肢体语言信号能够表明他是否在专心学习，用心的人往往会发出这些信号：

（1）要求座位往前调动；
（2）眼睛正视讲师或教材；
（3）听讲过程中偶尔点点头或摇摇头；
（4）勤于做笔记；
（5）踊跃地发言；
（6）对讲师的说法提出疑问。

事实上，每一个人在日常的言行中都会有一些习惯性的动作，观察这些动作可以帮助我们判断应聘者的人格特质。同样，面试过程中，考官应特别注意应聘者非语言表述上的突然变化。比如，一个应聘者在面试的前20分钟都是非常放松地后背靠着椅背坐在椅子上，但当考官问到他为什么要离开现在的工作单位时，他的背部忽然离开了椅背，身体挺直，移坐在椅子的前部。尽管他所讲的离职原因听起来是可以接受的，而且他在讲的时候也没有任何迟疑，但是他的身体语言的突然变化不得不令我们感到这其中一定有什么问题。因此，他所讲的话的真实性就值得推敲了。在后面的面试问题中，还需要进一步收集、核实有关信息从而进行评判。另外，考官在面试时还需要注意自己的身体语言对应聘者产生的暗示作用。假如一个考官因为自己家里的事情不顺心而情绪很糟糕，并且在面试的时候通过非言语方式表现了出来，就会使应聘者怀疑是否因自己的回答不够好而让考官如此不满意，因而会变得更无信心。相反，如果考官了解了自己的非言语模式，就可以有意识地对应聘者传递某种非言语信息，例如，你知道点头通常视为理解，就可以用这种姿势鼓励应聘者继续说下去；如果你知道在座位上将身体前倾表明有兴趣和专注，你在面试中就可以用这种姿势来表明你对说话者说话内容的兴趣，下面我们来了解一下一些常见的非言语信息所表达的典型含义，具体见表10–5。

表10–5　**常见的非言语信息所表达的典型含义**

非言语信息	典型含义
目光接触	友好、真诚、自信、果断
不做目光接触	冷淡、紧张、害怕、说谎、缺乏安全感
摇头	不赞同、不相信、震惊
打哈欠	厌倦
搔头	迷惑不解、不相信
微笑	满意、理解、鼓励

续表

非言语信息	典型含义
咬嘴唇	紧张、害怕、焦虑
踮脚	紧张、不耐烦、自负
双臂交叉在胸前	生气、不同意、防卫、进攻
抬一下眉毛	怀疑、吃惊
眯眼睛	不同意、反感、生气
鼻孔张大	生气、受挫
手抖	紧张、焦虑、恐惧
身体前倾	感兴趣、注意
懒散地坐在椅子上	厌倦、放松
坐在椅子边缘上	焦虑、紧张、有理解力
摇椅子	厌倦、自以为是、紧张
驼背坐着	缺乏安全感、消极
坐得笔直	自信、果断

正如研究者指出的，面试中30%的信息来源于问题的回答，70%的信息来源于面试过程的观察。一个人的气质、素质、能力、性格往往通过其外部行为特征（语言和非语言特征）表现出来，面试者可以通过应聘者的音调、语速、节奏、表情、肢体动作等感受到应聘者的情绪、态度、自信度、自控力等，所以面试者的观察能力和技术非常重要。

第三节 面试结果的处理

面试结果的处理是面试流程中最后一个重要环节。面试结果的处理工作包括三方面内容：综合面试结果、面试结果的反馈和面试结果的存档。

一、综合面试结果

在面试中，不同的考官对应聘者会有不同的考察重点，面试结束后每位主考官根据自己的面试记录形成了一份独立的面试评价结果，这之后，需要将各位主考官的评价结果进行综合，形成对应聘者的统一而客观完整的认识。这个工作可以通过写出书面的面试综合评价表来完成。综合评价表是将多位考官的评价结果汇总得出，有时根据需要还要将所有应聘者的面试结果综合排序及汇总（见表10-6、表10-7和表10-8）。

表10-6　　面试结果评价表（1）

评委会组成单位及人员：

考号	姓名	性别	评委人数	面试总分	平均分

综合评语：

印章：
评委会主任（签字）：
年　月　日

表10-7　　面试结果评价表（2）

应聘人：＿＿＿＿＿＿　面试日期：＿＿＿＿＿＿
应聘职位：＿＿＿＿＿＿　主考官：＿＿＿＿＿＿

职位资料	应聘人情况
1.职责	
2.应有技能	
3.应具教育程度	
◇ 类别	
◇ 等第	
4.其他职位资料	

表10-8　　　　　　　　　　　　**面试结果汇总单**

<table>
<tr><td colspan="2" rowspan="2">测试项目</td><td colspan="4">评　分</td></tr>
<tr><td>1</td><td>2</td><td>3</td><td>4</td></tr>
<tr><td rowspan="5">个人
特点</td><td>仪表风度</td><td></td><td></td><td></td><td></td></tr>
<tr><td>沉着、自信及礼仪</td><td></td><td></td><td></td><td></td></tr>
<tr><td>语言表达能力</td><td></td><td></td><td></td><td></td></tr>
<tr><td>与面试官的配合能力</td><td></td><td></td><td></td><td></td></tr>
<tr><td>自制力、自控力</td><td></td><td></td><td></td><td></td></tr>
<tr><td rowspan="5">与工作
有关
特征</td><td>有关工作经验</td><td></td><td></td><td></td><td></td></tr>
<tr><td>有关知识水平</td><td></td><td></td><td></td><td></td></tr>
<tr><td>人际关系处理</td><td></td><td></td><td></td><td></td></tr>
<tr><td>工作能力</td><td></td><td></td><td></td><td></td></tr>
<tr><td>工作态度</td><td></td><td></td><td></td><td></td></tr>
<tr><td>面试官
评语</td><td colspan="5"></td></tr>
<tr><td rowspan="2">总体
评价</td><td>1.优秀</td><td>2.中上等
（完全胜任）</td><td>3.中等
（可以胜任）</td><td>4.中下等
（勉强胜任）</td><td>5.不合格</td></tr>
<tr><td></td><td></td><td></td><td></td><td></td></tr>
</table>

注：面试官的评分分四个等级，一级为最高评价，四级为最低评价。

面试官（签名）：　　　　　　日期：

上述表10-6、表10-7，都是面试结果评价表的示例。表10-6是一种简单地以最终得分作为结果进行汇总表述的评价表。表10-7将汇总表分为左右两栏，左栏为该职位应具备的条件，可从该职位的职位规范和职位说明中将有关资料摘要填入；右栏则填写主考官在面试时所获得的应聘者的实际情况，即相应的评价结果。表10-8则是国内常用的一种面试结果汇总单。面试结果汇总单是在全部面试结束后再填写，考官在填写总体评价一档时，注意不能仅以某一应聘者的印象为基础，而应是对全部应聘者进行比较后的结论，尤其需要将之和任职条件中的关键胜任能力联系起来进行评价。总之，评价应是客观公正的，评价应从组织本身和岗位本身的要求出发。主考官如果不止一人，每位考官的评判可能不一致，这时可先请每一位考官根据面试评价表评分，再将所有考官的分数加在一起后求平均分，或者采用去掉最高分和最低分再相加取平均值的办法，或者根据不同考官的考察侧重点，选取考官对侧重点的评分结果，再以不同侧重点的权重进行综合评分。

二、面试结果的反馈

所谓面试结果的反馈，主要是将面试的评价建议通知给用人部门，经协商后，做出录用与否的决定，随后再通知应聘者。当组织确定了录用人选后，一般还要再行邀请被录用人进行一次“录用面试”，这样的面试可以说是一次录用“面谈”，有关录用的各项事宜可在面谈中解释说明，应聘者有什么问题也可在面谈中澄清。

（一）说明与了解有关的录用情况

1. 薪酬和福利情况

录用后的薪酬待遇应在面谈中明确说明，并将本组织的具体福利项目清单交给应聘者。如应聘者还有其他特殊福利，可一并加以说明。

2. 录用条件

组织明确录用员工的意向后，有时还要附加一些条件，如需要应聘者进行体检，或者须拥有某项执照，或需要交学历证明文件等，这也需要在面谈时一一加以说明。

3. 关于工作地点问题

应聘者经组织录用后，如有更换工作地点的要求，或目前是在当地服务，但将来可能更换工作地点时，所需搬运费如何负担等问题，均应在录用面谈时先行说明，取得双方达成一致的意见。

4. 差旅问题

如果该职位需要经常出差，也需要在面谈中加以提及说明。

5. 接受录用的期限

组织通知应聘者已被录用，但应聘者是否接受，要有一个答复。另外应聘者还可能同时被其他组织录用，可能需要一段时间考虑，因此，需要给对方一个合适的时间期限做出决定。

6. 报到日期的确定

7. 其他

例如工作后是否需要加班、值班，工作条件是否比较特殊等。

（二）合约的签订

组织录用员工后须与之签订劳动合同，明确双方的权利与责任。

（三）对未录用者的信息反馈

在面试结果处理过程中，不应忽略对未被录用者的致谢，要同时发送辞谢通知。

三、面试结果的存档

以上工作全部结束之后，需将有关面试的资料存档备案，因为，它一方面是作为组织的人事档案资料；另一方面针对被录用的人，面试评价结果也是组织对这些新进员工的第一次全面评价，事实上组织对新进员工的系统考核正是从这里开始的。至此，面试招聘的工作告一段落。

重要概念

面试小组　面试场所　电话筛选　评价量表　开放式问题　行为性问题　探究性问题　面试过程　面试技巧　结果反馈

复习思考

1. 面试之前考官应做哪些准备工作？
2. 面试过程一般分成哪几个阶段？
3. 简述面试过程中核心阶段的主要工作重点。
4. 试述面试中主要的提问方式及其特点。
5. 如何有效建立面试双方间和谐融洽的关系？
6. 面试中应注意什么才能实现有效的倾听？
7. 为什么要在面试中注意非言语信息的内容？
8. 对面试结果的处理需注意哪些情况？

第十一章

招聘录用

【开篇案例】

到底该选择谁担任市场部经理①

王海是一家专营电脑销售公司的总经理，公司的总部设在北京，销售网点遍及广州、上海、武汉等地，每年的销售业务以35%以上的速度递增。

就在前几天出现了一个让他感到非常棘手的问题。市场部经理李娜由于个人原因向公司提交了辞呈，虽经公司多次挽留，仍然没有改变其决定。现在，公司急需任命一位市场部经理来代替李娜，但是王海和公司其他部门的几位负责人讨论了几天，也没有达成一致的意见。

王海认为现任市场部副经理韩少不错，可以接替李娜的职位。但这个想法却遭到其他人的强烈反对，人事部经理刘杰首先发言："韩少有很强的分析能力，在环境变化时能很快适应，但我认为他太强势，甚至有点刚愎自用，很少听取别人的意见。如果由他当市场部经理，下属会怨声载道；而且，他只有高中文化程度，下属多数都是大学毕业生，让一个学历比他们低的人来担任经理他们会服气吗？"

销售部负责人也插言："韩少干得的确不错，但是过分的热心和乐观令人感到有点不安，这有可能导致他无法进行正确而实际的市场调查和研究工作。"

王海又想到了市场部另一位副经理肖凌。和韩少不同，肖凌做事不张扬，

① 作者根据相关资料整理.

为人非常随和，善于团结下属，下属也会很好地与他合作，办起事来也很有韧劲，在工作上肖凌的表现总是很出色。但王海还是犹豫不定。因为，肖凌有时心太软，在他手下，有几位表现很差的销售员，按理说应该辞掉，可肖凌却不忍心这样做。

这两天，有人又透露给王海一个消息：某公司市场部经理张汶最近与老板闹翻了，正要辞职不干。我们何不趁此机会把她挖过来呢？她的能力我们都清楚，绝对没有问题。王海听后，觉得这也是一个办法。但考虑后，又觉得不太妥当。张汶虽然是一位难得的人才，但她能否很快熟悉本公司的业务，理顺各种关系，有效地开展工作呢？外来的和尚不一定好念经。再说，这样做很可能会挫伤本公司市场部门人员的积极性。

面对这些候选人，王海陷入了沉思：到底该选谁担此重任？

案例思考：

1. 请分析该公司招聘管理中存在的问题。
2. 如果你是录用决策者，该如何选择最后的人选？

第一节　招聘录用的含义、意义与原则

经过了人员素质测评阶段的甄选之后，招聘管理工作进入决定性阶段，最终决定录用人选，即人员的录用阶段。这一阶段的主要任务是通过甄选评价过程中产生的信息进行综合评价与分析，确定所有应聘者的素质和能力特点与预先确定的录用标准与录用计划相符合的程度，做出录用决策，并书面通知应聘者，签订合同；对招聘的新员工进行岗前培训，使之在进入组织后能够尽快地成为组织人，这些是招聘录用阶段的主要任务。

一、招聘录用的含义与意义

当企业在对应聘者进行了各种筛选后，最后一个步骤就是对人员的录用。招聘录用是指从招聘选拔阶段层层筛选出来的候选人中选择符合组织需要的人，做出录用决策、通知其报到、办理入职手续并对其进行岗前培训的过程。这是招聘工作的关键环节，这将直接决定组织这次招聘的成败。不少企业由于不重视人员录用这一环节，新员工在被录用后对企业和本职工作缺乏起码的了解和认识，这不仅会给员工今后的工作带来一定的困难，也会使员工产生一种人生地不熟的感觉，难以唤起员工的工作热情，难以产生高效率；而有的企业则因为对这一环节重视不够，在做出招聘决策时忽视了员工对企业文化的认同，导致员工在进入企

业后因不适应企业文化而纷纷跳槽，而企业为了补充人力资源不得不进行新一轮的员工招聘。这样不仅造成了招聘成本的大大增加，也不利于企业的稳定发展。因此，企业必须认真做好招聘录用工作。

招聘录用的每一个环节对组织来说都是至关重要的。录用决策的正确与否直接关系到企业招聘的效果；录用通知如果不能及时、恰当地发放，很可能使企业错失优秀人才；合理地签订劳动合同、规范地办理入职手续都将有效地减少员工与企业的矛盾和纠纷，有利于企业的稳定发展；岗前培训能增加新员工对组织和岗位的了解与认识，促进新员工与组织的融合，有利于提高工作效率。

对任一规模的组织来说，有效的人员录用主要有以下几方面的意义：

（一）有利于组织与员工个人的共同发展

组织能否快速、稳定地发展，取决于员工的劳动态度（劳动积极性）与其劳动生产率，前者取决于员工对工作的满意度，后者则取决于劳动者的知识、经验、技能及与组织文化的匹配度等。如果在员工录用时，选择的是知识、经验和技能都符合岗位要求且其内在特征与企业文化相匹配的员工，则员工在就职后将产生较高的工作效率，组织也将因此获得高额的回报。同样，对于员工而言，人员录用过程的规范、公平、高效将增加员工对工作的满意度，增进员工对组织的认同，使组织对员工的吸引力进一步增强，从而使员工在入职后更为自觉自愿地为组织工作，劳动积极性大为提高，这既有利于组织的发展，也有利于个人的发展。

（二）有效的人员录用可为组织节省费用

如果组织聘用了不合格的员工或不愿为组织服务的员工，其结果有两种：一是组织辞退员工或员工辞职离开组织，产生离职成本；二是通过组织培训使员工胜任岗位或改变员工的工作态度，产生培训费用。不论是哪一种情况，都将导致组织费用的增加。规范、有效的人员录用则能减少录用这类人员的可能性，从而为组织降低离职成本，节约培训开支。

（三）有效的人员录用为应聘者提供了公平竞争的机会

通过一系列的面试、笔试、测评等，每一个应聘者都有均等的机会展示自己的才能，使自己有更好的发展。

二、人员甄选与录用的原则、要求和步骤

（一）招聘录用的原则

一般来说，员工的职位是按照招聘的要求和应聘者的应聘意愿来安排的。为实现用人之所长、学以致用、有效利用人力成本的目的，人员录用必须遵循以下原则：

1. 录用流程体现公平竞争原则

公平竞争原则是指对所有应聘者应当机会均等，一视同仁，整个录用流程规范合理，不得人为地制造各种不平等的限制，不拘一格地选拔录用各方面的优秀人才，以保证最终录用的人员是组织最满意的人才。

2. 录用决策体现择优录用原则

这是人员录用的核心。择优就是广揽人才、选贤任能，在甄选结果的基础上为各个岗位选择合适的工作人员。因此，录用过程应是深入了解、全面考核、认真比较、谨慎决策的过程。做到“择优”必须对照招聘标准，严格按照科学的选拔录用流程来操作。

3. 员工配置体现人岗匹配的原则

在进行员工配置过程中，充分把握人岗匹配的原则，将人和岗进行有机结合。按照组织的人力资源招聘计划和岗位的特性招收员工，根据职位的需要做到知人善任、扬长避短，为组织招聘到最合适的人才并将其配置到最合适的位置上；同时还要考虑每个人的能力特点、个性差异来安排相应的职位，做到“人尽其才”“用其所长”“职适其人”，以利于个人能力的发挥与个人职业生涯的发展。从而大大提高人力资源的利用率。

4. 劳动关系体现符合法律的原则

在组织和员工劳动关系确定的过程中，需要符合法律的规范，遵循《劳动法》和《劳动合同法》的具体要求，及时签订合法的劳动合同，这既是对组织利益的保障，也是对员工利益的保障。

（二）人员录用的要求

为了有效地做出录用决策，尽可能地减少录用决策的失误，必须注意以下几个方面：

1. 所获应聘者信息准确可靠

这里的信息包括应聘人员的原始信息、招聘过程中的现实信息和背景调查，以及体检资料。

（1）应聘人员的年龄、性别、毕业学校、专业、学习成绩。

（2）应聘人员的工作经历、原工作岗位的业绩、收集的背景资料，原单位领导和同事、客户等的评价等。

（3）应聘过程中各种测试的成绩和评语、体检的结果。

2. 信息分析正确

从各种有关信息中准确分析应聘者的胜任力特征。

（1）注意对能力的分析。信息和资料有可能十分繁杂，在众多的资料中，要注意对应聘者能力的分析，包括沟通能力、应变能力、组织协调能力、学习能力、理解判断能力、语言文字能力、决策能力。

（2）注意对职业道德和品格的分析。要重视应聘者在以往工作中所表现出的职业道德和品质。

（3）注意对特长和潜能的分析。对具备某些特长和潜能的人要加以特别的关注。

（4）注意对个人社会资料的分析。个人的社会资料对组织无疑是一种财富，做录用决策时应加以重视。

（5）注意对学习背景和成长背景的分析。学习背景包括毕业学校、专业、攻读的学位及学习的连续性等资料；成长背景包括其成长环境、成长过程、家庭影响和对其成长有重要影响的人和事。对学习背景和成长背景的分析有助于加强对其个性、知识总量、专业能力和心理健康等多方面的了解。

（6）注意对面试中现场表现的分析。面试是对一个人综合能力和综合素质的测评，应注意应聘者在面试现场所表现出的语言表达能力、形体表现能力、应变能力、风度、礼貌、教养和心理健康、控制情绪的能力、分析问题的能力和判断能力。

3. 录用标准设置合理

根据能力与组织相匹配、与岗位相匹配的原则，合理设置录用标准。有些招聘者总是希望能够招聘到最好的人，通过对一群应聘者进行比较，选择其中最好的；或者总是不做出决定，认为以后还会有更好的。其实，这种想法通常是不切实际的。

如果要招聘的只是一个普通的行政岗位人员，就不要把入选者设想为一个名校毕业、有丰富的实际经验并且具有卓越领导才能的人。具备这些条件的人固然优秀，但这样的人可能对普通的行政职位根本不感兴趣。如果应聘者的能力远远超过职位任职资格，那么其在待遇上的要求也会比较高，而事先拟定的待遇标准可能根本无法满足其要求。而且，该应聘者可能不会安心做这份工作，因为这份工作对其而言根本就不具有挑战性，即使被录用进来，不久之后可能也会另谋高就。松下电器公司创始人松下幸之助有一句名言："'适当'这两个字很要紧，适当的公司，适当的商店，招聘适当的人才。70分的人才有时反而会更好。"人才的聘用以适用公司的程度为最好。标准程度过高，不一定有用。

4. 录用招聘程序科学

录用招聘程序要一个层次一个层次有序地进行。例如，通常的招聘工作要经过三轮面试：第一轮是人力资源部门的初步筛选；第二轮是业务部门进行相关业务的考察和测试；第三轮是招聘职位的最高层经理和人力资源招聘专员参加测试。每一轮均有淘汰，最后再进行匹配度分析。

如果录用招聘不遵循这样一个顺序，而是一开始就由总经理面谈，后面的许多工作就很难进行了。某企业集团的董事长未经任何程序步骤，自己直接面谈并选择了三位准备担任该集团子公司总经理的人选，结果在工作过程中发现了许多问题，其中有一位应聘者连毕业文凭都是假的。如果能够按招聘程序依次进行，有主考官的面试，有背景资料的调查，那么，这样的决策错误就不会发生。

5.明确决策主体

决策主体是最后决定录用的人或机构，一般的原则是谁用人，谁拥有决定权，即“谁用人谁决策”。对于一般基层人员，由用人部门主管或人力资源部主管单独决定即可，对于管理人员，包括关键岗位人员，最后可由用人部门提出，报总经理或董事会批准。在决定录用人选时，决策主体必须坚持少而精的原则，选择那些直接负责考察应聘者工作表现的人，以及那些会与应聘者共事的人进行决策。如果参与的人太多，会增加录用决策的困难，造成争论不休的局面，浪费时间和精力。

6.尽快做出决定，留有备选人员

目前，人才竞争是十分激烈的，优秀的应聘者更是非常受青睐，因此，必须在确保决策质量的前提下，尽快做出录用决策，否则，就很有可能失去即将得到的人才。

做出录用决定之后，要对新员工进行一些简单的接待，这对减少或消除新员工的陌生感有着重要作用。新进员工刚到组织时的所见所闻及对工作环境的实际感觉，会巩固或动摇新员工选择该组织的决定。在接待阶段，组织应让员工感到“宾至如归”，同时产生被认同感与被重视感。

招聘实践中，经过层层甄选、面试，常会发现一些条件不错且适合组织需要的人才，但是由于岗位配制、组织阶段发展计划等因素限制无法现时录用，却可能在将来某个时期需要这方面的人才，这个时候，建立人才信息储备就显得很有必要。作为招聘部门，应将这类人才的信息纳入组织的人才信息库，内容包括个人资料、面试小组意见、评价等，并不定期地与之保持联系，一旦将来出现岗位空缺或组织发展需要即可招人，既提高了招聘速度也降低了招聘成本。

一般而言，组织的人才储备通常分为内储和外储两种。内储就是暂时把预留人才储存在组织内部，尤其是关键部门关键岗位的人才，这会带来一些成本问题，比如发放薪酬、如何安置等。通常大多数组织还是不愿意在没有项目的情况下大量储备人才的，经济实力雄厚的大公司会选择这样做，以便在上项目的时候可以及时补充人才。外储包括和人才市场、猎头公司及在职人员等多方面的联系，关键是要清楚组织需要的人才在哪里，能否迅速到位。当然内储和外储这两种方式同时使用会达到最好的效果。

（三）人员录用的基本步骤

人员录用是招聘的目的和成果。在招聘考核中选拔出来的合格人员，只有办理一定手续，才能成为组织员工。录用手续的办理是确定员工身份的依据。

尽管员工录用程序在不同的组织中有很大的差异，但录用工作一般包括制定录用制度、做出录用决策、公布录用名单、办理录用手续、通知录用者、签订劳动合同、入职试用、新员工培训、新员工试用期考核、新员工转正等主要环节。

人员录用的程序如图11–1所示。

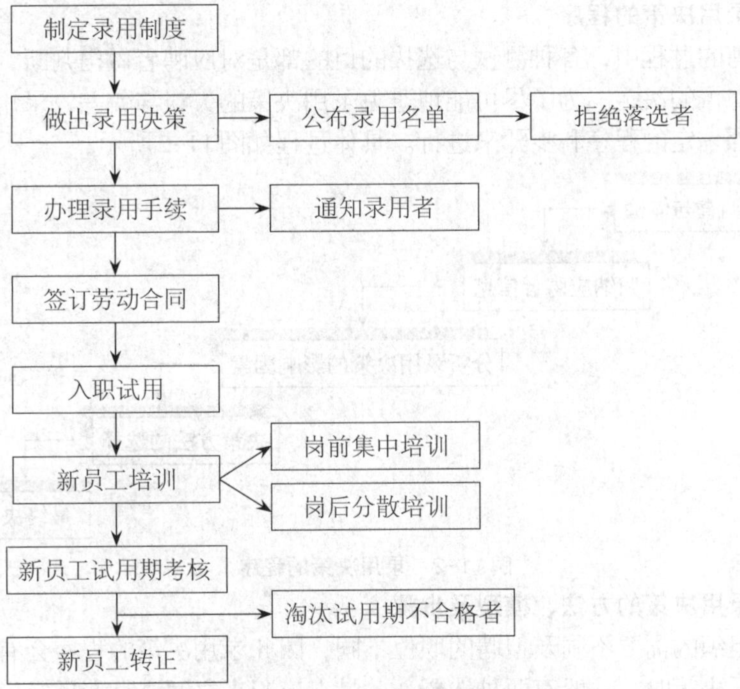

图11–1　人员录用的程序

第二节　招聘录用决策

录用决策是指通过科学的、精确的测算，对岗位和所招聘的人选相互之间进行权衡，实现人适其岗、岗得其人的合理匹配的过程。人员录用决策做得成功与否，对招聘有着极其重要的影响，如果决策失误，则可能使整个招聘过程功亏一篑，不仅使组织蒙受重大的经济损失，还会因此阻碍组织的发展。录用决策的有效性取决于录用标准是否合理、决策流程是否规范、决策方法是否科学。招聘录用决策就是在对应聘者进行层层筛选后，充分分析和核实候选人有关信息，最终确定拟录用人选并进行人岗匹配的过程。它是组织人力资源形成和配置过程中的一个重要组成部分。甄选标准一旦确立，组织应尽快做出录用决策。人员录用决策标准：一是以岗位为标准，按照岗位要求选择最合适人选；二是以人员为标准，将人员安置到最合适的岗位上，实现人尽其才、才尽其用。两种标准都可以实现局部最优化，但通常将这两种标准结合起来使用，可以互为补充，以便提高组织的整体资源配置效率。

一、录用决策的程序

在招聘的过程中，各种测试与选拔的目的都是对应聘者做出判断，做出对应聘者录用与否的决定。为了尽可能地避免录用决策的失误与偏差，录用决策的做出必须按照一定的程序和步骤来进行。具体过程如图11-2所示。

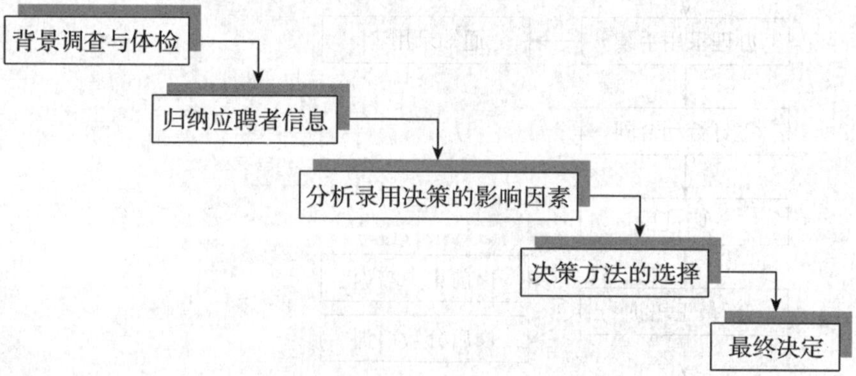

图11-2　录用决策的程序

二、录用决策的方法、模型及步骤

由于组织的需要不同及拟聘的职位不同，因此录用决策的程序会有很大的差别。在进行决策时，一般有两种选择：一是在应聘者之间进行选择；二是在应聘者与招聘标准之间进行比较再选择。当应聘者中没有人符合要求时，也有两种选择：一是重新招聘；二是在原来的招聘者中重新进行选择。

（一）录用决策的方法

1.按照决策周期安排的分类

人员的录用决策按照决策周期的安排可分为过关淘汰式、汇总评估式及混合式。

（1）过关淘汰式是指组织在甄选过程中，在每一甄选测试环节都设置一定的淘汰率，应聘者只有通过了上一关才能进入下一关。只有通过了组织设置的层层关卡，才能参加最后一轮的录用选拔。

（2）汇总评估式是指组织在甄选过程中不设置最低的淘汰标准，所有应聘者都参加甄选，最后由组织根据应聘者在各项考察项目上的得分及项目的权重，做出录用决策。

（3）混合式是指组织根据实际情况，对某一轮甄选采用淘汰式，对某几轮甄选采用汇总评估式。一般而言，采用混合式来决策的组织要多一些。

2.按照决策过程实施的分类

人员的录用决策按照决策过程的实施可分为单轮测试决策和汇总评估决策两种。

（1）单轮测试决策常用于简历、知识、技能的单轮选拔比较及容易得出一致意见的甄选中。因为在这样的甄选中标准是量化的，只要确定出一个分数段或等级，就可以完成。而对于潜在的胜任特征的评价则常会因为评价者的不同而有一定的差异。虽然结构化的面试及评估、统一培训评价者会在一定程度上弥补这方面的缺陷，但由于评价者的阅历、看问题的角度、关注点等的不同，有时评价意见仍然无法一致。对于单轮测试决策，通常做法如下：

第一，评价者根据面试及测试记录，说出自己对被评价者关于有关考察要素的看法和依据，但不提出结论。当所有评价者发表完看法后，每个人单独做出结论。如果一些评价项目标准以符号或字母表示，则需要进行分数或等级的转化。

第二，评价者先单独发表看法后每个人单独做出结论。根据评价人数，如果是3～4个评价者，其中有一人不同意进入下一轮，即可一票否决；如果评价人数在5～8个，则实行两票否决制。具体标准根据拟招聘职位的重要程度、特点可以有所不同。

（2）汇总评估决策即在对应聘者的各轮测试成绩以一定的方式汇总后，将应聘者进行总的排序，然后做出决策的方法。汇总评估决策一般有如下两种方式：第一，以岗位为标准，列出岗位最适合的人选；第二，以人为标准，列出岗位最适当的人选。

当上述两项标准一致或基本一致时，就可按照排序的结果做出相应录用决策。

当招聘单位岗位比较多，应聘者之间经历、学识等没有大的差异时，可以采用汇总评估决策法，尤其适用于校园招聘。

（二）录用决策模型

一般来说，在进行人员录用决策时有三种模型可供选择，具体如下。

1.补偿性模型

录用决策小组首先收集应聘者在选拔过程中的所有信息，然后从工作所需要的各个方面属性来评价应聘者，得出应聘者有关这一属性的一致性评价意见。

使用这种方法的前提是假定某种属性的高分可以补偿另一种属性的低分，适用于对应聘者没有最低要求而是强调其综合素质的情况。

2.非补偿性模型

这种模型要求应聘者在被考察的每个方面都必须达到某个最低标准，任何一方面有缺陷都将使应聘者被淘汰。例如，录用项目开发人员时，若应聘者缺乏创新开拓的能力，则不管该应聘者其他能力如何，都不会被录用。

3.混合模型

当对应聘者在某几个能力素质方面有最低要求，但在其他几个方面没有最低要求时可以运用混合模型。首先对应聘者采用非补偿性模型淘汰一部分，再用补偿性模型对应聘者进行综合评价。

在录用决策时，如果最终合格人选少于所要录用人员的数量，应本着"宁缺毋滥"的原则，尽量避免降低录用标准；当最终人选多于所要录用人员的数量时，应遵循重工作能力、优先求职动机、价值观认同等原则，同时应限制参加决策的人数，只请那些直接负责考察应聘者工作表现的人，以及那些将来会与应聘者共事的人，以免参与者因坚持自己的录用偏好而难以协调意见。

（三）录用决策步骤

组织做出招聘录用决策时，要尽可能采取系统化的思考方法，避免在做最后录用决策时跟着感觉走，避免只看到应聘者表现得比较突出的几个方面，而没有全面地关注到应聘者的所有胜任特征，以及应聘者突出表现的某些方面对于职位是否是最关键的，从而达到成功招聘录用的效果。

实际上，决策系统化主要强调的是通过对应聘者的胜任能力进行全面的而不是片面的评估和比较之后才得出结论。通常可采用以下定性定量相结合的方式和步骤做出录用决策。

首先，可以采用等级筛选法。此法适合在经过层层筛选后候选人数还是较多的情况下进行有效筛选。审核筛选的标准是根据胜任素质模型中各项素质的核心内涵和行为量表来制定的，主要是对初筛选中的申请表与胜任素质相关的部分进行评估和审核。标准针对每项胜任素质设置成A、B、C三个等级，见表11-1。

表11-1　　胜任素质的三个等级

等级	等级解释
A	通过审核申请表对职位申请表中所设置的特定问题的回答，可以认定申请者在该项胜任素质上具备程度很充足
B	通过审核申请表对职位申请表中所设置的特定问题的回答，只能认定申请者在该项胜任素质上具备程度是一般的
C	通过审核申请表对职位申请表中所设置的特定问题的回答，可以认定申请者没有达到该项胜任素质的基本要求

在我们运用申请表和等级筛选法进行前期初步筛选中，可采用相对宽松的标准，如可以规定：凡在八项胜任素质考察项目的评估结果中出现两个或两个以上C的申请者将不予进行进一步甄选的考虑。而当我们在进行后期录用决策时，则可加大对各项胜任素质的考察力度，比如可规定：

• 凡在前五项胜任素质评估结果中出现一个C或三个B的申请者，将不予进一步考虑；

• 凡在后三项胜任素质评估结果中出现一个C而前五项评估结果中出现两个B者不予考虑；

• 凡八项胜任素质评估结果中出现五个B者也不予考虑。

其次，对于经筛选后所剩的最后申请者，将他们的多种测评技术的测评结果进行整合，得出各项胜任力的综合评分，见表11-2，在实际操作中一般是先将这些综合评分转换为10分制的数据之后再进行深入运用。

表11-2　　各种甄选方法的测评结果

测评技术 / 胜任力	行为面试	申请表审核	心理测评	无领导小组讨论	文件筐处理	总计
	权数5	权数1	权数3	权数5	权数6	
逻辑思维能力	6	7	5	7	7	129
团队合作能力	7	7.5	7	7.5	8	149
协调能力	7	7	6	7.5	7	139.5
创新能力	6	6.5	6	6.5	6.5	126
应变能力	8	8	8.5	7.5	7.5	156
沟通能力	7	6.5	8.5	8	8	155
人际关系	6	8	7	8	8	153
责任心	8	6	6.5	7	7	142.5

表11-2中，逻辑思维能力的总分=6×5+7×1+5×3+7×5+7×6=129。

使用既定的决策将应聘者的胜任力与职位胜任素质模型要求的标准进行比较，从而得出直观的结果。用不同的方法对所获的数据进行比较：

（1）胜任力综合加权比较法。不少企业会采用这一较简单、常见的方法。该法对候选人胜任素质的综合得分进行加权后取总值，然后将该总值与甄选标准要求的总值对比，可以判别应聘者是否达到甄选标准的要求。

若既定职位的甄选标准在八项胜任力上的要求分值分别是9、8、7.5、7.5、9、6、6、8，给出转换为10分制的标准计分及两个应聘者的得分情况（见表11-3），胜任力综合加权达标分为9×2.5+8×2+7.5×1+7.5×2.5+9×3+6×2+6×1+8×3=133.75，达标的胜任力综合加权平均分为133.75/17=7.87。应聘者王筱晓综合加权分和综合加权平均分分别为135分和7.94分，陈文中得分为134分和7.88分，两人都达标，但王筱晓综合加权分和综合加权平均分都高于陈文中，不考虑其他因素的话，王筱晓可以优先得到组织的录用通知书。

表11-3　**应聘者胜任力综合加权得分情况**

胜任力	权数	达标分	陈文中	王筱晓
逻辑思维能力	2.5	9	9.2	9
团队合作能力	2	8	8	8.5
协调能力	1	7.5	7	8
创新能力	2.5	7.5	7	7
应变能力	3	9	9.5	8
沟通能力	2	6	6	7.5
人际关系	1	6	6	7
责任心	3	8	8	8
胜任力综合加权分		133.75	134	135
胜任力综合加权平均分		7.87	7.88	7.94

（2）加权绝对值差异比较法。这种方法就是计算候选人与职位所要求的每类胜任素质的差距，再乘以每类胜任素质的加权数，取其绝对值。依此类推，然后将每一类胜任素质上的加权绝对值相加，从而分析候选人与该职位的匹配程度。

这种方法也可称为不相符合率比较法，不仅适用于将应聘者的胜任力情况与职位要求的胜任力情况进行比较，也能够准确地对超过甄选标准的应聘者们进行对比，这种对比结果比其他的直接对比更为有效。

如表11-3所示，对两位候选人采用胜任力综合加权比较法甄选，王筱晓可以优先得到组织的录用通知书。若使用加权绝对值差异比较法来计算两人的加权绝对综合值与胜任力总分值的差异度，结果见表11-4。

表11-4　**应聘者胜任力评估加权绝对值差异比较表**

胜任力	权数	达标分	陈文中			王筱晓		
			得分	差异	加权绝对值	得分	差异	加权绝对值
逻辑思维能力	2.5	9	9.2	0.2	0.5	9	0	0
团队合作能力	2	8	8	0	0	8.5	0.5	1
协调能力	1	7.5	7	−0.5	0.5	8	0.5	0.5
创新能力	2.5	7.5	7	−0.5	1.25	7	−0.5	1.25
应变能力	3	9	9.5	0.5	1.5	8	−1	3
沟通能力	2	6	6	0	0	7.5	1.5	3
人际关系	1	6	6	0	0	7	1	1
责任心	3	8	8	0	0	8	0	0
综合加权分	17	133.75	134			135		
综合加权平均分		7.87	7.88			7.94		
不相符率			6.15%			15.98%		

不相符合率=（加权绝对值之和÷达标总分）×100%

王筱晓的不相符率=（1+0.5+1.25+3+3+1）÷（9+8+7.5+7.5+9+6+6+8）×100%=15.98%

同样方法统计出陈文中的不相符率是6.15%，因此根据量化技术分析结果可以看出，王筱晓的不相符率远高于陈文中，陈文中应该是更为理想的录用者。不同的权重会得出不同的结论，因此在进行权重设定时一定要谨慎，如果权重设定不合理，就会“差之毫厘，谬以千里”。

以上方法有一定的代表性。我们想强调的是，企业可以灵活地运用定性定量相结合、突出定量分析的方法，对照岗位胜任素质模型，加强对候选人进行定量化匹配和甄选的分析和统计，为基于胜任素质的甄选决策提供准确的依据，保证录用决策的科学性。

三、重视背景调查

（一）背景调查的概念

录用决策中，需要重视背景调查工作 。背景调查就是通过应聘者提供的证明人或从其以前的工作单位收集的信息来核实应聘者的个人资料。这是一种能直接证明应聘者情况的有效方法。全面审核应聘者的所有资料，有助于为组织挑选出合格的候选人。通过背景调查，一方面可以获得求职者更为全面的信息资料，有助于更好地分析其与岗位的匹配度；另一方面也可以对应聘者的诚信度进行考察。对于那些弄虚作假的、不诚信的人，企业应坚决拒收。

我国目前的人力资源处于一种供大于求的状况，用人单位的要求越来越高，就业压力不断增大，不少求职者为了迎合企业的需要，在学历、工作经验等背景上大做文章，夸大其辞，甚至弄虚作假，杜撰简历。不少企业因未注意对背景信息的调查与核实而深受其苦，因此，企业在做出招聘决策前首先要对背景信息进行调查验证，包括及时请候选人填写背景调查表并对其进行核对。背景调查的主要内容有：学历学位、工作经历（见表11-5）、信用状况、不良记录、从业许可证等。

表11-5　　**以往职业与经历调查表**

任职企业名称	所在地	任职时间	辞职时间	月收入	经营项目	辞职理由
备注						

（二）进行背景调查要注意的问题

（1）不要对某一个信息渠道偏听偏信或以偏概全，要通过不同的信息来源验证有关信息。总体上要坚持“偏听则暗，兼听则明”的原则，对于重要岗位应该采取至少两种调查方式，调查对象除了调查应聘者列出的同事和上级外，还可调查与其有过业务往来的重要客户等。

（2）如果一个应聘者还没有离开原有的工作单位，则在向他的单位作背景调查时就应注意方式方法和技巧，不要给单位留下该应聘者将要跳槽的迹象，否则对该应聘者十分不利，也不利于本企业今后的招聘。

（3）注意技巧性。背景调查并非简单的询问，需要一定的技巧。第一，只调查与应聘者未来工作有关的信息，不要将时间花在无用的信息上。第二，调查的问题不要过多，否则会引起对方的怀疑和不耐烦。第三，尽量选择可靠安全的调查方式，比如，信函调查必须开具企业介绍信和《诚信调查授权声明》复印件，对于特别重要的岗位可以安排面谈调查，必要时还可以求助专业人才服务机构，请求调查援助，因为它们会有更加广泛的查证途径，且在询问的技巧方面更加专业，因而更容易获得可靠的信息。

（4）取得被调查者的同意。由于调查中会涉及很多个人隐私，所以在调查之前获得应聘者的同意是很重要的环节。只有双方对此达成了共识，背景调查才不会演化成一种充满不信任乃至敌意的行动。为此，组织可以在应聘者个人情况登记表中增加一项《诚信调查授权声明》，并要求应聘者签名。

（5）选择适当的时间。如果是普通岗位的招聘，可以安排在面试结束后与上岗前这一时间段，因为大部分不合格的人选已经被淘汰，剩下的拟聘用者的数量已经很少，进行背景调查的工作量会较小，组织可以集中精力进行调查。如果是关键岗位的招聘活动，则需要经过重重筛选，可以先进行初步的背景调查，筛除如品行等明显不符合要求的应聘者，以提高招聘工作的效率。

（6）充分考虑可信度。进行背景调查时，一般不宜过多设置评价类问题，而应更多要求对方以描述性语言对应聘者进行说明。为避免削弱背景调查的可信度和效用，组织在做出录用决策前需要了解以下的可能：一是应聘者前单位同事不希望得罪已经离职的同事，于是隐瞒或夸大其辞，不愿做负面评价；二是证明人因害怕承担责任或引起纠纷，而不愿意过多评价；三是证明人可能对应聘者的离职心存芥蒂，而给予其较低的离职评价；四是证明人对背景调查反感，有抵触情绪；五是证明人拒绝提供有关证明信息。

【补充案例】　XX公司新员工招聘与录用办法

第一章　总则

第一条　为更好地吸引、招聘优秀人才，满足公司人力资源需求，做好本公司员工招聘与录用工作，特制定本办法。

第二章　招聘与录用政策

第二条　招聘录用原则：遵守国家相关法律法规，精心组织招聘管理工作，注意能岗匹配，实施科学考评，严格择优录用。

第三条　公司不定期成批招聘录用，不零星招聘，以利于职前培训。

第三章　招聘申请

第四条　招聘新员工，应以公司年度人事计划及各部门的实际需要为依据。各部门如有职务空缺或需要增加人力，须先行提交人员需求申请及人员增补申请表，属于新设职务者，还应同时提交工作说明书，呈报总经理办公室核准后，由人力资源部办理。

第五条　人力资源部为公司负责统一招聘的职能部门，依据各部门的招聘申请汇总情况，提出公司招聘计划，报分管副总经理、总经理审批。人力资源部编制招聘计划应优先重视内部人才的调配与选拔。

第四章　招聘渠道和甄选

第六条　招聘渠道主要有：

1.通过专业招聘网站、公司官网，以及其他社交网络或新闻媒体，发布招聘信息；

2.通过定期或不定期举办的人才招聘市场设摊招聘；

3.在各类人才信息库中搜寻；

4.在大中专院校的校园招聘中获取新人；

5.借助本公司员工推荐、管理顾问推荐、知名人士推荐；

6.通过长期合作的人才中介公司（包括猎头公司）寻找；

7.离职员工复职；

8.其他。

第七条　员工招聘应有明确的岗位说明书，依据岗位说明书中的任职资格条件，实现能岗匹配的招聘目的。有应聘意向者填写应聘申请表。

第八条　新员工甄选。公司成立招聘小组负责对候选人员进行甄选。招聘小组至少由三人组成，分别来自人力资源部、用人部门、公司领导或外聘专家。甄选程序主要有：

1.初选。招聘组对应聘材料通览后进行初步筛选，对首轮合格者发出面试通知。

2.面试。安排候选人进行个别面试或集体面试，由用人部门负责人担任主试。面试后由面试者填写面试记录表。

3.其他测试。根据岗位所需能力测评需要，可组织对面试者增加其他测试，包括笔试、心理测验、评价中心，以及专业技能或外语水平测试等。

4.提出录用意见。招聘小组对所有面试候选人进行评价，提出录用或不录用意见，经公司领导批准后，发出录用通知。对不录用者，发送通知并致谢。

5.主任级以上人员的招聘，除应依以上程序办理外，还须通过总经理面试，方予录用。

第九条　面试测评注意事项。

1.及时通知应聘者和相关面试人员准时到场，安排好面试场所，保持环境的安静和不被打扰。

2.事先阅读和熟悉岗位说明书、简历、面试评价表等面试材料，做好充分的面试准备。

3.明确测评目的，控制好面试或其他测评的时间，科学实施面试测评，及时填写面试记录表。

第五章　新员工录用

第十条　面试及测评合格与否，以及最后的录用决定，应由用人部门做出。人力资源部应对拟被录用者进行背景调查。

第十一条　发出录用通知，附注报到须知。

第十二条　应聘人员被录用后，应及时进行健康检查，如身体状况不能胜任岗位工作，取消录用资格。

第十三条　应聘人员被录用后，如在发出录用通知后15天内不能正常报到，取消其录用资格。特殊情况经批准后，可延期报到。

第六章　新员工报到

第十四条　新进员工应准时携带录用通知书和其他相关材料，到公司人力资源部报到。报到事项主要有：

1.签订试用合同；

2.签订遵守规章、保守公司秘密、知识产权承诺和连带责任保证书；

3.申领工作证和员工手册；

4.申领办公用品和其他用品；

5.填写员工登记表。

第七章　附则

第十五条　本办法由人力资源部拟制、修订、解释；经公司总经理办公会议通过并生效。

第三节　录用实施

一、人员录用通知及拒聘

通知应聘者是录用工作的一个重要部分。通知包括两种：一种是录用通知，另一种是辞谢通知。

1.录用通知

在通知被录用者时，最重要的原则是及时。许多组织正是由于在决定录用后没有及时通知应聘者而失去了录用优秀人才的机会。因此录用决策一旦做出，就应该立即通知被录用者。

在录用通知书中，应该说清楚报到的起止时间、地点、程序等内容，在附录中详细讲述如何抵达报到的地点和其他应该说明的信息。当然不要忘记欢迎新员工加入组织。在录用通知书中，要让被录用的人员了解他们的到来对于组织发展的重要意义，让员工感受到组织对人才的尊重，这对于被录用者来说是一个很好的吸引手段。此外，还须注意，对被录用的人员要一视同仁，采用相同的方式通知被录用者。录用通知书是组织吸引人员的一种手段，表明组织对人才的尊重。

[补充案例]　××公司录用通知书示例一

尊敬的先生/女士：

您应聘本公司职位一事，经复核审议，决定录用您为本公司员工，欢迎您加盟本公司。请您于××××年××月××日午时之前携带下列证件、资料到本公司人力资源部报到。

(1) 录用通知书。

(2) 居民身份证原件。

(3) 毕业证书、学位证书原件，其他与工作相关的资质证明。

(4) 体检表（区、市级以上医院体检证明）。

报到后，本公司会组织专门的职前介绍和短期培训，以便让您在本公司工作期间感到愉快。如果您有什么疑惑或困难，请与人力资源部联系。电话：086-××××××××

若您不能就职，请于××××年××月××日前告知本公司。

此致

敬礼

××公司人力资源部（公章）

年　月　日

人力资源部经理：

年　月　日

××公司录用通知书示例二

________先生/女士：

在____月____日与您的面谈是很愉快的。我们现在很高兴地通知您，我们企业向您提供________职位。

接受该职位的工作意味着您应该完成下列工作职责________________，并对____________负责。您的工资将是每月____元。

我们很希望您能够接受该职位的工作。我们将会为您提供较好的发展机会和良好的工作环境。

我们很希望能在____年____月____日之前获得您是否接受该职位的消息。如果您有什么问题，请尽快与我们联系，联系电话____________________。

希望尽快得到您的答复。

××公司人力资源部经理：×××

年　　月　　日

2.辞谢通知

许多企业十分注意在那些将要被录用的应聘者身上做工作，而忽视了对那些未被录用者的回复。其实，未被录用的应聘者人数往往远大于录用者的人数，周到得体的辞谢方式除了能树立良好的企业形象外，还可能对今后的招聘产生有利的影响。

对于未被录用的申请者，应以相同的方式通知。一种方法是通过电话用委婉的语言通知对方，另一种方法则是用信函或邮件的方式告知对方。一般来说，最好是用文字的方式通知，并且有统一的表达方式。如果通过电话告诉一位应聘者对方未被录用，可能双方都会觉得不大自在，因此使用文字的方式会比较合适。但要注意不要用明信片的方式通知，以免造成应聘者的尴尬。

未被录用对于应聘者来说无疑是一个坏消息，如果处理不当可能会伤害他们的自尊心和自信心，因此要格外注意辞谢通知的内容和措辞。在辞谢通知中，首先要表达对应聘者关注本公司的感谢，其次要告知应聘者未被录用只是一种暂时的情况，并且通常是把不能录用的原因归结为公司目前没有合适的岗位或名额有限，而不要归结为应聘者的能力、学历和经验等自身因素的不足。在辞谢信中通常不必说明真正的、具体的原因，也不必将公司的选拔标准写在信中。辞谢通知应语言简洁、坦率、礼貌，同时应该具有鼓励性，并表示愿与应聘者建立长期的联系。以下是一份辞谢通知书的范例。

[补充案例]　　××公司辞谢通知书

尊敬的________先生/女士：

非常感谢您对我们公司职位的关注。您对我们企业的支持，我们不胜感激。您在应聘该职位时的良好表现，给我们留下了深刻的印象。但是由于我们名额有限，这次只能割爱。我们已经将您的有关资料备案，并会保留半年，如果有了新的空缺，我们会优先考虑您。

感谢您能够理解我们的决定。祝您早日找到理想的职业。

对您热诚应聘我们的企业，再次表示感谢！

此致

敬礼

人力资源部经理：

年　　月　　日

3.拒聘

无论组织如何努力吸引人才，都可能会发生接到录用通知的应聘者不能来组织报到的情况。那些组织看重的优秀应聘者拒聘，是组织不期望发生的事情。这时，组织的人力资源部甚至最高层主管应该主动致电询问，并表现出积极的争取态度。如果应聘者提出需要更多的报酬，应该与其进一步谈判。因此，在打电话之前，对于组织在这方面的相关妥协措施，最好有所准备。如果在招聘活动中，组织被许多应聘者拒聘，从中也可获得一些有用的信息。

二、办理入职手续

1.员工入职的条件

当一名应聘者经过层层选拔被录用之后，正式进入该单位工作，即进入入职程序。一般来说，一个人在经过选拔评价并且各项胜任力都符合职位和组织的要求后，要能够正式进入该组织工作，还需要具有以下条件：

（1）从原雇主处辞职。一个员工要想接受一家新组织的聘用，通常来讲，必须要从原雇主处辞职，与原雇主解除劳动合同。

（2）将人事档案转移到组织指定的档案管理机构。有的组织有自己的档案管理部门，有的组织的人事档案管理是委托专业机构来进行的，无论采取哪种形式，新进员工的人事档案都应该转入组织统一的档案管理机构。

（3）体检合格。大多数雇主都会要求新进员工参加体检，确保身体条件符合所从事工作的要求。

2.协商薪酬

在做出初步录用决策后，组织要与应聘者讨论薪酬的有关问题。

当应聘者对要加入的组织或行业的薪酬情况不了解或不熟悉地域方面的差异时，应聘者可能会提出高于或低于组织上下限20%的薪酬。若低于组织薪酬下限的20%，薪酬谈判会皆大欢喜，但组织还是应给应聘者强烈的信息，暗示只要其真正展现出工作实力和热情，在组织中的薪酬会有较大的上升空间；若应聘者的薪酬要求不是由于不了解行业或地域方面的原因，则很可能是其在工作或者其他方面受到挫折，此时谈判者不要当即答应，而应尽可能多地收集信息，了解其真实原因，以免出现用人风险。

若应聘者的薪酬要求高于组织上限的20%，应聘者可能是对地域、行业、组织的薪酬情况不够了解，或者可能对其自身能力有过高的估计，再或者是一些具有欧美文化背景的应聘者，其个性往往较为张扬，组织应做好仔细筹划，提供相关资料，并给予其一定时间进行了解和思考。如果没有价值观、工作动机等方面的差异，组织的努力也很可能会达成皆大欢喜的结果。

当应聘者提出的薪酬略高于组织薪酬预算时，组织可以做如下一些尝试。

第一，描绘前景目标。越是优秀的人才，越是看中工作乃至事业的意义。组织所处行业的前景如何，组织的愿景是什么，组织的目标将会怎样，这些因素对于成就动机强烈的应聘者来说，其吸引力是不可低估的。

第二，展示发展机会。详细展示组织的工作价值、学习机会、提升机会、团队氛围、挑战性、未来发展、品牌效应等，与应聘者的现有环境进行比较，引导其看到个人发展的增值空间。

第三，明确未来增长。详细介绍组织的经营情况、组织薪酬调整的频率或幅度、组织的各项福利等，引导其看到未来薪酬的增长空间。

第四，突击反向。暗示应聘者如果薪酬要求过高，也许组织会重新权衡。这需要根据应聘者的具体情况慎重使用。

第五，引实例说服。举例说明组织薪酬在同行业市场上的竞争力，说明有哪些应聘者到组织后个人能力得到了发展，组织薪酬在现在市场上所处的水平、下一步的趋势。明确提出组织薪酬并非组织所提供的价值的全部。

第六，善于转换方式。表明组织看重的是员工的真正实力——应聘者在证明自己的实力之前，组织承担着一定的风险。探明应聘者的心理底线，如果工资要求无法满足，看是否可采用固定+浮动的方式，灵活发放。这样也可以为组织降低用人风险。

第七，建立情感基础。坦诚表达对应聘者的欣赏与肯定。真诚的欣赏与需要比技巧更能打动应聘者。

第八，保留“还价”余地。到了这一步，就要让应聘者亮出底牌，询问其能接受的薪酬水平。在这一环节要取得应聘者明确的答复，是否这样的薪酬标准就一定能接受。在得到肯定答复后，应当表示会尽力争取组织的破格（在不超过预算的前提下）。这样既可以有效地阻止应聘者的再次讨价还价，还可以使组织仍旧保留还价的主动权。

3.入职手续办理流程

某公司入职流程如图11-3所示。

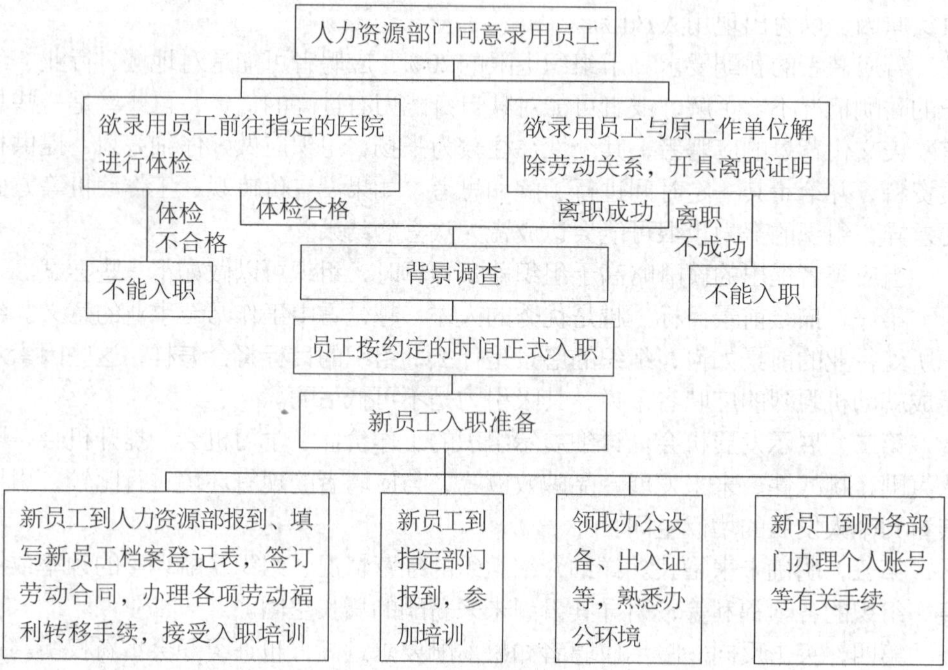

图11-3　某公司入职流程

三、签订劳动合同

劳动合同是劳动者与用人单位为了确定劳动关系，明确双方责任、权利和义务的协议，是组织与员工双方合法利益的保障，是预防和处理劳动纠纷的前提。《劳动合同法》规定，劳动合同应当以书面形式签订，法律上明确了劳动合同必须采用书面形式订立。

在签订劳动合同之前，人力资源部必须查看新员工与原单位解除劳动关系的证明，以防引起不必要的劳动关系纠纷。

《劳动合同法》明确了试用期限、试用次数、试用期工资和试用期解除劳动合同等规定。同时为了防止有些用人单位滥用试用期，《劳动合同法》规定：劳动合同期限3个月以上不满1年的，试用期不得超过1个月；劳动合同期限1年以上不满3年的，试用期不得超过2个月；3年以上固定期限和无固定期限的劳动合同，试用期不得超过6个月。同一用人单位与同一劳动者只能约定一次试用期。以完成一定工作任务为期限的劳动合同或者劳动合同期限不满3个月的，不得约定试用期。试用期包含在劳动合同期限内。

四、进行新员工培训

新员工通过录用并到组织报到以后，需要在上岗前进行一定的培训，即岗前培训或岗位适应性培训，也称职前培训。这种培训在各类组织中非常普遍，有的组织对新员工的培训长达半年甚至一年。

培训的目的在于将组织录用的人员由社会人转变为组织人。具体来说，就是通过培训让新员工熟悉组织发展历史、现状乃至未来的前景，了解组织文化、规章制度和工作纪律，学习岗位所需的新技能和新知识，并在培训中转变员工不适应组织发展的心理观念和生活习惯，使其融入组织整体环境之中。无论是有工作经验的人员还是刚跨出校门的毕业生，都要在上岗前接受这种培训。

五、试用期管理

组织的试用期管理的目的是确保所招聘录用的员工可以满足组织的需要，并在发现招聘的员工不符合岗位要求时能依法与其解除劳动合同。

在试用期管理中，人力资源部门要让员工明确试用期的具体工作内容和考核要求，安置其至相应的工作岗位，安排其部门直接领导分配具体工作，进行日常管理，并在试用过程中进行工作记录以便为试用期考核提供依据。

试用期期满时，下达期满通知，相关部门进行试用期考核，根据试用期考核结果决定是否转正。对符合要求的员工审批通过，办理相关转正手续，成为正式员工。

重要概念

录用决策　胜任素质　权重　通知应聘者　员工入职　签订劳动合同　试用期

复习思考

1. 简述招聘录用的含义及原则。
2. 做出录用决策的一般程序是怎样的？
3. 为了减少录用决策的失误，应当注意哪些问题？
4. 如何撰写录用通知书和辞谢通知书？
5. 员工入职的程序有哪些？
6. 应如何签订劳动合同？劳动合同应具备哪些条款？
7. 为何要进行新员工的入职培训？
8. 如何加强试用期管理？

第十二章

招聘外包

【开篇案例】

GE有机硅成功实施招聘外包①

深圳通用精细有机硅有限公司（以下简称“通用有机硅”）成立于2002年10月，作为GE在中国的合资企业，通用有机硅从成立之初就开始考虑人力资源管理外包。通用有机硅人力资源部经理张映篱认为，外包项目的成功实施同外包服务商的服务水平息息相关。理想的外包服务商应具备良好的服务态度、服务意识和专业性的知识水平，并同租赁员工保持经常性沟通，以随时获取其需求。

出于对外包服务商品质的重视，通用有机硅先后同许多外包服务机构进行了接触。最先和国外某外包服务机构联络，结果因价格过高而放弃；而后通用有机硅与深圳某外包服务机构有过一段合作，但因其人才的及时供应和服务跟进有差距，给配合企业发展的人力资源发展需求的正常供应带来了一定的困难。

经过一年的考察，通用有机硅将目光锁定在深圳西部人力资源市场人事代理部。自2003年9月开始，双方签订了长期的人才租赁合同，并始终保持良好合作关系。租赁人数从最初的60人上升到89人，租赁范围由最初的生产线操作工、后勤人员、司机扩展到文员等管理类文职。张映篱女士介绍，对比外包

① 齐圣琳. 外包，不仅是技术考虑，更是战略选择［EB/OL］.［2012-05-29］. http：//wenku.baidu.com/view/d7458aa7b0717fd5360cdcc7.html.

前后管理成本、管理效率的数据，外包的优势毋庸置疑。在采用人才租赁业务后，通用有机硅每月只需花上几千元钱就把事务性工作处理得妥妥帖帖，专职人力资源工作人员得以从4人精简为2人，且更为专注于人力资源作为业务发展战略伙伴的角色。尝到了外包带给企业的管理优势，目前通用有机硅的大部分新招聘人员几乎都采用人才租赁形式，由此，企业的部分招聘工作也转给了外包公司来承担了。

案例思考：

1.深圳通用有机硅在什么情况下选择人才租赁的用人形式？对企业而言，实行人力资源外包会有什么优势？

2.什么样的企业或者企业中什么岗位适合人力资源外包？

第一节　招聘外包概述

一、招聘外包的含义和内容

（一）人力资源外包与招聘外包

招聘外包是人力资源外包的一部分。人力资源外包（human resource outsourcing，HRO）是策略性地利用外界资源将企业内部与人力资源相关的工作和管理责任部分或全部转由专业服务机构承担，即将原来企业内部人力资源部承担的部分工作职能，通过招标的方式，签约付费委托给专业从事相关服务的外包服务商的做法。根据马特莱法则（80/20法则），如果企业人力资源部把大约80%的时间和成本集中在行政事务管理上，只能产生大约20%的附加价值；而在能够产生80%最大价值的战略管理、文化建设、员工发展等问题上，组织往往只花费20%的精力和成本。随着社会分工的细化和人力资源管理内涵的丰富，操作性的具体工作变得既复杂又不可轻视。为了保证企业人力资源管理核心工作的开展，人力资源服务商专注于开发非核心的、细节化的、行政性的人力资源管理业务，并提供优质服务。这些服务即指人力资源外包。

人力资源外包内容包括人力资源活动所涉及的工作。其中包含了人力资源及其载体——人，包含了围绕人力资源载体所产生的各种事务——人事事务，还包含了针对人力资源开展的各种管理活动——人力资源管理职能。简而言之，人力资源外包包括三个部分的内容模块：人力资源及人的外包、人事事务外包、人力资源管理职能外包。其中，人力资源及人的外包用专业术语“人力资源派遣”来称呼。人事事务外包活动涉及的工作主要有员工入职手续办理、员工日常服务提供、员工离职手续办理三部分。人力资源管理职能外包的模块有：招聘管理、培训管理、绩效管理、薪酬福利管理、工作分析与设计、人力资源规划、员工关系管理、员工职业规划等。

（二）招聘外包的含义和内容

招聘外包，是组织利用外部资源将企业的部分招聘管理工作转包给专业服务机构，用于替代传统意义上招聘工作的一种外包形式，即用人单位将全部或部分招聘、甄选委托给第三方专业的人力资源公司，专业的人力资源公司利用自己在人才资源、评价工具和流程管理方面的优势来完成招聘工作的一种方式。我国人力资源相关法律法规的变化以及外部环境的不断变化，给企业的招聘政策、招聘工作带来了较大的风险；同时，组织员工的流动性和可替代性也越来越强，组织招聘外包的需求程度也相对更高。一般认为，不是所有的人力资源管理活动都可以外包出去，那些涉及企业文化和企业战略的工作或具有企业个性的工作，依旧由企业内部完成。通常，企业会更多地选择招聘、培训、绩效和薪酬福利模块寻求部分工作外包。

招聘外包的服务主要包括人才招聘和人才甄选。招聘外包把人力资源管理者从审阅大量简历、安排面试时间、组织实施面试等事务性工作中解脱出来，将主要精力放在对推荐候选人的评价与聘用人员的配置上。招聘外包模式以企业的人力资源规划为指导，以岗位分析为基础，协助企业制订合理的招聘计划，并针对不同类别人员的特点与不同岗位的要求和当期市场上人才的供给状况，确定招聘策略，组织实施招聘。招聘外包的服务提供商一般为众多的招聘网站、猎头机构、测评公司等。

替代传统意义上招聘工作的招聘外包，既包含人力资源派遣，也包含人力资源管理职能中的招聘职能外包，如组织委托猎头公司寻找高端人才等。

二、人力资源派遣

（一）人力资源派遣的含义和特点

人力资源派遣又称劳务派遣、劳动力派遣，是指派遣机构根据用派单位（行业为区分传统劳动关系中用人单位而造的专用术语）的用人需求，将符合用派单位要求的员工派遣至用派单位，然后向员工和用派单位提供相关服务，并向用派单位收取一定的费用。用派单位借此既无须开展烦琐的招聘工作，又能满足组织的用人需求。

人力资源派遣起源于美国，发展于欧洲、日本和中国台湾地区。人力资源派遣在欧美叫作“雇员租赁”；在日本和中国台湾地区，受中华传统文化的影响，改“租赁”为“派遣”。目前在中国大陆，人力资源派遣在国家劳动保障部门被称为“劳务派遣”，在国家人事部门被称为“人才派遣”和“人才租赁”，在外事部门被称为“提供中方雇员”；但行业在实际操作和理论研究上，统称为“人力资源派遣”。

人力资源派遣的基本程序一般是用派单位根据自身工作和发展的实际需要，向人力资源派遣服务公司提出所需派遣人才的标准、数量和派遣价格。派遣服务公司通过现场招聘、查询人才库等方式，将符合条件的人员名单及资料送交用派单位，由用派单位进行选择、确定。如果用派单位觉得所送人员条件不符，可将所送人员的资料退回派遣服务公司；同样，被派遣人员如果认为用派单位所提供的工作岗位、工作环境等不符合同要求，也可向派遣服务公司提出更换的请求。这里，员工、用派单位、派遣机构三者之间的关系可以用图12-1表示。

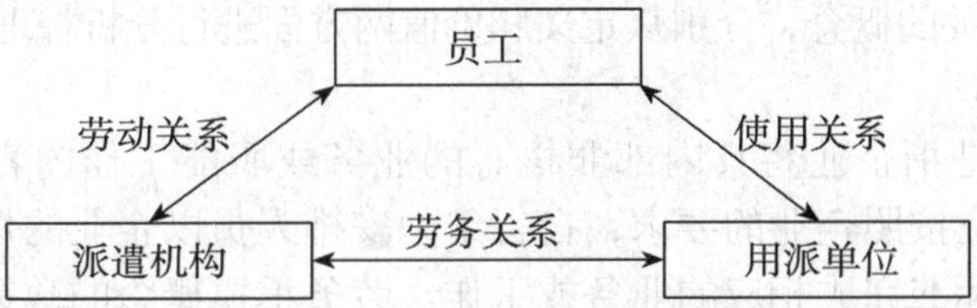

图12-1　人力资源派遣关系图

人力资源派遣活动包含的主要内容为：人员招聘、入职手续、日常服务、离职手续四个部分。其中，人员招聘工作主要有：招聘简章制定、招聘渠道选择、招聘信息发布、应聘简历收集、应聘简历筛选、复试协助工作等。入职手续工作主要有：入职信息采集、入职体检安排、劳动合同签订、岗前培训教育、后勤服务安排、员工背景调查、工作档案建立等。日常服务工作主要有：劳动合同管理、工作档案管理、法定社保管理、商业补充保险、员工薪酬发放、个税代扣代缴、后勤服务管理、人事档案托管、党团关系挂靠、员工户籍管理、员工职称评定、学生转正定级、员工户籍调动、计划生育手续、员工卡证办理、员工节假慰问、员工生活关怀、员工活动举办、日常出勤管理、员工绩效考核、员工在岗培训、提供咨询服务、劳动争议调解、出国政审手续、失业退休手续、员工建议调查、员工职业指导等。离职手续工作主要有：员工离职面谈、物品资金结算、员工工作交接、劳动合同终止、社会保险停缴、商业保险停止、人事档案转出、开具离职证明等。美国的派遣员工已占总就业人口的50%，西欧则超过30%，日本也达到总就业人口的20%，我国的人力资源派遣工作尽管起步较晚，但是发展迅速，众多人才派遣员工已经服务于政府机关、企事业单位。人力资源派遣用工主要集中于以下行业：加工制造业（电子、食品、印刷等）、电信通信业、金融服务业（银行、保险、证券等）、能源行业（石化、电力等）、交通运输业、餐饮零售业（连锁快餐服务）。

（二）与人力资源派遣（劳务派遣）相关的几个概念

目前我国的用工关系主要可分为三类：标准劳动关系（企业直接聘用员工）、非标准劳动关系（非全日制用工、劳务派遣）和非劳动关系（业务外包）。

在我国的劳动法规中，人力资源派遣被称作劳务派遣。劳务派遣曾经是企业最熟悉的一种灵活用工形式，不少企业通过劳务派遣解决了灵活用工问题。但是，由于人力资源服务业良莠不齐、恶性竞争，出现了派遣服务公司管理不规范、被派遣劳动者同工同酬权益受侵害等突出现象，导致相关劳动纠纷频发。为此，国家在出台的《劳动合同法》中，用11个相关条款对劳务派遣作了规范与限制。基于我国汉语言的丰富性，以及相关称谓的五花八门，在此，我们对与"劳务派遣"相关的概念，分别从定义和价值两方面进行分析梳理。

1.劳务承揽

劳务承揽是指企业将其内部非核心的业务或职能工作内容发包给承揽单位，由承揽单位按照企业的要求，自行组织安排人员以企业的场地、设备、技术和工艺流程标准完成相应的业务或工作。劳务承揽概念的政策依据为《中共中央 国务院关于构建和谐劳动关系的意见》这一国家级政策。政策中提及，"企业要规范非全日制、劳务外包、劳务承揽等用工"。"劳务承揽"符合《中华人民共和国合同法》（自2021年1月1日起《中华人民共和国民法典》施行，《中华人民共和国合同法》同时废止）中承揽合同的法律特征。按照《中华人民共和国合同法》第251条的规定，承揽合同是承揽人按照定作人的要求完成工作，交付工作成果，定作人给付报酬的合同。劳务承揽中，承揽企业是通过项目，投入管理人员、工具和技术等生产要素，加上现场管理、人力资源管理、后勤保障管理来完成劳动力经营，其核心要素是工作成果，发包方关注的是承包方交付的工作成果，员工由承包方直接管理。可以说劳务承揽既是一种用工模式，也是一种商业模式，是定作人（外包、委托方）以项目的形式，委托承揽人完成的市场交易活动。按照《中华人民共和国合同法》第251条的规定，"承揽"具有特定的法律地位。劳务承揽是企业的一种经营行为，是一种业务外包的商业模式。此模式中，用工单位只是间接用人，不管人，更不给劳动者"名分"，而承揽单位是实际的用人单位，直接负责劳动者的各项管理，并承担用人单位所应承担的一切风险。劳务承揽方式下，发包方买的是"劳务"，其核心是以劳动力的精益化管理和对劳动者的劳动能力的经营，去完成承揽的业务。结算方式一般按照事先确定的劳务单价，根据劳务承揽单位完成的工作量结算，其合同标的一般是"事"。灵活用工中的业务外包、岗位外包、流程外包皆属于劳务承揽一类。

2.劳务分包

劳务分包指的是工程总承包商、施工总承包商或专业承包人将所承包的工程中的劳务部分发包给具有相应资质条件的劳务企业，即利用低价和大量的劳动力资源，补充总承包商非技术工人缺乏的不足。劳务分包是分包的一种，在建设工程领域相对于专业分包而存在，它实际上属于建筑领域中的一种劳务承包方式。劳务分包虽然发展迅速，但目前还没有法律法规对其做出明确的定义。对劳务分包的相关规定只有：2005 年建设部印发的《关于建立和完善劳务分包制度发展建筑劳务企业的意见》和 2014 年住房和城乡建设部印发的《建筑业企业资质标准》。其中，将建筑业企业资质分为施工总承包、专业承包和劳务分包三个序列，表明劳务分包企业具有独立法人的资格，施工承包单位或者专业分包单位将其承揽工程中的劳务作业，发包给具有相应资质的劳务分包单位完成。《关于建立和完善劳务分包制度发展建筑劳务企业的意见》中明确规定，所有建筑企业必须使用有相应资质的劳务分包企业完成劳务作业。劳务分包的目的和标的是劳务提供，而非具体工程项目。劳务分包指向的对象是工程中的劳务作业部分，“只包工不包料”。具体包括直接雇用劳务用工、“包工头”施工队伍、建制的劳务分包企业、零散劳务用工四种形式。劳务分包是施工行业的普遍做法，也是法律允许的。但是，禁止劳务公司将承揽到的劳务分包再转包或者分包给其他的公司。从某种程度上说，劳务分包也是一种细分领域的人力资源服务，只是其主要服务对象为建筑施工企业的各类劳动力。

3.人力资源外包

人力资源外包指的是企业根据需要将某一项或几项人力资源管理工作或职能外包出去，交由其他企业或组织进行管理，以降低人力成本，实现效率最大化。人力资源外包是促进人力资源管理活动从基础性工作走向战略性规划转变的催化剂。属于人力资源服务外包中的一种类型。企业通过将其一些重复的、事务性工作外包出去，让人力资源部的员工从繁重的、低层次的事务性工作中“解脱”出来，专注于比较重要的战略性工作，从而有利于提升企业的核心竞争力，并有效控制和降低运营成本，实现高效的运作和服务。相关政策有财政部、国家税务总局《关于进一步明确全面推开营改增试点有关劳务派遣服务、收费公路通行费抵扣等政策的通知》（财税〔2016〕47 号）中提到的“纳税人提供人力资源外包服务”；还有《湖北省人民政府关于加快人力资源服务业发展的实施意见》中提到的“重点鼓励和扶持人才测评、猎头服务、人力资源外包服务、人力资源管理咨询等新兴业态和产品快速发展”。它强调的是人力资源管理工作尤其是事务性工作的委托办理，发包方对员工没有管理权，不用承担用工风险。人力资源外包中，外包事务管理对象的员工，其劳动关系在发包方（企业），但在实际操作中，人力资源承包方往往以自己的名义对发包方员工的社保、公积金、薪资、个税进行代缴代发。从财税〔2016〕47 号文件中“人力资源外包”的表述，可以看出人力资源外包是代理性质，强调的是人力资源事务的委托办理，而劳务派遣强调的是派遣员工的劳务服务，两者存在本质差异。劳务派遣中所有员工关系在承包方，而人力资源外包中外包事务管理对象的员工关系在发包方。从税务管理角度看，劳务派遣可以选择“全额征税”也可以选择“差额征税”，而人力资源外包属于经济（代理）业务，只适用“差额征税”。

（三）人力资源派遣管理中的合规性

人力资源派遣为用人单位免去了很大一部分招聘工作，并提供了“即时需要即时使用”的弹性用人机制，在某种意义上成了用人单位的人才资源储蓄库，且能有效降低人事管理成本，是配置人力资源的新方式。但是，作为现代企业一种灵活的用工方式，派遣服务商和用派单位往往为了自己一时的利益而忽视了作为主体的外派员工的职业期望和权益保障问题，在外包的用工形式下，员工的使用权与所有权分离，服务商与用派单位双方对员工的权益都有责任的同时，反而出现都不负责的真空状态，使得派遣员工的各项权益，包括劳动条件、劳动报酬、劳动保护等受到不同程度的损害。2012 年 12 月底，第十一届全国人大常委会修正了《劳动合同法》。新《劳动合同法》的颁布，表现了政府又一次以法律制度形式保障劳动者权益，促进劳动力市场健康发展，构建和谐的劳动关系的努力。其中对人力资源派遣的相关规定，是新形势下根据劳动用工形式的变化，对处于弱势的劳务派遣员工权益的维护和保障。如其明确规定“劳务派遣用工是补充形式”“用工单位应当严格控制劳务派遣用工数量，不得超过其用工总量的一定比例”。《劳动合同法》在第57条至第67条中对劳务派遣双方权利义务作了相关规定。2014年1月26日，人力资源和社会保障部通过了《劳务派遣暂行规定》，该规定明确要求：劳务派遣用工数量，不得超过其用工总量的 10%。《劳动合同法》和《劳务派遣暂行规定》对劳务派遣进行了较为严格的限制性发展。派遣劳动者受用工单位指挥监督，为用工单位提供劳动；派遣劳动者的接收单位因为劳动力的使用，按照劳务派遣协议为劳务派遣机构支付费用，派遣劳动者获得就业岗位及工资、福利和社会保险待遇，劳务派遣机构从派遣业务中获得经营收入。简单来说，用工单位用人又管人，但不给劳动者“名分”，用工单位买的是“劳动力”。在劳务派遣中，劳务派遣单位仅需要投入劳动力这种单独的生产要素，其核心要素是劳动过程，对派遣员工的工作结果不需要负责任，派遣员工主要由实际用工单位直接管理。一般按照派遣的时间和费用标准，根据约定派遣的人数结算费用，其合同标的一般是"人"。

三、招聘流程外包

（一）招聘流程外包的含义和意义

通常所讲的招聘外包实际上就是招聘流程的外包。招聘流程外包（recruitment process outsourcing，RPO ）属于人力资源外包（HRO）的一种方式，是指一个企业将整个招聘流程交付外部机构来完成，是企业完成招聘工作的一种方式。企业委托在人力资源、测评工具和流程管理方面更具有优势的第三方专业人力资源公司来完成全部招聘工作或者部分招聘、甄选工作。[①]它涉及从人力发掘到最后的招聘录取工作的方方面面，是个集成化的过程。在这种服务中，企业外包的是内部招聘的整个流程，所谓整个流程是指从确定职位描述，到分析用人理念、职位需求、与用人部门负责人沟通、筛选简历、人才测评、面试、录用通知，直至候选人报到的所有环节。也就是说，RPO可以提供的是"起点到终点"（end to end）的一站式服务。

招聘流程外包可以使甲方企业借助专业服务公司具有的人才信息库、招聘网络和招聘技能等，提高招聘质量、缩短填补职位空缺的时间、改善整个行政流程、削减招聘成本。为此，许多企业都利用RPO完成招聘任务，以提高招聘流程的效率。从2015年智享会对我国招聘流程外包市场的调研数据来看，外资企业、规模大的企业更多倾向于使用招聘流程外包服务。在某种程度上，承担招聘流程服务的专业服务公司的功能，相当于企业内部的招聘部门，其负责向甲方公司客户提供必要的招聘技能、工具和技术。招聘流程外包以前经常是跨国公司、外资企业所选用的招聘方式。近年来 随着企业间国际化竞争的加剧，企业发现单靠人力资源部门去完成所需要的批量招聘已经力不从心，而采用招聘流程外包的方式既可满足企业正常的人员补充需求，又可让企业的人力资源部门从传统的、繁重的招聘事务中脱身，从而专注于更重要的人力资源战略规划和履行人事管理职能。因此，招聘流程外包在中国企业中逐渐推广普及，并发挥其重要作用。

（二）招聘流程外包的服务内容及服务流程

1.招聘流程外包的服务内容

通常企业实施RPO会基于两种模式：一种是基于项目，即仅在有大量招

① 韩志新，招聘外包：一种新兴的招聘形式［J］. 经济与社会发展，2010（7）.

聘需求或季节性招聘时使用流程外包，日常的招聘仍由内部完成，基于这种RPO合作模式的企业通常将一些职位打包给供应商，或者在招聘高峰期利用RPO；另一种是非基于项目的，即企业在日常招聘中外包一部分或全部流程给RPO供应商。作为乙方的专业服务公司提供招聘流程外包的服务内容主要有：

（1）一站式招聘流程外包服务：乙方提供从确定职位描述直至候选人报到、回访的所有环节的服务。

（2）定制化招聘流程外包服务：针对企业不同需求及预算，提供量身定制的解决方案及定价。包括搜寻方式、人才渠道、筛选方式及招聘会形式等。

（3）专项招聘流程外包服务：针对甲方公司成立新项目团队或分店、分公司的计划需求，乙方公司以海量的人才储备、庞大的招聘渠道、优秀的寻访能力、专业的甄选方法和经验，为客户提供有效的团队建设服务。

（4）应届生校园招聘服务：针对甲方企业内部HR资源有限，无法应对繁杂的应届生招聘事宜，乙方提供一站式应届生校园招聘解决方案，有效提高企业招聘效率。

（5）On-site服务：针对甲方企业招聘期内职位搜寻难度大、内部人力资源管理压力大但暂时又没有计划增补管理人员的状况，乙方服务公司为其提供专业领域的招聘顾问，提供on-site服务，同时公司成立内部团队提供off-site支持。

（6）二三线城市招聘流程外包服务：许多公司计划往二三线城市迁移，但人力资源有限，乙方公司提供协助扩大客户在这些城市的人才搜寻与招聘服务。

2.招聘流程外包的服务流程

（1）招聘需求分析。甲方企业明确各部门对人才的所缺需求后，制定工作描述和岗位说明书。

（2）做出是否需要招聘流程外包的决策。并非所有岗位都适合招聘流程外包，比如负责企业战略运营的关键部门以及技术核心部门。根据内外部优势劣势以及外包项目可行性的充分调研，做出外包决策。

（3）选择招聘流程外包的服务商。目前主要有三类提供招聘流程外包服务的服务商，一是提供高端人才搜寻的猎头公司；二是各级人才市场和众多人力资源服务公司；三是专业招聘网站等。

（4）签订委托合同。企业应当和外包服务商签订详细的招聘委托合同，并尽可能加以完善，避免可能出现的法律纠纷。

（5）与外包服务商保持对接沟通联系，管理项目进展。签订委托合同之后，企业应选择内部管理者具体负责管理项目与对接外包服务商，从而保证项目的质量和进度。

（6）人才的甄选与录用。外包服务商完成前期招聘阶段对人员的甄选之后，企业的人力资源管理部门及有岗位招聘需求的具体业务部门主管，应对最终的候选人进行甄选，决定是否予以录用。

第二节　招聘外包的优势、策略与风险

招聘选拔工作在企业的人力资源外包业务中占了较大的比重。有效的人力资源获取工作，不仅可以为组织获得适配的人才，还可以提高组织的绩效和竞争力。但是对人才（尤其是中高层次人才）的筛选过程比较复杂，人事测评的专业性要求和成本花费也很高，由第三方提供的招聘外包服务可以帮助企业在招聘过程中做到省时、省力、提高效率、降低成本，而且有助于做到客观公正。

自2000年中华英才网第一次承揽了IBM公司的招聘外包服务开始，招聘外包已逐渐成为大企业招聘的一种流行趋势。很多跨国公司这样做是出于三种考虑：一是资源的节省。招聘是一件非常费时费力的事情，单靠公司的人力筛选数千份甚至上万份的简历就已经力不从心。二是专业的招聘企业网络覆盖面广，这也为企业能够在更大范围内找到合适的人才提供了一个基本保证。三是专业的公司会提供专业的服务，从简历的筛选到笔试，甚至第一轮面试，专业的流程服务使得招聘人才在准确性、科学性方面更具说服力。但是，尽管如此，还是有不少企业不选择招聘外包。招聘外包不适用所有的企业、所有的岗位，招聘外包也存在一定的风险。

一、招聘外包的优势

综观国内外人力资源管理职能外包实践，组织采取招聘外包的主要目的有以下几方面：

（一）获取外部（社会）专业化的人力资源招聘服务资源

在充满挑战与竞争的市场环境里，组织最高管理者思考企业发展的重点就是如何集中精力于自己的核心业务、如何借助外脑、如何整合各方资源迅速提高企业的竞争力，以获得持续、高速的增长。因此，建立高效、可靠、专业的服务支撑体系成了企业实现上述发展战略的重要保证。优质的招聘服务提供商，一般长期从事专业服务，拥有丰富的相关人才信息库和人才招聘渠道，掌握招聘测评技术以及法律知识，这些专业化的人力资源招聘服务资源，是组织选择招聘外包的一个重要因素。

（二）消除时间压力，提供及时服务

如果公司处于初创期或生产技术更新换代时期，需要招聘许多新员工，而此时公司又没有时间招聘或培训招聘人员，通过招聘外包即能及时解决这一难题。

（三）使组织人力资源管理更多地聚焦于战略管理的核心环节

如果说传统的人事管理主要从事事务性的工作，那么现代的人力资源管理的重心是：关注于人是推动组织长远发展的资源，进行人才的开发和服务，把人力资源部门在组织中的地位提升到“战略管理先导”的层次。招聘外包等人力资源外包活动，能使这些事务性的活动尽可能少地干扰组织构建核心竞争力，从而使组织把资源集中于那些与组织的核心竞争力有关的活动上，从而有利于组织向更高境界发展。

（四）降低成本、舒缓资金压力

目前，随着劳工权利意识的增强、就业体系和劳动法规的普及，人力成本不断攀升。组织通过将非核心职能外包，就可利用外包服务商的规模效应来降低组织运行成本。

（五）避免大量投资于人才所带来的不确定风险

组织所处的竞争环境，使得它对人力资源市场的了解远比不上专业人才服务公司，如果组织将一些特殊的或关键岗位的填补招聘工作外包给人才外包服务公司，就可降低人力资源投资风险。

二、招聘外包的选择策略

不同公司选择招聘外包的项目是不同的。2004年，中国联通集团计划招聘应届毕业生2 200名，由于人数庞大和以往工作繁重的教训，联通决定采用外包的方式来完成此次招聘，并将信息发布、宣讲推广、简历接收、第一轮筛选等费时费力的非核心环节外包给第三方机构。无独有偶，一家生产工业中间产品的生产型企业，有员工500多人，其中85%是生产工人，其余为生产辅助人员。该企业还设有人事部，有2名人事管理人员，主要负责员工的招聘、培训、资料保管、薪酬管理等。由于工人的文化程度不高，薪酬也相对较低，因此员工流动率较高，人事部的招聘工作量大。在这种情况下，该企业决定把大部分的招聘工作外包出去。

相对而言，美国西南航空公司就绝不把招聘外包。西南航空公司是一家以低价闻名的航空公司，也可能是美国唯一成功的航空公司。所有的航空公司都有着差不多的机型，都提供相同的却难吃的食物，都有服务质量相差无几的地勤人员。但西南航空与众不同的是他们的员工！西南航空断定员工是他们最重要的部分，因此，招聘战略对西南航空的成败至关重要，正如西南航空的标语上所写的："我们招聘的是人的态度，培训的是人的技能。"西南航空需要的是具有良好服务态度，能真诚待客并让旅途变得有趣的员工，他们教导员工如何端上饮料，如何检票等。谁都能做这些事情，但西南航空需要的是能友善地完成这些事情的员工，因此不会把招聘外包出去。而一些对所招聘员工的素质技能要求不高的企业，它们只是需要数量众多的员工，更可能选择招聘外包。美国人力资源管理协会前国际项目副总裁Bruan.J.Glade先生认为："这完全取决于公司的战略。"人力资源管理者在与人才服务机构或其他专业部门签订人力资源外包协议时，首先要明确的是人事外包服务项目和目标，并规范双方的权利和义务。组织必须熟知自身的情况并清楚组织目标，而不是盲目地将相对简单的业务外包出去。

人力资源管理可以分为增值性和非增值性两种职能。直接支持组织核心能力的是增值性职能，如组织变革、职业规划等，而非增值性的工作如计算发放薪酬福利、招聘等，这些费时费力的事务性职能可选择外包。当然并非所有的非增值性的人力资源职能都需要外包出去，外包的关键是只从外部购买那些对组织核心能力不重要的事务，即使同样是招聘也不例外，否则最终会把自己变成"空心公司"。因此在做外包决策时，首先要识别组织的核心能力所在；其次要确保这些能力会得到持续增强；最后要以最佳方式管理这些能力，维持它们创造的竞争优势。一个事务是否外包的决策，取决于该事务增加值占总价值的比例和该事务在公司或事业部门的竞争优势所占分量。只有当该事务占总价值的比重很小而且竞争优势很低时，组织才可以考虑将其外包。

一般说来，我们可以按照人力资源的战略价值与可获得性，将组织的人力资源分为四类，如图12-2[①]所示。对于这四类人才的聘用应采取不同的方式，见表12-1[②]。

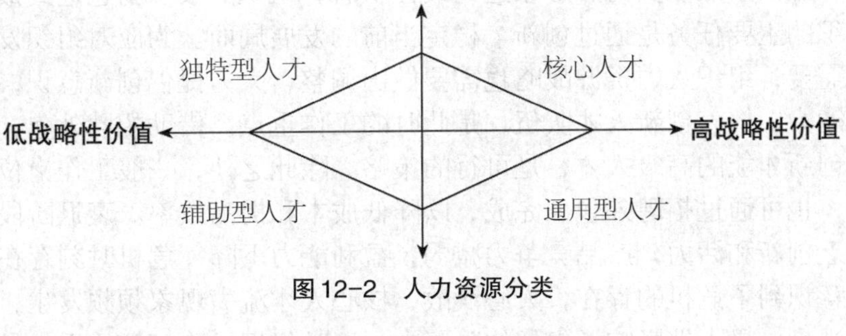

图12-2 人力资源分类

① 彭剑锋. 基于能力的人力资源管理［M］. 北京：中国人民大学出版社，2003.
② 彭剑锋. 基于能力的人力资源管理［M］. 北京：中国人民大学出版社，2003.

表12-1　　不同类型的人力资源的聘用措施

类型	特点	聘用措施
核心人才	高战略价值、高稀缺性	内部培养、内部提升以形成组织独特的核心能力，并不断与其深化关系，给予培训，长期激励，自主工作，允许犯错
独特型人才	低战略价值、高稀缺性	尽量外包，以减少成本
通用型人才	高战略价值、低稀缺性	以劳动合同确立双方交易关系，基于现存的技能雇用，少培训，市场工资，关注短期绩效
辅助型人才	低战略价值、低稀缺性	确立外包或短期合同，按小时付酬

另外，组织不同发展阶段的招聘外包策略也有区别。初创阶段，组织规模小，未定型，管理者更倾向于采用亲和型、粗放型的管理风格，组织的发展也更依赖于一些关键人才，特别是创业者的个人能力和创业激情，因此招聘外包活动只适合于对部分基层员工的招募。成长阶段，组织形态走向正规化，经营规模在扩大，主营业务快速增长，各种资源紧张，其发展战略的核心是如何使组织获得持续、快速、稳定的发展，因此，这一阶段组织对人力资源数量的需求不断增长，对员工胜任岗位的技能要求也较高，不但要求招来就能用，而且要求上手快。这时，组织需要与人力资源市场建立广泛而灵活的联系，通过多种渠道及时获取组织所需要的人力资源，以减轻组织人力资源管理工作的压力，这种压力首先就表现为招聘工作的挑战。成熟阶段，组织已经进入了一个相对稳定的时期，多年经营而形成的业务规则与业务标准已经自成体系，工作岗位职能明确，组织规模达到最大，员工数量远远超出组织管理者有形控制的范围，并且由于组织实力和形象达到最佳状态，组织的吸引力也达到最强。此时，组织的主要任务是通过创新，稳定当前的发展局面。为应对组织发展战略变化的需要，组织人力资源战略也需要做出调整，大力提倡创新意识，提高人员创新能力，培养创新人才队伍，是此时的工作重点。借助招聘外包，积极引进具有创新才能的高级人才，是可行的策略。除此之外，一般工作岗位人员的招聘等，也可通过招聘外包来完成，以降低成本和提高效率。衰退阶段，组织此时缺乏创新和活力，产品竞争力减弱，盈利能力下降，危机时刻存在。组织员工也意识到了危机的存在，人心涣散，核心人才流失现象频频发生，一般人员严重过剩，极大地影响了组织的凝聚力。这时组织战略管理的重点是寻求组织重整和再造，使组织获得重生。相应的，人力资源战略管理的重点是：妥善

裁减多余人员，严格控制成本，提高组织效率。因此，招聘外包活动就变得更加谨慎，更多地考虑如何众志成城渡难关。

三、招聘外包的风险及规避方法

不少组织通过大量的人力资源外包实践活动已经达成共识：成功的人力资源外包（包括招聘外包）可以有效地支持企业核心竞争战略的实现，改善企业持续发展能力。但是同时，人们也清楚地意识到：供应商市场的发育暂时还不成熟，外包合作存在一定风险。以下介绍可能存在的风险与规避方法：

（一）与外包服务商的合作风险

招聘外包中，组织与外包服务商之间形成了“委托–代理”关系。由于信息的不对称，组织有可能无法真实全面地了解外包服务商的资信、业绩、成本价格等与自己利益相关的信息，以致外包前未能筛选到合适的外包服务商，造成逆向选择的结果；外包后，也可能产生外包服务商未尽力执行受托工作或做出不利于外包组织行为的风险。人力资源外包服务商作为因市场需要应运而生、顺应市场要求发展的组织，先天地具备市场的敏锐观察力和灵活适应性的同时，其自身的自发性和短期的趋利性也是不可避讳的缺陷。例如缺乏长期承诺，没有实质性地在外包服务上进行软硬件投资，外包经验不丰富，或者不能严格遵守国家法律规定和恪守保密原则等，这些都将对组织的预期目标等产生负面影响。另外，我们还应意识到，外包并不意味着放弃责任，而应该不断监控和评价外包服务商的工作进度和业绩，以达到预期的目的。然而，事实上由于外包服务商是一个外部独立运作的实体，双方是合作伙伴关系而不是隶属关系，对双方的合作行为的难以控制也是一种风险所在。因此，在组织对外包存在危机隐忧的情况下，有必要选择规范经营和专业化程度高的外包服务商，对外包服务商在外包业务中扮演的角色进行定位。在外包合约签订过程中，必须明确规定双方的权利与义务，合约的条款应尽可能考虑周全，使其明确职责，全面地提高服务质量，更好地适应外包业务的需求，树立良好的形象，促进自身的竞争优势和核心能力的发展。

另外，为确保招聘外包业务系统的有效运行，组织有必要保持核心业务和外包业务之间的连贯衔接。由于组织与外包服务商的工作效率差异，组织间或组织内部的连贯衔接会因流程隔离而愈显重要。如在招聘外包中，猎头公司向组织推荐一名候选人，接下来的工作便是由组织承担了，如果在此过程中由于组织内部招聘管理人员自身原因而使此环节出现脱节（如未及时对候选人进行考核或未及时与候选人取得联系），那外包服务商提供的外包服务也将功亏一篑。

（二）在组织经营方面的保密风险

这里主要表现为企业组织经营方面的重要信息泄露的问题。招聘外包中，企业与外包服务商在合作过程中有关企业知识与信息的共享是不可避免的。由于外包服务商的人员素质、职业道德以及管理水平等原因，可能存在多种泄密的机会和途径。企业有价值的信息（如吸引人才策略、薪酬标准与结构等）一旦被泄露给行业竞争者，后果将十分严重。因此，鉴于安全性问题，在现代竞争激烈的市场中，寻找一个忠诚可靠的外包合作伙伴并进行有效的沟通是至关重要的。

（三）对组织中原有员工的激励风险

外包对于企业及员工确实是一种变革，原先的管理流程、职责分配、汇报关系及个人的职业发展定位都会有不同程度的改变，员工常常会产生各种顾虑、猜疑和不满。包括招聘外包后，人力资源部的一些事务性招聘工作量随之也会减少，原从事招聘事务管理的员工的工作职能会改变，员工的岗位数也有可能减少，一些员工会面临被辞退、换岗、取消与减少训练的机会等状况。如果处理不当，这些都会对原有员工的工作积极性带来相当大的影响。与此同时，在利用外部人才履行组织内部职能的同时，如果疏忽内部人才的作用，会挫伤他们的工作积极性，但如果通过外包，能够腾出内部人才的时间和精力，使他们专注于更重要的工作，充分发挥其专长，则能吸引和留住高素质的人才。

（四）由文化差异带来的风险

鉴于人力资源活动的特殊性和与外包服务商关系的连续性，人力资源外包活动中无论是招聘外包还是其他外包，总要涉及企业与外包服务商双方的人力资源整合，它们在一定程度上更是一种合作行为，合作过程中必然产生文化的交叉与碰撞。如果外包服务商提供的服务内容不能很好地适应发包方企业的组织文化，比如，外派员工的工作表现与组织文化的不融洽、委托外包服务商招聘的人员素质倾向与本组织不合拍等，这些现象都表现为服务质量与效率的下降，会引起发包方组织员工的不满，弱化企业文化的凝聚功能。因此，双方都应从长远发展的角度出发，发包方组织在慎重选择的基础上，考量外包机构的文化是否与本组织文化有冲突、其在业界的声誉及之前的业绩状况和财务状况如何、其对本组织的了解程度等；外包服务商则应通过更多的沟通，深入了解发包方的组织文化，以提供相应的服务，为发包方输送符合其组织文化的人才，致力于建立双方长期合作关系。只有双方共同重视并致力于文化的传导与融合，才能保证外包合作的有效性。

（五）招聘外包的法律风险

1. 人力资源派遣的主要法律风险

（1）违反“临时性”、“辅助性”和“替代性”的“三性”规定。

（2）违反派遣劳动者数量不得超过用工总量10%的风险。

（3）违反同工同酬的风险。

（4）选择派遣机构的风险，以及与派遣机构签订的派遣协议的内容不当的风险，比如派遣员工退回的约定和双方经济责任的约定等。

（5）由于操作不规范，造成与派遣员工形成事实劳动关系的风险。

2. 岗位外包的主要法律风险

（1）选择外包服务商的风险，如外包服务商的服务质量、服务历史、是否拥有相关资质等。

（2）商业机密泄露的风险。

（3）操作不规范、商务合同约定不清楚或者企业过度干预，被判定为“真派遣，假外包”的风险。比如在实务操作中部分企业对外包员工在考勤、劳动纪律、假期管理等方面进行安排或管理，被仲裁机构或法院判定为与员工存在派遣关系。

（4）安全保护风险。对于在企业经营工作场所内工作的外包员工，要注意经营工作场所应符合安全规定，以免因为安全问题造成外包员工人身伤害的风险。

3. 实习生用工的主要法律风险

（1）未通过学校签订三方实习协议，而与学生直接签订劳务协议，被认定事实劳动关系的风险。

（2）超期实习被认定事实劳动关系的风险，这是指学生毕业后仍然与企业延续之前的实习关系。

（3）劳务协议或者实习协议中约定不当，出现“工资”表述、约定试用期等，被认定事实劳动关系的风险。

4. 非全日制用工的主要法律风险

（1）被认定是全日制用工的风险。主要原因是操作不当违反《劳动合同法》中非全日制用工的相关规定，包括发薪周期、每日每周工作时间的限制，考勤记录无法证明员工工作时长，批准员工加班等。

（2）通过派遣机构使用非全日制员工的风险。我国《劳动合同法实施条例》规定派遣机构不得以非全日制用工形式招用派遣员工，因此也不得向用工企业派遣非全日制派遣员工。

（3）未购买工伤保险导致的经济损失风险。虽然企业不必为非全日制员工购买社会保险，但是仍需要购买工伤保险。鉴于很多地区不能单独购买工伤保险，可以用雇主责任险等商业保险予以覆盖。

5.退休返聘的主要法律风险

对于已到退休年龄但是不符合领取养老金的退休返聘人员，部分地区存在被认定为劳动关系的风险，特别是在退休返聘人员发生工伤的情况下，会要求企业承担雇主所要承担的工伤责任。聘用此类人员，要注意规避风险。

6.平台用工的主要法律风险

（1）平台用工到底属于兼职劳务用工还是事实劳动关系的风险。虽然国内典型判例中大部分未判定这种关系为劳动关系，但由于平台对兼职人员的管理方式不统一，法律对劳动关系认定存在一定弹性，企业不能忽视这一风险。

（2）项目管理和商业机密泄露的风险。在通过平台发布一些技术含量较高的项目时尤其要注意风险防范。

招聘外包作为招聘管理中的重要策略，需要我们充分了解人力资源外包（包括招聘外包）的战略含义和外包决策时应采取的有效步骤，权衡利益与风险，注重程序和时机选择。招聘外包同其他人力资源外包一样，不可避免地存在着一定的风险，但是总体来看，正如全球知名人力资源公司翰威特在亚洲公司的外包管理调研结果中所证明的，大部分亚洲企业的高管及人力资源经理对人力资源管理实行部分外包持肯定态度，认为人力资源外包能帮助组织实现真正的、长远的战略规划。当然，这必须建立在外包体系相当规范的基础上。组织只要在建立外包计划、挑选外包机构、参与沟通、监督与控制方面做好规划，就一定能克服外包过程中的弊端，避免外包风险，达到控制、降低成本的目的，实现高效运作和服务，从而获取并保持组织核心竞争能力。

第三节　招聘外包的发展趋势

招聘外包服务是一个新兴的服务形式，需要在实践中积累经验、不断完善。随着业务的发展、行业协会的建立和相关法律法规、政策的出台，招聘外包将得到长足的发展，成为企业聘人、用人的一个重要渠道和来源。

（一）招聘外包工作中的人员测评职能将盛行

招聘外包服务商能够被委托从事相关招聘外包服务，一般被认为对招聘和甄选工作具有较强的专业知识，擅长人员测评工作，富有识别人才经验和了解人才分布信息。这样的专业特长，尤其吸引一些本身不具备招聘专家和招聘渠道、缺乏丰富的人才库存的中小企业。为此，能否提供专业化的招聘服务，能否有效利用各种科学的、先进的测评工具，能否确保招聘外包工作高效而令人满意，成为招聘外包服务商大力追求的企业目标。可以预见，外包招聘工作中的人员测评职能将盛行。与此同时，政府及科研院所应加强对人才测评市场的监管，提高人才测评的科学性并制定相关的标准，进一步规范人才测评市场。

（二）理性决策、预控风险

一般认为招聘外包内容较多属于事务性人力资源业务，但事务性业务背后连接着战略性思想。组织中哪些人员招聘可以外包，哪些不适合外包，需要站在组织战略的角度进行有效规划、理性决策。不同的组织规模、经营状况、发展阶段、组织文化、人员构成等都是考虑的因素。组织应组建跨职能、跨部门的人力资源外包事务小组，从实际出发参与制订与人力资源外包战略相统一的外包实施方案；进一步对招聘外包活动和业务流程进行梳理和整合，掌握招聘外包活动的相对精通度、战略意义及不确定性风险等。组织对于招聘外包的选择策略将会越来越理性与谨慎，对外包风险的预控机制也会更趋于完善。

（三）人力资源派遣业务不断规范化与专业化

市场经济国家的经济结构从以制造业为主的第二产业向以新型服务业为主的第三产业转型，在这一过程中，人力资源派遣业把制造业中的劳动力转移到新型服务业中，发挥着重要而积极的作用。我国在经济全球化和国外派遣业发展势头的冲击下，人力资源派遣业务得到不断推广和发展，政府、企业均对派遣业的正面价值给予了积极的肯定。专业人力资源派遣机构逐渐崭露头角，官方和民间开始有组织地对人力资源派遣进行经验总结和理论研究，各地方相继出台了一些相关法规，行业协会成立并发挥着重要作用。尤其是随着《劳动合同法》等法规的进一步出台，政府加强对劳动力市场的控制效用得到更大的体现，并实现对于派遣者和其所得的最大保障，获得普通劳动者所享有的劳动权与社会保障权对人力资源派遣者完全适用的保障。人力资源派遣业进一步得到规范与发展。

（四）优质外包服务商在市场竞争与法律约束中形成品牌

一方面，通过市场优胜劣汰的竞争机制，具有良好资质和提供优质服务的外包服务商会逐渐得到用派单位的认可；另一方面，在相关劳动法规的限定和政府实施的准入制度、监控制度、惩戒制度等制度体系的宏观调控之下，一些资信良好、遵纪守法、能提供优质外包服务、价格合理的外包服务商，将形成自己的品牌，逐渐得到市场的青睐和用户的信任。为经营好招聘外包等外包业务，外包服务商需要始终顾及相关各方的责、权、利，通过一系列认真细致的规范运作，赢得人才供需双方的认可，无论是人力资源派遣业还是劳动力市场都将得到进一步的规范化与完善。

【补充案例】　　　　　上海家化与ADP公司的战略合作①

上海家化曾经受跨国企业国际品牌的挤压，一度退出了国内日化产品的中高端市场。2000年前后，上海家化公司制定了一项重大战略：以自主研发的纯中草药系列护理产品突破国内的中高端市场。然而初期状况令人沮丧：经营该产品的事业部只有数十人的队伍和有限的资金，面对的却是跨国公司的强大资金实力、深入人心的品牌和庞大的销售网络。公司战略实施的第一步是建立销售网络，但完全依靠自身实力是不可能办到的，公司决定借用外部力量，通过外包合作解决了人力资源和物流两个关键问题，快速建立了销售网络。

目前，上海家化已经成为以自行开发、生产、销售化妆品、个人护理用品、家庭保护用品及洗涤类清洁用品为主营业务的知名企业，拥有六神、美加净、清妃、佰草集、家安、舒欣、梦巴黎等诸多中国驰名品牌。其中，佰草集是上海家化的一个重要业务部，其以“自然、平衡”为主旨，生产定位于中高端市场的现代中草药系列护理产品，自2004年以来，营业收入和营业利润实现了持续高速增长。佰草集的高速增长主要源于下述三个方面：新产品开发促进内生性增长；门店扩张加速外延式增长；有效的客户沟通和营销管理提高产品销售收入。

上海家化与国际著名的人力资源服务公司安德普翰（ADP）建立了战略合作关系，上海家化提出人员的技能和数量要求（或者直接招聘），ADP公司负责招聘和管理。ADP公司以其强大的IT技术服务平台和遍布全国的驻地专员服务网络，为上海家化提供及时、准确、合规的人力资源服务。短短几年内，上海家化佰草集采用连锁专卖店的分销渠道，在全国30个省建立了销售网络，自营店的员工数量达到700人，其中600人左右是人力资源外包企业ADP公司的派遣人员，由ADP公司管理，包括录用、签订劳动合同、薪金结算、缴纳社会保险、处理劳动纠纷及解约等。ADP公司以网络化为支撑，为上海家化佰草集提供及时、准确、合规、跨区域的人力资源服务。ADP公司注重服务团队工作的精细化，定期与派遣员工进行沟通，每月回访客户，设置了时间处置节点，并开通了客户服务热线，与佰草集建立了顺畅、密切的业务合作关系，为佰草集的快速扩张提供了有力支撑。ADP公司适应客户的特点，以专业化的方式审视和控

---

① 作者根据相关资料整理。

制风险，与上海家化及佰草集形成了良性互动，双方结成了可以互相依赖的战略合作关系。

重要概念

招聘外包　人力资源外包　人力资源派遣　招聘流程外包　外包策略　风险控制

复习思考

1. 人力资源派遣的含义与内容是什么?
2. 人力资源派遣活动中劳动者、服务商、用派单位形成了怎样的关系?
3. 招聘流程外包有什么样的服务特点与服务流程?
4. 简述招聘外包的选择策略。
5. 招聘外包存在怎样的风险以及如何规避?
6. 组织选择招聘外包的理由是什么?
7. 为规范人力资源外包市场，政府、外包服务商、用派单位分别应承担怎样的职责?

第十三章

招聘管理案例综合分析

第一则　斯迈尔服饰公司的战略与招聘[①]

本案例揭示了斯迈尔服饰公司如何运用新型的招聘测评方法招聘员工的案例故事。通过对这个案例的思考与分析，可以为组织如何科学地进行招聘管理带来一定的启示。

一、案例背景

双骏集团公司董事长季佳福先生和总经理闵德旺先生眼下正面对一项让他们颇踌躇的事。他们俩花了相当多的精力，为公司精心筹划了一项开拓性新事业——在省城中心商业街上建设和经营一家专门出售最新款式时装的中型商场，其硬件建设进展顺利，不会影响预期的开业。在职工招聘配备方面，基层一线的售货员也已经招齐，并开始了岗前培训。令他们焦虑的是作为骨干的各级干部的招聘、评选工作进行得不太理想，而他们的质量对于开业后经营的成败却有关键性影响。干部招聘工作其实已经开始，采用在本地报刊上做广告、向公众公开发布信息的方式。具体的组织与操作由在商业领域颇富经验的公司董事邵天富先生负责。应聘者达200多名，经首轮面试筛选，有84名参加并通过了第二轮的笔试。但季、闵两位领导对这种评选结果不太放心，总觉得所采用的方法与程序似乎太保守陈旧。他们考虑从外界邀请专家进行咨询，让他们用新的评测方法来进行选聘。

① 余凯成. 当代中国工商管理案例研究［M］. 北京：民主与建设出版社，1999. 本章中的案例分析提示由本书作者撰写。

（一）双骏集团及其主要领导人

双骏集团公司已经成立了9年，是一家股份制企业，入股合伙单位虽有集体制的，但实际控股的却是季佳福拥有的个体所有制实体，所以他身任集团董事长，集团内部习惯称他为“季总”。

季佳福本是一家国营工厂的热工仪表维护工，他注重钻研技术，当时是一位青年业务能手。他深具创业精神，好思索，喜开拓，愿涉险。所以在20世纪80年代改革开放之初，他便成为少数敢于向“铁饭碗”告别、迈入个体经营者行列的探索者之一。他办了留职停薪手续，开了一个家电维修铺，生意居然红红火火，收入远胜于工厂薪金。虽然他干个体、下商海，发家致富了，但他的目标还远不止于此；他觉得这个领域给他提供了施展抱负、发挥潜能的机会。他当然渴望成为拥有更多资产的商人或杰出企业家，但他却并不看重奢华的享受；他追求的主要是事业的成功与扩展，这将成为他的能力与价值的标尺。他甚至不愿扬名，即使后来事业成功，也尽量避免在媒体上曝光，甚至有一次一位旅居香港的英国记者要求采访他，也被他婉拒了。成长与成就成了他的重要动机。

作为一个企业的创始人，季总具有怎样的个性？这种个性将怎样影响他的企业？

于是，在家电维修业中取得初步成就之后，他开始改行从事时装贩运业，南下广东沿海诸城市，采购那里因有“南风窗”之便而在式样上得领风气之先的时装，千里迢迢运回东北销售。这对于他是完全陌生的行当，而且十分辛苦，还担负相当的风险。但他善学习、人缘好，很快成为内行，业务蒸蒸日上。而对他来说，财源滚滚固然是收获，但更大的收获是开阔了眼界，增长了见识，丰富了经验，提高了能力。在初尝开拓的甜头并增强了经济实力后，他又与几位志同道合者合作，同时经营起物资运输业与餐饮娱乐业来。到了90年代，他已跻身于本省省会中少数几名成功个体企业家之列，资产已经累积近千万元了。

双骏集团的总经理闵德旺则完全是另一类型的人。他1982年毕业于滨城工业大学机械系本科，旋即考入另一重点大学的管理工程系，经两年半苦读，取得管理硕士学位后，回到母校滨大，成为管理系的一名青年教师，主要从事企业战略课程的教学与研究工作。他博览群书，钻研了大量国内外企业战略文献，同时关注国内企业的战略管理实践，下厂调查，收集资料。这样，他以自己的理论与实践研究心得为基础，在脑中酝酿企业战略规划方法与具体操作程序，使之渐渐明朗与成熟，并在1992年出版了他的第一本专著《企业战略计划》。这不是东拼西凑而成的大杂烩，而是凝聚着他多年研究与教学心血的成果。他深信此书所提出战略计划系统是有特色的，是适合现代中国的国情的。他希望能将它应用于管理实践中以检验它的有效性。但战略管理需要由企业最高决策者来实施，而以他当时的资历，在国有企业中不可能获得这种机会，更何况当时国企尚未完全摆脱计划经济模式，即使他有此机遇，他开发的系统仍会因国企的内外制约众多而无法施展。

> 闵老师又是怎样的人？他的下海动机是什么？这将促使他实施怎样的战略行为和人力资源管理？

就在他撰写此书的过程中，一个偶然的机遇送上门来：闵德旺在一次出差途中，在火车上恰与季佳福邻座。两人在攀谈中互抒胸臆，介绍彼此的经历与抱负，觉得十分投契，相见恨晚。对季佳福而言，在多年经营实践中深感理论修养不足，今得遇闵老师，正似玄德之遇孔明，如游鱼之得水；而对闵德旺来说，季的企业正好给他提供了自己开发的战略管理系统的实验场所，更为可贵的是，他深知自己本质上是一介书生，缺乏敢于涉险的胆魄与眼光；而季总不但实践经验丰富，而且他的那种企业家的创业精神和对市场机遇的“本能”的敏感性，与自己恰能取长补短、相得益彰。那时的滨大管理学院为鼓励教师走出书斋，深入管理实践，积累实践经验，不反对教师在企业蹲点实习，甚至“挂职”“兼职”。于是闵老师便在双骏集团拥有了“第二职业”，由季董事长“拜相”，荣任总经理之职，但公司内部人士仍称他为“闵老师”，因为他始终还在滨大担任“企业战略”“决策模拟练习”等课程的教学与指导任务。

投身商海，谁不是为了发财致富？理想主义色彩素来很浓、一向淡泊名利的闵老师的“下海”难道是个例外吗？这是他的朋友、同事乃至亲人们都颇感兴趣的问题。他出任双骏集团总经理后，不仅个人生活简朴如恒，对公司支出也控制甚严，以致有人讥之为“资本家的好管家”，对此他一笑置之。季总因他的贡献，报以重酬，却屡被谢绝。他对人说：“我这人终是要回到教学岗位上去的。我来这里干，是因为季总对我的信任，我们配合默契，这给了我试验和实践自己所研究理论的机会。我以为在当前国内条件下，这种企业最利于促进经济增长。”

闵老师上任后，除了按他的理论模式整顿集团中原有各单位外，觉得尚需要进一步涉足房地产业。在初试锋芒后，他们遇到一个宝贵的机会——在省城中心商业街黄金地段获得一块不小的地皮。对于这寸土寸金的地段，当然要充分而慎重地加以利用，这就要求他们在此建一座高层综合大厦。事实上，这也是取得这块土地的必要条件。这一建设计划的预算将远超出双骏集团的财力，何况他们还没有建设这种工程的经验，无疑具有巨大的风险。闵老师有点怯场了，但季总却对此项目极具兴趣和信心。他拍板定案，承接下来，并主动负责筹资、公关等对外业务。闵老师请来建筑专家，完成了大厦的设计：主楼30层，四角裙楼7层。起初项目进展迟缓，举步维艰。动工的时机不巧正遇上房地产业收缩不景气，资金筹措十分不易。然而经过季、闵两人联手努力，奋斗3年，四栋裙楼中的两栋终于建成，只待内部装修。这两栋7层裙楼总面积为2.3万平方米，另外两栋裙楼也在继续建设中。它们占有显著的地理优势，但应选择哪一行业及怎样进行市场定位，则是一项影响巨大的战略决策。

（二）进军时装销售业的战略设计

季总与闵老师经过仔细斟酌、运筹帷幄，决定将新建的两栋群楼专门用来经营时装。他们事先做过周密的市场调查，论证了省城及其附近市县对时装的需求颇为旺盛；传统上认为不靠海、地处关外的人对着装比较保守、不太讲究的观念早已过时，不但城区的居民，连农村居民，也都开始追求时髦了，所以市场是确实存在的。但竞争对手的情况呢？已方存在能创造什么样的成果呢？季、闵两人分析，这条商业街及附近就有两三家大型百货商店，其中自然设有服装部。它们都是国有或集体性质的，在规模、财力上都优于已方，而且已经建立多年，在名声与经营经验上也占有优势，在地理位置上至少与已方平分秋色，已方似乎很难夺取它们已占有多年的市场份额。但经过深入的调查与分析，他们发现这些对手们过去的确曾有过优势，但如今已事过境迁、雄风不复了。原来近几年来，这些大百货商场纷纷改以“联营”方式经营，联营的伙伴都是各制造厂的销售代理商（常为独家代理），他们总是尽量把自己的产品脱手售出，不管用什么手段和通过什么渠道；代理商们参与多家商场的联营，卖的却是同样的商品。各商场实际上自身已不从事商业经营，而通过这种实质上是租让柜台店面的“联营”，坐地收租，成了“物业管理”专业户，不怎么关心和过问市场与经营，旧有的商业经验早已过时。那些代理商所出售的只是各自的委托方即特定的制造厂以批量生产的、式样较固定而品种有限的产品，因此它们经营的不是“时装”，而是一般的服装。这样，这些对手并不足惧，甚至它们并不属于分割同一市场的对手。

由于经营目标是时装，竞争对手便需要另作考虑。时装是流行商品，讲究式样时髦，跟紧时尚，否则昨日还被顾客争购，今天就可能无人问津、门庭冷落了。所以，在此领域，主要竞争对手散布于全市的广大个体时装店和摊点。据季、闵二人的分析，这些对手的优势是散布于街头巷尾，选购时较为方便，同时经营灵活，可以讨价还价；但它们的弱点是个体分散经营，实力不足，它们的揽货方式是采购人员每次坐飞机去南方采购一批便匆匆返回，卖完了再度南下，如此循环。而已方有实力可以在广州等南方中心城市设常驻办事处，配以适当人力。因为常驻，信息灵通，采购及时，又便于与较固定的货源供应商建立和保持良好的关系；同时又因店面大，采购批量较大，利于取得优惠折扣；为抢得先机，在发货方面可以将一部分货物先期航空发运至母店，及时上柜，余货则通过铁路运回，等首批航运件售完后正好可以接续上；因少了飞机往返成本，显然售价上也占优势。

然而，季、闵二人认为最大的优势在于店铺的服务，即发自内心的热情诚恳，货真价实，童叟无欺。季、闵二人觉得正是在这方面，本公司需要创造自己可靠的优势——作为一家民营商场，培养出真正诚心为顾客服务的精神来。基于此认识，季、闵两位领导首先倡导这样一种企业文化，在“真诚服务社会”的文化基础上设计相应的战略、组织结构等“上层建筑”。这种构想在其他企业的领导人心中，会被认为是不切实际的空想，但这个念头与灵感却使季、闵二人激动不已，他们认为这是一种有创意也有意义的尝试，正是它使本公司区别于其他企业，成为自身独特标志，因此值得一试。

季总脑中忽然闪出要设计一种反映这种文化的标志，以鲜明而直观地建立起本公司的独特形象的想法。于是，他构思出“一个真诚微笑着的嘴”的图案，并认为本公司的名称应当与这一形象密切联系。但如果就命名为“微笑”或“笑口”服饰公司，又太直、太俗。闵老师曾想到“莞尔”这个微笑的古同义词，但这显然太雅，无法让大多数顾客产生联想。后来他们决定用英语微笑（SMILE）的音译“斯迈尔”来命名，既响亮、时髦又切合本意。

为了与这种既定的企业文化和战略相适应，季总和闵老师为公司设计了较简单的组织结构，考虑到公司的营业面积与需要的班次，决定招聘最基层800名售货员，按商品种类分组编入不同的柜台。这些组分别由27名被称为“商品主任”的基层干部直接领导，每位主任负责一至两个组。主任们受“部长助理”的领导，这些助理们上传下达，各把一口，或负责一个层面，或主管一大类商品，或管辖一定的职能部门。助理之上还有一个干部层次，由5位“部长”组成，分别掌管工程、企管、经营、计划财务及事业五个部，其中事业部承担企业战略设计、项目管理、招商引资等职能。部长们直接听命于公司领导班子，其中除季佳福董事长、闵德旺总经理外，只设3名副总经理及1名总会计师。3位副总分别掌管经营、行政、人事、后勤及采购、公关等部门。这种结构，既精悍、层次又少，反应速度较快，但对每名干部的德才要求甚高，因此人才难觅。

二、案例发展与结果

公司的文化、战略和组织结构既已确定，就剩下如何找到称职的人来配备到各个岗位上了。公司从应届的中专、职高毕业生中公开招选一线售货员，800个人很顺利地招到，并对他们进行了认真的岗前训练。季总和闵老师亲自向他们宣讲公司的宗旨和价值观，同时请来商业销售实践经验丰富的教师与老工人，对他们进行专业技能和规章制度的培训。然而，常言道：“在政治路线确定以后，干部决定一切。”这句话在斯迈尔公司则指的是中层的“部长”、“助理”及基层的“主任”人选的获得确实是最关键又最头疼的事。到哪里去找这样一批可以胜任这些职务的德才兼备的骨干呢？董事会讨论后决定先在报上登出广告，公开招聘，应聘者在填写申请表时，可自开价码，即写明自己想要获得的职位及月薪。邵天富董事自告奋勇具体主持招聘工作，他在商业战线上工作多年，因而坚信商业系统中的工作经验和知识应当是聘用时的首要条件，所以他在招聘广告中明确规定申请者必须具备5年或更长时间的商业运作经历。邵先生设计的招聘程序由两个步骤组成：第一步是面谈，其中申请担任副总经理等高级职位的，由季总或闵老师亲自负责，其余层次则由邵先生负责。经过初选后的应聘者还要参加第二步的笔试。因为邵先生强调商业知识的重要性，所以试卷主要由诸如“价格的构成因素是什么”“营业柜组的三项直接费用是什么”“订货合同应准确写清哪些内容”等有关问题构成。

广告登出后，报名者达200余人，申请不同的干部职位。经过第一步面试，筛选出84名候选者，进入第二步笔试，84名候选者都过了关。少数申报最关键的副总职位的，大多学历较高，或有在其他单位任过高级领导职位的经历。他们大多十分自信，声称非副总不就，或面试非季总本人免谈。其中有一两个人在与季总面谈时果然口若悬河，讲得头头是道，给季总留下了深刻的印象。然而季总与闵老师总觉得不太放心，所用的考评手段似乎过于简单，全是传统型的。他俩商量之后，决定由闵老师回到滨大，邀请人力资源管理教授程开瑜和他的助手华章讲师前来，以进行咨询。

程、华二人听取了季、闵两位领导对公司情况及招聘过程的介绍后，程教授赞扬了公司所做的内外环境分析与战略设计，特别欣赏“服务与质量至上”的企业文化，认为这是本公司最根本、最持久的优势。然而他指出，若认可这一前提，则所用的评选策略与方式便有可推敲之处：

（1）现在使用的考评方法主要是测试应试者的商业知识与经验，这恐怕欠妥。这些知识与经验固然重要，但它们主要是在计划经济条件下或至少在其影响还很深的实践中获得的，这对于公司打算试行的社会主义市场经济条件下的探索，并无多大益处，也许反而有害。所以考评的目标应是应试者的综合素质，这包括他们的心理、道德、一般管理能力等潜质；除了个别专门职位，如总会计师，必须加测其财会专门知识与经验外，其余应试者应着重测评其素质。因为业务知识可以培训，经验可以传授和积累，只要素质好，这个学习过程可以很迅速。

（2）根据以上分析，招聘广告中规定以5年商业实践为前提，恐怕并不科学（华老师插话道：笔试题中那些商业常识，对素质优良的人而言，是半天不到便可以流利背诵的）。因为省城大批国有企业在改革中产生了许多下岗职工与干部，其中不乏虽无商业经营经历，但却受过系统而优良的工程技术或其他专业训练且素质优秀的人才，他们反应快，学习能力强，略加培训，即可上岗。而且从接受本公司文化价值方面来看，他们可能比在体制中工作多年，旧的思想与价值观根深蒂固，改造阻力大的商业工作者，更易于接受新的观念。放弃这一宝贵资源，实在可惜。现在要补救，可能代价太大，推倒重来，不够现实。但这说明招聘策略与评选标准的设置，本身便可能受旧观念的深刻影响，是应引以为戒的。

（3）已用过的面谈法，是可以评测应试者部分素质的。但为提高素质测评的效度与信度，不妨再补充两种测试，并适当借鉴发达国家在这方面的经验，如评价中心技术。根据现有条件，建议对已选出的84名求职者补测一次笔试，然后对在笔试中表现优秀者，组织一次“无领导小组讨论”，这正是评价中心技术中的一种。

季、闵两位听罢，很感兴趣，要求两位老师详细解释他们的建议与计划。

在组织招聘过程中是否应看重候选人的价值取向？如与组织的价值观不一致怎么办？如何对待有能力的非组织主流价值观的候选人？

程教授说具体细节还有待斟酌，但笔试试卷大体可包括两个部分，分别测试“素质”与“能力”（包括一般分析决策能力及专业职能管理能力），以及“价值观与态度”。初步考虑，一般分析决策能力试题可采用两篇综合性案例，涉及不同经营决策的比较与抉择及严格管理与以人为本两种管理风格的权衡与选用。这当然主要是测评应试者一般解决问题的能力，进而评估他们管理知识的广度与潜质。这种案例并无唯一的最佳的“标准答案”，但可从应试者任意发挥的回答中看出其分析的逻辑严密性、决策基础的合理性、思维的创造性及书面表达能力的强弱。

至于对职能能力的考评，可以采用布置一项综合性作业的方式，例如请应试者对本公司的周年大庆活动制订出一项具体的计划，从中考察他们对一定的职能领域（如促销、公关、行政、后勤、筹款、人力规划等）及全局统筹方面的兴趣、能力和经验，便于职务安排时用其所长。

对价值观与态度的测试较为不易，尤其如对诚实的态度等，适宜在长期实践中考察，才能做出较有把握的判断。因为在使用问卷，特别是选择题来考评时，应试者往往只选“社会赞许性答案”，即只讲好听的漂亮话，而不暴露其真实认识，国内外对这类问题似乎仍然缺乏满意的解决办法。但这次不妨试一下，在一定程度上能测出应试者的某些基本价值倾向，例如对“为顾客服务”“跳槽”“创新”“诚实”等问题的认识。

初步考虑，对每一价值维度，都列出从“正面”逐步过渡到“反面”的四条陈述句。例如对于顾客的态度，第一条是“在社会主义市场经济中，无论属于什么所有制的企业，都应奉行顾客至上、服务与质量第一的原则；在顾客利益与本企业利益发生矛盾时，也绝不能违反此原则”。第二条则是“两者要兼顾、并重，根据具体情况决定，因为企业不能赔本经营，否则无法维持”。第三条是“在社会主义市场经济中，企业也以盈利为目标，质量与服务只是争取顾客的手段，所以前者是第一位的，后者第二位的”。最后一条则是另一极端，“不论在哪儿，做生意就是为了赚钱，为此可以采用各种手段”。但这并不是选择题，应试者对四种态度加以评论。这就较易回避“社会赞许性的答案”，并能较深入发掘答题者的深层思想。

价值观问卷中最棘手的是对诚实性的测评，被试者将面对一种模拟的考验，如“到一家企业去参加求职应试，在报名处等候时偶然拾起地上一张纸，一看，原来正是一张试卷”。可能的反应是：①一个字不看，立即将它交还给负责报名登记的工作人员。②紧张地匆匆看一遍，心中忐忑不安，归还时心中有些内疚。③冷静而悄悄地收起来，回去细看。反正不是我偷来的。它自己落在地上，不能怪我。④大喜过望，暗想“今天运气真好，我正想怎么能搞来一份呢”。马上出去跟也来报考的哥们儿一起研究怎么回答。请应试者对这些反应做出评论。程、华两位老师还建议把邵先生出的考题也作为一个部分纳入这一考卷内。

季、闵二人对这种考题的设计构想表示满意，并感到新奇，便请程、华两位老师尽快把细节确定下来，然后拟出试卷。经过一整天的努力，考题定稿，交付打印。次日便借用附近一学校的教室，对面试筛选出的84名备选干部进行了笔试。经认真阅卷评分，选出了56名人选，分派到各级干部岗位上去。经商定，尚需对7名应聘部长以上的“高级干部”（总会计师因特殊专业能力要求，不经此途径选拔），进行“无领导小组讨论”的考察，以加深对他们长、短处的了解。另从笔试优秀的部长助理及商品主任（多属年轻人）人选中分别选出5人和3人来参加“无领导小组讨论”，以评测他们未来的发展潜力。这样，共有15人充当被试。再进一步将他们分为5人一组，共3组，参与这一轮活动。

无领导小组讨论的方法在这里使用有效性强吗？该如何设计？

“无领导小组讨论”是在不指定讨论主持人的情况下，让大家就某一主题，通常是一个小型案例或一张剪报上的新闻事件等，各自发表意见，根据每人在给定时间内的讨论中自发地表现出的角色行为，来判断每个人的角色倾向及在若干既定考评维度（如主动性、协调能力、分析的逻辑性、思维的独创性、口头表达力等方面）中的强弱优势。

此次“无领导小组讨论”中，发给3个小组的是同样的一篇微型案例，涉及一家小型个体企业经营战略的选择。每一小组讨论一个小时，在一个封闭会议室内进行。考评者发下案例后便离开，讨论被全程录像。讨论结束后，考评者们根据录像，对每个人的潜质进行考察，并以百分制对个人从既定维度上进行量化评分。舍直接观察而用录像，不仅可以使被试消除紧张情绪而且可以反复重放，考评者可边观看边交流讨论。这3个小组的共同点是：首先，无人意识到考察的是他们的角色行为，却都以为是看他们对所给案例内容的见解，因而积极对案例中两种备选战略的优劣发表意见，这反而使他们的言行更为自然可信。其次，年轻位低的人往往较为寡言退缩，只附和别人见解，很少谈出个人创见。这种现象看来并非因意识到被观察而紧张，而是自信力较低之故。总之，这种方法确实能让人尽情表现。例如一位有硕士学历和较高职位背景的人振振有词、滔滔不绝，几乎垄断讨论，独占了约一半的时间。但在他的发言中明显暴露出卖弄新潮术语、炫耀知识渊博的倾向而又难免弄巧成拙、误用观念等。季总看了说："这办法好。我跟他面谈过，印象不错，想过让他当副总。看了录像才发现他欠踏实、太浮，恐怕得先在助理之类的岗位上考察一段时间再说。"这项考评虽不能"一票否决"，却能加强对干部的深层潜质的了解。

这次考评选拔活动结束时，程、华两位老师向季总告辞说，因为学校事忙，不能久留，还有其他方法来不及使用，考评结果是否准确可信，尚无把握，还要等待实践考验。他们还建议，在适当时间，可请省城相关心理咨询单位为各副总与部长们做一次性格测试，以便深入了解他们的心理特点与素质，这也是评价中心技术的一个重要组成部分。送走了程、华两位老师，季总对闵老师说："还是有收获的，见识了一些新玩意儿，但灵不灵，还得走着瞧。"

三、案例分析提示

本案例的发生时间尽管距今已有一段时间了，今天的组织管理者们对诸如评价中心技术已经不再陌生，不少企业在人才招聘中早已开始使用这些测评技术为准确做出选人、聘人决策提供依据了。但是，作为企业一次重要转型过程中如何将企业的人力资源战略与企业战略相结合，如何将企业战略的规划（这里主要表现为企业的干部招聘计划）及实施与企业文化的构建结合起来，本案例提供了一个完整的操作过程，并给予我们很好的提示、借鉴和思考。因为，今天的不少企业，在发展过程中还是会将日常的经营管理活动游离于组织战略的思考范畴之外。

一家民营企业，新建了商业大厦，并准备经营时装销售业务。一切从头开始，当然需要招兵买马。基层员工要招聘，中层经理也要寻找。幸好公司的季总和闵老师工作既配合得好，又都懂得人员招聘的重要性，以及招聘工作与企业文化及战略之间的关系。同时，作为公司的创始人，他们的价值取向与行为方式，又一定会成为且将长期成为企业文化重要的组成部分。重要的是开始，战略定位是否准确？企业文化如何确立？如何在文化的观照之下确立人力资源战略与规划，以达成组织战略的实现？这都是在开始的时候就定下的基调。斯迈尔服饰公司就是这样在开始的时候谨慎地思考与行动的，包括在邵先生主持下，基层干部与中层经理的招聘工作如火如荼地开展之时，具有优秀企业家敏感性的季总和闵老师，“总觉得不太放心，所用的考评手段似乎过于简单，全是传统型的。他俩商量之后，决定由闵老师回到滨大，邀请人力资源管理教授程开瑜和他的助手华章讲师前来，以进行咨询。”咨询师的思路很清楚，程开瑜教授明确说明：“服务与质量至上”的企业文化的确定，是本公司最根本、最持久的优势。然而，他又指出，若认可这一前提，则所用的评选策略与方式便有可推敲之处。事情就此有了转机。人才的挑选标准由是否具备丰富的商业知识，转为测试“素质”与“能力”（包括一般分析决策能力及专业职能管理能力）以及“价值观与态度”。人才挑选的方法也从传统的单一的面谈方法，改为适当增加新型的测评技术，如“无领导小组讨论”等方法，加强了对应聘干部的深层潜质的了解，使招聘工作更加有效，更配合组织战略目标的实现。可以说，本案例中，管理者借助外部咨询，通过新型招聘测评方法寻求符合公司战略部署和价值观要求的员工，是有一定的科学性和可操作性的。

第二则　到底应该选聘谁①

一、案例引言

天空中飘着淅淅沥沥的小雨，枯黄的树叶在雨中随风飘落。虽然是初秋，北方的人们却已经感觉到了丝丝的凉意。但是，W轮胎公司小会议室里的气氛却异常热烈，总公司技术部长招聘委员会的评委们正在为技术部长的人选问题进行着激烈的讨论。

W轮胎公司是一家具有悠久历史和光荣传统的轮胎生产企业。在抗美援朝期间，为了支援前线，国家把一些工业基地迁往东北地区，W轮胎公司就是在此背景下由河南轮胎厂、沈阳轮胎二厂和洛阳轮胎厂共同迁至东北S小镇，在原日军驻该镇造纸厂的旧址上联合组建而成，当时称为W轮胎厂。1999年，W轮胎厂通过了国家证监会的审核，正式挂牌上市，成立W轮胎股份有限责任公司。

---

① 大连理工大学管理学院，香港中文大学管理学系，台湾政治大学商学院．管理案例研究（2003年卷）[M]．大连：大连理工大学出版社，2004．本案例由东北财经大学MBA学院王光辉编写，陈福军指导。

公司现有9个斜交胎生产分厂，2个子午胎生产分厂和5个辅助生产分厂，共有职工2万多人，生产各式花纹的载重汽车轮胎、轻型卡车轮胎、工程车轮胎、农用车轮胎和轿车轮胎。

多年来，W轮胎公司为我国的国家建设和轮胎行业的发展做出了卓越的贡献。但是进入20世纪90年代以后，随着轮胎行业的发展，一些国际知名的轮胎生产企业，如法国的米其林公司、美国的固特异公司和日本的普利司通公司也纷纷看好了中国市场，它们或采取与中国轮胎企业合资的方式或独立投资在中国建厂，使中国的轮胎市场竞争愈加激烈。在此情形下，W轮胎公司在管理上的弊端逐渐显露出来，尤其表现为工作安排不合理，不能充分发挥员工的积极性，造成企业人才的大量流失，产品质量下滑，公司的市场份额下降，使企业处于不利的局面。此时，W轮胎公司的高级管理层意识到人才是企业真正的核心竞争力，是企业最重要的资源。发现本公司在管理上存在问题以后，W轮胎公司加大改革力度，加快转换机制，提高专业技术人员的激励政策，改善专业技术人员的待遇，提高专业技术人员任用的透明度；在人才的选拔与任用上不拘一格，改变以前由内部提拔为主的用人方式，实行内部提拔与外部聘用相结合的用人机制，大胆启用优秀人才。通过以上措施，W轮胎公司吸引了大量的人才，公司的效益有了明显的改观。

公司究竟应如何管理才能获得新产品的研发能力与优秀的人才资源？

W轮胎公司技术部是W轮胎公司的技术核心部门，负责全公司的轮胎生产工艺过程的设计和监督以及新产品的研发工作。轮胎的生产要经过炼胶、压出、压延、贴合、成型和硫化六道工序，工艺极其复杂，其中任何一道工序出现问题，都会对轮胎的质量产生影响。随着轮胎行业竞争的不断加剧，各轮胎生产企业都意识到谁拥有更新、更先进的产品，谁就将有机会占有更大的市场份额，使自己在竞争中处于有利地位，于是都加大了对新产品的研发力度，增加了对新产品的研发投入。W轮胎公司也加大了对新产品的研发力度，不断创新，以期在竞争中获得优势，这使技术部在公司中的地位愈加重要。技术部部长是技术部的核心人物，他全面负责技术部的工作，直接对总工程师负责，技术部工作开展得是否有效，或者说技术部长的工作开展得是否有效，将对公司产生重要的影响。

2000年，在技术部长赵尔卓提出退休申请以后，W轮胎公司决定改变以前技术部长由炼胶分厂技术主任提拔的惯例，实行对内对外公开招聘。这吸引了公司内外26名候选者前来参加竞聘。在这26名候选人中，有15人来自公司内部各技术部门，11人来自其他轮胎生产企业。应聘人员基本情况见表13-1。

表13-1 应聘人员基本情况表

年龄结构	25~30岁		31~35岁		36~40岁		41~45岁	
	1人	4%	12人	46%	10人	38%	3人	12%
文化结构	研究生		本科		大专		中专	
	1人	4%	20人	77%	5人	19%	0人	0

W轮胎公司技术部长的招聘考试工作在总公司小会议室如期进行，26名参加竞聘者经过4轮的笔试和面试，候选人中只剩下5人，排在前两名的是陈东升和李海鹏，还有两名来自外公司和一名来自本公司三分厂的竞聘者，而陈东升和李海鹏得分相近，超出了第三名许多，看来技术部长的职位要从他们二人中产生了。

二、案例背景与发展

1.候选人陈东升

候选人陈东升今年34岁，1991年毕业于南京理工大学橡胶工艺专业，毕业后被分配到W轮胎公司。他曾在炼胶分厂实习一年，对炼胶分厂的情况比较了解，又到其他各分厂实习半年以后，被分配到橡胶学院做橡胶工艺专业的老师。W轮胎公司橡胶学院设有橡胶工艺、电气工程、机械设计等13个与轮胎生产相关的专业，是一所国家承认的培养大专学历人才的专业技术学院。多年来，橡胶学院为W轮胎公司培养了大批优秀的专业技术人才和管理人才。陈东升在橡胶学院工作期间，理论研究上比较有成就，曾经在国内外知名刊物上发表过多篇论文。

为了适应日益激烈的国内轮胎市场竞争，加大新产品的研发力度，提高产品质量，增强企业的竞争力，1996年，W轮胎公司决定引进国外先进的子午线轮胎的生产技术，为此专门成立了“技术引进开发小组”，要求懂技术和会外语的人员参加。此时，陈东升被调到技术开发小组工作。1996年7月，陈东升随技术开发小组赴意大利考察，在意大利期间，他们考察了世界著名的轮胎生产企业——皮列里轮胎公司，学习了国际先进的生产技术和管理经验。回国后，他参与了技术引进的组织和协调工作，使得技术引进工作得以顺利地进行。该工程结束后，他被留在炼胶分厂做技术副主任，负责与子午线轮胎生产有关的技术工作。

2.候选人李海鹏

另一位候选人是炼胶分厂的技术主任李海鹏，今年43岁，早年曾在某技工学校学习，后在一家小型轮胎厂工作。由于他工作勤奋，在工人中很有号召力，

1991年被任命为该厂的生产厂长。1992年，该厂由于经营不善而解体，李海鹏被调到W轮胎公司炼胶分厂做技术员。他工作能力强，反应快，做事有计划，有条不紊，而且愿意从事具有挑战性的工作，并多次在公司技术改革中获奖，后来被派到橡胶学院学习两年，毕业后被提拔为炼胶分厂技术副主任，主要负责与斜交轮胎生产有关的技术工作。

1995年，W轮胎公司筹建新的密炼分厂以缓解炼胶分厂的生产压力，公司购进了自动化的生产设备，进行自动化生产，李海鹏主持了该项目的工艺流程的设计工作。面临许多自动化生产带来的新问题，他提出了新的设计方案，使得工艺流程更加科学合理，并节约了大量的人力物力，因此受到总工程师李俊清的称赞。

3.竞聘背后的故事

1997年，炼胶分厂技术主任张传友退休，对于技术主任接班人的人选问题，总公司管理层，尤其是总工程师李俊清和生产副总王少军等人形成了两种不同的意见。一方认为李海鹏任技术主任比较合适，理由是李海鹏的工作能力强，专业技术扎实，同时其最大的优点是在群众中的基础好，比较有威信，这对在分厂工作来讲非常重要。因为在分厂做技术工作，不仅涉及技术问题，更重要的是每天都要与工人打交道，贯彻执行技术部下达的各种技术指令，这就要求技术人员有较高的权威和较强的沟通协调能力。另一方则认为陈东升做技术主任更合适，因为陈东升专业理论基础强，知识面宽，视野开阔，同时分厂内各班的值班长都是他在橡胶学院时的学生，比较容易开展工作。

总经理以年龄和住房作为考量依据作出的决策是否科学有效？

最后，总经理出于多方面的考虑，认为陈东升比较年轻，还需要再锻炼锻炼，以后还有晋升的机会，而李海鹏已经40岁了，如果不能提拔到技术主任的位置上的话，以后可能就没有机会了，同时他个人的住房问题也没办法解决（公司规定，只有分厂技术主任级别以上的人员才能享受福利住房的待遇）。基于以上原因，公司决定由李海鹏担任炼胶分厂技术主任，全面负责炼胶分厂的技术工作。陈东升知道此事以后很不服气，觉得很不公平，认为公司提拔人才不应该论资排辈，更不能为了照顾而提拔。而且依照公司以前的惯例，公司技术部长的职务由炼胶分厂的技术主任提拔担任，已经57岁的技术部长赵尔卓在3年后即将退休，现在自己当不上技术主任，那么3年后技术部长一职就更没有希望了，所以心里很懊恼。

在李海鹏做了技术主任以后，一次，陈东升和李海鹏因为工人的考核问题发生了分歧。事情是这样的：在引进自动化生产设备以后，工人的考核问题引发了一些争议，一些工人反映说既然已经实现自动化生产了，所有的生产工序都由计算机控制，操作程序由技术人员设计，那么产品的合格率就不应该与工人的考核联系在一起，产品合格率的高低与工人基本没关系，对工人的考核应该除去这一项，至少不能像以前那样把它作为一项主要的考核指标。陈东升赞同这一说法，认为对工人的考核问题也应根据生产条件的变化而适时地变化。但李海鹏坚持认为如果去掉这一项，工人在工作时就会缺乏责任心，进而会影响到产品的质量，严重的话还可能会导致生产事故。结果李海鹏没有采纳这一意见，对员工的考核仍按照原规定执行。陈东升很生气，觉得李海鹏太武断，同时觉得自己在李海鹏手下工作太窝火，处处受制于人，无法施展自己的才能。

1997年年底，炼胶分厂在子午线轮胎胶料生产过程中出现了严重的质量问题，丙班生产的7吨胎冠胶全不合格，总公司对此问题十分重视，责令炼胶分厂在两周内必须调查清楚，解决问题。炼胶分厂召开紧急会议，分厂长下令，立即成立调查小组，由李海鹏任组长，全权负责，陈东升任副组长，协助进行深入调查。接受任务以后，李海鹏与陈东升立即开展调查工作。经过一周的调查，陈东升认为是工人在操作过程中加药顺序不当造成的，而李海鹏则认为是动力站给的风压过低造成压力不足使胶料的可塑性过小，结果两人争执不下。在上报材料时，李海鹏按动力站给的风压过低向技术部作了汇报。陈东升当然很恼火，认为李海鹏在利用职权压制自己，于是将此事直接反映给总工程师李俊清。李总工程师听了陈东升的汇报后，认为问题很严重，把李海鹏叫到自己办公室严肃地批评了一顿，告诫他以后要注意听取下属的意见，不能主观，更不能独断专行。李海鹏虽然口头上虚心地接受了批评，但内心却很生气，认为陈东升在背后搞小动作整自己。从此以后，两人之间产生了嫌隙，关系越发紧张，这使陈东升产生了离开公司的想法。

陈东升和李海鹏之间的矛盾冲突与公司的管理机制有什么关系？聘用体系的不完善会有什么样的后续效应？

1998年，全国轮胎行业大发展，仅山东省就有大小300多家轮胎厂，它们大量引进技术和人才，推动了全国轮胎行业技术人才的流动。此时山东华远轮胎厂要引进国外的先进技术但又缺乏高层次的技术管理人员，就想聘请陈东升去负责全面的技术工作，并许诺给予优厚的待遇。陈东升觉得自己在W轮胎公司受人压制，无法发挥自己的才能，不如换个工作环境，于是他决定到山东去工作。

在山东华远轮胎厂，陈东升充分发挥了他的领导才能和组织协调能力，带领原有的技术人员，顺利完成了技术引进工作，还带出了一批新人，自己也掌握了目前国内轮胎行业新的生产技术，熟悉了新的管理模式，积累了新的管理经验。

4.到底应该选聘谁

李海鹏和陈东升各有所长，李海鹏技术扎实，又在技术主任的岗位上工作了3年，积累了丰富的经验，而且依照以前的惯例，技术部长这一职务由炼胶分厂技术主任提拔担任；陈东升也有他的优势，他在山东华远轮胎厂负责过全面的技术管理工作，具有足够的专业知识，视野比较开阔，同时还了解外厂的运作模式，能给公司带来新的管理思想和新的方法，他若回来一定会对公司的发展有益。如果提拔李海鹏做技术部长，那么陈东升还会回来吗？但是如果选聘陈东升回来做技术部长，那么李海鹏还会留下来继续做他的技术主任吗？面对这两个优秀的人才，W轮胎公司的评委们该如何选择呢？

三、案例分析提示

分析之前，我们有必要思考以下问题：

（1）如果你是W轮胎公司的总经理，你该任命谁来担任分厂技术主任？

（2）如果你是W轮胎公司的总经理，在任命李海鹏担任分厂技术主任的同时，你该怎样安排陈东升的工作？

（3）造成李海鹏和陈东升矛盾的根本原因是什么？

（4）你对W轮胎公司的管理有何建议？

（5）如果提拔李海鹏任技术部长，是否要让陈东升回来？

（6）如果选聘陈东升任技术部长，应该怎样安排工作？

企业管理体系本是一个有机联结、互相作用的系统，任何管理环节都不是孤立的，招聘管理自然也不例外。W轮胎公司之所以陷入技术部长人选的两难处境，也需要从根本上寻找原因，进行系统的思考进而实施科学的管理。如何进行系统的思考和实施科学的管理？首先，当W轮胎公司面临激烈的市场竞争而着手进行内部管理改革之时，应充分分析内外环境，明确公司的优势及劣势所在，确立公司的战略目标，并围绕战略目标实施战略管理。新产品的研发很重要，人才的吸纳与激励也很重要，但都必须以战略为导向进行全面的思考，构建科学的管理体系，明确管理的重点，并以此作为管理前提。其次，对于W轮胎公司来说，企业文化的建设是一项长期而根本的任务，公司应根据当前的竞争环境和公司的历史与现状，确立公司的核心价值理念，并将其化为宣传的口号、严格的制度、规范的行为，从上级到下属，从产品的形象到员工的形象，充分地渗透这一价值观念，帮助企业获得持久有效的竞争实力的同时，进一步营造良好的企业氛围，实现和谐的员工关系管理，避免以后出现更多的类似李海鹏和陈东升之间的员工矛盾冲突。

至于究竟是提拔李海鹏作技术部长还是选聘陈东升作技术部长的问题，也需要建立在企业战略管理的思想基础上，实行科学有效的招聘管理，运用现代化的招聘技术，进一步完善公司的招聘管理制度。对技术部长的人选，首先应从职位分析入手，进行匹配度分析，进一步建立胜任素质模型，确立该职位的选聘标准，以此作为评价标准。与此同时，设计与确定相应的测评方法，尽力保证评价结果的准确有效。无论是李海鹏还是陈东升，一视同仁地经过相同的测评过程，相信W轮胎公司可以公平公正地以最后的测评结果作为评价依据，做出正确的录用决策。

第三则　高松酒店的招聘何以失败①

一、案例背景

戈登·麦奎格（Gordon McGregor）正在整理他的邮件，他找到了纳塔利·夏普（Natalie Sharp）送给他的报告，该报告是关于高松酒店（The Tall Pines Hotel）开张的工作申请。听着周围乒乓的敲击声，闻着新鲜油漆的味道，他非常渴望得到一张酒店新员工的框架图，因为离酒店开业只有两个月了。他把工人带来的毛毯样本移开，利用整个早上的时间，仔细阅读纳塔利的报告。

作为酒店经理，戈登现在面临着高松酒店开业的最后一个障碍——315个工作岗位的人员安排，这意味着他要把酒吧侍者变成职员，把厨房女佣变成女服务生。酒店将于5月1日开业，日期渐渐临近了，这使他多少有些紧张，于是他把所有的员工集合起来进行培训。在过去6个月里，他已经找到了部门经理和领班的人选，他们中大多数来自全国的其他酒店，有一些人已经在这个行业中同他一起工作了15年之久，所以大家在一起都很兴奋，他们要尝试着干一些新的事情。这也是他计划的最后一个阶段，而且今天是戈登管理自己酒店的开始。

1.高松酒店

关于开办高松酒店的计划，戈登已经准备了2年。4年前，公司管理层完成对美国东南部详细的市场调查后，选择了酒店的地点。他们对于设计一家全新概念的酒店很感兴趣，并且选择了里弗顿（Riverton，人口95 000人），它位于美国东南部主要城市罗斯福城（Roosevelt City）的郊区。自1960年以来，整个城市地区得到了巨大发展，现已有人口约190万人，并且预测在未来15年里仍将有较大的发展。

里弗顿占据了罗斯福城周围一半的土地和人口。尽管市民对关于老城区的恢

① 布勒，等．组织变革中的人力资源管理案例［M］．刘洪敏，等译．北京：人民邮电出版社，2004.

复也很感兴趣，但城市的人口、财富以及工业的增长全部集中在郊区。随着经济发展委员会的成立，里弗顿当局把城市发展的宏伟蓝图定位在吸引新兴行业上面，并且成功地吸引了一批高科技公司来此建立办事处和子公司。许多公司和办事处是从罗斯福城搬来的，它们看中了这里的优惠税收政策、新兴的建筑和熟练工人的优势。因此，随着人口的迁移，购物中心、餐馆和酒店也应运而生。

公司管理层正是看准了这一机会，并且想填补郊区没有酒店和会议场所这一空白。他们购买了在里弗顿城西部自南开始，紧邻进入罗斯福城高速公路18英亩的土地，预备把它开发成一个广场，并保留两片主要的松林和一个人工湖。酒店将按照如下计划建设：拥有350个房间、2个游泳池、3个餐馆、1个小百货商店和1个小型的健身中心，此外还将在户外建一条用以跑步健身的小路。会议中心将为公司举行各种会议提供服务，它包括秘书服务、电信设施服务，甚至可以接入个人电脑。整个酒店的设施力求使顾客感到舒适，并愿意在这里过夜。

一位享誉全国的建筑师为酒店进行了全方位设计，并使它发展成为周围地区的一个亮点。两座塔形建筑从松林中突出来，为一个五层楼高的正厅提供地基，周围是玻璃材料，可以为下面的餐馆和公共空间提供充足的阳光和新鲜感。在附近两个州的不同方向都能看到整个建筑，酒店仿佛是从地平线上升起来的，或者可以说是从松林中升起来的。“高松”对整个中心来说是一个再恰当不过的名字，可以把它称为城市生活和公司生活的一个舒适的避风港。

这个建筑也曾经引发争论，里弗顿建筑监察局曾经攻击这一设计方案，但是市议会和市长的支持很快化解了这一反对意见。这个项目可以带来380万美元的财政收入，每年35万美元的市税收和42万美元的州税收，这使得建造酒店的计划具有了强大的吸引力。最后，监察局全体一致表决，接受了这一建筑计划。

2. 人力资源部经理纳塔利·夏普

去年11月，戈登雇用了纳塔利·夏普担任人力资源部经理。大学毕业后纳塔利·夏普曾在其他两家酒店工作过，并且3年前曾参与一家大酒店的开业工作，那家酒店位于西南部，并拥有100套客房。她在酒店管理上拥有丰富的经验，曾使一家位于老城区的酒店重新恢复了活力。公司的管理层很满意她的能力，经过两天的面试，高松酒店雇用了她，管理层认为她所拥有的经验对一个即将开业的酒店来说是很有帮助的。

尽管戈登已经明确宣布，各部门经理拥有对其部门工作的最终决策权，但他还是任命纳塔利负责整个酒店员工的工作。酒店还雇用了人员监督经理同纳塔利一起参与管理决策，他们共同负责制订工作计划、薪水分配方案和与每一位职员相关的具体事情。

纳塔利的主要工作是负责员工的招聘和雇用，为酒店能在5月1日开业做好准备。她和戈登已于1月中旬见面，并让戈登审阅了她的计划。在招聘员工这件事上，她必须同州就业服务机构紧密合作。2月15日，里弗顿的就业服务机构安排了一次人员招聘会。招聘会于星期六在当地的一所学校里召开，其目的在于吸引人才，为供求双方提供一个相互选择和进行第一次面试的机会。高松酒店也参加了这次招聘会，酒店除了在薪水条件上具有竞争力以外，还将为员工提供一系列的福利：

- 蓝十字/蓝盾牌；
- 带薪假期（工作1年后）；
- 津贴计划（工作7年后）；
- 某个岗位上的工作培训；
- 教育福利。

纳塔利使戈登了解到，对许多初级水平的职位来说，最低薪水标准是关键的决定因素，因此，为了吸引高素质的员工，酒店做出6个月内提高薪水的承诺是非常有必要的。

纳塔利相信，在罗斯福城和里弗顿可以找到初级水平的员工。当地政府机构的统计数字也证实了她的这一想法（见表13-2），有许多人会来应征这些职位。

对于初级员工来说，吸引他们前来应聘的因素到底是什么？应如何了解这一点？如果关键是最低薪水，标准又该达到多少？

表13-2 **当地12月份的失业率数据**

整个城市地区	3.7%
罗斯福城	8.1%
里弗顿	5.0%
所有郊区	3.7%

酒店的招聘广告遍布整个城区，这得到了州和地方政府的支持，使各职位的应征者数量扩大了一倍。纳塔利给戈登看了刊登在当地主要报纸《地下铁之星》（Metro Star）上的一系列文章，是关于上一年在罗斯福市中心开业的一家大酒店的新闻，超过11 000人来应征350个职位。在这些文章中穿插了一些图片，可以看到门口等待面试的“长龙”。同样，高松酒店也期望能找到一群乐于在酒店工作的人。

通过当地政府的失业率统计数据就能准确了解相关劳动力市场的确切情况吗？

二、案例发展

1. 令人失望的报告

戈登上个月的乐观情绪被昨天招聘会的报告浇灭了——只有200多个人来应

征315个职位，在他们之中，只有75个人通过了面试。大多数人没有在酒店工作的经验，但看上去还勉强可以接受工作培训。应聘者来自周围的乡村和里弗顿，只有几个来自罗斯福城。

下午晚些时候，纳塔利非正式地询问了负责面试的组织人员，得知应聘者多数关心他们的薪水和交通问题。有一些工作经验但技术不熟练的工人参加了面试，但是他们很犹豫自己是否可以从最低工资做起，他们说，在快餐连锁店工作可以得到更多薪水。有三个人来自“大得克萨斯”，其中一个来自区域性的汉堡包连锁店。他们三个人在招聘会上告诉其他应征者，“大得克萨斯”的连锁店已经开始把柜台补助金加入薪金中，使他们的最低薪水提高了75美分。纳塔利紧接着与得克萨斯当地商会的一位代表进行了通话，证实了上述情况。原来，许多雇主在超过最低工资的基础上给予工人额外的小时工资，用来吸引工人填补空缺职位。

关于交通问题，酒店和应聘者更难达成一致意见。纳塔利提供了一张高松酒店的地图，她解释说：大多数员工都可以通过公共交通设施到达。几个应聘者问到，酒店是否会提供通往罗斯福城的公共汽车，因为他们从家里乘地铁再转乘公共汽车需要花费一小时，而公共汽车站又在离酒店三个街区远的地方。里弗顿的居民则称，从城东赶过来需要30分钟时间，这意味着他们还要过州界，因为公共汽车线到那儿就终止了。酒店地点同样是没有留住应聘者的一大因素。

2. 源源不断的电话

> 解决问题的办法难道是多开几次招聘会吗?

戈登期望在节日开业的乐观情绪一下子被这个报告浇灭了。纳塔利的结论非常简洁，只有一句话：

“我已经在10天后安排了另外一场招聘会，并希望这次结果会好一些。”

戈登怀疑，是否会有足够的应聘者来应征剩余的职位，在完成所有人力资源的书面工作后，酒店是否能安排出足够的时间来培训他们。

他的想法被秘书的一个电话打断了，电话说，一个来自《里弗顿报》（Riverton Telegram）的记者想采访他，并询问关于招聘会的事情，他把电话转到了纳塔利办公室。同样，一个来自《地下铁之星》的电话也被挡了回去。最后，戈登接到了一个来自市长办公室的电话，他向市长保证，酒店的雇用情况已在控制之中，并且酒店能在5月1日如期开业。下午晚些时候，一位联盟主席来询问酒店开业的事情，因为他计划于酒店开业第一周在酒店召开会议。“坏消息传得太快了！”当戈登向这位焦急的主席作另一番保证时他这样想。

纳塔利走进戈登的办公室，报告那两个来自报社的电话情况。那两家报社都得到了关于那场令人失望的招聘会的消息，并且对其原因和对酒店开业的影响很感兴趣。她想，第二天早上报纸出版以后，很难预测公众对这次事件的反应。戈登建议召开一次公司高层员工的早餐会，讨论这些问题并提出解决方案。

3. 员工的早餐会议

两家报纸都在第二天使用隐晦短小的文章报道了这次事件。其中《里弗顿报》的标题这样写："新酒店需要240个工人。"

它明确地报道了招聘会低调的人群，并列出了招聘的职位名单，其中还引用了纳塔利的话，通知人们还有另一场招聘会。文章的态度整体上是赞扬的，并且强调酒店将会为里弗顿带来新的商业机会。

但是《地下铁之星》的标题则具有批判性："新的郊区酒店很难为315个职位找到新人。"

在新双子塔的照片旁还附了一段文字，列出了酒店可以继续应征的职位，其中还引用了纳塔利的话，并列出了高松酒店所能提供的各种福利。他们引用罗斯福市就业服务中心一位代表的话："这不是因为人们不愿意到郊区工作，而是因为你一旦越过了城界，感觉上就和家人之间隔了一道障碍。因此，雇主们必须提供好的工作、好的交通和更多激励机制，以吸引人们来工作。"一位工会办公室的发言人怀疑，人们会因为高松酒店未加入工会而灰心丧气。报纸还采访了一位参加了第二次面试的人，他本来希望在罗斯福城里离家近一点儿的地方工作，但是因为他已经失业4个月了，所以需要这份工作。

戈登和纳塔利相信，这两家报纸都没有贬低酒店管理的意思，但是关于延期开业的问题已经产生了，因此，他们必须与市长办公室联系，并安抚那些计划在5月至6月在酒店召开会议的组织者们，要向他们保证，局势已在控制之中。

在会议上，戈登请纳塔利重新看了她的报告，另附有关于酒店部门主管开会的报纸剪报，这两份材料都回答了关于招聘会的许多问题，并列出了招聘会上职位的类型。戈登建议，他们先把将来要做的事放一放，在会议快结束时再说，以使会议的每一个实际问题都能被认真解决。很明显，在5月份的前两周内，许多部门都要完成本部门员工的配置并添加监督人员，但是，整个的员工总数必须基本上满足预期商业增长的需要。

早餐会上提出的改进方案可行吗？戈登能达到如期目标吗？

会议变成了无限制的自由讨论会，参会者必须帮助纳塔利做出好的策略，以吸引应聘者前来填补剩余的职位。最后，大家提出在以下四个领域进行改进：

- 广告活动

尤其是针对罗斯福城和里弗顿，焦点集中于在高松酒店工作的利益。

- 薪水的提升

在初级工人最低工资上加发补助以增加竞争力。

为了保留好的员工，给他们提供必要的薪水激励。

- 交通运输系统

给来自罗斯福城和里弗顿的工人必要的补助，尤其在公共交通方面。

- 同公共机构的合作

建立同一些公共机构的关系以增加其他应聘者的来源。

戈登让纳塔利充分考虑这些建议，以制定关于填补240个空缺职位的计划。戈登保证，他将在明天给经理们打电话，告诉他们最终的计划，以便在5月1日前，实现招到所有需要的员工的这一目标。同时，他自己的办公室将负责处理公共关系方面的问题。会议最终达成了一致意见，即一个好的酒店将如同它的人力资源一样优秀。

4. 午餐后的反思

作为高松酒店的经理，戈登不得不放弃其他工作所能得到的额外好处。今天，他很高兴有机会得到了一些好处——品尝酒店厨师做的最好的饭菜。公司的销售和集会经理杰克·桑德（Jack Sanders）正在面试酒店准备招聘的顶级厨师，他对这位法国厨师做的饭菜赞不绝口。他希望能同戈登共进午餐，于是布置了一张两个人的桌子，并且打开了一瓶酒。当他坐到椅子上拿起餐巾的时候，戈登打断了他："对不起，杰克。这对我来说是一次工作午餐，因为我在考虑雇用员工的事情。你可以拿着你的盘子到办公室去，但是我需要单独留下来处理现在的事情。"杰克道了歉，拿着他的盘子和杯子走了，只留下戈登一个人。

饭菜是可口的，而且这顿饭所选的酒也同食物很相称。戈登仔细地考虑了他未来的管理工作——没有快捷的午餐、没有周末的旅行、工作职责不受限制。对于任何一个酒店经理来说，所有这些以后再想吧！对于高松酒店的开业，现在他只有一种激动的感觉，毕竟这是个不断扩张的全国性的集团公司。

但是过去这些天似乎压制了他这种激动的心情。很多看上去即将完成的事情现在却遇到了各种各样的问题。高松酒店能吸引员工吗？他们能在5月1日前接受培训并开始工作吗？为了支付有竞争力的工资，酒店将花费多少成本？他能够向员工灌输以高松酒店为荣的思想吗？酒店能在5月1日开业吗？

油漆的味道、地毯的剪样，甚至模糊的敲击声似乎都不存在了，他全神贯注地考虑着这最后一个问题。在实施酒店开业的计划中，他把什么预计错了呢？为什么他早些时候没有预见到员工招聘方面这些潜在的问题呢？雇用合适的员工在他的计划中似乎是最容易完成的事情，现在却仿佛是一项不可能完成的任务。他拿着一杯咖啡，坐在椅子上，开始思考需要解决的问题。

三、案例分析提示

高松酒店的开业准备工作似乎已经没有什么问题了，酒店的建筑式样、环境和布置、厨师和领班等的聘用，一切都准备就绪了，一切都显得很完美。然而就在招聘315名初级员工用以填补相关职位空缺的最后环节上，出现了障碍，第一次招聘会以应聘者尤其是合适的应聘者寥寥无几而告终。酒店原先制订的5月1日开业的计划似乎也成了很大的问题，酒店经理戈登陷入了一个尴尬的境地。

高松酒店人力资源招聘失败的根本原因是什么呢？或许可以从以下几方面考虑：

- 管理层过于乐观以至于不重视此次招聘活动；
- 人力资源部经理缺乏在郊区为酒店招聘新人的工作经验；
- 招聘工作中部门经理和人力资源部经理之间的分工不明确；
- 准备工作不充分（包括对当地劳动力市场的调研工作不充分、招聘计划不周到严密、与当地政府及有关机构的关系协调不够等）。

鉴于此次招聘活动的失败，高松酒店今后在人员聘用工作过程中有必要实施严格的招聘管理流程。首先，应明确招聘工作中用人部门与人力资源部门之间的分工，各自承担相应的责任，尤其是用人部门的决定性作用须加以强调。其次，对内，在招聘前分析确定空缺岗位的数量、层级和时间等内容，进一步通过工作分析确定每一个岗位的胜任能力和素质技能要求，对招聘人员进行招聘技能、招聘理念的培训，并在此基础上制订严密而可行的招聘计划。对外，通过地方政府和有关机构以及媒体等其他各种渠道，深入透彻了解当地劳动力市场供应的相关情况，了解吸引高素质的潜在应聘者前来应聘的主要因素和条件是什么，并在此基础上确定有吸引力、具有激励性和可行性的招聘条件。

参考文献

［1］吴志明. 员工招聘与选拔实务手册［M］. 北京：机械工业出版社，2002.

［2］阿瑟. 员工招募、面试、甄选和岗前引导［M］. 北京：中国人民大学出版社，2003.

［3］廖泉文. 招聘与录用［M］. 北京：中国人民大学出版社，2002.

［4］杨杰. 有效的招聘［M］. 北京：中国纺织出版社，2003.

［5］德斯勒. 人力资源管理［M］. 6版. 刘昕，译. 北京：中国人民大学出版社，1997.

［6］多伦. 人力资源管理——加拿大发展的动力源［M］. 北京：中国劳动与社会保障出版社，2000.

［7］马金. 组织和心理契约：对工作人员的管理［M］. 王新超，等，译. 北京：北京大学出版社，2000.

［8］赵曙明，道林，韦尔奇. 跨国公司人力资源管理［M］. 北京：中国人民大学出版社，2001.

［9］李旭旦，吴文艳. 员工招聘与甄选［M］. 2版. 上海：华东理工大学出版社，2014.

［10］罗宾斯. 组织行为学［M］. 7版. 北京：中国人民大学出版社，1997.

［11］郭毅，等. 组织行为学［M］. 北京：高等教育出版社，上海社会科学院出版社，2000.

[12] 董克用，等．人力资源管理概论［M］．北京：中国人民大学出版社，2003.

[13] ZHRI.人力资源经理素质模型［M］．北京：机械工业出版社，2005.

[14] 何志工，李辉．基于胜任素质的招聘与甄选［M］．北京：中国劳动社会保障出版社，2006.

[15] 彭剑锋．人力资源管理概论［M］．上海：复旦大学出版社，2003.

[16] 唐志红，等．人力资源招聘、培训、考核［M］．北京：首都经济贸易大学出版社，2003.

[17] 杨倩．员工招聘［M］．西安：西安交通大学出版社，2006.

[18] 沃特曼，等．寻找与留住优秀人才——哈佛商业评论［M］．北京：中国人民大学出版社，2003.

[19] 贝恩，梅佩．人的优势——通过更好的遴选与业绩改善经营成果［M］．徐海鸥，译．北京：经济管理出版社，2001.

[20] 沃克．招聘艺术［M］．北京：中国社会科学出版社，2001.

[21] 吴文艳．买卖关系，还是合作伙伴——从A公司的外包管理活动谈起［J］．中国人力资源开发，2005（11）.

[22] 武建学．七步打造完备的招聘管理体系［M］．哈尔滨：哈尔滨出版社，2006.

[23] 欧阳洁，霍燕滨，陈竞晓．有效招聘［M］．北京：清华大学出版社，2004.

[24] 孙卫敏．招聘与选拔［M］．济南：山东人民出版社，2004.

[25] 廖泉文．人力资源管理［M］．北京：高等教育出版社，2003.

[26] 赵永乐等．招聘与面试［M］．上海：上海交通大学出版社，2006.

[27] 秦志华．人力资源管理［M］．北京：中国人民大学出版社，2000.

[28] 赫尔雷戈尔，伍德曼．组织行为学［M］．9版．俞文钊，丁彪，等译．上海：华东师范大学出版社，2001.

[29] 俞文钊．现代人事测评原理与操作实践［M］．上海：上海教育出版社，2005.

[30] 安纳斯塔西，厄比娜．心理测验［M］．缪小春，等译．杭州：浙江教育出版社，2001.

[31] 俞文钊、人力资源管理心理学［M］．上海：上海教育出版社，2005.

[32] 黄希庭，郑涌．心理学十五讲［M］．北京：北京大学出版社，2005.

[33] 凌文铨，方俐洛．心理行为与测量［M］．北京：机械工业出版社，

2004.

[34] 顾海根. 人员测评 [M]. 北京：中国科学技术出版社，2005.

[35] 诺伊，等. 人力资源管理：赢得竞争优势 [M]. 刘昕，译. 北京：中国人民大学出版社，2001.

[36] 吴文艳. 论现代企业中招聘团队的组建 [J]. 中国人力资源开发，2005 (9).

[37] 晏景荣. 基于企业战略的人力资源规划流程及方案 [J]. 中国人力资源开发，2006 (7).

[38] 张燕娣. 以企业文化为导向的招聘模式 [J]. 科学与管理，2006 (1).

[39] 谌新民. 员工招聘成本收益分析 [M]. 广州：广东经济出版社，2005.

[40] 舒晓兵，杜健梅. 美国企业人员招聘的法律约束及对中国的启示 [J]. 生产力研究，2004 (12).

[41] 熊会兵. 企业招聘的跨文化思考 [J]. 中国人力资源开发，2004 (3).

[42] 赵曙明，马希斯，杰史逊. 人力资源管理 [M]. 9版. 北京：电子工业出版社，2003.

[43] 宝利嘉顾问. 请正确的人上车——战略性招聘和选拔高效能人 [M]. 北京：中国社会科学出版社，2004.

[44] 库克. 人力资源外包策略 [M]. 吴雯芳，译. 北京：中国人民大学出版社，2003.

[45] 陈月梅. 业务外包及其影响因素 [J]. 现代管理科学，2006 (8).

[46] 孙锐，石金涛. 组织HR外包有效性因素探讨 [J]. 中国人力资源开发，2006 (10).

[47] 韩志新，招聘外包：一种新兴的招聘形式 [J]. 经济与社会发展，2010 (7).

[48] MATER. Human Resources Guide [M]. New York：The global law firm，2002.

[49] MARCHINGTON M, WILKINSON A. Core Personnel and Development [M]. Wiltshire：The Cromwell Press，1997.

[50] MILKOVICH，BOUDREAU. Human Resource Management [M]. Homewood：Richard D.Irwin，1994.

[51] WAYNE. Managing Human Resources [M]. New York：McGraw-Hill，1995.